上海教育丛书

风华正茂时

——百名优秀青年教师成长案例

李永智 主编

上

上海教育出版社
SHANGHAI EDUCATIONAL PUBLISHING HOUSE

《上海教育丛书》编委会

顾　　问	姚庄行　袁　采　夏秀蓉　张民生 于　漪　顾泠沅
主　　编	尹后庆
副 主 编	俞恭庆　徐淀芳
编　　委	（以姓氏笔画为序） 王　浩　仇言瑾　史国明　孙　鸿 苏　忱　杨振峰　吴国平　宋旭辉 邵志勇　金志明　周　飞　周洪飞 郑方贤　赵连根　贾立群　缪宏才

《上海教育丛书》历届编委会

1994 年至 2001 年

主　　编　吕型伟

副 主 编　姚庄行　袁　采　张民生　刘元璋(常务)

编　　委　于　漪　刘期泽　俞恭庆　江晨清　陆善涛　陈　和
　　　　　樊超烈

2002 年至 2007 年

主　　编　吕型伟

副 主 编　姚庄行　袁　采　张民生　刘元璋　夏秀蓉　樊超烈

编　　委（以姓氏笔画为序）

　　　　　于　漪　王厥轩　尹后庆　冯宇慰　刘期泽　江晨清
　　　　　陆善涛　陈　和　俞恭庆　袁正守

2008 年至 2014 年

顾　　问　李宣海　薛明扬

主　　编　吕型伟

执行主编　夏秀蓉

副 主 编　姚庄行　袁　采　张民生　尹后庆　刘期泽　于　漪

编　　委（以姓氏笔画为序）

　　　　　王厥轩　王懋功　仇言瑾　史国明　包南麟　宋旭辉
　　　　　张跃进　陈　和　金志明　赵连根　俞恭庆　顾泠沅
　　　　　倪闽景　徐　虹　徐淀芳　黄良汉

本书编委会

主　　　　编　李永智
编委会主任　李兴华
编委会副主任　张　瑾　陈　霞
编　　　委（以姓氏笔画为序）

王莉莉　公雯雯　宁彦锋　任　洁
李　敏　杨　洁　时丽娟　宋建军
张　新　庞维成　赵　群　俞玲萍
袁晓东　顾永明　顾燕文　徐培菁
徐蕾蕾　黄宁宁　黄金丽　黄建龙
蒋　莺　程书丽　颜晓莉　戴歆紫

特邀专家（以姓氏笔画为序）

王白云　方培君　刘　芳
吴国平　张爱莲　顾志跃
郭宗莉　曾宪一　熊立敏

总　序

建设一流城市,需要一流教育。办好教育,最根本的是要建设好教师队伍和学校管理干部队伍。

在长期的教育实践中,上海市涌现了一大批长期耕耘在教育第一线,呕心沥血、努力探索,积累了丰富经验的优秀教师;涌现了一批领导学校卓有成效,有思想、有作为的优秀教育管理工作者。广大优秀教育工作者教育教学和管理工作的经验,凝聚着他们辛勤劳动的心血乃至毕生精力。为了帮助他们在立业、立德的基础上立言,确立他们的学术地位,使他们的经验能成为社会的共同财富,1994年上海市领导决定,委托教育部门负责整理这些经验。为此,上海市教育局、上海市中小学幼儿教师奖励基金会组织成立《上海教育丛书》编辑委员会,并由吕型伟同志任主编,自当年起出版《上海教育丛书》(以下称《丛书》)。1995年上海市教育委员会成立后,要求继续做好《丛书》的编辑出版工作。2008年初,经上海市教育委员会领导同意,调整和充实了《丛书》编委会,并确定夏秀蓉同志任执行主编,协助主编工作。2014年底,经上海市教育委员会领导同意,调整和充实了《丛书》编委会,确定尹后庆同志担任主编。至2021年7月,先后共编辑出版《丛书》135册。《丛书》的内容涵盖了基础教育和中等职业教育的各个方面,包含有较高理论水平和学术价值的著作,涉及中小学教育、学前教育、师范教育、职业教育、校外教育和特殊教育,以及学校的领导管理与团队工作,还有弘扬祖国优秀文化、促进国际教育交流等方面的著作,体现了上海市中小学教育改革与发展的轨迹,体现了上海市中小学教育办学的水平与质量,体现了优秀教师和教育工作者的先进教育思想与丰富的实践经验。《丛书》出版后,受到广大教师、教育工作者及社会的欢迎。

为进一步搞好《丛书》的出版、宣传和推广工作,对今后继续出版的《丛书》,我们将结合上海教育进入优质均衡、转型发展新时期的特点,更加注重反映教育改革前沿的生动实践,更加注重典型性、实用性和可读性。希望《丛书》反映的教育思想、理念和观点能起到抛砖引玉的作用,引发大家的思考、议论和争鸣;更希望在超前理念、先进思想的统领下创造出的扎实行动和鲜活经验,能引领当前的教育教学改革工作,使《丛书》成为记录上海教育改革历程和成果的历史篇章,成为广大教师和教育工作者的良师益友。限于我们的认识和水平,《丛书》会有疏漏和不尽如人意之处,诚恳地希望广大读者提出宝贵意见,帮助我们共同把《丛书》编好。

《上海教育丛书》编委会

2021 年 7 月

序

心中要有一盏明灯

我这个鲐背之年的老人，一见到青年教师，一想到青年教师，心中就无限地欢喜。因为你们是祖国教育的未来。我想到百年以前，我们的革命前驱李大钊讲过的话，他说青年是"人生之王，人生之春，人生之华"。他说要以青春之我，来创建青春的国家、青春的民族。我们的青年教师就是要以青春之自我，来创建我们国家青春的教育。

年轻人思维非常敏捷，非常活跃，生命力很旺盛。这个时候求知欲也十分旺盛。因此，我们在自己的岗位上，一定要让自己的青春散发光芒。

我觉得，青年教师最最重要的，就是要有用不完的劲。用不完的劲从哪里来呢？那就是心中要有一盏明灯。因为，人的生命有灯火照耀，方能真正脱离蒙昧，心明眼亮，生机蓬勃，明辨方向，奋然前行。如若黑灯瞎火，只能在黑暗中摸索，东碰西撞，既难识人间况味，更难识得人生真谛。且不说浑浑噩噩，年华虚度，弄不好，还会误入歧途，后果堪忧。

理想信念是明灯，能使人心灵辉煌起来。人有了脊梁骨才能直立行走，人有了理想信念，就有了精神支柱，心灵就能辉煌起来，持久不断地努力，就能成为堂堂正正、通体透亮的人。如果太实际了，为物质生活所累，就没有超越职业训练的志向、旨趣、意志、韧劲、气度、胸怀，就很容易沉沦。教师从事的是以人育人的工作，心中有中华民族伟大复兴中国梦的宏伟目标，仰望天空，志在高远，又脚踏实地，坚忍不拔地奋斗，克服种种困难，创造工作业绩，方能真正对学生施以良好的为人、为学、处世的影响。

"其身正，不令而行"（《论语·子路》），身教胜于言教，久久为功，学生自身就会生发出对远大理想的追求，积极主动地高擎生命的灯火。这是一种生命自觉。在当今价值多元、物欲膨胀、私利追逐的极其纷繁复杂的环境下，这种生命自觉是多么地难能可贵，又是多么地需要。为此，教师不仅要心中有明灯，更要做一个燃灯者，点亮生命灯火。

点亮生命灯火是心灵塑造的事，难度极大。精神成长是心灵的发育、充盈，美好的细活儿，每个学生又都是独一无二的生命体，各有其特征，各有其优势与不足。简单、浅表、粗糙，无济于事；须心贴心，心连心，熏陶感染，春风化雨，日积月累，坚持不懈，方能取得实效。

数十年来，怀着为党育人、为国育才的理想，我用心用情用力，孜孜矻矻，探求学生成长的规律，探求学科育人的规律，勤于反省，不断修为，力求使自己的生命与教书育人的使命结伴同行，不辜负党的期望、人民的嘱托。然而，由于自身德、才、识、能所限，说到底就那么一点水平，因而，回顾往昔，心存愧疚，遗憾良多。真正是教师责任大如天，追求永无止境。

现在，新时代，新征程，新要求，新发展，你们在我们原来的基础上要更好地前进，更好地创新，要奉献你们的聪明才智。我想，你们的课，将来一定是满怀着你的才情、你的情怀、你的责任担当来上的。每个孩子在上你的课的时候，就会得到知识，懂得做人的道理，而且享受到学习的乐趣。

祝愿青年同志们，以青春之自我，点亮生命灯火，学生的以及自己的，创造你们灿烂的人生。

于漪

2021 年 7 月

前 言

百年大计,教育为本;教育大计,教师为本。进入21世纪以来,随着城市化进程的加快,上海市基础教育新教师数量急剧增加,来源日益多样。综合性人才的大量涌入为上海教育注入了更多活力,也带来了新的挑战——这些非师范学校毕业生虽然也很优秀,但毕竟没有学习过教育学、心理学课程,也没有课堂实习的经验。为了化挑战为机遇,在短时间内帮助新入职教师站稳讲台,同时,聚焦上海未来教师队伍的整体水平与基础教育优质均衡发展目标的实现,一场关于新教师培训的创新由此拉开序幕。

2011年起,上海逐步建立并实践了覆盖全市中小学(幼儿园)全学段、全学科的新教师入职教育制度——"中小学(幼儿园)见习教师规范化培训"制度,要求中小学首次任教的人员在职业生涯的第一年必须接受规范培训、团队带教、基地校浸润。

十年来,"上海市中小学(幼儿园)见习教师规范化培训"稳扎稳打,探索前行,创立了一个包括培养标准、培训内容、课程资源、形式方法与评价策略在内的培养体系,构筑了市、区、校、指导教师、见习教师等多主体参与的规范化培训生态圈,有效衔接了教师职前教育与职后教育,调动了教师主体性成长的积极性。该制度为建设高素质专业化创新型教师队伍创造了重要条件,也是我国教师教育领域一次创新性的探索。

截至2021年6月,上海已经对五万余名新入职教师进行了规范化培训,源源不断地为上海教师队伍培育高质量、规范化的新鲜血液。2012年以来,参训教师中有过万人成长为校级、区级骨干教师,每年新评区级教坛新秀一千余名。

十年之间,五万余名上海的新入职教师成为见习教师规范化培训项目的亲历者、见证者,他们的专业成长是见习教师规范化培训最好的"成果"。

本书邀请了109位在2011年至2020年间参加见习教师规范化培训的优秀青年教师,将自己的专业成长与收获付诸笔端。他们之中,有的已经从基层教师成长为某个区的教研员,有的从见习教师成长为能够带教他人的指导教师,有的一直扎根在课堂中看着一届届的学生毕业离去,有的刚刚结束了入职第一年的见习教师规范化培训才站稳讲台……但是无论他们走多远,走多久,他们身上总有抹不去的见习教师规范化培训的痕迹,当他们回首成长历程时,总是忘不了他们还是一个见习教师时受到的灌溉与影响。或许是在踌躇不决时突然想起新入职时校长说过的一句话,或许是在处理突发事件时不经意用上带师父用过的方法,或许是延续着参训期间养成的每天写教学反思的习惯,抑或是在面对新的教学挑战时当年彻夜磨课终于赢得一片掌声的场景又浮现在脑海……见习教师规范化培训恰如时雨化之,点滴入土,润物无声。

《风华正茂时——百名优秀青年教师成长案例》中这群在见习教师规范化培训中成长起来的青年教师还很年轻,他们对教育教学活动的认识有待进一步深刻、对教书育人的情感积淀也需要一步步丰厚,但是他们的成长历程对新一代教师而言,有着特别的意义。他们像是一面镜子,让其他青年教师看到了自己;他们又像是一个里程碑,让其他青年教师找到了方向。

希望借由此书,展现"上海市中小学(幼儿园)见习教师规范化培训"十年来在教师专业成长上的成果,也让更多的人看到上海新一代青年教师的模样、上海未来卓越教师的风貌。

春风化雨,桃李芬芳;青春无悔,风华正茂!

2021年7月

目　录

Ⅰ　不忘初心，筑梦未来 /1

向阳而生　拾级而上	2
一课、一书、一言、一世界	7
一路前行　一路感悟	12
我和你，"心"连"行"	18
青涩起步，奔三尺讲台而往	23
点灯人的点灯人	27
走过格桑花开的路途	33
职初期的摸索：靠什么"站"住讲台	38
用心倾听，以爱育人	42
三心系三尺	46
幼师初体验，微光下远行	51
为爱筑梦　砥砺前行	56

100个基本：一枚"青教"的教育信条	61
点点星光淡淡歌	66
我的第二次"长大"	70
让课堂充满挑战	75
泥泞留痕	80
为每一个学生创造更合适的教育	84
师道匠心，初心筑梦	89
满眼生机转化均，成长之曲日争新	93

Ⅱ 三尺讲坛，四季耕耘 /97

在课中成长蜕变	98
从零到"领" 一路有"你"	103
"教""学"相砥，深耕课堂	108
"跨学科"相遇，点亮盏盏心灯	112
致敬来时路 无悔再出发	117
恰恰思有道，翩翩蝶自来	122
在启蒙摇篮中蜕变成长	127

体验·感悟·拼搏·成长	133
是她告诉我,你要成为这样的老师	138
套筒式培训下的多面体教师	142
乘风破浪 追梦不息	146
我跨界而来,定坚守初心	151
归零启程,好课引路	155
有一种成长叫磨课	160
让每一堂课都闪光	164
一堂留下遗憾的比赛课	169
如何做孩子的老师与朋友	173
奋楫笃行 扬帆筑梦	177
做个快乐的教书匠	181
课长课短,学为人师	186

Ⅲ 严之有情,严慈相济 /191

成长的滋味	192
陪伴成长,携手共进	197
我的模仿求索之路	202

一名青年体育教师的班级管理心得	207
"匠心"所致　芳华自来	211
追梦奋进　一路风景	217
让爱的种子在童年扎根	222
一分耕耘一分才　羽翼渐丰促教学	227
永远怀着一颗学徒的心	231
学师之道　行师之路	236
立德树人，热爱并收获着	240
品味"对话"　磨砺成长	244
班主任螺旋式成长中的"三阶段"角色转变	249
倾洒阳光播种爱	254
与您"童"行	259

Ⅰ 不忘初心，筑梦未来

　　教师的职业感悟是"为师之根"，决定了青年教师能否正确地履行其应有的教育职责，更关乎着其师德修养的进一步养成和提升、教育教学行为和内容选择价值取向的正确与否。

　　见习教师规范化培训，正是通过对新教师今后作为一名合格教师应养成和具备的职业感悟和师德修养进行为期一年"浸润式"的春风化雨，不仅教给他们为人师的基本知识，还教会他们用责任坚守教育事业；不仅帮助他们找到了需要学习、研究的方向，还让他们获得了坚守教育初心的勇气。

　　什么是初心？《朗读者》（第二季）开篇说："初心在最开始的时候，往往简单、朴素，但是它会慢慢长大，就像一颗种子能够长成参天大树，又仿佛站在零的起点，慢慢绵延成很长很长的道路。"所谓教育初心，归根结底，就是回归教育的本质——教书育人，"一个灵魂唤醒另一个灵魂"，不忘教育初心就是始终没有忘记立德树人这个教育的根本任务。当老师们写下深刻的感悟和体验时，我们可以发现，他们的教育初心正变得越来越丰盈、坚定。

扫码获取更多资源

向阳而生　拾级而上

上海市格致初级中学　项臻宇

时光如白驹过隙,2021年已是我成为美术教师的第九个年头。回顾来时的路,我从最初的懵懵懂懂到如今的从容不迫,其中的成长离不开持续为我助力的导师、同伴和集体。正是因为他们的扶持与帮助,我才能始终向阳而生,一路拾级而上。

萌芽,梦想起航

2012年夏天,我告别了青葱的大学时代,准备站上梦寐以求的讲台。迎接我的第一课便是见习教师规范化培训。

我的基地校——上海市格致初级中学非常重视对新教师的专业培养。通过一系列专题讲座和导师带教,我逐渐意识到教师从事科研的重要性,学会了如何做科研,并明白了课堂作为教师的主阵地,应该如何落实重难点、如何提高效率……

在带教导师的帮助下,我的教学水平明显提高,对课堂的把控能力也愈来愈强,但对如何正确地评价一节课却仍不得要领。在一次观课后的评课中,我认为授课教师的语言优美且富有感染力,板书布局细腻整洁,教学形式丰富多变,为听者带来了一场高潮不断的视听盛宴。带教导师韩勤老师则语重心长地指出,从讲课语言、课件制作和音乐选择看,执教者的确具有良好的个人素养和审美品位,但这并不是评价一堂课的唯一要素。"虽然整节课就像一首流畅的交响诗,生动、优美,但这场视觉盛宴并没有带来预期的教学效果。由于对学情分析不足，教师的良好愿望和学生的认知能力、生活体验之间的落差在课程后半段显露无遗。虽然教师一直在积极引导，但收效甚微，学生的回馈、反应越来越淡。用一句话来概括，就是对学情分析不足，导致曲高和寡、孤芳自赏……"听了韩老师一针见血的评课，我意识到自己的认识还流于表面，不够深入。从那以后，我越发珍视每一次观课的机会，认真听取他人的评课意见，积极汲取各种专业知识，并将其运用在自己的课堂实践中。为了提升教学效果，我还叮嘱自己不但要备好教材，更要分析学情。

通过一学年的历练，我积淀了不少经验，先后获得黄浦区2012学年见习教师规范化培训教案设计比赛二等奖、优秀评课奖。这些成绩的取得与导师的热情相助紧密相连，更与基地校的大力支持息息相关。

看，一颗种子，正扎根泥土，奋力萌芽。

破土，茁壮成长

规培期间的所学所得是我成长过程中不断汲取养分的土壤。高润华校长教导我们要"眼里有学生，心中有学生"，这一箴言时时刻刻鞭策着我。为了充实理论知识，我加入校青年教师沙龙"晓明社"，在学校邀请的科研专家的指导下，顺利完成了"初中美术剪纸单元的实践研究"青年课题的撰写。同时，我也没有忘记实践的主阵地——课堂。在"晓明社"定期开展的公开教学活动中，我全情投入，努力实践在规培期间习得的教学方法和策略，并与同伴们一起听课、评课，互相学习，共同成长。学校领导也一直在为青年教师的成长助力，例如王珏校长非常关心我们的专业发展与教学体验，一直坚持参加我们的研讨活动，并给予专业的指导，为我们指点迷津，答疑解惑。

有了规培期间打下的坚实基础和学校强有力的助推，我一步一个脚印地坚定前行，先后参加了区、市的各类研修活动。尤其是区教研员陈路老师围绕"传统媒材与信息技术的互补性研究""中国画教学的创新研究"等主题开展的研训一体化活动，不仅提高了我的专业水平、改进了我的课堂教学，还锻炼了我的科研能力。

我还有幸成为上海市青年骨干教师研修班第四期、第五期的一员。一场场精彩绝伦的专家报告,一次次卓有成效的课堂实践,无一不是在夯实我们的课堂基本功,提升我们的科研能力。令我印象最深的是第五期研修班的第一次培训,市教研员徐敏老师带领我们采用思维导图的形式研读美术学科的核心价值观,让我们这些年轻的"水手"明确了前行的目标。我们从核心价值观出发,先研读课程标准,然后依据教学基本要求,分小组架构主体单元,接着进行个人单课实践。在一次次头脑风暴中,我懂得了:课堂的支点始于学科核心素养的落地,基于对学生学科核心能力的培养;美术教学不仅要让学生获得知识与技能,还要培育他们的情感和品质,这些都关乎一个人未来的生活。

在此期间,我获得了黄浦区美术学科"教学新秀"称号、全国中小学美术教学课件评选活动优秀奖、国际少年儿童航空绘画上海赛区优秀辅导教师奖、上海市中小学中青年教师教学评选活动一等奖等数十个奖项,参与了徐敏老师领衔的《初中美术学科教学基本要求》的编写任务,并在各类刊物上发表多篇论文。其中,《靠近探索的"大门"》一文发表于《中国教师报》,《产品设计——身边的灯》收录于《中小学单元教学设计指南》一书,《探究生活问题,培养设计思维》一文刊登于《上海课程教学研究》。

看,一颗种子,正破土而出,茁壮成长。

绽放,传递芬芳

为期一年的规培,不仅提升了我的职业素养,还磨砺了我的精神品质,让我满怀信心地迎接挑战,在更广阔的舞台上发光发热。2018年,我在格致教育集团第二届学术节上进行了主题发言。翌年,我有幸成为中国教育学会科创教育教师定向培训项目的首批讲师之一,并和团队教师带领学校的"创意工作坊"课程亮相"行走中的传统文化"上海市青少年民族文化培训系列活动。

2020年,一场突如其来的疫情改变了许多人的生活轨迹。在这段非常时期,为了响应"停学不停课"的号召,我不顾身体不适,两次参加"空中课堂"的录制。在准备阶段,区教研员陈路老师从专业角度对我进行授课指导,并提出了宝贵的建议。经过长达几周不分昼夜的磨课、研课,我在环节过渡、语言表达、教态表情等方面有了显著的提升。同时,"H.264编码""IOS与ITU定制数字视频压缩格式""ACC编码"等专业名词纷纷进入我的视野。起初我对这些专业软件的使用几乎一无所知,幸好"上海网课技术支持"微信群及时出现——这是一个为帮助一线教师快速掌握录课相关技术而专门成立的小组,几乎24小时在线。无论我们有什么技术问题,都可以第一时间在群里寻求帮助。正是通过不断的学习,我对现代信息技术在课堂教学中的运用有了更深刻、更全面的认识。

由于此次授课为录播模式,将在电视及各网络平台播放,因此要求非常高,比如在备齐单元教学设计、课时教案、PPT、讲稿脚本、练习内容设计与评价明细等材料后才能进入审核环节,审核一共有三次,单元学习内容要有据可循、有理可依,教师的课件用语要精益求精、指向性明确,等等。在近4个小时的录制过程中,市、区教研员全神贯注地关注着我的每个细节,及时提出建议,使我将自己最好的状态呈现出来。

这两次经历,既考验了我的教学实践能力,又促进了我今后的教学工作。在接下来的教学实践中,我不断反思课堂内容,力求做到更加精练、精致,各环节的设计也越来越合理、紧凑。

看,一颗种子,正面朝阳光,竭力绽放。

规培期间,我们举行了庄严的新教师入职宣誓仪式,每当想起那一幕,我的心中就充满强烈的荣誉感和使命感。现在,越来越多的新教师加入我们的团队,正如我们曾经在前辈的带领下勇往直前那样,他们的成长也需要我们的助力。在学校层面,我试着帮组内的见习教师备课、研课、磨课;在区层面,我带头做表率,积极参加活动,希望贡献自己的绵薄之力。同时,我努力提升自己的专业思想、知识和理论,通过反思与实践,在教师专业化的道路上不断完善自我、发展自我,为实现专家型教师的目标而不懈奋斗。

教育工作是一项常做常新、永无止境的工作。一分春华，一分秋实，未来的日子里，我将继续砥砺前行，不负韶华。

项臻宇：2012—2013学年上海市见习教师规范化培训学员，基地校为上海市格致初级中学。一级教师。毕业于上海师范大学美术学师范专业，现任上海市格致初级中学美术教师。曾荣获黄浦区美术学科"教学新秀"称号、国际少年儿童航空绘画上海赛区优秀辅导教师奖、上海市中小学中青年教师教学评选活动一等奖。《靠近探索的"大门"》《产品设计——身边的灯》《探究生活问题，培养设计思维》等多篇文章发表于各类刊物上。

教育感言：欲变世界先变其身，行而不辍未来可期。

一课、一书、一言、一世界

上海市嘉定区教育学院 孙 饴

2012年,我从华东师范大学英语语言文学专业毕业,来到上海交大附中嘉定分校,成了一名光荣的人民教师。

记得在面试的最后一个环节,校长们提问道:"你有什么问题要问我们吗?"作为一名即将踏上工作岗位的应届毕业生,我对未来的职业发展满怀憧憬,但同时又有些许忐忑。"不知道对新教师会有怎样的培训呢?"针对我的问题,校长们笑着回答道:"你们新教师将会得到来自各方面的帮助。"

其中之一,就是工作后紧随而至的见习教师规范化培训。

学生为什么要读这篇文章?

培训中,我听了各种讲座,专家们常常提到一个关键的理念——以学生为本,但到底什么是以学生为本呢?我又该如何照顾到班里每一位学生的需求呢?在第一年的授课中,我时常被这个问题困扰着,直到一次讲座中听到这样一段话:

一位老师谈到,在教阅读时,有时学生不愿意读文章,而自己通常想的是,这么好的文章学生为什么不愿意读呢?其实,这就是没有站在学生的角度思考问题。想象一下,如果你是学生,让你读这篇文章,你愿意吗?这篇文章读或不读对学生来说有什么影响吗?读这篇文章对学生的生活或思想有什么意义吗?

这段话对我的启发很大。回想自己当年接受的高中教育,老师很少告诉我们为什么要读某一篇文章,可能只是因为教科书上有,所以便读了。多年来,我也已经习惯了这样一种学习方式。但实际上,这样的教学事倍功半。就好比一个酒瓶，教师拼命地想将美酒装进学生的酒瓶中，但酒瓶的瓶盖并没有完全打开，有些美酒顺利地灌进酒瓶，更多的则溢在瓶外。现在想来，要让学生对学习产生兴趣，必须让学生明白为什么要学这样东西，只有让学生的心完全敞开，学习才能达到最好的效果。古人说的"不愤不启，不悱不发"也是这个道理，教师应该把握教育时机或创造有效的教育情境，来启发学生对知识的渴望，使学生能自觉、主动地学习。学生一旦有了学习的热情和需求，就像一个酒瓶打开了盖子，很容易就装得满满的。

从那以后，我经常在教学实践中这样反思：如果我是学生，我喜欢听怎样的课？我觉得怎样的老师是在浪费时间？我希望参与怎样的课堂活动？我希望得到哪些提升？其实，只要做好开启酒瓶盖这一步，后续的大多数问题就迎刃而解了。用英语来说，就是 Learning will take care of itself。

我能教这样的孩子吗？

在培训中，令我感触最深的就是嘉定区成佳学校的教学展示。在此之前，我完全不知道还有像成佳学校这样专门为智障学生提供教育的学校。

那天，在课堂展示开始前，我看到台上坐着的孩子们，既满怀好奇又捏了一把汗。好奇是因为不知道教师究竟用什么方法将这样的孩子组织起来，捏一把汗是因为担心这群孩子的智力障碍会导致课堂状况百出。看着这些智障孩子，再想想自己的学生，我不免心生"同情"。结果，听完两节课后，我完全改变了先前的想法，我深深地意识到这些孩子需要的不是同情，而是鼓励。也许是教师在无形中传递出的"你们不比正常孩子差"的信念，让这群孩子觉得自己与他人并没有什么不同。课堂上，教师不厌其烦地重复着看似极其简单的文本内容，学生们一遍一遍地学习，在教师一句句鼓励的话语中，整个课堂形成了一种奇妙的融洽氛围，我甚至觉得大多数孩子都达到了心理学上所说的"心流"体验。在读后展示环节，学生们还将《风姑娘》的故事表演出来，效果不亚于任何一所普通学校的学生。观摩了成佳学校的课堂展示后，我顿时觉得自己无比渺小。如果让我来做这些智障孩子的老师，我能不能有成佳学校这些教师的耐心和坚毅呢？

那次展示可以说是对"有教无类"最好的诠释，它使我在之后的教学中不随便评价任何一个学生的学习能力，我也常常鼓励学生不要跟别人比，要和自己比。我相信，只要看到今天的自己比昨天的自己往前进了一步，那就是一种成功。

教师的工作是重复劳动吗？

在见习教师规范化培训中，我有幸接触到了《致青年教师》这本书，从读第一页起，书中字里行间透出的思想便使我对作者吴非产生了极大的好奇心。上网一查，我才得知吴非原来是一个笔名，作者本人其实是一名语文特级教师，本名王栋生，后因为写杂文才取了"吴非"这一笔名。王栋生老师曾说："有人说我的杂文不像一个中学教师写的，也有邵燕祥等著名杂文家劝我不要再当教师，而去进行专业创作。问他们为什么，他们说教师从事的是'重复劳动'。我觉得是创造性劳动还是重复劳动，不是取决于职业，而是取决于人的职业素质。"

的确，教学到底是怎样一种劳动——是创造性的还是重复性的——是每一个初入教师行业的人都需要好好斟酌的问题。"中小学教学中的简单重复导致一些教师的工作技术含量变小，我由此发现了基础教育某些僵死症的病因之一：教育应当是动态的过程，教育者却可以凭静态的知识储备去完成，教师也就会缺乏专业发展的追求。如是，教师的教学完全可能被其他形式所取代。"王老师在书中所说的这段话强调的正是教师的积累和修为问题，教师用静态的知识储备来教动态变化的学生，长此以往，必然给人以"重复劳动"的错觉。

人们常常把教师的工作比喻为红烛，"燃烧自己点亮他人"，我觉得这句话不仅指教师的辛勤劳动，还形容教师知识储备的燃尽。和其他行业一样，教师绝不能停滞不前，而要不断地充实自己。作为一名高中教师，我不能因为高中三年看似有限的教学内容而放弃自己的专业修行。古人云："取乎其上，得乎其中；取乎其中，得乎其下；取乎其下，则无所得矣。"教师必须不断修业，融会贯通，才能将课堂变得有效。

教师的修为不仅体现在学科专业上，还体现在教学内容和教学方法的研究、更新上，这就离不开对学生的了解。中学生，尤其是高中生，知识体系非常全面，覆盖的广度几乎超过所有教师。我曾经读到过这样一句话："一个人高中时的知识面往往超过他人生中的任何一个时刻。"因此，若要和高中生进行更有效的沟通，教师必须对学生所学的各个学科都有所了解，哪怕只是略知一二。"教师应当要比一般人会学"，中学里的学习机会其实相当多，各科知识都能找到对应科目的教师求教，这岂不是一件人生乐事？通过相互求教，教师也能找回当年读书时的感觉，理解学生的不易，明白教育不能速成，从而更加耐心地教导学生。

要培养出有修为的学生，教师首先必须自修。具备了与时俱进的知识体系和宽广的视野，再加上勤于思考，教师的创造力自然紧随而至。我们常说要培养学生的创造性思维，但如果教师自己都没有创造力，学生的创造力又从何谈起呢？师者如果能多一分自修，多一分思考，哪怕是在表扬学生时的小小改变、总结错题时的小小创新，或是讲解方式上的小小进步，都能为学生树立创新的榜样。要知道，教师不只是知识仓库，更是一个思想者和实践家。

你想成为专家型教师吗？

在见习教师规范化培训中，我还接触到了许多教育教学类的名词，其中印象最深的就是"教师发展的三个阶段"——新手型教师、熟手型教师和专家型教师。那时，我就立下志向，要成为一名专家型教师。美国教育专家丽莲·凯兹博士曾说："教师专业化的起点，在于愿意去思考问题，并尝试提出自己的改进方案。"在这句话的驱动下，我常常在备忘录里记下突然想到的一些小问题或小灵感，并在空闲时再进行文献查找、阅读和研究。

英语中有一个短语，叫作 Beginner's mind，可以翻译为"初学者之心"或"新手思维"，指任何人在接触一样新事物或进入一个新环境时，感官都会放大数倍，对一切事物和信息都怀着一种新鲜感和敬意，同时也不会按照"局内人"的惯常思路来思考问题，常常会找出创造性的解决方案。"新手思维"是非常宝贵的，也是许多人工作五年之后就不会再出现的状态。因此,如何在这一阶段利用放大数倍的感官来感知和理解教学,又如何利用"局外人"的思路来观察学生和他们所接受的教育,对新教师的职业发展来说是一笔巨大的财富。而见习教师规范化培训恰好出现在这个关键阶段,其间所读的书、所听的课、所参加的讲座、所接触到的理念、所养成的小习惯,我至今记忆犹新或仍在坚持,或许这就是见习教师规范化培训带给我的最珍贵的礼物。

孙饴:2012—2013学年上海市见习教师规范化培训学员,基地校为上海交通大学附属中学嘉定分校。高级教师。毕业于华东师范大学,现任嘉定区高中英语教研员。曾荣获第五届全国中小学外语教师教学能手、上海市教学能手、嘉定区青年领军人才等荣誉称号。多篇论文发表于全国核心期刊。

教育感言:教师是一辈子的修业、修身、修心。

一路前行　一路感悟

上海市普陀区真如文英中心小学　吴玉莲

2013年研究生毕业后，我进入真如文英中心小学担任数学教师。从一名见习教师规范化培训学员到如今有了七年工作经历的青年教师，一路走来，我在不断的研习浸润中，理念有了更新、实践有了策略、思维有了提升、行为有了变革，教育情意也得以升华。

基地学校的"浸润式"培训、聘任学校的"跟岗式"培训、教育学院的"集中式"培训……见习教师规范化培训不仅为我开启了学习的大门，还为我提供了全时空、全天候、全方位的研习平台，让我勇于正视短板，不再跟着感觉走，从而使课堂变得更加精准、教学变得更加有效。在此过程中我也有了许多感悟。

感悟教师的能耐

◆ 耐得住"贫"

记得见习规培时，不止一位培训的老师说过，选择了教师，就是选择了"清贫"。当时我还半信半疑，直到拿到第一个月工资，才发现做教师真的很"清贫"。接下来的日子，我忙着应付各种教学任务，心里渐渐有点不耐烦。

转变的契机出现在第一届毕业典礼上，当视频里回顾着我和孩子们点点滴滴的故事，往日的一幕幕浮现在我眼前，经历过的老师都知道，那是自己五年的青春啊！如果按年计算，我可以从教三十年，可是按照一轮一轮算，我也许只能送走五届毕业生，这是我教师生涯的五分之一。看到每一朵花都开得如此灿烂，我终于明白了教师要守住的"清贫"就是职业操守。

刚毕业的我们总以为自己很有能耐,不应该只拿这点工资,随之而来的便是各种吐槽。在这个过程中,我们迷失了自己,失去了职业操守,对学生恶语相向等一系列不良行为就逐渐暴露出来……只有记住自己作为教师的初衷,记住"学高为师,身正为范",守得住"清贫",我们才能收获最厚重的"财富"——孩子们的笑容。

◆ 耐得住"静"

"为他人作嫁衣"在某种程度上可以用来形容教师这个职业。刚入职不久,我就有幸参加了"乐学杯"的教学评比,因为不是科班出身,领悟能力不够,带教师傅便陪着我一字一句地准备教案,整整花了一个月。最后我获得了不错的成绩,但师傅并没有得到什么实质性的荣誉。我心里觉得挺对不住她的,师傅却开玩笑地说大家都是"为娘的心"。

经过多年的教学,如今我也成了他人的师傅,自然明白了这份"心"。竞争无处不在,教师虽然面对的是学生,但有时候也会眼红、心动,这时我们一定要耐得住"静",不因无回报而不作为,要有一颗为他人作嫁衣的"为娘的心",这样才能为每一位青年教师的成长成才指引方向,为每一位学生的成长成才无私奉献。只有"静心"从教,才能"精心"从教。

◆ 耐得住"怨"

刚开始做老师的时候,我因为经验不足,上课时间不够用,无法对个别学生进行辅导,所以常常在放学后将学生留下来单独查缺补漏。看着他们成绩逐步提升,我心里很满足。有一次,我把一名学生留到了下午5点,家长在班级群里直接指责老师留得太晚,让家长在外面站了很久,还恶语相向说没有师德,这对刚上班的我来说是很大的打击。我觉得家长无理取闹,但又不能去争辩什么,这件事让我心里窝火了很久,我不明白自己怎么就没有师德了,我累死累活为学生补课,家长却还不理解我,这是何苦!此后,我每天让这个学生按时回家,结果这个孩子的成绩一落千丈,后来她的家长也找到我寻求解决的方法。

我询问带教师傅,师傅说:"小吴呀,肚子看来还不够大呀!"我先是一愣,接着恍然大悟:是呀,肚子不大怎么撑船呢?作为教师"心要大"。后来我和这位家长一起商量了解决方法。其实现在想来,当初的我的确考虑不周,没有及时发短信告知家长学生要晚下去半小时,没有考虑到负责接送的是孩子的爷爷奶奶,他们年纪大了,怎能在寒风中等半小时?看着别家的孩子都准时回家,他们面子上当然挂不住,有怨气也是应该的。所谓"吃一堑长一智",每一位教师在成长的道路上都会遇到各种不理解或埋怨,我们不应该采取置之不理的消极态度,而应该从中吸取经验,反思自己是否考虑不周、下次应当如何处理,这样才能不断成长,真正做到合理释怀。

◆ 耐得住"烦"

做了教师以后我才发现,教学是最简单的事,最让人应接不暇的是学生的心理健康问题、同学之间的相处问题、各种开课、论文等一件件看似和教学无关的事。通过一年的见习规培,我明白了教育的内容不仅是教书,还包括各个方面,教师需要巧妙地处理各种教育问题,妥善地安排各种事务。所幸在我成长的道路上,一直有诸多前辈指导我、帮助我,我才得以不断成长。

感悟教师的不易

◆ 从"新"出发

随着教育信息化的飞速发展,我认为如今的教师不仅要教授学生知识,更需要关注学生综合素质的培养;不仅要提供教学资源,更要提供优质的教学资源;不仅要对学生进行评价,更要进行精准的评价;不仅要让学生学会学习,更要让他们深度学习、个性化学习。这就需要青年教师响应"育时代新人"的号召,积极主动地做出改变,不断从"新"出发。

"薛老师,你都评出中高了,都是老教师了,怎么上课前还要备课那么久,还要看'空中课堂'的老师上课呀,不应该信手拈来吗?"

"每一批学生的情况都不同,每一位老师教学的角度也不同,还是要多学习,不能死教教材。"

这句话开启了我教学的思维大门,教师不应该教教材,而要用教材教,即"授人以鱼,不如授人以渔"。而要有资格、有能力授人以渔,就要丰富自己的知识储备。于是,我买了各种版本的数学教材,对教材进行重组,因为只有"读厚教材"才能"增容量",才能对知识"动筋骨",真正做到胸有成竹地"读薄教材"。

因此,教师应当保持着一颗学习的心,每次都从"新"出发,做到功在课前、效在课上。

◆ 从"心"出发

记得刚入职时,考试还不是等第制,作为青年教师的我总希望学生的平均分能超过成熟型教师,因此在日常教学中常常就学生知识获取的多少展开"较量",就知识目标的达成进行"加速",这种"较量""加速"导致学生陷入题海战术,核心素养难以得到发展。

读《静待花开——百位特级谈育人智慧》这本书时,《不一定第一,但绝对唯一》一文中这样写道:"每个人都拥有不同的种子,不做第一也没有关系,本来就是特别的唯一。"作为教师,我们不应当在追求成绩的路上疲于奔命,而应该鼓励学生成为不一样的自己。正如我校的办学理念"一样的成功,不一样的成长",每个孩子的成长经历都应当是适合他们自己的,不能仅凭分数而片面地看待任何一个学生,也不能为了自己的教学成绩剥夺学生发展的权利。教师应当从"心"出发——不仅从教师的心,更要从学生的心,让每一朵花都有绽放的理由。

感悟行之有效的成长之路

◆ 潜心科研为学

琴叶珊瑚是花期最长的花,可以花开四季,而教师心中花期最长的花当然是孩子们。为了让他们开得更美、花期更长,教师不仅需要年复一年的课堂磨砺,还需要沉下心思索。

"你的目标里,有的不切实际,刚入职一年,不应该给自己定下写课题的目标,教学内容都没梳理清楚,怎能静下心思考?你应该先从课题组成员做起,不断学习、积累,然后再争取有自己的课题。"这句话让我至今难忘。刚开始确定目标时,我总是人云亦云,给自己设定一些不切实际的目标,最后往往无疾而终,因为根本做不到。

从第二年开始,我一边致力于教学,一边研究学术论文,在实践中反思,在反思中成长,各类课题、论文评比都收获颇丰,课堂教学也变得更加得心应手。当徒弟问我为何能够精准把握教学内容时,我告诉他,除了默默地耕耘,还要不断地反思,科研能够快速促进教师的教学成长,再结合实践系统地反思教学中的问题,两者相辅相成。

◆ 全面发展为精

因为各方面表现较为突出,我在担任党支部委员、团支部书记、见习教导等诸多职务的同时还负责两个班级的数学教学工作。虽然忙碌,但我发现这些经历都是宝贵的财富,因为我的教学观在不断改变,我开始站得更高、想得更远。

一路走来,团队的协作共赢让我对自身的责任有了更清晰的界定。一方面,以学校工作计划为指导思想和总目标,通过身先示范、优势互补,积极组织各个层面的教学研究,努力提高教师的业务水平;另一方面,在学科教学管理中,用精细化管理的思想推动学科教学质量发展。

2019年是我走上国际舞台的一年,我有幸参与了中英数学教师教学交流项目,将自己的教学经验和中国的数学文化传播出去。作为一名上海教师,我感到无比激动、无比自豪,而这些都离不开陪伴我一路走来的良师益友。

◆ 立足岗位为爱

作为教师,我深知自己承担着践行素质教育理念和科学发展观的重任,因此必须敢于创新,在课堂教学和教育实践中寻求新途径、新方法、新思路。作为管理者,我在提升自身的执行力、领导力上还需要不断磨炼,充分挖掘自身的潜能,为学校发展、为教育转型、为提升学生的学习生活品质和核心素养贡献一份力量。

回顾见习规培的一年,是懵懂的一年,也是收获的一年,当时的许多困惑如今已成为伴我成长的至理名言。今后,我会继续做一名"平凡努力着的实践者",不断努力,不断实践,将我的所思、所行、所得讲给更多的人听。

吴玉莲:2013—2014学年上海市见习教师规范化培训学员,基地校为上海市普陀区江宁学校。一级教师。毕业于上海师范大学教育技术学专业,现任上海市普陀区真如文英中心小学党支部委员、团支部书记、科研室主任、师训管理员。曾荣获第十二届"乐学杯"学习设计评选二等奖、第二十五届年会"三优"评选录像课和论文一等奖、第十三届全国教师教学设计创意大赛一等奖、普陀区教育系统第六届"我心目中的好老师"称号、第二届上海市中小学教育信息化应用推进活动"信息化教学能手"称号等。在《普陀教育》《教育传播与技术》等杂志上发表《多元情境培养数据分析观念》《小学数学微课学习资源的设计及应用研究》《小学数学翻转课堂教学模式设计及实施》等多篇文章。

教育感言:耕耘不辍,且行且思。

我和你，"心"连"行"

上海市浦东新区御桥小学　侯琳燕

2008年北京奥运会开幕式，刘欢的一曲《我和你》深深地打动了当时还是一名学生的我——"我和你，心连心，共住地球村。为梦想，千里行，相会在北京……"

2013年，刚成为教师的我来到浦东新区上南实验小学，加入了见习教师规范化培训的队伍。从那以后，我和我的导师之间形成了"我和你"，我和我的学生之间形成了"我和你"，我和浦东教育之间形成了"我和你"。

八年已逝，光阴荏苒，但那首"我和你，心连心，为梦想，砥砺行"的教育之歌，一直伴随着我的成长之路。

你引领着我——如手如足

王倩老师是我见习教师规范化培训的学科师傅，她经验丰富，善于钻研，乐于创新。培训期间，她总是手把手地教导我，耐心地为我答疑解惑，引领我在数学教学的海洋中扬帆起航。

犹记得第一次上诊断课时我的茫然和无措。那是一年级的"讲讲算算（一）"，我站在讲台前如同倒豆子般滔滔不绝，孩子们只能按照我的讲解机械性地学习。

课后，王老师并没有立刻对我的课作出评价。她带着我对几名孩子做了课后调研，请他们根据"5+4=9"编个数学小故事。小彦讲了一个关于"合并"的故事。小舒立刻否定了他："你说得不对！"我有些纳闷，因为加法是可以编"合并"和"添加"两种故事的。于是我问小舒："为什么你觉得不对？"她振振有词地答道："因为侯老师你上课时用了'添加',小彦却用了'合并',所以错啦!"我大窘,连忙求助地望向王老师。王老师朝我笑了笑,给小彦点了个赞,并告诉小舒,虽然侯老师上课只举了"添加"的例子,但"合并"确实也是加法的含义之一。

之后的研讨中,在王老师的循循善诱下,我慢慢认识到:课堂不应该只是我一个人的舞台,它更是教师与学生深入交流、深刻碰撞的主阵地。王老师还带我学习了新课标中的相关内容,让我明白了真正的数学课堂绝不能以教师一个人的讲解取代学生的探究和交流,应充分利用课堂的双边特性、互动特点,通过有效引导,吸引学生的注意力,提高学生的参与度,推动他们的合作探究,从而发展他们的创新思维。

带着更新后的教学观念,我在同单元的"加与减"中巧妙地设计了"都来摆一摆"的探究活动。情境引入后,我先向孩子们介绍了"计数条"这个好朋友,接着请他们根据已学的知识,大胆猜测,勇敢尝试,尽情讨论,通过同桌合作探究,用计数条简化数学故事情境,并根据所摆放的计数条列算式写得数。这是孩子们第一次进行合作探究小组活动。刚开始他们有些畏首畏尾,于是我走到孩子们中间,俯下身,引导其中一组完成了探究任务,并请他们向全班做了示范,这时孩子们总算摸到了其中的窍门。我继续巡视,走到那些面露难色的孩子身边,柔声地引导他们。渐渐地,孩子们都有模有样地开展起合作探究活动。小楠同学悄悄告诉我:"侯老师,这样的数学课真好玩,以后我还想上更多这样的课。"在随后的分享环节,学生们的踊跃发言仿佛汇成了一首动人的乐曲。课堂上不再只有"我"的声音,还有许许多多个"你"的个性表达。就这样,孩子们在合作探究中体验、感悟、习得,而我也在导师的指导下不断发现、思考、改进。

我模仿着你——如琢如磨

虽然见习教师规范化培训已过去好多年,但师傅的谆谆教导一直铭刻在我心间,我模仿着,琢磨着,在数学教学的海洋中奋勇前行。

尺有所短,寸有所长,一个班的孩子学习水平总有高低不同。规培期间,王老师的因材施教和个性化辅导给我留下了深刻的印象,我希望自己也能成为像她那样的好老师。

2016年,我的班上转来一个长期在澳大利亚生活的孩子小卓。记得初见这个小女孩时,她因为中文不好羞涩地躲在妈妈身后,她的数学基础和同龄人相比也差很多,该怎么办呢?我回忆起王老师日常教学的点点滴滴,突然想到了一个好办法——和小卓约定每天放学后进行"你我一小时快乐学习"。第一个月,小卓非常用心,但有一天,我发现她的情绪有点低落。"小卓,你怎么了?"她沉默了一会儿,摆了摆手。我将她搂进怀里,轻拍她的背,试着问道:"是觉得学习太累了吗?"许久,小卓支支吾吾地说:"我听见小杨和小玉说放学了要一起去游乐园玩。"我心疼极了,爱玩毕竟是孩子的天性。于是我捧着小卓的脸,笑着说:"小卓,你最近进步非常大,侯老师邀请你一起去游乐园玩吧。"小卓却哭丧着小脸拒绝了我。我取出一根橡皮筋,请她用力拉一拉,并解释道:"橡皮筋虽然有弹性,但一直绷得太紧是会断掉的。"看着小卓似懂非懂的样子,我接着说:"数学来自生活,我们学习数学是为了使它更好地服务于生活,今天侯老师请你去游乐园,并不仅仅是玩,还要请你找一找,看看游乐园里藏了什么数学小故事。"

第二天,到了约定的学习时间,小卓兴冲冲地跑过来,手舞足蹈地告诉我自己找到的数学小故事:"一共有14个小朋友想要玩碰碰车,但是只有8辆碰碰车,侯老师你猜有多少小朋友在排队?"我假装不知道。"是14-8=6,一共有6个小朋友!"我赞许地冲她竖起大拇指,紧接着又趁热打铁,提议道:"明天的预备铃时间,你能不能和大家分享这个数学故事呢?"看到小卓有些犹豫,我继续为她加油鼓劲:"你刚刚说得特别好,等会侯老师先和你一起模拟,明天让同学们刮目相看!"于是我带着小卓来到空教室,一遍又一遍地练习,并请她记录下每一次的小失误。

次日的预备铃时间,小卓勇敢地站在全班同学面前,把自己的数学小故事流利地叙述了一遍,并在黑板上完成了解答。大家都对她报以热烈的掌声。从那以后,小卓学习数学的热情一下子高涨了许多,自信心和积极性也被大大激发。

我和小卓"你我一小时快乐学习"的约定一直持续到学期末。最终,小卓的数学成绩赶上了班里的大部分同学,甚至好几次名列前茅。为此,小卓的妈妈还特意给我写了一封长达七页的感谢信。

你成就了我——如诗如歌

师傅的培育为我提供能量,学生的成长给我带来快乐,对外的交流为我创设平台。作为我教育之歌的起点,见习教师规范化培训在我从教的八年里,不断地影响着我,促进我在学习中成长,在成长中发展,在发展中成事成人……

2018年,我有幸入选"中英数学教师交流项目",作为上海数学教师代表远赴英国进行交流指导。在伯明翰的一所小学里,我带着辖区内的数学教师一起分析学情、组织备课,为上百名英国教育工作者进行示范教学。

由于英国没有统一的小学数学教材,授课内容也不如上海有系统性,因此为了调动学生的积极性,我结合8—9岁儿童的特点,设计了三只不同的小青蛙,并请孩子们为这三只小青蛙取名字。在随后两周的教学中,这三只由孩子们命名的小青蛙迅速成为打开他们数学学习大门的金钥匙。学习4、8、6的乘法时,小青蛙在数射线上跳跃;学习解决问题时,小青蛙是故事里的主角;完成课堂练习时,小青蛙被印在练习纸上,作为激励孩子的奖章。这种数学中有故事、故事中有情趣、情趣中有思考的教学方法让英国教师们直呼精彩,举一反三的变式练习和生成性评价所带来的高效课堂更是让英国同行们大开眼界。

告别会上,当我推开小礼堂门的那一刹那,全体师生为我放了三个大"烟花"(表扬的一种形式)。Donna老师紧紧地拥抱我,并向我解释:"侯老师,两周来您为我们的孩子放了许多'烟花',为我们的老师提供了很多帮助,不仅打开了大家关于数学教学的思路,更坚定了我们研究数学教学的决心。今天,我们也为您放三个'烟花'。谢谢您来到英国!"那一刻,绽放在我心头的不仅是感动的"烟花",更是教育薪火相传的"li 花"——是友谊之"礼",更是数学之"理"。

从参加见习教师规范化培训到远赴海外传播上海教育的先进理念,我发现教育是没有国界的,教育需要将心比心。在这八年间,规培中的所学所感不断助力着我的专业成长。我曾多次登上区级数学教学展示的舞台,三次受邀前往公民结对学校、云南结对学校上教学展示课,两次入选"中英数学教师交流项目"赴英国传播上海数学的教学方法,更有幸在疫情期间加入"联合国教科文组织教师教育中心小学数学课程以及电子资源库的研发项目"。我还将教学实践后的反思和研究撰写成文,连续四年参加"黄浦杯"征文评选并获奖,连续两年荣获市级教学评优奖项。2019、2020学年,我更是以导师的身份回归见习教师规范化培训,在我的辅导下,小孙老师的考评课获得"优秀",我自己也荣获"优秀导师"称号。从学员变成导师,从"我"变成"你",这个过程诠释了我对教育的执着与热忱。

在人生的道路上,我刚三十而立。在未来的职业发展中,我将始终践行"四立":立足本原,做到实践性和操作性的相融;立足增能,做到批判性和科学性的相处;立足强化,做到针对性和可行性的相配;立足高远,做到思辨性和发展性的相长。作为曾经的职初教师,我不会忘记导师对我的倾心、关心、润心;作为如今的新秀教师,我将一如既往地努力研行、前行、奋行。我和你,永远"心"连"行"!

侯琳燕:2013—2014学年上海市见习教师规范化培训学员,基地校为上海市浦东新区上南实验小学。一级教师。毕业于上海师范大学计算机科学与技术和财务管理双专业,现任上海市浦东新区御桥小学数学教导、大队辅导员兼团支部书记。曾荣获上海市优秀少先队辅导员、上海市"金爱心"教师、中英数学教师交流项目优秀学员、见习教师规范化培训优秀导师、区教育系统优秀共青团干部、区辅导员技能大赛特等奖等。《建设倾听的课堂需要教师的实践智慧》收录于《读书与成长》一书,另有多篇文章获"黄浦杯"征文上海市三等奖。

教育感言:坚守初心,砺行致远;用心钻研,静待花开。

青涩起步,奔三尺讲台而往

上海市复兴高级中学　王欣磊

2014年,我参加了见习教师规范化培训。多年来,在班主任带教付文治老师和学科带教江磊老师的指导下,我逐渐褪去青涩,在三尺讲台上挥洒着青春的汗水。

青涩·苦涩·微甜

第一届学生中的一个女生曾在毕业时谈起她对我的第一印象。军训的第一天,她看到班里出现了一位不穿校服的男生,于是在心里默念:"这个男生好拽啊,老师在群里三令五申要穿校服,军训有铁的纪律,看班主任来了怎么收拾他!"可没想到这个不穿校服的男生后来走上了讲台,带着35位学生度过了他们的高中三年,那就是当时稚嫩、青涩的我。

对学生而言,与其说我是老师,不如说我是个大几岁的哥哥。这一届学生中令我印象最深的是一位姓潘的男生,他成绩优异,但性格过于执拗,高二时因遭遇情感挫折,负面情绪全面爆发,有一次甚至半夜离家出走,幸好被我追回。坦白说,当时我每天都提心吊胆,生怕各部门领导打电话来说(5)班的小潘又出事了。

愈演愈烈的情绪宣泄,让小潘一直游走在学校规则的边缘。高二上学期的一天,他和所谓的"情敌"发生口角,踢碎了学校的公共玻璃。小潘父亲刚到校准备处理此事,令人哭笑不得的事情发生了——小潘情绪激动地要冲进教室打人,我和小潘父亲立刻上前阻止。这可是一米八五的大高个啊!我们拼尽全力将小潘按倒。事后,逾越红线的小潘很后悔,在校领导的帮助下,我们展开了多次沟通,最后小潘打开心结,主动道歉赔偿。如今小潘已考入新加坡国立大学,这件事成了他人生中的一段小插曲。作为班主任,我也早就忘记了混战后的浑身酸痛,留下的只有满满的安心与慰藉。

2017年起,我开始担任年级组长,在应对各类学生问题方面也算过来人了。在任职的三年期间,我夯实德育工作,狠抓学风建设,最终将这届学生送入理想的学府。看到光荣榜的那一刻,我深深地品尝到历经苦涩后的丝丝甘甜。

起步·探寻·钻研

路在脚下延伸,而我刚刚起步。从无机到有机,从臭氧到乙醚,从勒沙特列原理到元素周期律,化学的世界里处处留下了我带领学生探寻的足迹。见习规培帮助我坚定了长期从教、终身从教的信念。站在讲台上,望着学生求知若渴的眼神,我备感荣幸,又深感责任重大,教书育人的使命感和幸福感油然而生。

学科带教江磊老师经验丰富,和我一样对化学极其热爱,他告诉我化学是一门以实验为基础的学科,而在中学化学的教学中,实验教学可以激发学生学习化学的兴趣,"化学实验能向学生展示大自然的神奇与规律,实验探究能教会学生透过现象看本质的逻辑思维,动手实验能引领学生以一种清晰又直观的方式汲取知识"。我从入职第一年起就喜欢钻研实验,经常和江磊老师一起在实验室调配试剂、改进方案。半年后,我第一次参加市级比赛,和师傅一同向专家阐述实验原理,最终获得上海市创新实验大赛三等奖,虽然名次不高,对我却是莫大的激励。

新高考改革后,每年指导学生进行研究性课题,我都坚持与学生奋战在实验室的第一线。2017年春节假期,正逢上海市创新大赛终审的截止日,从大年初四开始,我和小组的学生白天反复验证实验数据,推敲实验步骤,晚上搜索文献支撑,打磨论文语句。实验的过程是无比艰辛的,除了那些臭气熏天的物质,操作时稍有不慎还可能被烫伤,最熬人的就是一站几个小时……好在我们的辛勤付出得到了回报,最终获得了上海市二等奖。在高三综合评价时,一些主要参与的学生还因该课题被认定具有创新潜质进入复旦大学化学系深造。一想到有学生因为我的付出与努力,愿意在化学学科的道路上深造,我心中感到无比自豪,这应该就是一种文化的传承、思维的接续。

在化学实验的钻研之路上,我不敢有一丝懈怠。继 2020 年在市级共享课程中分享经验后,2021 年我申请的有关化学教学实验的虹口区青年教师课题也成功立项。今后,我将继续在研究之路上默默耕耘,孜孜不倦。

磨砺·成长·享受

青年教师想要立足讲台,根本在课堂,教师素养的提高更是举足轻重。通过几年的教育教学经历,我深深地体会到素质高低决定着你是不是一名合格的教师。随着新高考制度的改革,在区教研员和带教导师的影响下,我日益关注学生学习能力的培养,在课堂上高结构设计低结构实施,以学生为主体,留空留白。高三一年实践"高效课堂"的教学效果显而易见:2017 届毕业班中,我任教的两个班级的平均 A 率达到 80%;2020 届我任教的两个班级的平均 A 率超过 70%,基本赶上四校的平均水平。

在学科教学方面,带教导师带着我一步一个脚印,在磨砺中不断地提升技能。我印象最深的是,2014 年学校派我前往郑州二中参加"同课异构"活动。接到这个任务时,我正和学生在奉贤的学农基地参加劳动教育。当时我没有学生可以试讲,江磊老师在结束一天的带队工作后,顾不上休息,一遍遍地听我讲课,一句句地帮我打磨讲稿,这个过程整整持续了五天。在那次"同课异构"教学展示中,我自信满满,应付自如,而这样的底气正来自江磊老师的无私帮助,来自见习规培带来的良好师徒关系。在过去的七年里,我先后获得了 2017 年虹口区教学技能大赛中学化学一等奖、2019 年上海中青年教师技能大赛一等奖与 2019 年"一师一优课"教育部级优课、上海市优课。在疫情期间,我也贡献了自己的力量,录制了两节"空中课堂"高三复习课。

见习规培最大的作用在于教会我注重课堂设计的每个细节。"甲烷"是我获得上海市一等奖的一节课,其中有一个教学活动是请学生尝试搭建甲烷的结构模型。我的学生通过预习往往都能搭建正确的模型,可光知道正确的答案是不够的,教学更需要让学生掌握思考的过程和空间构建的方法,提升证据推理的能力。如何将思维可视化成了这节课的设计难点。虽然我是一名高中教师,但在见习规培期间,我常常有机会参加初中的培训,或观摩区心理基地的活动。在小学和初中的科学课堂上,我发现用泡沫塑料球搭建模型时能留下孔洞,而通过这个简单的孔洞就能推理学生的思维过程,做到"思维可视化"。我马上将这种教具应用于课堂教学设计,果然小小的泡沫塑料球成了这节课的一大亮点。

从教以来,我一直用带教导师传授的"五心"演绎着自己的教学故事——全心投入、精心雕琢、用心积累、细心关注、尽心育人。培训结束后的三年是我独立担任班主任的三年,虽然其间有太多的艰辛,但大到危机处理、班级管理,小到开家长会、座位编排,我在见习规培中都已反复演练,因此很快就能上手。

就这样,我全身心地投入到工作中,享受每一段难忘的经历。不管前方的道路是荆棘丛生还是布满沼泽,我都勇往直前,决不退缩。三尺讲台上有刺激的氯气,也有硫化氢的臭气,更有乙酸乙酯醉人的香气。品尝过种种滋味后,我愈来愈意识到,自己离不开这个职业,这个职业也需要我。

习近平总书记说:"奋斗是青春最亮丽的底色。"青春在讲台,奋斗在未来。我愿献出青春的光和热,守三尺讲台笑看人生晴雨路,持一支粉笔甘做两袖清风人!

王欣磊:2013—2014学年上海市见习教师规范化培训学员,基地校为上海市复兴高级中学。一级教师。毕业于华东师范大学化学教育专业,现任上海市复兴高级中学化学教师、年级组长和教工团团委书记。上海市第十期青年化学教师研修班成员、市攻关计划学科秘书、虹口区"教学能手"和种子计划成员。曾荣获上海中青年教学比赛中学化学一等奖、"一师一优课"部级优课、虹口区教学技能一等奖。

教育感言:全心投入,精心雕琢,用心积累,细心关注,尽心育人。

点灯人的点灯人

上海市浦东新区小螺号幼儿园　姬　好

"新教师上岗,要吃三年萝卜干饭哦。"

在为我们这批参加见习教师规范化培训的学员作讲座时,基地导师这句玩笑话颇耐人寻味——这是劝导、告诫,还是鼓励、希冀?

我花了不止三年的时间,一面慢慢咀嚼"萝卜干",一面有幸品味孩子、家长、师友赠予的盛宴。教育路从此始,曲折幽深;所幸漫漫长路,有人掌灯。

2015年9月,我进入小螺号幼儿园,开启了幼儿园教师的职业生涯,同时也成了见习教师规范化培训的学员。我工作的幼儿园恰好是我的基地学校,导师们就是每日相见的前辈,这为我的学习提供了许多便利——沉浸式的耳濡目染,固定时段的菜单式培训,岂不美哉?

在签约仪式上,所有学员与导师签订了一年的带教合同。当得知自己的带教导师是园长董磊老师时,我的内心上演了一幕无比纠结的大戏:

"哎呀,天选之子呀,被头头钦点了!"

"董老师又没有自己的班级,以后听导师课的记录怎么写?那么多次呢……"

"董老师那么忙,不会没时间管我吧?"

"这下可不敢犯错了,万一被抓包就完蛋了!"

…………

但迎面对上董老师投过来的目光,我的脸上依然要保持镇定的微笑。

解　　围

见习教师培训每周如期举行,导师们发挥所长,对游戏运动、环创区角、家长工作逐一进行讲解。我们这些新教师就像一块块海绵，不停地汲取着营养。

"姬妤，下周二我要听你的半日活动，你准备一下。"董老师笑眯眯地对我说。

对新手老师来说，导师听评半日活动是头等大事。算上周末，我还有四天的准备时间。

"没问题，董老师！"别管压力有多大，先表明"我能行"。

我立刻跑进自己的小(2)班，从餐厅到盥洗室兜了一圈，努力回想培训中导师讲过的半日活动的重点：教室里的布局和设施是否合理、材料提供是否合适、环境对孩子发展有无促进作用……看到这些基础工作一步也没有落下，我稍微松了一口气。环节的安排和过渡、指导语的预设、教学活动的设计，就靠我接下来的努力啦！

整个周末，我都在埋头写活动方案。虽已时隔五年，但我依然能回忆起当时自己紧张和认真的模样——一个新手，对自己的工作充满敬畏之心，希望得到导师的肯定。

我清楚地记得我设计了一个母鸡生蛋的数学活动。为了吸引小班孩子的注意力，我还特意在多媒体课件中加入了母鸡"咯咯哒"的叫声。关上房门，我对着空气试课，一遍又一遍，直到将教案背得一字不差。

听评半日活动当天，运动和游戏按部就班，还算顺利，但"母鸡生蛋"这个活动却让我彻底下不来台。

"小朋友，看谁来了？"

"大母鸡！"

"大母鸡要生蛋啦！"我按下多媒体按钮，大母鸡"咯咯哒"生下五个蛋。

"数一数母鸡生了几个蛋？"

"一、二、三、四、五！"

咦，等等，我这个活动是要解决孩子们的什么难点？怎么他们已经正确地数出来了？那还要老师有什么用？我接下来该说什么？

难道，这个活动只用三个问题就结束了？

三十双眼睛盯着我,董老师目光敏锐,嘴角还带着一丝不易察觉的笑。而我,则像被施了定身术一样,脑子里一片空白,彻底缴械投降。接到我求助的信号后,董老师走上前来替我解围。

"孩子们会唱数,不代表就能手口一致点数,有些孩子自己并不会,混在里面跟着别人数,这些问题都需要你去发现。"董老师一句话点醒了我。

"现在,董老师来做鸡妈妈,请小朋友来做蛋宝宝。我先请一些蛋宝宝来。"孩子们踊跃举手,董老师邀请四位孩子站到前面。

"董老师邀请了几位蛋宝宝,谁能数清楚?"

…………

看着董老师和孩子们积极互动的样子,我松了一口气,也陷入了深深的自责——我怎么表现得这么差,连课都不会上!

活动结束后,董老师没有像我想象中那样批评我,而是用她那过来人的温柔安慰我:新手老师上不好课很正常,必须接受时间的磨炼,一次两次的失败不可怕。董老师交给我一个小小的红色 U 盘,说:"里面是董老师上的一节课的录像,你回去看一看,琢磨一下老师上课的教态,学学如何组织语言、如何回应孩子。你是个聪明孩子,多看多学,会好的。"

"母鸡生蛋"打破了我想在导师心中树立"能干"形象的美好愿望,但我更感谢它暴露了我在教学中的问题。董老师对我的引导和点拨,以及我对教学的思考和钻研,就是从这个失败的活动开始的。见习规培为我提供了很多打磨教学活动的机会,我既挖掘了自己在教学中师幼互动的潜能,也打消了在签约仪式上的不安和疑虑。董老师不再是高高在上的园长,她可敬可亲,耐心睿智,我在专业上的每一步成长都离不开董老师的帮助:见习教师课堂考评荣获"优秀"、"新苗杯"教师教学比赛荣获一等奖、一级教师职称成功评定……如果没有董老师的谆谆教导,在"母鸡生蛋"活动中折戟的我,几年后哪有机会在上百人的展示活动中开课呢!

找　茬

时间过得很快,工作三年的我已是主带班老师了。董老师也从最初走在前面手把手地教变成了如今站在身后为我答疑解惑。

为了办好爱心义卖活动,我和搭班老师忙忙碌碌地筹备了两周多,董老师也在为幼儿园整体活动的设计和实施劳心劳力。活动一共分为两个环节,家长首先聚集在教室里和孩子互动,然后集体到布置好的会场开始义卖。活动当天好不热闹,董老师的身影也出现在每个角落。

送走孩子和家长后,我正在整理教室,董老师喊我去她办公室聊两句。难道今天的活动组织出现问题了?我心里直打鼓。

"先来说说你今天义卖活动的感受吧!"

"活动很热闹,孩子们特别喜欢,我们班的家长也很支持,说这样的活动挺好的,很有意义。"

"我刚刚看到你们在教室里活动的时候,家长坐着,把孩子抱在腿上。我想听听你这样做的原因。"

"哦是的,因为大家围坐下来摆两套椅子太多了,比较拥挤,所以我就没有让孩子们再搬椅子坐。"我忙不迭地解释。

"我知道你一定有自己的考虑,但也会有疏忽的地方。我想给你一点建议,这些孩子已经上大班了,对大班的孩子,我们要提出要求——大孩子了,再坐在家长身上是不合适的,更何况这是在教室呢!你是一个老师,应该明白教育绝非溺爱,要让孩子学会分清场合采取合适的行动。而且,孩子坐在家长腿上时,通常只顾着对家长撒娇,就不会再留心听老师说的话,你自己想想看……"

董老师说的这些话,我之前完全没有思考过。

"还有,家长离开教室的时候,你应该走在前面带好路,而不是留在最后。我知道你是要留下来关灯,但你可以把这件事交给最后出教室的家长来做。"火眼金睛的董老师没有放过任何一个细节。

原来一名老师要在事前考虑得如此周详!董老师在活动时四处巡视,一直在思考如何把活动办得更好。而我却总怕被领导"盯上"后惹麻烦,尽可能地回避董老师的"检阅",殊不知错失了碰撞交流的好机会。一个活动顺利结束,并不意味着过程中没有值得改善的地方。董老师愿意帮我"找茬",利用自己的休息时间对我耳提面命,又准又稳地抓住了我在组织活动时的弱点。成长的道路上,过多的赞美往往容易让人迷失,适时的点醒则会让人终身受益,我希望,这样的"找茬"能再多一点。

棒　喝

一个人漂在上海打拼,实属不易。和许多迷茫的年轻人一样,在看不清未来方向的时候,我总会怀疑自己当下的选择。父母的耳边吹风,朋友的屡次劝告,让我对自己在教育道路上的坚持一度产生了动摇。

思虑再三,我提交了辞职报告。

不料,我这个举动激怒了一向疼惜我的董老师。从来没有对我说过一句重话的董老师狠狠地斥责了我,就像一位妈妈批评固执又冲动的女儿。看着满怀教育理想又确有育人才能的我稀里糊涂地向现实低头,董老师深感心痛、惋惜。

"人人皆会遇到难事,回头看时不过是一时的坎儿。你的热爱难道不值得争取吗?这是你多么喜欢的工作啊!这份喜欢的工作难道不能成为你坚持下去的理由吗?董老师都为你的放弃感到可惜!你根本不知道你在教育这条路上还会经历怎样的风景!"董老师眼睛红了,嗓子也有点哑了。

这段话句句掷地有声,如当头棒喝敲醒了我。董老师是园领导,原本不必为一个小老师的离去动怒。真正让她感到痛心的,是我对放弃教师生涯持无所谓的态度。

我重新审视了自己的教师身份。宣誓时的铮铮誓言、和孩子相处的点点滴滴、董老师的殷切期望,都为我注入了面对种种压力、坚守教育初心的勇气。

与董老师在见习教师培训中结对,是我教育生涯的一大幸事。我用了一年的时间来适应教师这个身份,也愿用一辈子的时间去研读教育这本大书,就像董老师那样,俯身耕耘在苗圃。

我为孩子们执灯前行,努力照亮他们前行的路,是成千上万点灯人中的一员。

董老师则为我拨开迷雾,站在不远处指引着我,驱散我的担忧,抚平我的疑虑。她是点灯人的点灯人,是我铭记一生的恩师。

姬妤:2015—2016学年上海市见习教师规范化培训学员,基地校为上海市浦东新区小螺号幼儿园。一级教师。毕业于华东师范大学学前教育专业,现任上海市浦东新区小螺号幼儿园教师。曾荣获上海市见习教师规范化培训课堂考评优秀、"新苗杯"教案撰写比赛二等奖、教师课堂教学比赛一等奖、上海市中小学幼儿园教师情报综述征文二等奖等。

教育感言:用善和美滋养每一位孩子。

走过格桑花开的路途

东华大学附属实验学校　王德伟

格桑花,又称格桑梅朵,是一种在雪域高原迎风怒放的生命力旺盛的花,因"格桑"在藏语里是美好、幸福之意,所以当地藏民又称其为幸福花。千百年来,格桑花在人们心中就是神圣而美好的象征,很多与格桑花有关的歌谣、故事流传至今……

2015年大学毕业,我来到东华大学附属实验学校,成为一名光荣的人民教师。入职之前,我的心情十分忐忑,不知道自己能否担得起"人民教师"这一称号,好在没过多久我就参加了上海市见习教师规范化培训。观摩名师的课堂教学,参与专题教研活动,聆听专家的专题讲座……每周培训的内容非常充实,我不仅学到了课堂教学的实操知识,还懂得了如何与学生、家长、同事相处。

为期一年的培训结束后,我正式走向属于我的三尺讲台。第一次上公开课、第一次当班主任、第一次主持教研活动……多亏了见习教师规范化培训,我的很多个第一次都进行得非常顺利,但我真正理解见习教师规范化培训的意义,还要从三年前说起……

缘起:初上高原

2018年5月的某个下午,正在埋头批作业的我忽然听到电脑里传来"嘀嘀嘀"的QQ提示音,抬头一看,教师群里出现了一份党支部转发的"援藏动员令",看着标题上那通红的"援藏"二字,我的心似乎震了一下……

在动员令发出不过二十几分钟后,学校党支部书记的办公桌上就多了一份

"援藏申请表"……

8月，我跟随上海市"组团式"教育援藏工作队，以专任教师的身份来到日喀则市上海实验学校，开启了为期一年的教育援藏工作。作为一名刚满三年教龄的年轻教师，我的心是忐忑不安的。为什么要援藏？我能做些什么？年轻的我是否可以担起教学重任？这些都成了我心头挥之不去的困惑。

初到西藏，不出所料，高原反应给了我一个实实在在的下马威。在这里，随便走两步就会气喘吁吁，感冒生病是万万不行的，心脏和肺部情况成了自己和亲友最为关注的问题。援藏三个月，我瘦了二十多斤。每当高反令我头痛欲裂的时候，我都会问自己到底是因为什么来到这里。

后来，我慢慢地适应了高原的气候，也就能够全身心地投入到日常工作中。面对陌生的学生、教材、同事，有一瞬间我觉得自己仿佛又变成了三年前刚踏上讲台的新手教师，有点不知所措。所幸参加见习教师规范化培训时的点点滴滴很快浮现在我的脑海中，从课堂教学常规到师生日常交流，从班级管理到德育活动开展，纵使环境再特殊，万变不离其宗，我决定将培训的成果在西藏发扬光大。

经过一段时间的接触，我对这里的师生有了初步的认识。藏族孩子非常尊敬老师，他们在老师面前很腼腆，课堂中不爱主动发言，习惯于集体回答，但是当老师不在时，就完全暴露出孩子的本性，调皮捣蛋的十八般"武艺"样样精通。虽然日喀则市上海实验学校的硬件设施不输上海的学校，十几年来中考成绩在全自治区保持第一名，教学水平在日喀则算得上数一数二，但在上海教育援藏工作队看来，它在教育教学理念方面还有很多需要提升的地方。我们要做的就是引进上海的先进理念，不是照搬，而是结合当地特色，走出一条适合学校发展的路子，留下一支带不走的教师队伍。

为此，我深挖自身的优缺点，扬长避短，根据当地实际情况调整教学策略。一方面，我放低姿态，向本地优秀教师取经，通过公开课、教研活动，与本地教师开展交流活动，学习他们的优秀经验；另一方面，我发挥自己的年龄优势，走近学生，拉近与他们的距离，建立一种亦师亦友的师生关系。

虽然当地和上海用的都是统编教材，但因为藏族孩子的母语是藏语，所以他们学习语文总是有困难。刚开始学语文时，很多孩子需要先把汉语在大脑中翻译成藏语才能理解课文。于是，我从"语文源自身边"的角度出发，想了很多方法来唤醒孩子们对语文的感知。课堂上，我根据课文内容和学生兴趣准备了许多拓展材料，通过各式各样的视频、音频资料，将大千世界直接呈现在孩子面前；同时在班级内就各类时政问题举办辩论、演讲活动，鼓励孩子大胆地说出自己的想法。课堂外，我自掏腰包，为孩子们购买课外书籍，带领孩子们在知识的海洋里畅游，激发他们对阅读的兴趣。在孩子们的眼中，我既是良师，也是一位来自上海的大哥哥。

牵绊：留藏三年

一转眼一年过去了，我凭借自己的努力和坚持，克服了高原反应和跨学段教学的挑战，出色地完成了任务。想到千里之外的亲朋好友，是时候该踏上归途了吧。

在临近期末的一堂语文课上，我在讲解古诗中的离别时谈到"天下无不散之筵席"，这时一个学生说道："是的，就像王老师一样，他这学期结束就回上海了，我们这桌筵席就散了！"话音刚落，原本活跃的课堂顿时陷入沉默，我也愣住了。不一会儿，又有一个学生小声说了句："老师，您可以继续教我们吗？"我在心里反复问自己要不要留下来。一旦留下来，就意味着我还要在高原上工作三年，而三年后回去已经三十岁了，自己孑然一身，父母也已是花甲之年，各种念头在我的脑海中盘旋……

不久后，我便主动申请再坚守三年。因为，我想起了当初参加见习教师规范化培训时我的校长说过的一句话：教师，是一份良心的事业。是呀，当初决定来高原，正是因为觉得这里的孩子需要我，如今不仅仅是他们舍不得我，我也放不下这群孩子。我想要坚守这份责任，我想要陪着孩子们长大。一年的时间固然能做很多事，但还远远不够，我希望用接下来的三年，为孩子、为教育做更多有意义的事。

转变:立足岗位

2019年7月,我回上海待了三天,声声道别犹在耳边,便又随新一批援藏教师队伍回到了日喀则。这次,我担任日喀则市上海实验学校的团委书记,负责十二个年级的团队工作,由一名专职语文教师转变为一名管理者。

身份的转变带来的是工作内容的变化。这一次,我不再忐忑。得知我继续援藏,我当初参加见习教师规范化培训时的两位师傅——冯爱梅老师和张巍老师不约而同地打来电话,对我的选择表示支持,并鼓励我坚守初心,有任何困难都可以找她们帮忙。两位师傅的话就像一颗定心丸,让我信心满满。

既然无法在课堂内继续履行和孩子们的约定,我便走出课堂,换一种方式陪伴他们。一方面,我从学校团队活动出发,完善受援学校的少先队、共青团机制,丰富受援学校的德育活动。为了让孩子们了解外面的世界,在共青团上海市委员会、上海市教委的帮助下,我带领一批又一批优秀的孩子前往上海参观学习,感受新中国成立以来的沧桑变化;为了让孩子们变得更加大胆,我利用教师节、国庆节等节日,为他们搭建能够尽情展示自己的舞台。另一方面,我积极开展业余党课、学生干部训练营,从思想政治上引导学生热爱党、热爱祖国。在我和其他援藏队友的组织下,日喀则市上海实验学校成立了第一个优秀学生夏令营,成立了日喀则市第一个学生社会实践基地——阿亚村社会实践基地。同时,我们还联合日喀则第二职业技术学校,成立了自治区首个多元互动职业体验平台,普职融通,组织学生开展职业体验活动。

融合:沪藏同心

2020年5月,当地的一位教师因车祸无法继续工作,我得知这一情况后,主动请缨,担任该班班主任,成为历年来第一位担任班主任的援藏教师。作为班主任,我关爱学生,深受学生的爱戴,同时努力克服汉藏沟通上的困难,积极与家长合作。除此之外,我还经常深入本地教师内部,与他们交流、交往、交融,深受老师们的好评。

记得2018年时,我曾问一个品学兼优的初二孩子未来想去哪里读高中,他的回答却是"想留在西藏,这样周末可以帮家里干活"。2019年的上海之行,我特意多报了一个名额留给这个孩子。活动最后一天,大家在外滩合影留念时,孩子搭着我的肩膀,坚定地说:"我一定要来上海读高中。"果然,2020年他高分考取了上海市珠峰中学。在我看来,教育的意义就在于:接触更好的机会,争取更好的人生。

转眼间,四年援藏之行已经过半,一路走来,艰辛与幸福同行,耕耘与收获相伴。而我之所以能够从容不迫地走过这条格桑花开的路途,离不开那一年的见习教师规范化培训,它不仅教给我为人师的基本知识,还教会我用责任坚守教育事业。未来的日子里,我将继续坚守初心,做一名心存良善的教育人。

王德伟: 2015—2016学年上海市见习教师规范化培训学员,基地学校为东华大学附属实验学校。二级教师。毕业于江南大学小学教育专业,现任东华大学附属实验学校团委书记、西藏自治区日喀则市上海实验学校团委书记(挂职)。曾荣获"全国脱贫攻坚先进个人"、上海市"四有"好教师(教书育人楷模)提名奖、松江区"十佳师德标兵"、松江区第五届教坛新秀。

教育感言: 脚踏实地,潜心育人。

职初期的摸索：靠什么"站"住讲台

上海市徐汇区教育学院附属实验中学　姚雨言

五年前，当我入校接受第一次入职培训时，我清晰地记得杨洁副校长对我们说："对新教师而言，头几年是非常关键的发展期。头三年看你是否能够'站'住讲台，头五年基本能够定位教师发展方向的高度，想做怎样的教师，由你的态度和行动决定。"五年后的此刻，我一边回想着这段话，一边审视自己有没有"站"住讲台，有没有达到五年前对自己的期许……

踏上工作岗位前，我对教师这一职业最深的印象来源于自己曾经的老师，他们高度负责，爱护学生，专业过硬，时而严厉，时而和蔼。除了这样的感性认识，大学期间的专业学习以及实习期间"真刀真枪"的锻炼，也让我认识到一名教师在台下需要付出的种种努力。即使如此，怀揣着教师梦想的我依旧有信心成为一名好老师。如果采访当时的自己，我一定会踌躇满志地说："我很适合当老师，我亲切和善，受到学生喜爱，我的知识储备对学生而言绰绰有余。"尤其当有学生说对我上课所讲的内容产生了兴趣，将来想要从事这方面的职业时，我心里别提有多骄傲了。那时，我以为只要学生爱听我的课我就能"站"住讲台，但见习规培中的三次教学设计、三次指导谈话给了我一记当头棒喝……

一节有思考的课

迎接我的第一次冲击，来自我的师傅曾飞燕老师。曾老师一直耐心细致地带教我，给予我充分的肯定和鼓励，但这并不意味着她不会直截了当地指出我的问题。有一次，我精心准备了一堂课，自认为教学内容充实，PPT精美华丽，教学活动有趣,教学语言也很幽默生动,但曾老师的评课却直击要害。曾老师温柔地把我拉到一个安静的角落,问我:"你觉得自己的课上得怎么样?"我绞尽脑汁地想了半天,最后只道出一些不痛不痒的毛病。曾老师说:"第一,你有没有注意到后排靠窗位置的学生在走神? 第二,当你引出新的概念时,有没有问学生是怎么思考和理解的?"我一下被说懵了,曾老师又追问道:"你觉得学生为什么会走神? 学生安静听课就一定是好的上课状态吗? 你有没有关心上课过程中学生是否有困惑?"听了曾老师的话,我意识到课堂上最重要的主体——学生被我忽略了。我就像夜色中的骑行者,被闪烁的点点灯光吸引了全部视线,殊不知隐于黑暗中的才是最需要重点关注的,那些未被发现的问题不代表其不存在、不重要。这次谈话让我更加重视问题的设置,我明白了要"站"住讲台,就要充分带动学生的思考,时刻关注学生的上课状态,及时获取学生的学习反馈。

一节有创造的课

对我影响很大的第二次谈话,源于见习教师规范化培训提供的一次宝贵机会。为了让我在见习教师基本功大赛上取得好成绩,区教研员黄展新老师趁着中午休息的间隙帮我磨课。对于我按照学情预想的学生反馈、课堂效果,黄老师问我:"课堂上的问题一定有准确的答案吗? 活动一定要达到指定目标吗? 教师为何要牢牢把控课堂? 为何不能让学生释放更多的可能性?"这让我回想起第一次见黄老师时他提出的一个问题:"美术课究竟与其他科目有什么区别?"是的,当学生在课堂上自由地释放想象力、思考力和创造力时,正是艺术绽放高光的时刻。黄老师告诉我教学活动是培养学生素养的载体,要培养美术学科最关键的感受能力、创造能力,教师自然要呵护学生的真实感受和想法,创建具有发散性、探究性的活动和问题。紧接着,黄老师举了几个活动的例子,完全打破了我原来对课堂的想象。这次谈话让我看到了美术课堂的无限可能,我的脑袋中瞬间充满了各种想要尝试的上课形式和活动,迫不及待地想要投入到教学实验中去。我和黄老师热火朝天地聊到近下午一点,心里掩饰不住的感激、雀跃和激动。黄老师教会了我拓宽视野,拉长培养周期,培养学生之前要看到学生的未来。作为一名美术课教师,我意识到要"站"住讲台,就要着眼于学科的核心素养,通过课堂活动培养学生的能力,让课堂活动成为激活学生感受力和想象力的载体,激发学生的创造能量。

一节有目标的课

令我感触最深的是那次与市教研员徐敏老师的谈话。因为入围市见习教师基本功大赛,我有幸得到了徐敏老师的指导。受之前与黄老师交谈的启发,我将一些开放性活动融入教学设计,准备围绕个人感受开展活动。徐老师静静地听我讲述完,一开口就击穿了我准备的所有说辞——"这个活动设计的目的究竟是什么?有没有帮助学生更好地达成学习目标?作业要求没有标准,那么完成后如何进行评价,又如何检测你这节课的成效呢?"徐老师顿了顿,给了我一点思考的时间,然后缓缓开口说:"你觉得对学生而言,这节课上与不上有什么差别吗?"我闻言一怔,随即补充解释这节课设计的意义、目标以及活动的细节。徐老师笑了笑,又回到刚才那个问题:"你说的培养目标如何检测呢?"一瞬间,我醍醐灌顶,意识到仅仅让学生感受和表达,却不作任何评价,也不给更多启发,是没有意义的。我原本满心期待着学生能迸发一些设计之外的惊喜,却不知道这样做让这节课无形中变成了"空中楼阁"。与徐老师谈完后,我开始怀疑自己,甚至觉得自己从来都不会上课。一方面,徐老师的话点醒了我,让我从头脑发热的跃跃欲试中冷静下来;另一方面,黄老师提出的课堂活动虽不容易达成,却令我心向往之。当时的我非常迷茫,不知道怎么做才能两者兼得。好在后来通过具体的实践,我终于理解了徐老师的话:一节课绝不能是悬浮的、追求形式的,每一节课都应有意义;不能过度追求开放性提问和探究性实践,没有具体目标的活动哪怕形式上再丰富也会把一节课变得支离破碎,使学生的状态松散如泥,最后只剩下所谓的"尽情释放"。原来之前我兜兜转转走偏了方向,忘了一节课最根本的就是目标。要"站"住讲台,就要有目标的统领,不能围绕目标填充教学内容,而要真正贴合学生的认知规律设计目标。

就这样,通过教学实践与课堂反思,我终于走出了困境,明白了要"站"住讲台只有一个法宝——以学习者为中心。这一原则不仅适用于课堂内,也是教师所有教育行为的中心。在此后与学生的相处、谈心中,我特别注意这一点,力求做到以育人为本,关爱、关注学生。负责区见习教师规范化培训的高晖老师及我在附中的德育导师姚卿老师也不断提醒我优化教育的方式方法,把握与学生之间的人格平等关系,因为只有在这一前提下教师才能获得学生的信赖,了解学生的所思所想,知道学生的需求,从而真正把握学情。

我很感恩能在职初期获得如此多宝贵的培训机会,更感谢基地校的专家、同事为我的职业发展道路点亮明灯,他们用高尚的师德修养、扎实的专业素养、进取的学习态度以身示范,帮助我"站"上讲台,"站"住讲台。

一眨眼,五年的职初关键期已经来临。在过去的五年里,我与时间赛跑,挑战了很多困难的岗位和工作,同时如饥似渴地吸收着各种知识。而真到了这一刻,我觉得自己仿佛刚刚学会如何做一名教师。通过这五年的经历,我看到了自己身上的许多不足,找到了需要学习、研究的方向,并深刻地感受到自己在教师这条道路上的摸索还远远不够。我想,教师应该是一个需要不断攀登、挑战自己的职业,只要时代在发展,需求在变化,学生在转变,我们就永远不能停下。成长未完待续,跨过这五年之约,我与自己还有下一个五年、十年甚至二十年的约定,希望那时的我能达到我所理想的状态。

姚雨言: 2016—2017学年上海市见习教师规范化培训学员,基地校为上海市徐汇区教育学院附属实验中学。一级教师。毕业于华东师范大学美术专业,现任徐汇区教育学院附属实验中学教师。曾荣获项目化学习全国案例征集与评选一等奖、2017年上海市中小学(幼儿园)见习教师基本功大赛三等奖、徐汇区见习教师规范化培训展示活动一等奖等。微视频在上海市学校少年宫网上活动资源包征集评选中被评为优秀活动视频资源包。

教育感言: *要努力做一名学生信赖的、需要的、敬佩的教师。*

用心倾听，以爱育人

上海市长宁区愚园路第一幼儿园　查韦怡

很多人都是怀着对教育事业的热情与对孩子们的热爱踏上教师这一岗位的，我也不例外。在迈出成为幼儿园教师的第一步时，我带着从学校学到的各种知识与技能，盼望着能为孩子们提供更好的教育，却惊讶地发现这些知识好像不管用了。

这个感慨始于开学第一天。如果用一个词来形容开学第一天的幼儿园小班，那一定是"天崩地裂"。我无法详细地描述那一天孩子们哭得有多撕心裂肺，只知道当我回到家后，筋疲力尽地躺在床上，耳边仿佛依旧回响着"我要回家！妈妈！啊啊啊！"的哭喊声。

我应该怎样面对这些天真无邪、精力充沛、感情丰富的孩子们呢？虽然专业书上明确地告诉我这是"分离焦虑"，但我深知现实生活中要从实际出发，不能完全照搬书本上的知识。好在见习教师规范化培训为每位新手教师配备了导师，于是我立刻向我的导师——海贝幼儿园的赵琦老师求助。

也许是早就预料到作为新手教师的我第一天会遇到麻烦，赵老师第一时间就回复了我，并将缓解孩子分离焦虑的小妙招娓娓道来：第一，减轻孩子们分离时的焦虑感，鼓励由孩子不那么黏的家人来送，同时指导家长送完就走，不要依依不舍；第二，将分离焦虑严重的孩子与已经放松下来的孩子分开，避免情绪互相影响；第三，利用小玩具、依恋物等增强孩子对新环境的适应能力。赵老师还鼓励我："第一天总是困难的，相信后面会越来越好的，加油！"有了导师的帮助与鼓励，我对开学第二天总算有了一点信心。

第二天的开场依旧"鸡飞狗跳"。在抱回了好几个拼命往教室外爬、嚷着要回家的小朋友之后,我牢记"将分离焦虑严重的孩子与已经放松下来的孩子分开"这条妙计,默默地坐在卧室里,左手抱着一个泪流满面的小朋友 A,右手搂着一个不断哭喊的小朋友 B,面前还坐着几个边玩小汽车边默默流泪的小朋友 C、D、E。隔着玻璃窗,可以看到教室里情绪稳定下来的孩子们已经开始探索各种有意思的玩具,尽情享受着快乐的幼儿园时光。可身边这群哇哇大哭的孩子又让我陷入了迷茫:怎么让这些孩子缓下来呢?玩具也给了,依恋物也拿了,可是他们的眼泪根本停不下来,说得最多的一句话就是:"我要妈妈!我要回家!"

无奈之下,我又请教了赵老师,赵老师这次不再远程指导,而是向我发出了邀请:"你到我们班来看看吧,说不定就有招了。"

踏进赵老师的班级,我发现虽然偶尔也有小朋友抽抽搭搭的哭声,但大部分小朋友都在愉快地玩游戏,还有几个看起来比较外向的小朋友主动和我"搭讪"。我很惊奇地问赵老师:"您班里小朋友的情绪怎么那么好呀?"赵老师笑道:"聊一聊,玩一玩,心情好了当然就不哭啦。"可我们班的孩子都不愿意和我聊,聊什么都只回答"要妈妈",给他们玩具也都不感兴趣,这可怎么办呢?

一个小男孩玩着玩着又流起泪来,眼看马上就要升级为号啕大哭了,只见赵老师走过去,用纸巾帮他擦了擦眼泪,温柔地说:"这么好看的玩具,弄湿了就不好啦!"接着她坐下来,指着小男孩手里的橘色海盗猫问道:"咦,这是呱唧吗?"

正在抽泣的小男孩的注意力一下子被吸引过去:"对,呱唧,我最喜欢呱唧。"

赵老师点点头:"我也喜欢呱唧!海底小纵队里你最喜欢呱唧吗?"

"对啊。"

"为什么呢?"

小男孩不假思索地说:"因为他是海盗。"

"当海盗可以一起探险,对不对?你也喜欢探险吗?"

小男孩点点头。

"那太好啦,我们一起去探险吧,带上呱唧一起!"赵老师拉起小男孩的手,带他与要出去运动的其他小朋友汇合。一场"暴风雨"就这样被化解了。

为什么赵老师能和孩子们交流得如此顺畅,孩子们都愿意和她聊、和她玩呢?我似乎从这件事中找到了答案——因为她了解孩子,贴近孩子。正如她今天一下子就说出孩子手中玩具的角色一样,她关注孩子们喜欢的一切,并以此为桥梁,拉近她和孩子之间的距离;孩子们的每一句话都能得到她的积极回应,所以他们愿意和她聊天、玩游戏。任何一本书都不会写"请幼儿教师把所有小朋友喜欢看的动画片都看一遍",而赵老师所做的这一切都源于她对孩子的关心与爱护。

我意识到,当我将目标定在"让孩子停止哭泣"时,其实已经忽略了幼儿的感受,把他们的哭泣当成令人头痛的事情,而"让孩子不再感到分离焦虑,喜欢幼儿园"才是我应该去做的。

我开始真正用心地去倾听和靠近孩子们,尝试从他们稚嫩的语言中听出他们到底需要什么。同样是哭泣,有的小朋友需要老师耐心的陪伴,有的小朋友需要把依恋物紧紧抓在手边,有的小朋友需要坐在贴好全家福的墙边。一个班级有二十多个小朋友,每个小朋友都是完全不同的,因此教育没有固定的模式,而赵老师身体力行教给我的良方,其实就是"用心倾听,以爱育人"。从那以后,班级里的哭声渐渐少了,快乐的笑声渐渐多了起来。

而当孩子们的情绪稳定后,我又遇到了难题——班里有个小男孩总喜欢"对着干":大家都在认真地听故事,他偏要晃椅子发出声音;大家都去洗手了,他非要在教室里跑两圈。天天和他"斗智斗勇",也不见他有一丝改变,我真是束手无策。

这天恰逢赵老师来观摩我的半日活动。看到我不停地喊着小男孩的名字纠正他的行为,赵老师一下子就抓到了问题的重点:"你看,每次你喊到他的名字,他都表现得很开心,说明他很想要得到你的关注。"我有点明白过来了,说:"所以我每次纠正他,反而强化了他的'捣乱'行为?"赵老师肯定了我的想法。我不禁有些丧气:"那我应该怎么办呢?"

"其实你也不要灰心,这说明小朋友很喜欢你啊。"赵老师说道,"他喜欢你才会想要得到你的关注,只有小朋友喜欢一个老师,他才会愿意听你说的话。下次,你可以试试在他有进步的时候表扬他,多提提他的优点,说不定会有效果哦。"

我试着像赵老师说的那样常常表扬小男孩。他用两只手稳稳地搬起椅子,我夸他"小椅子搬得又安全又稳,真厉害";他看到别人的玩具放错柜子了就拿出来放好,我夸他"你看得真仔细,还会帮助别人";他运动的时候在独木桥上走得很快,我夸他"你平衡感真好,平时一定很喜欢运动吧"。每次得到夸奖时,小男孩脸上都是一副很得意的表情,渐渐地,我发现他调皮捣蛋的时候变少了,值得夸奖的时候越来越多,有时候还会主动凑过来显摆自己的本领,等着我的下一波赞扬。

而在不断表扬这个小男孩的过程中,我也发现他身上真的有很多我原先完全没有注意到的闪光点。或许不仅仅是这一个孩子,班里的其他孩子身上也有着许多我尚未发现的优点;虽然他们没有像这个小男孩一样用自己的方式得到我的关注,但是我应该去发现,去鼓励,去表扬,让他们认识到其实自己很棒。

我开始越来越认真地去观察孩子们,去发掘他们自己都未曾意识到的优点。孩子们变得越来越自信,我们之间的关系日益亲近。

像这样的例子还有很多很多。在规范化培训的过程中,我有了新的思路,也懂得了"以心换心"的教育真谛。未来还有很长一段路要走,也许我现在依旧算不上是一名优秀的幼儿教师,但我相信,只要用心倾听,以爱育人,我就能和孩子们一起点亮他们幸福的童年时光。

查韦怡:2016—2017学年上海市见习教师规范化培训学员,基地校为上海市长宁区海贝幼儿园。二级教师。毕业于华东师范大学学前教育专业,现任上海市愚园路第一幼儿园教师。曾荣获上海市中小学(幼儿园)见习教师基本功大赛一等奖、长宁区教育系统第三届"教坛新秀"称号。曾主持上海市青年教师教育教学研究课题、上海市长宁区教育科学研究课题等。

教育感言:用心倾听,以爱育人。

三心系三尺

上海市静安区闸北实验小学　高婕妤

为期一年的见习教师规范化培训虽已结束四年有余,但那充实而又精彩的三百多天仍历历在目。时光回到2016年的金秋,作为一名刚踏出大学校门的新人,我对"教师"这一新的社会角色、新的工作任务充满了期待和热情,同时也由于缺乏经验,对未知的前路充满了疑惑和彷徨……

幸运的是,我借助见习教师规范化培训的平台,参加了许多集中培训的专家讲座,并经历了基地校的日常浸润。在丰富的培训活动中,我重新认识了教师的社会角色;在专业的实践研修中,我逐渐掌握了教师的专业技能;在带教导师手把手的指引下,我更加明确了教师的职业规范。这些规培期间的点点滴滴无不影响着我今后的工作,给我以指导、以方向,助我在教育事业的道路上铸就更广阔的方圆。

育人心,走近学生

遥想刚刚踏上工作岗位的我,心中最大的困惑不是如何教书,而是如何与学生相处。毕竟前不久自己还是一名学生,突然身份转换成教师,多少有些无所适从。在正式工作前,我也翻看过很多专业书籍,知道要"爱生如子",可什么是爱学生,如何去爱学生,我却是一头雾水。所幸,我的带教导师用一次"实战"教会了我如何爱学生,并为我点明了教育规范的起点。

那是我新接手的一个三年级班级。班中有一个聪明机灵但又很有个性的男孩子,因为他姓邵,所以同学们都管他叫"邵爷"。每次有数学难题,他总是以最快的速度给出准确的答案,我也十分喜欢这个小机灵。

可是,经过一段时间的观察,我发现"邵爷"在课堂上很少与同学进行互动,与我也很少有视线的交流,好像并不喜欢我这个新来的老师。课后,我与他交流,他却告诉我,因为课上的题目太简单,不屑和大家一起探讨这种一看就知道答案的问题。

他的回答引起了我的深思。面对班中的资优生,我该如何因材施教呢?我将这一困惑和"邵爷"的故事告诉带教导师。带教导师引导我要学会多角度地去思考解决这个问题。

首先,作为一名学科教师,我在教学设计上的确存在纰漏,所以才会出现"邵爷"这样的情况。我应该进一步调整教学设计来满足不同学生的需求,让每个孩子在我的课堂上不仅要"吃饱",还要"吃好",学有所获,让他们感受到学习是快乐的,更是有用的。其次,作为一名德育工作者,我不仅要关注学生的学习,更要走进学生的内心深处,因为爱的起点是了解。

基于这样的思考,我开始转变教育教学理念,更多地关注身边这群可爱的孩子。我利用每日中午分汤和午休的时间与"邵爷"进行交流,哪怕是一句简单的"今天开心吗",试图了解他的校园生活和学习情况。

后来,我发现小家伙其实很愿意和我这个新来的老师沟通,只是有些害羞,有些慢热。渐渐地,他也对我敞开了心扉,有时还会故作神秘地告诉我一些他与伙伴之间的小秘密。而我,也正是因为这次与"邵爷"的亲密接触,愈发坚定了要做好一名教师的理想,育人先育心,育心要知心。

我要努力成为一名耕耘者,走近学生的世界,了解他们的内心深处。也许现在还无法预测我们的教育能使孩子在将来获得多大的成就,但我们能做的就是让每个孩子在我们的教育之下获得属于他们自己的成功。在未来的日子里,我将继续以关心和耐心,不断走近学生,立足教育规范的起点,做带领孩子们健康快乐成长的引路人。

精细心，雕琢课堂

学会如何与学生相处后，我又遇到了职初教师绕不开的难题——如何教书？一次公开课带给了我无限的启示，并为我点明了教学规范的起点。

刚刚结束规范化培训的我，在市见习教师基本功大赛中初露锋芒，也因此获得了进一步深造的机会——加入市级"种子计划"和区级小学数学实训基地培训项目，以磨炼专业能力。

作为基地中最年轻的"种子"，我有幸承担了一节区教研的课堂展示。这是我第一次在区域平台进行业务能力的展示与交流，如何上好这节课，机遇与挑战并存。在与带教导师确定了以"数射线上的分数"为研究内容后，我展开了为期近两个月的磨课，其间先后经历了六七稿的教案设计修改，对整节课的设计从"遵循教材文本，关注数射线的工具性"，提升到"基于学生前测，关注分数作为数学对象的认识"，再发展到"找准认知问题，架构生本课堂"。

回顾整个磨课过程，终稿与初稿的设计大相径庭，教学思路大大转变，这些变化都源于课堂前测的应用。这也是我第一次意识到课堂前测的重要性，是课堂前测带我走近学生，让我对学生的认知与能力有了更充分的认识。更确切地说，通过本次磨课，我明确了要上好一堂课，首先要对学生有充分的了解，只有掌握了学生学习的起点，才能制定适应学生认知的教学重难点，架构"生本"课堂，提升课堂实效性。

课前，教师细心挖掘学生的认知起点与学习难点，精心设计教学过程；课上，教师引领学生在有限的课堂时空中突破教学难点，达成教学重点，掌握学习思维与能力。这便是教师教学的职责。而了解学生，则是教学规范的起点。

正如苏霍姆林斯基所说："不了解孩子，就谈不上教育。"教学首先要摆脱以"自我为中心"的陋习，深入了解学生，站在学生的认知基础上设计教学活动，为学生架构一个生动、主动、富有个性的"生本"课堂，这样学生才能真正成为学习的主体。

互助心,引领同伴

如今,成为教研组长的我又踏上了新征途,如何在青年教师中引领与辐射,成为我新的成长方向。

2020年,一名职初教师加入组内。作为教研组长,我特别关心她的成长。正如多年前刚成为教师的我,她也存在这样或那样的困惑。

有一次组内教研活动,她腼腆地问:"前两天在我的课上,我们班的哥哥情绪崩溃,影响我上课了,我该怎么办?"她提到的"哥哥",是我们年级里出了名的双胞胎兄弟。详细了解情况后我才知道,原来课上哥哥频频举手,但被请到的次数不多,于是当众发起了脾气。一时间,课堂骚动了起来,尽管她在课堂上及时制止,但看得出哥哥很不服气,为了避免今后再发生这样的事情,她向我们寻求帮助。

于是,我将我和"邵爷"的故事讲给她听,并把"了解学生,走近学生"的妙计也介绍给她。一段时间后,她高兴地告诉我,经过不懈的沟通和交流,现在哥哥已经由"暴脾气"变成了"小绅士",是她班中的"左膀右臂"。

高尔基曾说过:"谁爱孩子,孩子就爱谁。"我想,走近孩子,了解孩子,尊重孩子,这才是真正地爱孩子。每个孩子都是一块璞玉,教师首先要有一双慧眼,用爱心和耐心去发现他们的"美",然后用细心和精心去雕琢这一块块璞玉,帮助其焕发出个性的光彩。孩子们千差万别,各有不同,教师能做的就是用水滴石穿的恒心,有时指引,常常帮助,总是关爱。

时间来到2021年,我做教师已有四年多。在不断前进的过程中,我逐渐形成了自己的教学风格和教学理念,但始终不曾改变的,是我教育和教学的起点——走近学生,了解学生。这也是我从参加见习教师规范化培训,成为教师的第一年起,前辈们就身体力行地指引我的一点。如今,渐渐成长的我,不仅会一如既往地热爱自己的事业,继续关心每个孩子的成长,用爱心滋润每一颗稚嫩的心灵,耐心倾听每一句真挚的心声,精心守护每一个可爱的生命。同时会继续探寻教育教学的真谛,将对教育事业的执着追求和成长感悟分享给一代又一代教师。

今天，在规培的平台上，我是站在一群人的肩膀上慢慢成长起来的。明天，我也会成为这群人中的一员，帮助更多的教师成长，并且与他们共同成长。江山代有才人出，我们都深爱教育，终身无悔！

高婕妤：2016—2017学年上海市见习教师规范化培训学员，基地校为上海市静安区闸北实验小学。二级教师。毕业于上海商学院信息管理与信息系统专业，现任上海市静安区闸北实验小学（大宁校区）五年级数学教研组长、集团数学青年联谊会会长。曾荣获2017年上海市中小学（幼儿园）见习教师基本功大赛一等奖、第十二届全国创新课堂现场说课一等奖、2018年静安区微党课征文优秀奖、2020年静安区青年课题三等奖。

教育感言：用心感受点滴成长，用爱引领成就未来。

幼师初体验，微光下远行

上海市青浦区实验幼儿园　朱连勤

2016年3月的一天，我，一个大学毕业生，作为新一届见习教师，满怀着兴奋与紧张，来到见习教师规范化培训基地学校，开始了为期一年的规培之旅。

初为人师的第一年，我有过彷徨、欢乐，亦有过莽撞、深思，这一年虽然不长，却在我的教师生涯中留下了深深的烙印。循着成长的足迹，我发现在见习期的不同阶段有三次"初体验"，它们点亮了我心中的微光，促使我坚定了作为一名幼儿园教师的初心与信念，为我的前行之路照亮了方向。

"提前上岗"初体验：在信任中感受教育力量

"小朱老师，我的搭班昨晚突发高烧不能上班，今天的亲子运动会就靠我们了！"

2016年6月1日早晨，尚未正式入职的我听到这句话一下子蒙了。在本次规模近2000人、活动时长达4小时、运动项目近20项的大型全园亲子运动会中，我的工作本是协助后勤保障。而眼前这突如其来的意外迫使我来不及思索，必须立刻"提前上岗"：把自己当成一名正式老师，全力配合，确保运动会圆满成功。

"你要仔细听好主持老师的指令，与我配合好。让家长和孩子们尽兴、开心最重要。我们都相信你一定能做好！"

运动会开始了，在对各项内容不熟悉的情况下，在人数多、场地大、噪声响的环境中，我仔细听好每一句指令，并迅速作出反应：

与家长沟通，协调本班的运动与休息地点；

带孩子们完成精神抖擞的入场式；

关注家长与孩子的需求,提供水或点心,做好保育工作;

组织孩子依次挑战项目,保障幼儿运动安全;

与搭班老师协作,随时补位,确保运动项目有序进行;

奔走于材料与运动区之间,根据运动项目调整材料;

根据个体差异改变运动材料的摆放方式,调整难度;

为勇敢挑战的孩子欢呼,为需要帮助的孩子搭把手;

做气氛担当,鼓励亲子之间配合完成身体大挑战;

与搭班老师配合,示范较为复杂的运动游戏规则;

手握气球棒一路奔跑,与孩子们一同参与运动竞技;

为家长和孩子记录动情瞬间、感恩时刻;

············

一时间,运动会现场人声鼎沸,有主持老师的指令声,有孩子和家长们的欢呼声、掌声,我也渐渐忘记了紧张和焦虑,沉浸在热烈的氛围中。在震撼和欢乐之余,我感到浑身充满力量。

运动会圆满结束了。对孩子们来说,本次活动具有重大的教育意义,自信、勇敢、合作、感恩、关爱……这是孩子们需要的运动会,是一场生动的家庭教育。而对我来说,原以为的"江湖救急"竟成了一次全身心投入的特殊"课堂"——从"听懵了"到"浑身充满力量",我只用了短短4个小时。

细致、协作、沟通是我在这次"提前上岗"初体验中收获的几个关键词。即便是声势浩大的运动会,也要处处细致。材料摆放的顺序、方向,每个孩子的运动状态、需求,运动项目的安全保障等都容不得一点疏忽。在本次运动会中,与搭班老师的协作尤为重要。面对一个班级,26名孩子,52位家长,两位老师需要时刻保持沟通,遇到突发状况随时补位,保障各项目的顺利开展。本次运动会也是我在广大家长面前的首次亮相,因为事发突然,我顾不上胆怯,积极沟通,展现出一个可靠的新教师形象。从那以后,我便时刻牢记这三个关键词,将细致、协作、沟通落实到日常工作中。

"我们都相信你一定能做好!"运动会前的那句话令我深受鼓舞,是学校、同事以及家长与孩子们的信任给了我信心和动力,我想这就是教育的力量。那一天,我心中的某个角落似乎被一束微光点亮。

"入园焦虑"初体验:在陪伴中获取职业信心

"朱老师,小言还是不停地哭,他又吐了!"

记得跟岗培训的第一个月,也是正式入职的第一个月,我的耳边总是回响着孩子们此起彼伏的哭声,其中小言是最让人担心的一个。开学第一周,小言在与外婆、妈妈分离时显得十分焦虑,一旦她们离开教室,他就会哭个不停,有一天甚至呕吐五六次。他抗拒和其他小朋友玩,不停地询问老师外婆在哪里。

分离焦虑本是正常的现象,但小言的样子让我揪心不已,我试着拥抱他,给他讲故事,与他做游戏,但收效甚微。这一切让刚踏上岗位的我不知所措,有些泄气。搭班老师看出了我的焦虑,她说:"适应是需要过程的,我们不能要求孩子听一个故事就喜欢上幼儿园,我们能做的就是全身心投入地陪伴他们。同样地,你也不能要求自己刚踏上岗位就能解决所有问题,陪伴孩子也是在陪伴你自己。"

这番话让我的心稍稍定了下来,于是我全身心投入到一日活动的每个环节,仔细观察搭班老师如何应对孩子们普遍存在的入园焦虑,学习她的经验与策略:对小言想念外婆表示理解;给予他陪伴和拥抱,建立情感依恋;在他安静下来时给予奖励和表扬;为他准备好小点心,以防他呕吐后肚子饿;观察了解他最喜欢的游戏,并陪他一起玩;家园合作,为他营造"快乐来园"的氛围;坚持一日活动的各个环节,使他逐渐养成习惯,消除不安情绪;告诉他时针转到 4 的时候外婆就会来接他回家……

陪伴孩子才能了解孩子,了解孩子才能支持孩子,有效的陪伴在细节里、在心里。渐渐地,我发现小言不再大声哭喊,感兴趣时会跟着老师说一说、动一动,只是有时还会因为想念外婆而擦眼泪。又过了两周,小言能够积极参与活动了,他不再一直询问老师外婆在哪里,偶尔才问:"老师,4 点钟到了吗?"

看到班里的孩子们逐渐适应了幼儿园的生活,看到小言的眼神逐渐变得自信起来,我仿佛看到自己心中的微光在闪烁。原来全身心地陪伴、支持孩子不仅会让他们收获成长,还会让我也收获成长。应彩云老师曾说:"心到的陪伴是幼儿教师陪伴的最佳状态,陪伴孩子就是幼儿教师立岗敬业的职业操守!"当我守在教室里和孩子们在一起,倾尽所能地满足他们的成长需求,我想这应该就是幼师的模样。

"掉链子"初体验:在反思中树立终身学习理念

"这次你和你师傅两个人同期参加两个不同的市级比赛,一定要尽全力!"

2017年,我的见习教师规范化培训之旅已临近尾声,那时我正准备参加上海市见习教师基本功大赛,我的师傅则即将迎来上海市青年教师教育教学评优的现场比赛。本是迎接挑战,期待满满。可我却在比赛当天"掉链子"……

这天,师傅参加的教育教学评优比赛迎来了专家组现场半日活动观摩。我要做的就是全力配合半日活动的顺利开展。

角色游戏时,有几个男孩在玩"警察抓小偷",他们在教室里不停地追逐打闹,这让在一旁观察的我非常紧张,心想:"孩子们今天怎么只会追来追去了?这样的游戏现场显然不精彩,而且影响了其他孩子的游戏,这可怎么办?"我一边担心,一边又不敢介入。终于,在扮演"小偷"的孩子一声响亮的尖叫声中,我采取了行动——我走到地毯休息区坐下来,对身边的孩子们大声说:"我们来野餐吧!"果然,就像预想的那样,扮演"警察"和"小偷"的孩子被我的声音吸引,纷纷走过来加入野餐游戏。现场没有了尖叫声,一切看起来更"有序"了。可事后我才明白自己的做法大错特错……

"孩子是游戏的主人,我们应该支持孩子的游戏而不是打断,这你应该知道的,怎么会犯这种错误呢?但你也不需要太难过,暴露问题没关系,有反思才有进步,以后也是这样,不能光低头走,要记得停下来看看方向。"

自责过后,我开始反思:当时自己过于紧张,太想做点什么,反而弄巧成拙。尊重儿童是教师应履行的义务,儿童的游戏是其最正当的行为,教师应当沉得住气,观察孩子的行为,支持孩子的需求。看来我还需要沉下心来慢慢修炼啊!

关键时刻"掉链子"让我深感惭愧。所幸师傅凭借丰富的经验和扎实的专业智慧,巧妙地应对了这场风波,获得了在场专家们的认可,最终在比赛中获得"优秀"。

后来,在准备见习教师基本功大赛的过程中,为避免再次出现"掉链子"的情况,我在师傅的帮助下,沉下心来摆正理念,不断地实践、思考……那一年,我以自信、勇敢的面貌迎接每一个挑战,先后荣获 2017 年上海市中小学(幼儿园)见习教师基本功大赛二等奖、青浦区学前教育个别化学习资源建设活动二等奖等奖项。

对我而言,和师傅同期参加两个不同的市级比赛是一次难得而珍贵的经历。正是这次"掉链子",让我意识到自己存在的问题并不断改进,进而明确了步履不停、学习不止的态度。教师这一职业的特殊性,要求我们必须树立终身学习的理念,这是对教师的职业要求,也是一份社会责任。正如规培之初一场题为"一辈子学做教师"的讲座中所说,终身学习并不是一直低头赶路,而是要在困惑时甚至得意时停一停,抬头看看心中那一缕最初的微光,循着光的方向,怀着谦逊的心,继续前行。

千里之行,始于足下。见习规培那一年在我心中点亮的微光永远不会消失。如今,我已一天天褪去青涩,树立了做教师的职业信念,成长为一名合格的幼儿园教师。往后,我将继续胸怀教育的力量,坚定职业信念,不忘初心,终身学习,循着最初的那一缕微光前行,永不停歇……

朱连勤:2016—2017 学年上海市见习教师规范化培训学员,基地校为上海市青浦区实验幼儿园。二级教师。毕业于华东师范大学言语听觉科学专业,现任上海市青浦区实验幼儿园教师。曾荣获 2017 年上海市中小学(幼儿园)见习教师基本功大赛二等奖、青浦区学前教育个别化学习资源建设活动二等奖等。个人执教大班集体活动"一起去寻宝"参与青浦区幼小衔接项目组公开展示活动。

教育感言:在每一刻平常的陪伴中,用心托举起诗意的未来。

为爱筑梦 砥砺前行

上海市徐汇区五原路幼儿园 丁盛杰

2016年从学校毕业后,我踏上了幼教工作岗位。之所以选择这个职业,主要有两方面原因:其一,我热爱孩子,在见习期间,每当听到孩子叫我丁老师,我都会由衷地感到自豪;其二,我希望成为孩子们心中的一份记忆,通过对他们的教育和支持,让他们成为未来的主人。

光阴似箭,一晃已过去五年,但见习期的一幕幕令我记忆犹新。回首往事,我不禁感慨万分,见习期的经历成了我人生的转折点。

初为人师,让爱起航

作为一名男幼师,刚入职时我感到非常迷茫、困惑。在校期间,由于学前专业的男生较少,可以向前辈取经的机会不多;进了单位,同性之间在工作上的交流更是少之又少。好在我的带教师傅吴婕老师经验丰富,非常愿意倾听我的想法。我几乎每天都会提出很多问题,吴老师总是不厌其烦地回答我,有时还会帮助我举一反三。在跟随吴老师的那一年里,我从她身上学到最多的,也是我迄今为止印象最深的,就是她的教育观。我一直认为,作为一名人民教师,在提高自己的业务能力之前,首先应该树立正确的教育观。如果把提高业务能力比作建造高楼,那么树立正确的教育观就是打地基。

依稀记得那次社会实践活动,我们带着孩子们去菜场买菜,班里一个叫曦曦的孩子因为要去补牙所以没有参与这次活动。当曦曦补完牙急匆匆地赶回学校时,她发现大家手上都拎着自己购买的蔬菜、脸上洋溢着开心的笑容。曦曦的眼睛一下子红了，但她还是强忍着不让自己落泪，因为她平时是一个非常坚强的小女孩。吴老师看到这一幕，马上抱起曦曦，说放学后单独带她去买菜，曦曦听了顿时破涕而笑。放学后，我和吴老师带着曦曦去菜场买菜，曦曦一路上兴奋极了。直到现在，我的手机里还保存着吴老师和曦曦在菜场的合照。我清楚地记得，那天，曦曦的妈妈在朋友圈发了一段文字，配图就是这张合照。对吴老师来说，这可能只是她教育生涯里一件微不足道的小事，但那一天、那一幕对刚刚入职的我来说却极为震撼。我暗暗下定决心，要做一名像吴老师这样的老师——一名满眼都是学生的老师。

也正是因为有了这样的教育观，我才能做到换位思考，处处站在孩子的视角来看待问题。有一次，我去迪士尼乐园游玩，通过朋友圈发现班里的冰冰正巧也在迪士尼。我心想如果此时能突然出现给冰冰一个惊喜，一定会给她留下一段精彩的回忆吧！于是我马上联系冰冰的家长，让他们不要告诉孩子，我迅速赶过去。由于冰冰已经在排队游玩了，我只能在门口耐心等待。在等待的一小时里，我的内心非常激动，因为自己正在做的这件事对孩子来说可能意义非凡——来迪士尼游玩的孩子本就很开心，没想到还能遇到老师，和老师一起玩"小矮人过山车"，如果我是这孩子，回到学校后一定会向同伴们"炫耀"这段经历。终于，冰冰出来了，刚开始爸爸拉着她跑过来时，她还没认出我，以为我是工作人员，当我叫出她的名字，在她错愕的眼神中摘下墨镜和帽子时，她愣住了，过了好久才回过神来，惊喜地抱住我。之后，我带着她一起玩"小矮人过山车"，她滔滔不绝地向我介绍自己玩的项目，并告诉我哪里好玩。离别之际，家长握着我的手向我道谢，冰冰则围着我开心地吹泡泡。我想，要是自己小时候在游乐场遇见老师并和老师一起玩，一定也是一段难忘的记忆吧！

现在这群孩子已经毕业两年了，每年的教师节，他们都会来学校看我。看到孩子们的成长与变化，我越发为自己是一名教师而感到自豪，因为只有教师才能收获这样的成就感和人间真情。

专业成长，积极向上

树立了正确的教育观后，我迈出了终身学习的第一步——见习教师规范化培训。我很幸运，见习班级的导师有带教男教师的经验，配班老师也是比我大三届的学长。在这一年里，我充分利用每周两次去基地校见习的机会，像海绵吸收水分一样疯狂地学习。我认为，对一名职初教师来说，一切都是值得学习的，因为一切都是从未有过的体验，一切都和书本上不一样。尤其是我的导师章建蓉老师，她对我的帮助令我受益匪浅。我还发现，在教态及平日里对学生的爱上，导师和带教师傅极为相像，这促使我更加坚定了自己的想法——教师，应该先从爱学生开始。

规培的最后一项是期末考核。经过一系列笔试，我终于迎来了导师们的现场听课评课。为了这次考核课，我准备了很久，从修改到试教都很顺利。现在回想起来，当时我的盲目自信实属可笑。考核那天，在我的记忆中，是灰色的一天，也是我对自己最不满意的一天。那天的集体活动，全班的纪律非常散漫，每个环节都没有达到我的心理预期，甚至可以说连一半的效果都没达到，而之前我从来没有遇到过这种问题。看着后面坐着的这么多老师，我顿时觉得无地自容，最后只能尴尬地上完这节课。在去会议室的路上，我一言不发，觉得自己完蛋了，这节课上得实在太差了。这时，我们学校的保教主任陈燕老师拍拍我的肩膀，告诉我等会儿在自评的时候应该怎么说，以及上课的问题主要出在哪里。听了她的话，我心里感到暖暖的。好在我的导师和基地校的其他老师们对我还是肯定的居多，虽然我知道很多都是对我的安慰。从那以后，我在准备工作上做得更加细致，并会提前备好一些预案，以便在课堂上及时调整。

正是因为有了那次失败的经历，我在今后的公开课上再也没有出现过类似的问题。在哪里跌倒，就从哪里爬起，爬起来的同时，还要记住摔倒的痕迹，无论这个痕迹是深是浅，我相信它对我的成长都是有意义的。

把握机会,努力拼搏

说起业务能力的提升,见习教师基本功大赛功不可没。在那次比赛后,每当同事或学弟学妹们问我,职业发展过程中有哪件事改变了我成长的轨迹,我都会告诉他们一定要好好准备这场比赛。

还记得当得知自己入围市级比赛的时候,我愣了许久才缓过神来,紧接着内心一阵狂喜。冷静下来后,我立刻感受到了巨大的压力。入围市级比赛,我认为最大的"福利"就是教研员的一对一辅导。徐汇区教育学院安排了两名教研员和高晖老师对我进行辅导,正是这段宝贵的学习经历给我的教育生涯带来了转折点。

一方面,从研课到磨课,陈佩枫老师和吕旭茜老师都亲力亲为。记得有一次,她们看了我上的两节集体活动后,和我一起对这两节课进行修改和讨论,一直忙到晚上9点,晚饭也顾不上吃。对于我提出的许多问题和想法,她们表示很感兴趣,并尝试着基于我的想法来修改。回到家后,我一遍遍地听着两位教研员的录音,并进一步修改完善。由于白天工作比较繁忙,因此大多数修改都是在晚上进行,好几次我和两位教研员的语音通话甚至都过了凌晨。功夫不负有心人,在两位教研员和学校的支持与帮助下,我最终获得了市一等奖的好成绩。这次比赛,不但让我提高了业务能力、更新了理念,还让我获得了更多学习的空间。

另一方面,对教师来说,无论是分析学生案例,还是呈现教育智慧,首先要正确归因,这样才能对症下药。我在这方面的思维,完全得益于高晖老师一次次严厉的鞭策。记得那时候,高老师每周都会给我布置作业,如案例分析、演讲、教育智慧呈现等,甚至后来让我自己出题。那段时间,我白天在学校工作,晚上回到家做题,做完后发给高老师看,就连每次的演讲练习,高老师都会认真观看并发出"灵魂拷问"。那时候的我见到高老师挺怕的,因为在他面前,自己好像永远都得不到表扬。比赛前的一天,培训结束后,高老师叫住了我,和我说不要给自己太大的压力。不知道为什么,他的这句话确实让我轻松了不少。现在想来,高老师对我的影响是潜移默化的,如今每当面对学生工作或家长工作时,我都会想起高老师曾经说过的做事要正确归因,而这也改变了我思考问题的角度,促使我准确地找到原因,从而更好地解决问题。同时,我通过一次次演讲练习,锻炼了自己的思维能力和表达能力,变得能够大胆自信地表达内心的想法。

大赛前的准备过程虽然非常辛苦,但对我的帮助却是巨大的。我感恩有这样的平台,同时也庆幸自己把握住了机会。

做教师是一条充满挑战的道路。在此,我想向所有帮助过我的人说一声谢谢,正是因为有了你们,我才有今日的成长。许多人都希望自己的人生能重来,而我——若再给我一次选择的机会——依旧会坚定地选择幼教,因为我想陪伴孩子们一起成长!

丁盛杰:2017—2018学年上海市见习教师规范化培训学员,基地校为上海市徐汇区乌鲁木齐南路幼儿园。二级教师。毕业于华东师范大学学前教育专业,现任上海市徐汇区五原路幼儿园教师。曾荣获2017学年上海市徐汇区见习教师规范化培训基本功大赛一等奖、2018年上海市中小学(幼儿园)见习教师基本功大赛一等奖、2019年3月室内亲子活动方案发布上海托幼——亲子LIFE、2020(第九届)中国幼教系统年度论文评选二等奖、2021学年上海市中青年教师教学专业能力评选活动区级选拔赛二等奖。

教育感言:勇敢地拥抱未来吧,我来拥抱你!

100个基本：一枚"青教"的教育信条

上海市虹口实验学校　王霄薇

"如果请你一一罗列下来，你的 100 个基本人生信条会是什么？其中又有多少是和'教师'这个角色有关的呢？"当我阅读《100 个基本：松浦弥太郎的人生信条》时，不禁想起了虹口区欧阳路 502 号的大礼堂和抽屉里的笔记本。

顺手拉开办公桌右侧的抽屉，里面那本蓝色封面的线圈笔记本正是我参加见习教师规范化培训时的标准配置。当时区里组织规范化培训的老师给我们每人发了两本空白的笔记本，并建议我们把在基地校、区统一培训中的所思所想，或自己灵光乍现的金句记录下来。翻开扉页，首先映入眼帘的便是一句"既然记性不好，那就只记得'记下来'便是"。

循着上面的只言片语，我捕捉到了自己原本想成为的模样、想珍视的事物及想学习的方向。

假如有一天我攒够了 100 个关于教育的信条，那么"记下来"便是第一条……

001 "记下来。"

心理学里有一种说法，认为人的记忆力到 25 岁就发展到顶峰了，往后就开始走下坡路。我从读研时就觉得自己记忆力不行，常常一下子想不起某件重要的事。毕业后进入教育行业，每当与学生互动时，我的内心总是百感交集。我发现如果不趁热打铁地记下来，再难忘的情绪也会随着艾宾浩斯遗忘曲线而消解。因此，在我看来，无论是失败的经历还是成功的经验，都值得被记录下来。

无论何时打开那本教育随笔，我只要看一看里面的文字，当时的一些画面、感受和想法都会随之浮现。

"2017/10/28，课，最终还是要'实实在在'方便学生理解、掌握和成长。所以其实从学生的角度出发，请他们事先准备一个统一的本子作为心理活动记录本就可以了，准备文件袋看起来高级，其实对一些学生来说是比较费劲的。"在琢磨用何种方式统一记录学生的成长足迹时，我这样提醒自己。

也许，我并不能如数家珍地背出笔记本上的每个句子，但我至今还清楚地记得每次翻开那本笔记本的情形——当我准备构思一项教育课题时，当我想要梳理教学经验的逻辑时，我都会立刻想到笔记本上记下的诸多前辈的指导。如数学教研员林海老师曾说过"立足讲台从细节入手"，记下来的好处就是能够留下大脑会忽略的珍贵细节。

"别等了""迈出第一步才知道第二步在哪里"……这些都是我培训时写下的收获和感悟，也许有一天我会忘记它们的前因后果，但一旦我需要织网时，它们便是我最宝贵的原材料。

002 "教师的另一个名字，是不怕失败。"

俗话说"初生牛犊不怕虎"，还是见习教师时，我对各种尝试充满热情。某节心理课上，我设计了一个自己曾体验过的心理活动——"后背留言"，希望让学生看到他人眼中的自己，收获同伴的支持。我预料到活动气氛会很热烈，但没预料到学生们忘记了"中肯的评价"这一点，而把注意力都放在留言这件事上。

然后一些失控的"玩笑"便出现了。我先是注意到某一位学生生气的表情，在我询问之后，他反复地说"我想打人"，我看了他的后背留言，发现其中有不少"胖、减肥"的字眼。那一刻我也很生气，并且开始担心这样的活动设计是否会给学生带来不好的体验。后来另一位平时自我评价很低的同学也加入了我们的对话，说他收到的留言更厉害，都是"烦人、烦"。紧接着我又注意到了我的课代表——一个平常默不作声但尽力做好分内工作的孩子，他收到的留言在我看来不但粗鄙，而且非常过分。当我询问他的感受时，他却表示没关系，甚至大大方方地让其他人看他收到的留言。

看着他们一个个"无所谓"的样子,我心里大受打击。下课后,我拦住一个学生,询问他觉得刚才的活动怎么样,他回答道:"还好啊,有些蛮好的,但是有些话还是让人不舒服。"虽然有些学生认为是"玩笑开过了",但敏感的我认为这已上升到语言暴力,需要尽快制止。回到办公室后,我立刻写下几句想"教育"学生的话,但又不确定这样做是否正确。有没有必要强调自己的感受?会不会是我小题大做?课堂上,我提醒自己在"教育"学生时千万不能失态,可是一开口就"破功"了,最后哽咽着勉强说完。

事后当班里的女生过来解释并安慰我说是那些同学的错时,我又为自己的冲动感到懊悔。我这样做会不会导致那些恶意留言的学生被孤立?再回头想想,让全体学生背负着我的情绪,真的是一名老师该做的吗?

难以释怀的我和一位同行探讨这件事。她说:"在那个当下,你一定给出了所受训练的最自动的反应、最好的反应。当然,最好的不一定是对的。新教师就是需要成长。一味纠缠于过去会阻碍成长。"

去年,我看到朋友圈里的另一位心理老师也计划组织学生体验"后背留言"这个活动,于是留言介绍了自己的经历。后来那位老师专门整理了多方实践的经验,而我也在总结与讨论中不断改进这个活动,最后终于把它变成升级版的"我是明星大侦探"。在期末的课程调研问卷里,近三分之二的学生表示对这节课印象深刻,并给予体验感满分的好评。你看,"失败"如果从长远的眼光看,反而使我一步步接近目标。

003 "别等了。"

2020 年全球的风云变幻让我越发相信这一点:别等了。居家隔离削弱了我们在物理距离上的联系,却也让我们意识到了对彼此、集体的需要,而我内心深处的"电台梦"也因此得以实现。

2020 年 3 月,当市教委要求各学校建立学生心理支持网络时,我和大家一样开通了面向学生的心理咨询平台。可是一段时间后,我发现并没有什么学生前来求助。是大家岁月静好不需要吗?我询问了心理社的学生,他们告诉我"觉得自己还没有严重到要找心理老师咨询,就是有一些烦躁、苦恼"。是啊,对当时正在居家隔离的孩子来说,比起一对一的心理咨询,他们更需要一个可以倾诉苦恼的地方。于是,我想到了学生时代的"电台梦"以及2019年1月22日和心理社学生一起草拟的一份关于建立心理公众号的方案。经过一番准备和摸索,上海市虹口实验学校专属"心理树洞"和"是回声啊"心理科普公众号应运而生,首篇推文就获得了近500的阅读量,累计100多位学生在这一平台倾诉苦恼。在他们的心声的基础上,我又推出10多篇心理科普文,如《如何处理朝夕相处下的关系冲突》《心理老师会有心理问题吗》《我哪里不如别人家的孩子》等。让家长和孩子们之间无法直言的情感被互相看见,这就是我一直以来想做的"孩子们需要的心理学科普"。所以,如果你想做点什么,别等了!

004 "迈出第一步,才知道第二步在哪里。"

别看上面我轻轻松松就做成了事,其实我也是在迈出第一步后,才知道第二步在哪里。

在键盘上敲下"心理树洞"正式方案的那一刻,我猛然意识到还有许多问题有待落实,包括安全的设置、匿名的风险、伦理的边界等。虽然头脑中不断出现"这件事做不成"的声音,但我很快提醒自己应该换个说法:"怎么才能做成?"于是我找到几位要好的同行在微信里一起讨论自己的想法和目前遇到的困难,并商量了各种可能性,然后从中选择几种自己认为可以承受风险的方式:提问箱和微信公众号平台。

虽然还有一些问题暂时解决不了,但我至少知道了真实的问题在哪里。在我运营了"心理树洞"一段时间后,同区的其他心理老师也想开设这个倾诉渠道。在一次区教研活动中,我们再次专门讨论了"心理树洞"的操作经验。尽管有些问题依然存在,但我们并没有因此止步不前。要相信肯定会遇到问题,但不要害怕遇到问题,因为遇到问题这件事本身会让我们越来越接近目标。

感谢笔记本上的这些"过去",甚至是一些"问题"。仅仅这四个基本,就让我看到了自己四年内的变化:四年前,我认为自己"不爱科研,不擅长搞研究",四年后,我发现自己从教育科研中收获了很多实践的经验;四年前,我认为做科研是枯燥、烦琐、复杂的;四年后,我发现了科研的内在逻辑。现在我明白了,只要我在进行教育教学实践活动,我就离不开教育科研。

就让我这枚"青教",以这本培训笔记为支点,逐步积累,完成"100个基本"。它不仅是我的小目标,也是一场终身教育实验。

100个基本,正在路上……

王霄薇:2017—2018学年上海市见习教师规范化培训学员,基地校为上海市虹口实验学校。二级教师。毕业于华东师范大学应用心理学专业,现任上海市虹口实验学校专职心理教师。曾荣获2018年上海市中小学(幼儿园)见习教师基本功大赛二等奖、第八届上海市中小学、中等职业学校心理健康教育活动课大赛(初中组)三等奖。论文《学业成绩与学业自我概念及学业情绪的关系调查研究》等分别荣获2017年上海市中小学(幼儿园)调查研究方法成果评审一等奖、2019年中小学(幼儿园)课题情报综述征文评选二等奖。

教育感言:用生命影响生命。

点点星光淡淡歌

上海市复兴高级中学　陈安然

2017年8月26日，晴。当盛夏的燥热渐渐褪去，复兴高中迎来了新生季，而我的育人之行也从这里开始。还记得那一天，我第一次以教师的身份走进高一(5)班，看着讲台下34个新面孔，年轻的他们目光清澈、一身朝气，而我亦满眼希冀、满心憧憬。孩子们的蓬勃朝气，把静谧的校园装点得生机勃勃，也点缀着我那氤氲着芬芳的杏坛梦。

岁月不居，时光如流。一转眼，我加入虹口教育大家庭已近四年，回望过去，在诸多前辈的指导和帮助下，我在学生德育、教学教研等方面有了一定的进步，逐渐从一名见习教师成长为站稳讲台的青年教师。在这个过程中，最让我感到安心的便是见习教师规范化培训。长达一年的培训和"终身售后服务保障"，帮我扣好了教师职业生涯的"第一粒扣子"。

犹记得那时的"一期一会"——每周一从下午到晚上的区集中培训和每周四上午的基地校培训。教师职业发展规划、新高考政策解读、青年教师专业化基础、"三笔字"培训、班会课设计……这些干货满满、情怀满满的德育和教研基本功课程与讲座，不仅让我感受到教师这一职业的魅力所在，更提升了我的师德素养。

"你为什么想当老师？怎样当一名好老师？"这是我在规培期间被问到最多的一个问题。培训第一天，区里为每位学员精心准备了于漪老师的《教育魅力——青年教师成长钥匙》一书。我一边聆听各位专家的谆谆教诲，一边在书中追随于漪老师的脚步，深深地感受到前辈"博我以文、约我以礼、润我以德"的快乐，同时找到了这个问题的答案，收获了教师成长的第一把钥匙。

不忘初心：教师魅力的使命之源

翻开培训时的笔记本，首先映入眼帘的是于漪老师的一句话："现代教师教育魅力的凝聚须以生命相许，让生命与使命结伴同行。要视教育发展为己任，在实践与思考中将教育事业转化为精神自觉。"这句话让我想起了初登讲台时小小的自己。我之所以想当老师，还要追溯到大学时去棚鹰打工子弟小学支教的经历。那时，站在讲台上的我除了认真备课、从不轻怠的态度外没有任何教学技巧，怎么看都不像个老师，可孩子们的目光却一直追随着我，用满眼的欣喜回应我满腔的热忱。

临别时，一个小女孩怯生生地嘟哝道："老师，我情愿你没来，因为你迟早都会走的。"这句话一下子点醒了我，这种过客式的教学真的能传递师者的价值吗？如果不能，那我还不如化作一个小太阳，扎根三尺讲台，源源不断地传递光和热！随着心中的那颗种子慢慢发芽，后来我又先后成为北师大人、虹教人和复兴人。回想见习规培时诸多前辈将使命意识和教育理想高度统一，这份情怀与魅力令人钦佩不已；初入杏坛的我，若能在日常的教学中感悟提升，用有质量的教育回应时代诉求，也算不虚此行。

成己成物：教师魅力的人格力量

记得有一期培训邀请的是语文特级教师乐燎原老师，他自谦"我等俗人，愿学雅事"，讲到动情处还即兴朗诵其诗作《开罗上空的月亮》，眼里流露出对文学、对生活的热爱，颇有中国传统士大夫之风。乐老师"在平实的生活中领略精微雅致的艺术趣味，在卑微的生命里企慕澄明旷达的诗意人生"，让我看到了一个知情合一的丰盈的生命个体，看到了一位师者相对独立的精神世界。

于漪老师曾说："一个充满魅力的现代教师，心态是年轻的、开放的，充满张力的，他热爱学生、热爱生活、热爱教育，对生活怀着一份敏锐感知和由衷赞美。……无法想象一个内心黯淡阴冷的人能有光和热传递给别人。"于漪老师的爱人形容她教学时"哪里是上课，是用生命在歌唱"。这些都让我认识到，师者以生命谱写的心灵之歌，如一泓清泉叮咚流入学生的心田，有着润物细无声的力量。

见习规培时,前辈们常常提醒我们要向身边的同事学习,见贤思齐,感知教师职业的温度。于是我便留心起来,发现身边的确有很多"和学生的心弦对准音调"的歌者。每天早上,经过教室门外,耳之所闻皆是孩子们琅琅的读书声;走进办公室,目之所及皆是同事们潜心备课的身影。每一名教师都有着一颗细腻的心,他们在三尺讲台上挥洒无悔的青春,为学生的点滴进步而感动,因学生的欢声笑语而快乐。成己成物,便是教师魅力的人格力量。

育人求真:教师魅力的价值追求

见习规培二三事中还有一件事让我至今难忘。我校的校训是"求真",在培训时,总有前辈提醒我们这二字的分量。规培不仅涉及德育方面的讲座,还包括带教导师一对一的交谈。记得我的学科带教师傅曾与我讨论过上海语文春考的一则趣闻:试题要求赏析《荔江之浦》一文中"两岸涌来一片金黄,初以为花,却是砂糖桔"一句,许多学生却心存"砂糖桔是金黄色的吗""砂糖桔是否长在荔江两岸"的疑惑,于是考试结束后纷纷通过百度搜索、求助淘宝卖家、在作者微博留言等方式表达质疑并自主求证。在信息时代,学生学会了借助网络等平台"防忽悠",这种"不唯书、不唯上,只唯实"的求真精神怎能不让人心生敬佩!作为一名教师,如果我们自己都没有这种敢于质疑、求真务实的品格,又如何应对多元化的信息时代给教育带来的挑战?如何激发求真务实的育人匠心?我们到底应该让自己更新什么,又给学生带来什么,才能呵护其强大的求知欲与求真力,使其顺利到达理想的彼岸?这是见习规培留给我的课后作业,而这个答案还需要我不断地寻找、完善。

青蓝相接:教师魅力的源源清泉

为期一年的见习规培终有结束,我如愿成为虹教人的一分子,完成了由学生向教师角色的转变,而相守终身的教育故事此刻才刚刚开始。变化的是标签,坚守的是师者初心。感谢这段培训时光,让我在最好的年华与学生相遇,也在最好的年华发现真正的自己、遇见更好的自己。

欲为师，先成人。规培期间，区里贴心地为每位教师配备了双导师保驾护航，我的班主任和学科带教师傅以学生为本的师德操守深深地感染着我，她们对细节保持执念、为理想不计得失的精神为刚入职的我树立了榜样。

我深知自己资历尚浅，但令我引以为豪的是，我始终把教书育人当成一生的事业，投入百分百的爱与热忱，无差别地呵护每一个孩子。犹记得高一入学军训时，我陪学生们一起在骄阳下练习踏步、站姿，从此与他们结下了难分难舍的情谊；高二时，我24小时微信在线，为孩子们加油鼓劲，带他们一起熬过压力山大的等级考；高三时，我接手了一个号称"最差的B班"，却仍坚守着"一个也不能少"的信念，最终综评率由38%上升到79%，语文成绩由年级倒数第一上升为高考时的平行班第二……在学生眼里，我是可亲可信又可爱的大姐姐，他们喜欢给我写信、画像，甚至做表情包，"小汽车老师""陈美丽""车车""安安"等一个个温暖的昵称及其背后的故事，是我与学生之间的独家记忆，也是对我教育方式的最好褒奖。

《学记》云："安其学而亲其师，乐其友而信其道。"永葆初心求真，以期立己育人。感恩规培中那一位位富有魅力的好老师，我将把对前辈们的深深敬意，化作前进道路上的点点星光，只为照亮更多的人。真好，就在这方杏坛淡淡地唱着歌儿，继续当一个幸福的小园丁吧！

陈安然：2017—2018学年上海市见习教师规范化培训学员，基地校为上海市复兴高级中学。一级教师。毕业于北京师范大学学科教学（语文）专业，现任复兴高级中学语文教师。曾荣获第十四届全国语文教师四项全能竞赛"四项全能教师"、虹口区中小幼教师教学评比一等奖。在《语文教学与研究》期刊上发表《管窥语文课堂教师教学方式的转变与学生关键能力的提升——以〈林教头风雪山神庙〉的反复备教为例》等多篇文章，多次参与虹口区"十三五"课题。

教育感言：以童心同心，期成己成物。

我的第二次"长大"

上海市杨浦区打虎山路第一小学 赵梦蝶

出生于北方的我,身上有着一种"女汉子"的特点——"直"。记得第一次来打一小学面试时,校长问了我一个问题:"为什么选择我们这所学校?"我不假思索地回答是来求发展的,没想到被顺利录用。后来每当和校长聊起当年的面试,她总是用"豪气"二字形容我。的确,对刚刚踏上工作岗位的我来说,"学会说话"是一项最重要的修炼。

茫然的第一次公开发言

刚来打一小学不久,学校就为我安排了两位师傅,一位是我的班主任导师沈老师,另一位是我的学科导师——副校长杨老师。年过半百的她们温文尔雅,不仅培养了一大批优秀的学生,还带出了许多后劲十足的青年教师。因为地域、文化上的差异,两位师傅平时常常找我谈话,指出我说话做事的风格太过耿直,但当时我并不知道自己的问题到底出在哪里。

见习期那年,学校召开了一次青年教师座谈会,由卞校长亲自主持。那天,学校二楼会议室座无虚席,会议的核心环节是每位教师交流一下自己的工作收获及困惑。听着其他老师的分享,我瞬间感觉到自己的渺小,心里不由得嘀咕起来:"也没个事先准备,待会轮到我发言,该说些什么呢?"眼看着话筒渐渐逼近,我变得慌乱起来,心扑通扑通直跳。"呃,大家好……这是我第一次在打一小学公开场合发言,那就先介绍一下自己……再介绍一下我的师傅……最后我想说,她们都是很优秀的师傅,感激她们给了我这么多帮助,也很庆幸来到打一工作!"

会后,我就被师傅叫去谈话了。

"你觉得自己刚才的发言怎么样?"

"虽然紧张了点,但是想表达的内容都表达出来啦!"我不好意思地说道,内心却还有一丝窃喜,因为我还从未当面向两位师傅表达过自己的感激之情呢!

"看来自我感觉挺不错啊,那你觉得小王老师(杨老师的上一届徒弟)的发言怎么样呢?"杨老师笑着问。

"小王老师虽然只工作了两年,但我感觉她是一名非常努力且有实力的青年教师,我应该向她看齐!"

我信誓旦旦的表态却惹得杨老师一脸严肃。"职场不能靠溜须拍马,而要脚踏实地,你说向小王老师看齐,可她今天的表达智慧你还没有参透啊!"

杨老师没有再继续说下去。从她的办公室出来后,我心里一阵羞愧。同样是杨老师的徒弟,小王老师就没有在会上过多提及自己的师傅有多厉害,而是把重点放在自己在学校平台中获得的历练和收获上。我也渐渐明白了杨老师的良苦用心,要想走得更远,飞得更高,确实不能张口只说"大实话",而要在不同的场合下抓住不同的重点说话,抱着学习的态度,保持低调和谦逊。这一处世之道对我日后的职业生涯起到了潜移默化的作用。

在市级比赛中遇见更好的自己

时间一晃而过,2018 年在杨浦区教育学院参加见习教师基本功大赛集训的情景仍历历在目,其中令我印象最深的就是特级教师付丽旻老师指导我们教育智慧呈现的过程。那段时间,我心中总是惴惴不安,因为即兴表达是我相对薄弱的环节。果不其然,第二天付老师一来,我就被她强大的气场震住了。这种惧怕主要来自"头脑风暴"环节的训练,这也是我受益最深的一次教育智慧案例培训。

在"头脑风暴"环节,付老师喜欢出一些情景话题,让我们自由讨论。每次付老师话音刚落,我们就立刻针对这道题目展开讨论。虽入职不久,但我一直担任班主任,心想:这种题目应该难不倒我,毕竟之前的区级选拔赛靠的大多也是临场发挥。于是我在还没理清思路时就把话筒抢了过去，尽管嘴上滔滔不绝，脑子却是一片空白，效果可想而知。

有一天，集训结束时已是晚上八点半，我在送付老师到地铁站的路上和她闲聊了几句，她似乎看出了我的压力——毕竟白天上课已筋疲力尽，从下午直到晚上的这场集训确实让人喘不过气来——于是气定神闲地对我说："经历本身就是一种财富啊！"虽然这是我第一次近距离接触付老师，但她这句话就像给我打了一剂强心针，让我不再过多地关注结果。

在"头脑风暴"环节的培训中，付老师要求我们不仅要能说会道，还要声情并茂，现场分析教育案例不仅要把话说明白，还要通过具体场景体现出教育智慧。经过多次培训，我的脸皮变得越来越"厚"，从最初的"毫无章法"到"欲语还休"再到"收放自如"，这一切都源于角色的转变——把自己当成案例中的老师，同理心的力量能够帮助我们找到与家长沟通的最佳方式。

正是得益于这一次次高质量的培训，我才有幸一睹上海市见习教师基本功大赛决赛的"庐山真面目"。用付老师传授的方法去启迪解决问题的智慧，大抵也是我能够取得一等奖的秘诀吧！可以说，通过这场市级比赛，我遇见了更好的自己。

顺利解决班级糖纸风波

前段时间，班里的学生在做值日时发现了一包糖纸并及时向我反馈。第二天，我核实情况后惊呆了，班里25位学生中有23位都在吃一种名叫"CC乐"的食品。我上网一查，发现这种食品几毛钱一包，就是所谓的"垃圾食品"。更不可思议的是，这23个小朋友中还有人专门从事这种买卖。我迅速找到这部分学生了解情况，发现他们不但建群发红包、抢红包进行"CC乐"交易，还在群里组织打游戏。群里还有一名外校学生小B，尽管我再三询问，但没人知道他的详细情况，只知道是我班小A的朋友。

眼看情况趋于复杂，当天我就针对买卖垃圾食品和沉迷网络游戏两件事对学生进行了教育，并打算第二天再叫涉事家长面谈，同时也在班里对其他学生进行了思想教育。晚上十点多,小A爸爸联系我,说孩子回去后闷闷不乐,受了委屈,明明没有拉人进群玩游戏,老师却冤枉了她……我一头雾水,只好跟家长约好第二天面谈。

第二天小A爸爸一过来,我就感觉到他有些气势汹汹。经过一番交谈,我得知外校学生小B是他与前妻的女儿。这个孩子进群玩游戏,并不是小A拉进去的,而是我班另一名学生,所以小A是冤枉的。另外,由于小B在群内与我班另一名学生产生了口角,因此他觉得小B也受了委屈,希望我核实情况并给他一个合理的答复。

作为班主任,我之前一直没有察觉到买卖垃圾食品的情况,当发现事情的发展态势比我想象的复杂时,我应该先及时了解全部情况,以防错怪或决策失误。对于小A这样单亲家庭的学生,我则要尽量委婉地处理她的问题,因为这样的学生通常早熟甚至叛逆,需要有良好的指引,否则容易误入歧途。可是她的父亲在出现问题时不分青红皂白,一味偏袒自己的孩子,这样做不仅造成家校沟通困难,更助长了孩子的气焰,对孩子的成长大为不利。我到底应该怎么做呢?

那天晚上,我给小A爸爸打了一通电话:

"小A爸爸,白天的事情我了解过了,小B在群内与其他学生发生口角也是有原因的,其他同学是希望在群里讨论学习、互相帮助。我想这也是您作为家长希望看到的。"

"赵老师,我也希望孩子的问题可以让他们自己去解决。"

"是的,可怜天下父母心,我觉得您是一位心胸宽广的父亲,这件事就让孩子们自己去解决,相信她们能处理好这件事。"

"赵老师放心,以后我会教育好两个孩子,让她们好好学习,不再沉迷于网络游戏。"

学会沟通的艺术,与家长沟通时态度诚恳,多站在他人的角度考虑问题,是我学会的家校沟通之道。从那以后,我给小A在班里设立了一个"纸巾小管家"的岗位,让她发自内心地热爱班集体,果然小A的成绩有了较大进步。而对于这样大面积的群体事件,如果只是批评教育,恐怕不能真正杜绝。于是我抓住这次机会,首先表扬这帮孩子非常有经营头脑,接着告诉他们要把这种头脑用在正当的方面。后来我还在班里办了一个杂货铺,让每个学生都开设摊位,通过活动帮助孩子达成经营买卖的愿望。就这样,这场糖纸风波彻底化解了。

从嗷嗷待哺的婴儿到大学毕业,我在父母的呵护中,在老师的教导中,在亲朋的关怀中慢慢成长。直到遇见一所学校,参与一次规培,我终于明白做老师也是一次成长。在一个恰当的时候,因为做了自己想做的事,我的生命轨迹也因此发生了改变。

赵梦蝶: 2017—2018学年上海市见习教师规范化培训学员,基地校为上海市杨浦区打虎山路第一小学。一级教师。毕业于上海师范大学中国少数民族语言文学专业,现任打虎山路第一小学语文教研组长。曾荣获2018年上海市中小学(幼儿园)见习教师基本功大赛一等奖、区"小荷杯"教育教学比赛一等奖、上海市小学语文教学优秀论文评比一等奖,执教的"19音乐之都维也纳"被评为教育部"一师一优课"。为提高自身的科研能力,目前在特级教师杨莉俊名师工作室中学习低年段口语交际教学技能。

教育感言: 实现学生的梦想,也是实现自己的教育理想。

让课堂充满挑战

上海市闵行区鑫都小学　张晟悦

2017年,我有幸成为一名小学美术教师。一转眼四年已过,在这段日子里,从一开始面对学生的紧张忐忑到现在的从容自信,我在一次次磨砺和反思中勇往直前,深刻地体会到做老师的艰辛与快乐。正如罗曼·罗兰所说:"人生有如一股奔流,没有暗礁,激不起美丽的浪花。"在成为教师的道路上,我们难免会遇到一些坎坷,只有战胜它们,才能在教育的大海中乘风破浪。

思考:第一堂剪纸课

为了让新教师快速成长,上海市开展了为期一年的见习教师规范化培训。在忙碌而充实的培训中,我花大量时间熟悉教材,明确每一节课的重难点,甚至把上课要说的话一句句写下来、背下来,只为减少初为人师的青涩。日积月累,我逐渐具备了扎实的基础知识与专业知识。

在见习规培即将结束时,我有幸参加了上海市中小学(幼儿园)见习教师基本功大赛。这可是一个展示自己一年学习成果的好机会!于是,我开始积极地准备展示课。那时我正教一年级,当我打开美术书时,我一眼就看到了《漂亮的纸筒》。本节课是一年级小朋友的第一堂剪纸课,要求他们在完成作品的同时知道剪刀和固体胶的使用方法、剪纸的技巧,并了解随意图形、对称图形和基本形的特点等,重难点较多。

在参考了以往上过本课的老师的教案和相关的学习视频后,我很快完成了教案和课件的初稿,接着开始在班里进行试教。课堂上,我发现孩子们热情高涨,十分积极，但走出教室，回想起课堂实况与教案预设，我却发现了以下几个问题：

首先，一年级学生年龄小，好奇心强，对美术工具——剪刀感到很新鲜，总是忍不住摸一摸、玩一玩，导致上课不专心，没有掌握剪纸的方法；

其次，学生呈现的作品图案太简单，没有变化；

再次，由于本课重难点多，教学时间长，孩子们动手的时间太少；

最后，剪剩下的纸张过于零碎，卫生状况太差。

总结完上述问题，我不禁陷入迷茫：一年级孩子的特性导致他们无法长时间地专注听讲，而这节课的知识点又如此多，该怎么办呢？对我这样的职初教师来说，无疑是一项新的挑战。

当晚，我再一次仔细研读教材与书籍，并结合反思不断更新教学环节，针对一年级孩子的特性修改教案。考虑到不能扼杀孩子们对学习的好奇心，以及美术教学除了让孩子们学会画画，还承担着培养审美素养、激发创作兴趣的作用，我适当地增加了一些学生活动，希望孩子们能有更多的时间玩一玩剪刀，从而更好地认识新工具、学习新知识。

突破：调整环节再出发

调整好教案后，我便邀请师傅前来听课。我把修改后的教案呈现在课堂上，请她帮忙磨课，再作调整。课上，我明显感觉到学生的热情与专注度比第一次试教时更高，作品的呈现也更完整，美中不足在于时间依旧紧张。

课后，我向师傅虚心请教。在师傅的引领下，我仔细地回顾了一遍教学环节，发现虽然环节丰富，互动性强，但缺乏设计，整体零碎，也没有新意。是啊！这样的课怎么能吸引学生呢？当时的我很懊恼，开始思考自己是不是选错课了，拿这节课参加比赛真的可以吗？

在屡次修改都不满意时，我的脑海中突然浮现出师傅说过的一句话："上任何一节课，环节一定要清晰。出现问题，就设计环节去解决问题，一环扣一环，只要环节清晰了，再往里面填充学生活动就可以了。"直到现在，这句话对我的影响还很大。在职业初期,我们很难快速把握并合理安排要教授的内容,上课时往往会忘记下一个环节需要做些什么、怎样过渡、怎样用更好的语言去提问等。但其实这些问题通过练习都能解决,我们更需要明白的是学生在这节课中需要学会什么,所以我们设计每一个环节的目的都应该是解决这节课学生可能会遇到的问题。

于是我沉下心来再次修改教案,在明确重难点的基础上不断问自己:"这样上课,孩子会喜欢吗?"先搞清楚学生需要什么以及怎样的环节才是有效、有趣的,再去设计学生活动,这样就会事半功倍。

挑战:灵活的小剪刀

在基本功大赛来临之际,学校邀请教研员秦老师对我的展示课进行指导。得知这个消息时,我的内心既紧张又兴奋,紧张的是我不确定自己是否能上好《漂亮的纸筒》这节课,兴奋的是有了秦老师的指导,我的教学一定能更上一层楼。终于好学之心战胜了其他念头,我把想要解决的问题和对这节课的疑惑梳理出来,决定趁此机会好好向秦老师请教一番。

课后,我向秦老师提出了试教时遇到的问题,秦老师笑着说:"我们来一起梳理一下你的教学环节,想办法把这节课设计得更加有趣一些,翻转课堂,让孩子们都玩起来。"

首先,秦老师提出我最大的问题就是环节太多。

"一会儿要比较,一会儿要观察,一会儿又要做了,一会儿又回过头来观察了,反反复复,小朋友都要晕啦!"

在秦老师的引导下,我明白了这节课最重要的就是让学生学会使用剪刀,剪出边缘流畅且有变化的图案。

"如果能让孩子们在不知不觉中学会剪各种图案就更好了。这样既能提升他们对剪纸的兴趣,又能帮助他们轻松地完成作品。"听秦老师这么说,我不禁竖起了耳朵。

秦老师告诉我："可以先不要告诉孩子今天做什么，先让他们玩一玩剪刀，教他们怎么剪纸，利用图案的关联性，在剪纸的过程中一步步引入随意图形、对称图形、基本形三个概念，再让他们通过闯关的方式完成这三种图案的剪贴，在新授环节，可以用挑战来代替游戏，让学生有闯关的感受，体验到原来剪纸是层层递进的，只要肯动脑筋就能剪出千变万化的造型。"

"挑战""翻转课堂"等新颖的词汇在我的脑海中盘旋，一节原本毫无生气的课在秦老师的引导下顿时变得活泼有趣。我立刻在原来的基础上对教案进行了修改："翻转"教学环节，以学生为主体，设计"灵活的小剪刀"剪纸闯关环节，让学生玩中学，学中玩，在不经意间解决教学的重难点；同时创编了一首剪纸小儿歌，让学生一边玩剪刀，一边做动作，感受到剪纸课的有趣，从而激发创作的兴趣。

这样的"翻转"设计对职业初期的我来说是新颖的。那一刻，我也终于明白了师傅们所说的"学生活动""以学生为主体"到底是什么意思。在传统的美术课堂上，学生总是在教师的指挥下按部就班地完成作品，这种教学方法虽然也能帮助教师完成教学任务，但学生的学习积极性并不高，作品呈现的样子也千篇一律。因此，教师必须切实地去思考每一个教学环节，把课堂还给学生，了解学生想要什么、想学什么，这往往比教师想教什么更重要。

美术课是有趣的，不应该是死板的，把一个个生硬的知识技能转换成一个个趣味盎然的游戏，让学生在快乐中学习知识，感受美术的无穷奥妙，是我作为一名美术教师的使命和责任。只有真正引起了学生的兴趣，才能让他们在美术课上既完成作品又激发创意。每个孩子都有好奇心，在教学设计中加入挑战的元素，能有效引发学生主动学习的愿望，促使学生充分经历探究、思考及交流的过程，从而深刻理解知识，提升思维能力，创作出有特点、有新意的作品。

虽然距离参加比赛已有好几年，但这节课留给我的财富却是无尽的。作为一朵奋斗在教育前线的"浪花"，今后我也会不断思考：孩子们最能接受的教育方式是什么？怎样才能找到最有趣、新颖且有效的上课模式？针对不同年龄段的学生，该怎么区分教学方式？这些都将是我在职业生涯中不断探索的课题。

人民教育家于漪老师曾说:"理想就在岗位上,信仰就在行动中,要锲而不舍,坚忍不拔,奋勇前进。"我们在教育孩子的同时,孩子也在教育着我们,希望我能在课堂中不断成长,在与学生的共处中实现自我价值。未来的日子里,我将以更饱满的热情扎根教育事业,迎接来自课堂的新挑战,争做一名有创意的新时代美术教师。

张晟悦:2017—2018学年上海市见习教师规范化培训学员,基地校为上海市闵行区实验小学。二级教师。毕业于上海师范大学天华学院艺术教育专业,现任上海市闵行区鑫都小学美术教师兼备课组长。曾荣获2018年上海市中小学(幼儿园)见习教师基本功大赛二等奖、2020年上海市学生绘画书法摄影作品展优秀指导教师,指导的近30幅学生作品在市、区级美术比赛中获奖。

教育感言:用心上好每一节课,用爱培育每一位学生。

泥泞留痕

宋庆龄幼儿园　罗　逸

当我作为职初"小萌新"战战兢兢地踏上幼儿教师这个岗位时,见习规培就像导航仪,陪我经历了无数个泥泞的"第一次"。基地学校非常重视规培工作,为我制订了详细的带教计划,使我迅速成长,发展成能独当一面的教师。

我至今仍保留着当时的见习规培手册,里面那一个个涤荡心灵的小故事是我工作时的"灵丹妙药",每当困惑时我都会拿出来浏览一番,直到豁然开朗。在见习规培期间,见习教师既是教师又是学生,这一双重角色赋予了我们大量学习、模仿的机会,让我们在一定程度上减少犯错,找到一些教育策略和窍门。

泥泞中"见"幼儿的内在需求,"习"教师的理解与尊重

见习教师往往会把注意力更多地集中在幼儿一日生活的常规管理上,因为过于追求理想中的完美结果而着急、冲动,导致忽视了孩子的需求。

以我见习期带的小班为例,刚上幼儿园的欣欣几乎每天吃饭都会大哭大闹,嘴巴里不停地喊着:"我要老师陪陪我!"我试着劝说、讲道理,但都不起作用。我因为她的哭闹而一筹莫展,不明白她到底为何发脾气,再加上其他孩子的用餐也受到了影响,本就性子急的我一度想把她请到一边单独用餐。

师傅则非常耐心、温柔,无论对幼儿、家长还是同事,她都能站在对方的角度看待问题。有一天,我把这件棘手的事情告诉了师傅,师傅要求我先停下来思考欣欣的年龄特点,同时花时间观察欣欣,了解和分析她行为背后的原因。"有时候不需要立即处理,对症下药才能事半功倍。"师傅这样告诉我。

冷静下来后,我开始思考:如果我一味地制止甚至责怪欣欣,不考虑她消极行为背后的需求,那她一定会感受到我的负面情绪,认为我不理解她。接着我又从欣欣的角度分析这个问题。欣欣年龄偏小,平时爸爸工作较忙,她在家里由妈妈和外婆照顾,吃饭都是外婆跟在身后喂。由于她缺乏安全感,一旦换了新的环境,难免会不适应,肯定需要一个过渡期。况且欣欣的认知发展还不够成熟,她用不恰当的行为来寻求老师的关注和陪伴,也是很正常的。

再遇到这种情况时,我蹲下来给了欣欣一个大大的拥抱,告诉她我很爱她,希望每天都能见到她,还告诉她要好好吃饭,这样才能每天健健康康地来幼儿园。感受到爱和温暖的欣欣很快把饭吃完,甜甜地睡去。

我想,我的成就感不应该只来自搞定一个"熊孩子",走出一段泥泞,更应该来自学会理解孩子的"无理"、倾听孩子的需要、接纳孩子的情绪。包容、理解、体谅和尊重,可能就是师傅那么淡定、从容的原因,也是一名好老师应该具备的特质。

就这样,见习期的我在师傅的言传身教下,在与孩子们的"斗智斗勇"中摸爬滚打,不断成长。

泥泞中"见"幼儿的独特想法,"习"教师的从容与智慧

作为见习教师,我刚开始上课时难免手足无措,师傅便手把手地指点我:要把孩子对每一个问题可能作出的回答写在教案上,并想好回应和追问。我老老实实地按师傅说的去做,幸运的是,第一学期的汇报课,孩子的回答我都预设到了,最终课堂的反馈不错。尝到了甜头的我以为一直这么做就万无一失,直到见习期的第一次大规模的课堂展示——职初教师赛课活动……

当时已临近见习教师基本功大赛,幼儿园希望借此机会进行选拔,给每位见习教师一次切磋、反思和改进提升的机会。我既紧张又兴奋,区见习规培已经明确了基本功大赛的重要性,渴望参赛的我开始认真准备赛课。在这个过程中,师傅、前辈们给了我很多指导,教案改了一稿又一稿,我也预设了一些回应。

终于到了正式的课堂展示,当我信心满满地给孩子们上课时,却发现他们的

表现超出了我的预期。在请幼儿说说雨伞的特点的环节,第一个孩子站起来说:"这是一把粉色的蘑菇伞。"第二个孩子接着说:"这是一把绿色的像屋顶一样的伞。"他们已经开始模仿了,并且都说到了形状和颜色,可我放不下自己预设的那些"参考答案",没有依据幼儿的实际水平和表现来引导,硬是带着所有孩子采用固定模式只说颜色、只说形状、只说大小。

又一次走入泥沼。课后,师傅告诉我一次集体教学活动实施中产生的问题也是日常教学过程中问题的缩影。她让我回忆一下自己平时和幼儿互动时是否也总是"规定答案",没有倾听幼儿的表达,总是引导幼儿"跟着老师走",没有把幼儿当作主体。我一下子明白了师傅的意思,感到非常懊悔、自责。没想到自己一直以来都在实施错误的教育,我觉得很对不起这些孩子,心中五味杂陈。

那个周末的区见习规培,培训老师讲了一个于漪老师的小故事,让我一下醍醐灌顶。"半路出家"的于老师也不是一开始就懂得怎么上语文课。对自己严格要求的她多次邀请语文教研组长徐振民来听课,但未能如愿。一次,于老师在讲授小说《普通劳动者》时,突然发现徐振民坐在教室后排。课后,徐振民说:"年轻教师能把课讲成这样很不容易,但是,语文教学的大门在哪儿,你还没有找到呢!"语文教学的大门究竟在哪里?于老师下定决心,不仅要找到语文教学的大门,还要登堂入室。她孜孜不倦,三尺讲台一站就是40年。于老师常说要"目中有人",要了解学生的所思所想,所以她总是钻研学生,不光了解学生的性格,还了解他们的家庭和背后的故事。她说这样才能对学生因材施教,让学生的脑海深处留下对课堂的深刻记忆,从而震撼到心灵深处。于老师还说:"我不断地反思,我一辈子上的课,有多少是上在黑板上的,有多少是教到学生心中的。"听到这里,我几乎颤抖起来。

通过这次课堂展示和师傅的点拨,我发现了平时存在的问题和亟待重视、改进的地方,这何尝不是一种幸运?我马上调整心态,开始注意自己和幼儿的互动,同时记录下幼儿对我说的哪些话充满兴趣,愿意顺着话题不断深入。另外,我还尝试着用更温柔、清楚、简洁和童趣的语言与幼儿交流,多倾听、多尊重,放低姿态。

通过不懈的努力,我如愿以偿地参加了2018年上海市中小学(幼儿园)见习教师基本功大赛,最终获得二等奖。比赛获奖当然不是根本目的,更重要的是,通过见习规培,我明白了教师要让孩子的心同自己说的话发生共鸣,要把话传进孩子的心里;也明白了教师要养成不断反思的习惯,学会发现和正视自己的不足,通过各种方式积极地改进、成长。见习规培是校园和职场之间的一座桥梁,是我身份转换的一个缓冲带,更是我职业发展的一个跳板,它教会我如何坚守教育情怀,把理想照进现实。

走过一次又一次的泥泞,留下的除了感悟、感动,还有坚持。不知从什么时候开始,教学已成了我生活的一部分。每每看到好的创意活动、科学实验和运动游戏,我都会收藏在微信里,想着给孩子们玩玩、试试;有时收到快递,我也会把纸箱留下来,想着孩子们玩角色游戏也许会用到这个道具;逛书店时偶尔看到一本专业书,我会仔细翻阅半天,只为找到一个好办法去平衡班内的特殊孩子和其他孩子的需求……随着时间的推移,我越来越体会到教师这一职业的价值,这一切都源于见习期那段难忘的经历。

泥泞留痕,我愿不忘初心,砥砺前行,为成为一名专业过硬的好老师、孩子童年的守护者而不懈努力。

罗逸: 2017—2018学年上海市见习教师规范化培训学员,基地校为宋庆龄幼儿园。二级教师。毕业于上海师范大学学前教育专业,现任宋庆龄幼儿园教师。曾荣获2019年上海市中小学(幼儿园)见习教师基本功大赛二等奖、中国福利会优秀共青团员标兵等。负责青年教师项目"大班社会实践活动中学习任务单的设计与实施"的结题,两篇文章收录于《我们家的早教》一书。

教育感言: 心灵和心灵撞击,生命与生命对话。

为每一个学生创造更合适的教育

上海市长宁区江苏路第五小学　曹汇钦

入　职

在入职江苏路第五小学前,我就对其倡导的"和谐教育"有所耳闻。带着对这一教育理念的憧憬,我有幸成为江五小学教师队伍中的一员,时刻感知着这所百年名校经过历练后所焕发出的勃勃生机。

站上三尺讲台的第一年,我便任教了一个四年级的班。一下子要承担起高年级语文教师和班主任的双重职责,这对"零经验"的我来说是个不小的挑战,于是我把全部精力投入到教育教学工作中。日复一日,我逐渐褪去了入职时的生疏和青涩,工作表现得到了前辈的认可、家长的赞许。更重要的是,我得到了学生的亲近与爱戴——孩子们很喜欢我,爱屋及乌,也喜欢上我的语文课,甚至有家长直言:"他以前看到语文最头疼,现在竟然说他最爱上的就是语文课。"学生对语文课的期待成了我最大的动力,我越发认真地准备每一节课,想在课堂上尽可能多地传授知识。

困　惑

然而,在度过与学生的磨合期之后,我在教学上的不足慢慢暴露了出来。在课堂互动中,我发现学习能力强的孩子总是回答得又快又好,能力弱一些的孩子则常常答非所问,光指导他们理解问题就要花好大功夫,有好几次下课铃都响了可我预设的教案只完成一半。眼看教学进度停滞不前，我心急如焚，于是不再将问题抛给全班学生，而只请学习能力强的孩子来回答问题。一段时间后，我总算赶上了教学进度，可代价是课堂上的学生不再活跃，举手的总是那几个优秀的孩子，大部分孩子只是静静地坐着，眼神中流露出心不在焉。

这个问题很快引起了我身边几位前辈的关注。得益于长宁区和学校对青年教师的关心和重视，我同时拥有两位教学经验丰富的师傅，一位是基地校愚园路第一小学的刘勤老师，一位是本校同级组的周蓓蓓老师。两位师傅每次听完课都会告诉我："在课堂上最重要的不是把自己的教案一股脑儿地说给学生听，而是要关注学生的即时生成，让学生在学习经历中习得语文素养与能力。课堂是为全体学生服务的，不能只给某几个孩子上课，要关注到角角落落的每一个孩子。"虽然师傅反复叮嘱，但我仍一知半解。上课不按教案上，那该怎么上呢？学生的回答五花八门，我如果接不上话，岂不是失了面子？要是完不成既定的教学内容，那不就耽误全班同学的学习了吗？这些问题时刻萦绕在我的心头却得不到解决，我只能安慰自己："保证教学进度才是顾全大局的选择。"可是，真实的课堂果真如此吗？

反　　省

在我的班里有个学生叫小 A，他理解能力偏弱，说话有些口吃，但这丝毫没有影响他表达自我的积极性，每节语文课上我都能看到他高高举起的小手。为了鼓励他多表达、多练习，刚开始我常请他起来回答问题。他特别珍惜每次起立发言的机会，可他越想好好表现就越着急，越着急就越容易结巴，往往要用两三分钟才能把话说完。一次，两次……我渐渐地失去了耐心。为了节约时间，我忍不住打断他，然后兀自将正确答案告诉全班同学。"小 A，你要表达的是不是这个意思呀？"每次听到我几乎完美的答案，他都会神色黯然地"嗯"一声，然后默默坐下。最初我并不觉得这样做有什么不妥，后来我发现小 A 举手的次数越来越少，眼睛也不再跟随着我的身影，而是更多地注意着手中的文具，或呆呆地望向远处。有时我主动请他回答问题,他甚至不知道我讲到哪儿了,只能慌乱地向同学求助。

学生学习的积极性明显消退这一事实无情地打破了我原先的自我安慰,看来只关注教案会彻底断送学生在课堂上发展能力的机会。当我和师傅说起这件事时,师傅郑重地要求我在课堂上不能只想着怎么落实教案,而要分出一部分精力,倾听学生的语言表达,及时给予学生适切的评价与指导,及时调整自己的教学策略,让"教"与"学"真正地发生。在准备上海市中小学(幼儿园)见习教师基本功大赛的过程中,我也有幸得到了李碧云校长的指点。李校长听完我的试教课后,语重心长地劝导我:"不要抢学生的话,不要代替学生说。"

几位前辈的话让我静下心来思考:如果课堂上教师的"教"与学生的"学"是脱节的,又怎么提升学生的语文素养呢?无论是基于自身专业素养的提高,还是为了让每一个学生都能在课堂中有所思、有所悟、有所得,我都下定决心要努力克服这个问题。

改　　变

此后,每节课前,我都再三叮嘱自己:"要将教案放在心中,将学生放在眼中,把课堂还给学生。"当我再请小A回答问题时,他还是会越说越着急,生怕我又要替他回答。看着孩子努力表达的模样,我心里一阵懊悔——乐于表达是多么好的学习品质,而我作为一名语文老师,却差点扼杀了学生的表达欲,真是太不称职了!每每想到这儿,我都会点头微笑着示意他:"老师在听,请你慢慢说。"确定他说完后,我又指导他整理好语序再次回答。虽然这样做比较花时间,但小A的进步也显而易见,他的心回到了课堂,和从前一样喜欢与老师互动,甚至比以前更爱动脑筋了。

看到小A的转变,我备受鼓舞。我开始根据问题的难易程度向不同的学生提问。比如:有些学生的表达能力不太好,但声音特别响亮,我就会把朗读的机会留给他们,以提升这类学生在课堂上的存在感和成就感;有些学生思维敏捷,但语言组织能力不强,我就会请他们来回答复述类的问题,每当"挑战成功",全班就会响起热烈的掌声,我能感受到这些学生的自信心在慢慢增强;发散性强的问题就留给学习能力更强的学生,帮助他们进一步提升思考力。虽然上课的对象没变,内容没变,形式没变,可课堂上的氛围却悄然改变,每个孩子都融入其中,师生合力,共同营造出真正和谐的课堂。

探　索

刘勤老师在一次次听课的过程中也发现了我班学生在课堂上越发踊跃,于是鼓励我道:"既然分层提问能起到正向作用,那么设计分层评价标准一定也会有效。"师傅的话点醒了我,我开始摸索如何针对不同的学生作出有效的评价。

我的班级里有几个"写字困难户",以往批改写字册时,我总是按照全班的整体水平来给他们打等第,结果可想而知,这几个孩子的等第总是惨不忍睹。"'一刀切'的评价标准真的有效吗?"看着他们毫无起色的书写,我不禁在心里这样问自己。受分层提问的启发,我决定从评价写字册入手,为全班学生制定有梯度、有温度的分层评价标准。又一次批改写字册时,我给这几个"写字困难户"打了比以往更高的等第,并在等第下方写上理由,例如"今天书面很干净""今天的笔画比昨天更有力了""字全部居中了,真棒",等等。效果如何呢?我暗自期待着孩子们的反应。果然,看到等第的一刹那,一张张小脸上洋溢着欣喜、意外之情。第二天,每一本写字册都前所未有地干净整洁,字的笔画、大小都有所改善,本子上深深浅浅的铅笔印仿佛诉说着小主人是多么努力地写完了这些字。此后,我坚持做好分层评价,关注每个孩子自身的发展,学生的正向改变也在持续发生——"写字困难户"消失了,好几个孩子甚至在写字等级考中获得了"优秀"。

领　悟

学生的改变,让我对"和谐教育"有了更深刻的认识。课堂之所以"和谐",是因为学生是课堂的主体,教师只是引导者。教育的"和谐"则渗透在学校运转的方方面面:层层深化的"师徒带教青蓝工程"体现了同事之间的和谐,学生"和内谐外,主动发展"的成长目标体现了师生之间的和谐,"家长进课堂"的兴趣社团体现了家校之间的和谐……在成就学生的同时,"和谐教育"也成就了教师,它令我在专业上更有自信,能力也得到了提升。在 2019 年上海市中小学(幼儿园)见习教师基本功大赛中,我获得了综合奖一等奖。这个成绩的背后,是我从只会用一杆秤来衡量所有学生到真正用心评价、教导每一个学生的转变。

虽然现在我还是一名教龄未满三年的青年教师,但我深深地体会到为每一个学生创造更合适的教育是一名教育工作者的责任。在之后的教学中,我会不断鞭策自己,关注每一个学生的学习经历,为每一个学生创造更合适的和谐课堂。

曹汇钦: 2018—2019 学年上海市见习教师规范化培训学员,基地校为上海市长宁区愚园路第一小学。二级教师。毕业于上海师范大学天华学院小学教育专业,现任江苏路第五小学语文教师。曾荣获 2019 年上海市中小学(幼儿园)见习教师基本功大赛综合奖一等奖及现场课堂教学一等奖、2020 年长宁区"班主任新秀"称号。

教育感言: 为每一个学生创造更合适的教育是身为教育工作者的责任。

师道匠心，初心筑梦

上海市浦东新区澧溪幼儿园　王少夭

为什么选择这份职业？

为什么坚持这份职业？

曾经有很多人这样问我。我的回答是：我是一名新时代的青年教师，带着创造一份激情生活的梦想，怀着成为一名优秀教师的豪情，义无反顾地加入红色的幼教大军。在孩子中间，那种无拘无束、和谐融洽的气氛，时刻吸引着我，选择幼教是我一生无悔的决定。

萌芽：匠心传承

说起教师，这是一个伴我成长的身份。我出生于一个平凡的家庭，父亲是一名普通的小学教师，在教师这个岗位上兢兢业业地耕耘了数十载。在我的记忆中，父亲常常陪我一起阅读名家书籍，共同记录时事笔记。他告诉我：喜欢的事就要坚持到底，要懂得感恩，更不能忘记自己的初心。多年的耳濡目染，在我的心中播下了一个梦想：我要成为像父亲一样的人民教师。

一晃已是十几年，梦想变成现实，我终于成了一名教师，一名和父亲一样的人民教师。直到现在，我还清楚地记得自己当年在志愿书上义无反顾地写下"学前教育专业"的情景。因为喜欢，所以选择，因为选择，所以坚持。经过数年的专业学习，我怀着好奇和激动之情来到澧溪幼儿园，成为孩子们口中的"王老师"。

人们总说，榜样源于生活。在多年来平凡而又伟大的教育生涯中，父亲始终坚持教书育人的匠心，用无私奉献的精神默默诠释着教师这一职业，这使我进一步坚定了成为一名教师的初心。

成长：师道浸润

踏上工作岗位的第一个月,我就被忙碌的学习研讨、家长工作、基地活动折腾得晕头转向,社会上对男教师的某些偏见更是一度动摇了我对教师这一职业的憧憬。

就在这个时候,我职业生涯中的第一位导师给予了我极大的支持。她不厌其烦地指导我开展半日活动,手把手地帮助我备课,并亲自上示范课,耐心讲解活动背后的设计意图、活动过程的预设等,引导我关注孩子的发展。

我认真对待每一次导师安排的学习机会,珍惜每一次与孩子们相处的时光。渐渐地,我体会到幼儿教师是一个需要爱的职业,要向孩子们弘扬真善美、传递正能量。

当发现孩子们喜欢的运动项目缺乏挑战难度时,我在导师的建议下,翻阅了《爱上民间艺术》《民间游戏》等传统文化书籍,明白了如何组织集体教学活动和民间游戏。我选择和孩子们一起尝试更有挑战性的体育项目,在他们力所能及的情况下,一步步制定高难度运动环节。其中"垂直双脚跳"是孩子们最感兴趣的项目,我将最基础的材料——海绵垫——一层层垒高,不断鼓励孩子们挑战新的高度。没想到孩子们小小的身体里竟蕴藏着惊人的能量——无论是运动天赋尚佳的孩子还是运动能力较弱的孩子,在欢快的氛围中,他们都能鼓起勇气直面挑战。经过日积月累,我们班的孩子变得愈发勇敢,从刚开始害怕单手悬挂,到能在我的托举下悬挂前行,再到最后能熟练地悬挂交替前行,他们逐渐掌握了各种复杂的体育项目,不仅身体变得更加强壮,声音变得更加响亮,精神面貌也是整个幼儿园里最积极向上的。"王老师,今天我们再去探索点什么？我不怕!"孩子们天真的话语流露出好奇、勇敢、自信……

在为期一年的见习规培中,我有幸遇见了导师,感悟了成长,深知作为教师不仅要有满腔热情,还要讲究教育的方式方法,讲究为师之道。尊重孩子,以生为本,让每一个孩子快乐学习、健康成长,是每一位教师心中最美好的愿望。

机遇:成长蜕变

2019年是充满机遇与挑战的一年。我有幸入围了上海市中小学(幼儿园)见习教师基本功大赛的决赛,并在积极备赛的过程中开阔了眼界,实现了个人专业能力发展的飞跃。

在参加比赛前的近半年,七项技能比赛的压力可想而知,我一度困惑、迷茫,但最终还是在区见习教师培训项目组的老师和幼儿园导师的鼓励下咬牙坚持了下来。在参赛的过程中,我还认识了十二位小伙伴,感受到他们身上拼搏进取、迎难而上的精神。我们携手参加各单项比赛的辅导,明白了"学习"是自身发展和适应职业的必由之路,"严谨笃学,与时俱进,活到老,学到老"是青年教师应有的终身学习观,只有不断反思才能让自己变得更加优秀。在准备参赛课《磁悬浮》时,我在导师的带领下一遍遍完善教学活动,并对活动过程进行认真的反思。通过研究孩子们的需求,我尝试基于儿童的视角考虑问题,并逐渐掌握了上课的小技巧,最终荣获上海市中小学(幼儿园)见习教师基本功大赛课堂教学单项奖一等奖。为了弥补我在书法和演讲上的不足,园长还专门聘请书法专家为我单独培训,甚至在百忙之中一遍遍旁听我的即兴演讲。一次次富有针对性的培训,不仅夯实了我的专业能力,还大大增强了我的自信,让我在决赛中更好地展现自我。

于我而言,基本功大赛既是我人生道路上一次特别的经历,也是我职业生涯中一次难得的机遇,更是我专业成长中一笔宝贵的财富,它告诉我教师只有具备综合素养,善于把握机遇,敢于迎接挑战,才能有更好的未来。

坚定:匠心永驻

如果说孩子们是一棵棵幼苗,需要教师悉心浇灌、呵护,那么在浇灌中使用什么样的水和肥料,将影响幼苗是否能够健康生长。

我喜欢和孩子们打成一片。令我印象最深的是我们班一个叫冯冯的孩子,天真活泼的他每天都会给我带来意想不到的快乐,他会在学习活动时提出无数个"为什么",也会在我苦恼时送上一个温暖的拥抱。有一次自由活动时,他还和我聊了他的梦想:"王老师,我有一个大大的梦想,就是像你一样做一名幼儿园老师。""为什么你也想成为幼儿园老师呀?""因为幼儿园里男老师很少,我想和王老师一样,跳得高,跑得快!"听到这充满稚气的话语,我心里暖暖的。也正是孩子们的一声声肯定,让我对这份职业产生了更加坚定的信念。

其实,在我身边有许多幼儿教师都一直用心书写着教育人生,以实际行动演绎着人民教师的风采。他们在平凡的工作岗位上辛勤耕耘,培育出一个又一个不平凡的孩子。记得我的导师曾这样和我说:"虽然我们不能成名家,但每每看到家长们的真情流露,看到孩子们的茁壮成长,我们就会享受到这份职业所带来的成就感。相信在这样的环境下成长起来的孩子,也一定会更加充满童真。"只有教师树立了正确的思想观念,才能把这种观念传递给每一个孩子,不是吗?

对教师来说,匠心永驻就是坚持一颗纯粹的教育心,并一以贯之。就像于漪老师,她一生秉持"一辈子做教师,一辈子学做教师"的初心,本色不改,在喧嚣中独守一片平淡,在繁华中坚持一份简单;她的内心疆域清澈澄明,栖息着一颗晶莹宁静的灵魂,有着非凡的穿透力。我想,身为教师,我们首先就应该做好教育这件事。

此时此刻,对于幼儿教师这一神圣的职业,我只想说,我正用心爱着你。我愿把自己的满腔热情投入幼教事业,钻研师道,不忘初心,永远做孩子们心中朝气蓬勃的王老师!

王少天: 2018—2019学年上海市见习教师规范化培训学员,基地校为上海市浦东新区澧溪幼儿园。二级教师。毕业于南京师范大学泰州学院学前教育专业,现任上海市浦东新区澧溪幼儿园教师。曾荣获2019年上海市中小学(幼儿园)见习教师基本功大赛现场课堂教学单项奖和综合奖双项一等奖,获浦东新区2018学年见习教师规范化培训考核"优秀"、课堂教学考评"优秀"。

教育感言: 千思万行,不忘初心。

满眼生机转化均，成长之曲日争新

上海市崇明区长兴中学　徐宝卫

我的成长离不开见习教师规范化培训，它是我遇见的最为系统全面的教师能力培训，涵盖课堂教学能力、班级管理能力和基本功三大模块，又可细分为教学设计、课堂教学、教育案例分析、教育智慧呈现、"三笔字"等七项。

回首为期一年的全面培训，我不仅领略了名师之风采，感受到专家前辈平易近人的处事风格和提携后生的胸怀气度，还在他们潜移默化的影响下转变了教育理念，从一个茫然无措的教育小白成长为一名知己之长、明己之短的合格教师。

教师观的认知转变

我一度以为学生如同乐谱上的音符，该在哪个位置全由指挥者决定，教师就是手执指挥棒的人，指挥棒指向哪儿，学生就必须走向哪儿，直到我遇见师傅……

初遇师傅，我便道出心中的困惑：作文教学不知如何入手？师傅为此特意调整上课内容，趁我去的时候给学生讲作文。令我印象最深的是第一次听师傅的作文指导课，题为《温暖的一刻——写"他"给"我"真精彩》。

课前，师傅先让我预习一篇学生作文的原稿和修改稿，文中讲述了"我"不慎摔倒导致胳膊骨折，校门口保安叔叔扶起"我"并安慰"我"的事情，主题是表现作为陌生人的"他"带给"我"的温暖。

课上，师傅首先抛出一个问题："看到这个题目，你会产生哪些疑问？"学生们七嘴八舌："为什么这一刻是温暖的？""谁温暖了我？""用什么方式以及怎样温暖我？""写本文想要表达什么？"大家把心中的疑问一一罗列出来。师傅结合板书，融入新闻写作"who、when、where、what、why"的五要素原则，把提问分门别类，明确了写作要从审题入手，抓住题目发问，梳理出激发写作思路的"5W"提问法。我听着暗暗称奇，这方法看似简单，却逻辑清楚，实用性很强。

审题完成，如何着手写文章又是一大难题。师傅结合课前准备的作文实例，让学生自行比对分析原稿和修改稿的差异。讨论中，学生们陆续找出原稿存在的问题，如"他"的语言"风雨之后才能见彩虹"过于书面化且不符合人物身份、关于"他"的外貌描写与中心无关等，接着结合修改稿梳理出正确的写法。本以为到这一步就大功告成了，但师傅又把学生们刚刚找出来的问题提炼、总结成写作方法：人物语言要符合人物身份，描写人物需要抓住细节，与中心无关的情节要删除，文章最后要总结升华，等等。

现场的我听得激动不已，只觉得醍醐灌顶。一方面，这节课使我深深地认识到自己在作文指导方面的不足，以前我常常选取一个写作知识点，给学生讲一节课理论知识，结果讲完后学生仍然写不出作文。师傅的作文指导课打开了我教作文的新思路：一节课解决一个小问题；另外，作文指导课还要有作文实例的支撑，结合例子中出现的问题，引导学生寻求解决问题的办法。

另一方面，"春风化雨，润物无声"是师傅育人艺术的真实写照。对班级学生，她没有进行长篇大论的理论说教，而是用一个核心问题撬动整节课，引导学生抓住题目发问，学会审题，梳理写作思路。在写作方法指导环节，她又结合典型作文实例，让学生自主讨论，探寻写作手法，掌握写作技巧。对我这个"学生"，她也没有高谈阔论，而是用生动的课堂指引我上好作文课。

俗话说："言传身教，身行一例，胜似千言。"记得有一天，师傅从医院做完检查后回到学校，脸色苍白，午饭一口也没动。批作业的时候，她不时捂着肚子。学生前来请教问题，她也是有气无力的。我原以为她坚持不到放学就会请假离开，但没想到下午第三节课，病恹恹的她却准时走进教室。我环视四周，猜想这也许是一节自习课。但我又错了，只见师傅走上讲台，开始讲解习题，声音抑扬顿挫。看着她依然苍白的脸色，我的心口闷闷的。这就是我的师傅——即使生病也绝不影响学生的课程，课堂上永远保持精神饱满的状态。我想此时此刻，台下的学生们一定跟我一样，被老师的敬业所感动吧！

终于到了课堂考核那日，我在路上收到了师傅的信息："小徐，今天我不在学校，你安心上课……对你很放心。"读罢短信，我心中感慨万千：师傅太了解我了，她知道我贪恋在她身边的踏实，怕我找不到她会慌神，于是特意发消息鼓励我。接下来的日子，我越发珍惜师傅在身边的每一天，有时甚至羡慕她班里的学生，可以天天听她的课，学她的本领，享受她的师爱。

如果没有遇见师傅，我对教师的认知也许还停留在教书匠层面，也不可能领悟到教师不仅是知识的传播者，更是学生成长的重要参与者，教师的一言一行都是教育，一举一动都在育人。多亏了这场相遇，我懂得了教师教育学生时，具体的方法引导胜于空泛的理论教导，适切的行为示范胜于空洞的言语说教。

教育是乐章，每个学生都有独特的成长之歌，教师不应充当指挥者，让学生成为听话的音符，而应成为协奏者，带领他们学习弹奏方法，奏响成长的华章。

学生观的认知转变

我一度以为学生如同乐谱上的音符，都有既定的位置，容不得半点偏差，直到见习后才懂得，学生并非没有生命的音符，他们每个人都有主观能动性，是灵动的个体，是乐曲的弹奏者。

对学生观认知的转变，起源于师傅临时起意组织的《皇帝的新装》课本剧表演，这节课让我大开眼界，暗暗佩服前辈的育人智慧。

这不，现场编排课本剧的决定一宣布，班级里就炸开了锅，学生们争先恐后地冲到讲台前抢占当演员的机会，师傅则退到教室最后面，观察他们会如何做。一阵短暂的哄闹后，陈同学担起导演的重责，乔同学充当副导演的角色，他们快速分配角色，规划出场顺序和走位。表演中，宋同学发挥想象力，巧编台词，把骗子的角色演得活灵活现，逗得观众们哈哈大笑。哄笑中，郭同学又不忘提醒大家文明观看、遵守秩序。学生们以小组的形式轮番上阵，演了一场又一场，每一场都有不同的亮点,每一个亮点都让人叹为观止。

看着一张张笑脸,我豁然开朗:原来学生真的是主观能动的个体,他们有想法,敢行动,并非我以为的什么都不会,什么都做不好。一直以来,我都太小看孩子们了,生怕他们做不好,凡事亲力亲为,没有给他们发挥才干的机会。教师只有放手让学生开动脑筋、集思广益、群策群力,才能发掘出他们真正的能耐。眼前的一幕幕让我越发坚定了信念:把成长空间还给孩子,容许他们犯错,容许他们有差别,我能做的就是引导他们认清自己,找到合适的成长之路。

通过这节课,我明白了"示弱"也是一种班级管理智慧,教师不需要事事包揽,扮演保姆的角色,更不必样样精通,在学生面前成为超人。当我认识到还给学生成长空间的重要性后,我试着把主动权交给学生。果然,一个个问题都被学生想办法攻克,班级氛围越来越和谐融洽,班级风貌也越来越积极向上。

见习规培之前,我以为教育是乐章,学生是乐谱上的音符,教师是指挥者。见习规培之后,我认为教育若是乐章,那么学生才是弹奏者,教师则是协奏者。身为教师,要不断提升自身的知识技能和师德素养,用人格魅力和教育智慧辅助学生成为自己,在学生弹奏人生之曲时发挥好协奏者的作用。我对教师观、学生观的认知转变皆源于师傅一次次的言传身教,正因为有了前辈专家们的引领示范,我才更有信心成为像他们一样优秀的教育人。

徐宝卫:2018—2019学年上海市见习教师规范化培训学员,基地校为上海市崇明区实验中学。二级教师。毕业于盐城师范学院汉语言文学专业,现任上海市崇明区长兴中学语文教师。曾荣获2019年上海市中小学(幼儿园)见习教师基本功大赛综合奖一等奖和现场课堂教学单项奖一等奖。

教育感言:教育是渡心的过程。

Ⅱ 三尺讲坛，四季耕耘

站稳三尺讲台是对每一位新教师最大的考验。青年教师要想立足讲台，根本在课堂。让学生养成良好的人性和品德、向学生传授知识和技能、帮助学生提升学习能力等主要就是通过课堂教学。

由于青年教师大多课堂教学实战经验匮乏，教学实践智慧更是无从谈起，因此，在入职初期，有必要对他们的课堂经历和教学实践方面进行系统而规范的培养和训练，促使他们顺利度过职初期的茫然和无助，学会"怎么上好一堂有益于学生身心发展的课"的正确方法，即"教学之道"。

在见习教师规范化培训中，青年教师们得益于导师的指点、同伴的影响、基地校文化的滋养，在规范"教学之道"上渐入佳境：有的感悟到课堂上要学会取舍，懂得适可而止，从学生的角度进行教学；有的认识到下课铃响并不代表一节课的结束，课后的反思与完善才是至关重要的；有的在一次次"跨学科"教学中，眼界变得更宽，思维变得更活；有的在不断开课的过程中，树立了"让每一堂课都闪光"的自我要求。时光流转，四季更替，他们深耕课堂，在这个舞台上播洒真情、展示真才，早已成为一个个幸福的收获者。

扫码获取更多资源

在课中成长蜕变

复旦大学附属中学　焦晓源

在为期一年的规范化培训中，我认真参与每一项培训活动，不断提升自己的教育教学智慧。多亏见习教师规范化培训帮助我打下扎实的基础，让我在附中的教师生涯渐入佳境。

在家常课的积累中成长

在我工作第二年的教师节，我收到了人文实验班孩子给我的一封信，信中让我感触最深的一句话是"我们看到您愈发成熟的授课，我们也敬佩您能随时回答我们的疑问"。

一方面，我明白了作为一名新教师，自己其实不必装出很有经验的样子，因为学生都能感受到，毕竟有些知识点和题目，哪怕备课备得再充分，第一次讲也难免有不到位之处。所以我要特别感谢规范化培训的带教制度，除了观摩物理组教师的课堂教学示范课之外，我还一直坚持听带教师傅瞿老师的课，她的课前说课和课后指导交流让我受益匪浅。

当然，瞿老师也会来听我的课，并提出修改意见。刚开始，我害怕自己的问题暴露在人前，所以特别担心有老师来听我的课。后来，我们开展了微格教学及研讨，当看到录像中其他新教师清晰的授课思路、优美的教态、良好的课堂掌控能力时，我意识到自己的确有很多亟待改进的地方。

另一方面，我知道了课后要多去和学生沟通，多听他们的意见，并且找时间为他们答疑——当课上有个别知识讲得不清楚、不到位时，可以通过答疑帮他们补上。这就是学生在来信中提到的"我们也敬佩您能随时回答我们的疑问"。师生的信任和配合是一点点积累起来的,比如在"静电的利用与防范"公开课中,我提醒学生在做"静电植绒"的实验时要注意除了笔不要让其他东西擦到塑料板,有位学生闻言马上卷起了自己的衣袖,甚是可爱。

每节课前,我都认真地进行教学设计,经带教师傅修改后再上课,力争为学生呈现一堂堂思路清晰、生动有趣的物理课。每堂课后,我都仔细地进行教学反思,希望在后续的课堂上有所改进。在师傅的引领下,在不断的钻研中,我在一节节家常课中打下扎实的基础,将学科内容、育人理想落在实处,慢慢变成一名学生喜爱的老师。

在公开课的历练中蜕变

从进校到现在已是第九年,我上过不少公开课,每次准备的过程都历历在目。在公开课上,我注重丰富学生的物理学习体验,不遗余力地开发课堂演示实验。

◆ 以生活场景为情境

随着信息技术的普及,网上的视频资源越来越多,教师很轻松地就能下载各种相关的教学视频。但这些视频毕竟是其他教师在陌生的环境下做的,容易让学生产生距离感,所以我认为每位教师应该创造一切条件自己拍摄视频。

比如"力的分解"这节课,我没有直接从网上下载拉大巴的视频,而是带领学生在熟悉的校园里开展拉大巴的游戏。身处熟悉的生活场景,再加上强烈的认知冲突,学生很快进入角色,迫不及待地想开展学习探究活动,弄清楚现象背后的原理。

在随后的"生活应用"环节,课本上提供了 Y 型千斤顶的应用实例。在课堂上,我拿出 Y 型千斤顶,问大家能不能用这个千斤顶将车顶起来,很多学生不置可否。考虑到千斤顶受力情况较为复杂,如果让学生仅仅根据一幅静态图片去分析,难度太高,所以我合理设置梯度,带领大家一起研究。首先,我播放了一段自己课前拍摄的用千斤顶顶起一辆小轿车的视频,让学生观察千斤顶的使用过程,再让学生关注横杆的受力情况,最后引导学生课后继续研究:Y型千斤顶的内涵远不止于此,现在很多车载的千斤顶都是菱形的,与Y型的有什么不同呢?有了这节课的体验,学生很容易将力的分解的知识应用于生活,养成应用物理知识的好习惯。

◆ 引入新的技术手段

物理知识不是一成不变的,教师需要借助新的或学生熟悉的技术手段,使物理学习更有时代感、更亲切。

在"自由落体、竖直上抛"复习课这节校公开课中,我利用同屏器,结合 Physics Video 这一 APP,请学生当场拍一段物体下落的视频并进行分析。"要研究物体的运动规律,需要知道物体在相等时间间隔的位置。我们现在来找位置,我每点一下,物体都到下一个时刻的位置。也可以自动寻找物体位置,但因为真实环境下干扰较多,寻找的位置不准确。位置找好之后,我们来定标,这是米尺,所以这段长度表示 1 m,还可以调整一下 x、y 坐标。接下来点击'绘图',我们可以看到各种图像,请同学们分析图像信息……"我一边讲解一边操作,由于这些图像都是现场生成的,相当于一个真实的问题,所以学生特别感兴趣。后来,我根据这节课的思路撰写的论文《利用同屏技术结合应用软件,增强课堂教学的情境性》还发表在《物理教师》期刊上。

◆ 变演示实验为学生实验

在"静电的利用与防范"这节课上,大部分授课教师仅播放相关的实验视频,即使是上公开课,也就做一下演示实验,而我却不遗余力地创造条件,经过一次次尝试,终于呈现出"静电植绒"这一学生实验。快速摇动手柄,看到绒毛飞舞着到达盒盖的下表面;弹去绒毛,放电杆接触放电;取下夹子,欣赏完成的植绒作品……每位学生都可以运用刚学习的物理知识,发挥自己的创意,制作出属于自己的植绒作品。看着一幅幅独具创意的作品,学生们觉得很有成就感,对实验原理的理解也更深了。

本实验中使用的塑料餐盒、美甲的绒毛，让学生意识到原来这些都可以用来做实验，一下子拉近了物理与学生的距离，有助于培养学生在日常生活中探索物理问题的习惯。后来，这节课获得了杨浦区第十七届"小荷杯"教学比赛理科组一等奖。

公开课是教师成长的催化剂，我一定会抓住机会，在各种公开课中不断磨砺自己，成为一名充满课堂魅力的物理教师。

在视频课的磨砺中突破

2020年8月，我有幸参与了新教材"空中课堂"的录制。由于那一年我负责带高三并兼任班主任，工作压力特别大，因此一开始我对"空中课堂"的录制有畏难情绪。后来，我们组的指导教师桑嫣老师用专业的知识、认真的态度深深地感染了我。不知道开了多少次视频会议，不知道讨论了多少次课的结构，不知道修改了多少次PPT……在这个过程中，我对如何上好视频课有了更深的理解，比如除了每一个字符的格式、每一个动画的出现要保证零失误之外，还要写出完整的讲稿，这样在课上才可以自由发挥。我以前开课时，总是先想着设计实验，鼓捣各种各样的器材，追求实验的创新性，直到上课前两天才确定课堂的主题实验，这样做往往无法较好地设计课的结构或准备课堂上的语言。

还记得2017年，学校开设了"倾听名师——复旦附中特级教师谈专业成长"系列活动，邀请11位特级教师结合自身的经历谈专业成长，他们对专业的执着追求、对学生的悉心教导，深深地震撼了我。我一定会追寻着大师们的脚步，带领学生们一起享物理之趣,探物理之秘。

焦晓源:2012—2013学年上海市见习教师规范化培训学员,基地校为复旦大学附属中学。一级教师。毕业于华东师范大学物理学科教学专业,现任复旦大学附属中学教师。第五届杨浦区骨干教师。曾荣获杨浦区第十七届"小荷杯"理科组一等奖、2016年上海市自制教具评选活动二等奖。上海市青年课题"物理核心素养导向的单元学习活动设计与实践"于2019年顺利结题。承担2020年"空中课堂"新教材3个课时的教学任务。

教育感言:*愿与学生一起享物理之趣,探物理之秘。*

从零到"领" 一路有"你"

上海市杨泰实验学校 王 俪

2013年9月,我进入上海市杨泰实验学校,成为一名初中思想品德学科专职教师,并作为职初新人参加了为期 年的见习教师规范化培训。2020年9月,我被聘请为宝山区见习教师规范化培训基地学校指导教师。时隔七年的相遇,看似是我与"你"的久别重逢,其实这一路,"你"始终都在……

从零开始 感谢有"你"

我毕业于非师范院校,在正式成为教师之前,虽然曾有一段短暂的学校实习经历,但从各方面看仍是一位"零基础"的菜鸟教师。我为此深感焦虑,迫切地希望能向前辈教师讨教学习、交流困惑。可惜的是,当时学校初中部新建不久,没有能带教我的教师。眼看周围的小伙伴都有了师傅,我内心的失落不言而喻,这是不是意味着未来的路我只能摸着石头过河?可是,从零开始,又是何其迷茫与艰难。

好在,见习教师规范化培训及时出现,除了理论学习、业务学习双管齐下的各类课程和专家讲座,基地校还聘请了学科对口的优秀教师进行一对一的带教指导。第一次在师徒见面会上见到师傅时,我内心有着说不尽的喜悦,就像在大海上航行的小船看到了一座灯塔,前方的道路豁然开朗。感谢见习规培,我终于有师傅了!

厚积薄发 成长有"你"

我的师傅是上海市月浦中学的施建彬老师,他为人热心、风趣,有着丰富的教学经验。与师傅见面后的第一件事,便是定下每周互相听评课的时间,这也成了见习期间让我欢喜让我忧的一件大事——每周一是我最开心的日子,因为能去听师傅上课;每周三则是我最害怕的日子,因为师傅要来听我的课。

犹记得师傅听我上的第一节课是一堂八年级思想品德课"治理环境 当务之急"。在讲到"空气污染"这一内容时,我展示了当时上海两周的空气质量指数(AQI)和数据变化趋势图,并请学生思考:"如果未来空气质量指数中PM2.5的含量继续升高,会对我们的生活产生什么影响?"我话音刚落,有一位学生立马举手发言:"老师,如果雾霾真的很严重了,那是不是意味着我们不能出门了?""不能出门?!那就是不用上学,全校停课了?"随着另一位学生的快速反应,班级里的学生渐渐发出欢呼雀跃之声,讨论的话题一下子变成了"上海什么时候会有雾霾停课这样的好事?"上,这一生成性问题不仅严重偏离了我的上课主题,还产生了负面影响。在当时的情形下,我除了简单叫停别无他法。就这样,第一节给师傅的展示课在"雾霾"的笼罩下草草结束。课后,我在说课时向师傅"认错",并把"错"归结为自己缺乏经验,不善于处理突发情况。然而,师傅并没有回应我的反思,而是让我思考以下三个问题:

第一,课题"治理环境 当务之急"重点在哪个词?

第二,课堂中所用案例的设计意图是否明确?

第三,如果下次再上这节课,你会做哪些改动?

针对第一个问题,我的回答是:重点在"环境",要让学生意识到环境问题有多严重,进而提高环境保护意识。针对第二个问题,我认为雾霾是时下的热议话题,上海的空气质量从目前来看不容乐观,具有警示效果,因此这一案例的选用能让学生更好地理解当下环境污染之严重。至于第三个问题,我表示会再进行学情分析,同时为此类问题的出现做好充分的预设与准备,使课堂尽快回归正题。

听了我的回答,师傅和我交流了他的想法。

首先,他认为课题的重点在"当务之急"的"急",需要让学生发自内心地感受和认同环境治理的迫切性。因为只有当学生的情感被真实地触动,他们才会自觉地提高环境保护意识。而从本节课学生的表现来看，他们非但没有流露出对环境污染的担忧之情，反而关心是否可以停课。

"教材分析不是简单的教材文本解读，关键在于准确把握教材主旨，基于对教材主旨的分析，设立教学目标，设计教学环节，充分备课。"师傅一针见血地指出了关键点。

其次，他指出，从课堂呈现来看，上海市空气质量指数的数据运用、预测与教师的设计意图严重偏离，可见这一案例的选用并不恰当。虽然案例与环境问题有关，但学生的生活往往两点一线，思考问题的角度较为局限，再加上案例的问题设置过于开放，缺乏指向性，因此学生很自然地就会联系到自己的生活实际，想到学校停课也是意料之外、情理之中的事情。

"案例的选用应为教学目标服务，应充分考虑到中学生的实际生活，问题设置应注重层次性，以学生自主思考为主，教师指导为辅。如此，才能让学生从多角度运用所学进行分析，解决现实问题，真正感受到思政学科的育人价值。"师傅的一番话让我颇受启发。

最后，师傅表示，增加不同情境下的预设准备是对的，但反思不应只针对一个教学片段，也不是直接否定自我，在课堂实践过后，通过教学反思，教师需进行肯定与批判，去粗求精，去伪存真，从而提高教学能力。

他还补充道："反思应兼具系统性与实践性，从反思到实践，从再反思到再实践，这一学习的过程能更好地落实教学理念、育人目标，最终提高教育教学的生命活力。"

在师傅的剖析下，我终于意识到自己"错"在何处，以及不能简单地把"雾霾"课堂的成因归为"见习教师教学经验不足"。师傅的三个问题让我明白了真正的症结在于没有扎实地做好教材分析和学情分析，没有一以贯之地基于学生情况、围绕教材主旨进行教学环节的思考与设计。此外，我还认识到下课铃响并不代表一节课的结束，课后的反思与完善才是至关重要的。

师傅告诉我，课堂遇到"雾霾"是件幸事，因为问题暴露之时就是教师的成长之机。因此，每每发现问题，我便和他一起探讨教学方法，向他反馈上课情况或汇报教学反思。原本我最害怕的周三渐渐变成了我最激动的日子，因为比起问题的出现，我更害怕失去成长的机会。

经过一年的磨炼，我在宝山区见习教师课堂教学评比、教学案例评比、演讲比赛中分别荣获奖项。在结业式上，我作为见习教师代表发言："见习期是一段旅途，我们一边吸收悦纳，一边积累沉淀，最终厚积薄发，抵达终点。"现在看来，见习规培的旅途并没有因结业而结束，直至今天"你"仍相伴在我的左右。

以领报之 未来有"你"

因为见习规培包括区级学习、基地校学习、评比考核等多个项目，所以在我初为人师时，很多前辈就鼓励我要坚持吃苦一年。但直到经历过后我才知道，这一年与其说是忙碌，不如说是充实——不仅有师傅可以请教，有小伙伴可以互助，还有讲座可以学习，成长与收获缓解了焦虑，换来了幸福。

2016年11月，我出色地完成了一节区级公开课，扎实的教学基本功和精彩的课堂呈现获得了诸多肯定，随后我开始慢慢地接到一些公开课和比赛课的任务。尽管每次备课的压力很大，上课的压力更大，但在追求"教学设计出彩，课堂展示精彩"的道路上，我依然感谢见习规培。因为在职初的三年里，我坚持按照规培所学，去备课、去上课、去反思、去学习，一步一个脚印地一路向前、一路成长……

2020年9月，我有幸被聘请为宝山区见习教师规范化培训基地学校指导教师。在师徒见面会上，我恍惚间有一种时空交错之感，七年前那个"零基础"的菜鸟和现在跻身于师傅队伍中的我，真的是同一个人吗？我又该如何成为一位好师傅呢？细细想来才发现，其实很早以前我就知道了答案。我将心怀感恩之心，做见习教师的领路人，不以过来者自居，与后来者携手共进，耐心陪伴，助其成长。

这就是我与见习规培的故事，也是我难以忘却的珍贵记忆。"你"于我而言是最特别的存在，因为那段时光里，有我的教育初心，有我的教育理想，有我最初青涩的模样。相聚和离别仿佛一个转身,一圈接着一圈,连成生命的舞蹈。与"你"相遇是我的幸运,与"你"再次相遇更是我的光荣。未来,期待与"你"续写更多精彩……

王俪: 2013—2014 学年上海市见习教师规范化培训学员,基地校为上海市月浦中学。一级教师。毕业于上海金融学院劳动与社会保障专业,现任上海市杨泰实验学校信息办主任。曾荣获上海市中青年教师教学评选二等奖、上海市中小学时事课堂教学初中组三等奖、"一师一优课、一课一名师"市级优课等。

教育感言: 教师平凡的每一天都可能成就孩子非凡的那一天。

"教""学"相砥,深耕课堂

上海市航空服务学校 陈 迪

时光飞逝,自2013年毕业,我就从杨浦区搬到了浦东川沙,入职上海市航空服务学校。蓦然回首,当初和同事一起去建平中学参加浦东新区见习教师大会,每周两天去川沙中学听课见习的日子,仍历历在目。这些年,我从未改变一线教师的身份,始终立足于三尺讲台,畅游在"教""学"天地里,努力耕耘着小小的教育梦想。

回想刚站上讲台时,我的内心是迷茫的。由于自己是非师范、非中文系毕业生,脑海中仅有对高中语文课的想象和自己读书时的零散认知,因此当务之急是先补课学习,于是我开始了既当老师又当学生的见习生活。

每周,我都会和本校带教导师罗爱梅老师互相听课评课。罗老师做事认真细致,听我上课时总是把笔记本写得密密麻麻,从提问的难易度到板书设计,任何一个细节都不放过,渐渐地我对语文课有了感性的认识。与此同时,我也在基地校跟随另一位带教导师吴岚老师随堂学习。她为人和善,教学功底扎实,让我很是仰慕,所以实战中我也喜欢模仿她的样子上课。在区考评课的三次磨课过程中,我一直试图揣摩吴岚导师的意图,按照她的思路进行调整,结果只得到了"合格"的成绩,这对我来说无疑是一个巨大的打击。我这才意识到,在课堂教学这条路上,自己还只是在"盲人摸象"。说来有些惭愧,我的见习期就在懵懵懂懂中结束了,除了心有遗憾之外,更多的是一种不甘。

作为教师队伍中的一名新兵,我开始发愤图强,因为我渴望知道"象"的全貌。我选择从大量阅读切入,程翔、李镇西、陈日亮、钱理群、孙绍振、于漪等语文名师的课堂实录、教育论文、文本分析等成为我汲取营养的来源。我还从网上找来这些名师的教学视频,他们行云流水的课堂给我留下了深刻的印象,我的脑海中不时激起思绪的波澜和灵感的火花,逐渐生成了"读出问题、读出自己""文本细读""还原比较"等概念。就这样,我的备课方向越来越明晰,课堂教学也越来越得心应手,虽然得到了学生们的一致好评,但我总觉得似乎还缺了些什么。我时常想起见习期时罗老师一次随堂听课后的感受:"虽然你一直在讲,但感觉你还是没有投入到课堂中。"怎样才能全身心地投入到课堂中呢?对比两位导师的课堂,我的课堂缺少了什么呢?我百思不得其解。

为了寻找答案,我主动要求上公开课,因为这会迫使自己做更多的准备,也会让自己得到更多的指导。我从不同文体开始,诗歌、散文、小说……每个学期不重样,慢慢地从怕被听课到愿意被听课,最后甚至爱上了上公开课。四个学期下来,我感到自己有些课上得仍不太流畅,尤其是课堂预设环节的当堂生成方面,师生之间的互动总显得有些生硬。有一次,我在上完《最后的常春藤叶》后,和本校的语文高级教师杜海燕老师谈了自己上课的感受,并请她评价一下。杜老师很诚恳地指出了我的症结所在——想让学生说的内容自己都说了。我茅塞顿开,终于知道自己的课堂到底缺少了什么,那就是学生这个"学习主体"的缺位。虽然我深谙"以学生为中心"的教育理念,但落实到具体的课堂教学中,我还是忽略了身边的学生。我一味追求自己对文本的深入理解,满足于自我才华的展示,却忘了带学生一起走进文本、走进语文,这种"空中楼阁"式的课堂教学,必然是一台干涩无味的"独角戏"。

语文教学是一种教学行为,它必须遵循教育、教学的规律。教育规律体现在人的和谐发展上,教学规律体现在实现学习目标的过程中。我渐渐明白,有了丰富的学识和对文本深刻的理解后,更要善于引导学生,这样课堂才能"水到渠成"。我开始重新品读前辈们的心法,再次体会名师们的课堂实录,带着对痛点的思考,进一步消化这些宝贵的实战经验。

2017 年,市语文中心组来我校调研,我上的一堂《荷塘月色》令专家们耳目一新。其中,关于教材所选段落内容是否该删减这个问题,我是在对比了程翔老师和李镇西老师的课之后才得出了结论。对不同名师在同一篇目中的侧重点进行比较，令我获益良多，这更像是一个融会贯通的阶段。2018年，我又开了一次区级公开课，上的依然是一篇经典文章——《再别康桥》。虽然不擅长朗诵，但我敢于尝试与挑战，因为我始终认为自己虽然是一名老师，但在教学岗位上，和见习期时的自己一样，也是一名"学生"。

如果说前文所述是我学做语文教师的过程，那么到了2019年春天，我的脑海中已逐渐勾勒出一位中职语文教师的模样。四月，一次偶然的机会，我将代表学校参加上海市职业院校技能大赛教学能力大赛教学设计比赛。以往，这个比赛被称为信息化大赛。接到这个任务时，我的第一反应是"重在参与，开开眼，学习一下信息化课堂是什么样子的"。怀着这份好奇，我开始尝试设计一堂需要借助信息技术的语文课，同时我也鼓励学生们想一想课堂上有哪些地方可以改成信息化的教学模式。无心插柳柳成荫，还真有两个学生课后来办公室找我，说对这个教学模式很感兴趣。听了学生的想法，我知道他们选的课题并不适合用来参加比赛，因为太简单且早已被大量应用了，但他们的热情深深地感染了我，于是我心里又多了一股动力——我可爱的学生们。在与信息公司沟通的过程中，大家都建议我选一堂口语课参赛，因为当时市里最热的话题就是口语课，但我坚持选了一堂围绕飞机进行描写的写作课，因为我知道学生们更喜欢和他们专业（机电技术应用）相关的内容，怀揣飞天梦想的他们对飞机也更熟悉。说实话，我本身对飞机的了解并不多，但有了学生的鼎力相助，我对上好这节课满怀信心，于是我化身为"学生"，向孩子们虚心请教。在我教会了他们描述事物的两种常用方法后，他们竟然在作文中把校园的"古董"运-7、大型客机波音737以及我国较新的歼-10写了个遍，有些学生还特别想写当年最热门的C919。在批改作文时，我的心情有些激动，学生们不仅展示了自己过硬的专业知识，还展现了他们专注、热情和光彩夺目的一面。后来，"事物类说明文写作（第一讲）"这节课荣获全市特等奖。那年教师节，我非常荣幸地被邀请到区里参加教师节表彰大会。站在台上领奖时，我内心的不甘全部化为了感激。我第一次切身体会到，身为一名中职语文教师，这里就是自己发光发热的舞台。

荣誉给了我更多突破自我的动力。我的课堂教学得到了肯定,同时也鞭策着我继续深耕细作,把课堂站得更稳。第二年,我又参加了四年一次的上海市中等职业学校第八届教师教学法改革比赛。这次,我决定挑战学生语文三"怕"之一的"鲁迅",选了《拿来主义》这篇经典杂文。为了上好这门课,我阅读了中国知网上近十年来关于这篇文章的所有论文,最后选定了"鲁迅杂文语言特点"这一难点。虽然学校同仁帮我磨了三次课,每次都采用新的教学思路,但我还是不太满意。之后,我又阅读了知网上关于鲁迅语言的论文,倾听学生对鲁迅文章的感受,以全新的教学思路组织课堂教学。最后,这节课荣获本次教学法比赛二等奖。我再次深深地感悟到,教师备课时涉及的内容和参考资料固然非常丰富,但课堂上还是要学会取舍,懂得适可而止,从学生的角度进行教学,同时敢于在预设之外,大胆进行生成式教学。

2013年入职以来,我始终满腔热情地探求着学做教师的课题。我深知这是一个漫长的过程,但我初心不改且甘之如饴。身为一线教师,我喜欢扎根课堂,踏实做事。现在,课堂上的我早已不是那个只知道拿着"前人的成果"重复"昨天的故事"的教师,而是一名喜欢不断创新、不断超越的"成长型"教师。"当了教师,就要进入角色,全身心地投入教育事业。"比赛中取得的成绩,不过是成长经历的点缀,我的身边,还有千千万万个和我一样日益精进、默默耕耘的教师,他们每个人都是繁星中的一点,共同照亮了中国教育的这片天空。

陈迪: 2013—2014学年上海市见习教师规范化培训学员。基地校为上海市川沙中学。助理讲师。毕业于复旦大学,现任上海市航空服务学校语文教师兼班主任。曾荣获上海市"星光计划"第八届职业院校技能大赛教学能力大赛教学设计特等奖、上海市中等职业学校第八届教师教学法改革二等奖。

教育感言: 扎根课堂,耕耘逐梦。

"跨学科"相遇，点亮盏盏心灯

上海市罗星中学　杨逊蕾

八年前，我参加了科学学科的上海市见习教师规范化培训；如今，我任教的却是生命科学学科。借用一个现下流行的词，这是规培带给我的一次"跨学科"相遇。

彼时，因学校教学安排，生物科学专业毕业的我，在入职第一年就面临职业生涯的第一个难关——跨专业教科学课。因为初中阶段就读私立学校的关系，我对科学学科十分陌生，别说教了，自己当年都没好好学过。学校了解到我的困难，在划分见习教师规范化培训的学科时，便安排我参加了科学学科的学习。可以想见，最初被"逼上梁山"的我，对培训的认识是不全面的，心里甚至有那么几分"反正我就教一年科学，这次培训专业不对口，收获大概一般"的轻慢。在长达一年的培训中，我的心态几经转变，每一次醍醐灌顶，每一次幡然醒悟，都为我后续的教学生涯点亮了一盏盏心灯，指引我砥砺前行。

第一盏灯：不是拼图，是阶梯

"小杨，我希望你能够先去了解一下我们上海的科学课程，知道为什么要开设它，知道课程的理念和总目标是什么。"这是我的指导教师，上海市蒙山中学的高红妹老师对我提的第一个要求。刚走出大学校园的我，其实对这种理论学习并不犯怵，在正式参培之前，我也已经把全套的《科学》教材大致翻了一遍。在我的第一印象里，初中《科学》不过就是物理学、化学、生命科学的综合体，课程难度比初二开始的理、化、生分科低一点，是这些学科的"预科"。

但我没想到这次学习为我打开了一扇新世界的大门,当时圈画出的很多理论叙述已经在脑海中渐渐模糊,唯一清晰的一点是:与分科科学教育相比,通过科学课程开展的综合科学教育,在提高学生的综合素养、培养学生解决实际问题的能力方面更具优势。

从规培期间听课时有意识地去寻找高老师对综合素养培育的处理,到后续自己上科学、生命科学课时主动重视解决实际问题的教学环节设计,再到今年面对中考跨学科案例分析的教学新挑战,我越来越理解规培时看到的那个新世界。科学课程也好,生命科学课程也好,都是"科学"教育的一部分,它们不是一块块等待组合的拼图,并不以学生的年级排课为边界,而是一个"合—分—合"一体化的科学教育体系的重要组成部分,相辅相成,互为阶梯,能够帮助学生拾级而上,摘取"综合素养"之果,解决实际问题,形成健康人格。

第二盏灯:不要投喂,去播种

"认识一些动植物"是我在规培基地校上的第一节课,当时高老师并没有对我进行课前指导,而是鼓励我按照自己的想法大胆尝试。说来惭愧,我当时自我感觉良好,心想:不就是给学生介绍一些动植物吗?我大学期间的动植物学学得最好,业余时间还去动物园、植物园、标本馆当义务讲解员,介绍教材上列举的 26 种动植物对我来说不过是小菜一碟。于是我拿出准备讲解词的架势,查找了大量资料,整节课侃侃而谈,台下学生听得津津有味,课堂纪律好得出奇。"这节课的教学效果那么好,高老师一定要表扬我啦!"一下课,我就乐颠颠地去找高老师评课,可她只是和善地笑笑,然后拿起课本走向讲台。第二节课还是科学课,高老师引导学生们完成了我在课上忽略的填写生物名称和生活环境的表格,听着学生的讨论与交流,我面红耳赤。我明白了,刚才的我也许是个很棒的科普讲解员,但肯定不是一个很棒的老师。

"小杨啊,你的生命科学专业素养很好,这一点高老师可比不上你,但老师上课不应该是给学生投喂现成的食物,而是应该播下种子,引导学生主动去耕耘、去收获。""授人以鱼,不如授人以渔"这个道理我可能看到过千百遍,却远不及这两节课带来的当头棒喝令我印象深刻。从那天起,我将过去备好的课一节节回炉重造,又在备新课时不断自省,我想,我从一个学生到一名教师的转变可能也就是从那一天开始的。转变思路,开拓思路,规培教会我的不是如何上好科学这门课,而是如何成为一名教书育人的师者。

第三盏灯:不可止步,要前行

从我任职的学校到规培基地校,单程需要一个小时,每周来回学习三至四天,算下来就有七八个小时在路上,虽然学校给见习教师减少了一半工作量,但我总觉得时间不够用。与此同时,我心里还有另一层焦虑,那就是我似乎与生命科学课堂越来越远了。在高老师这里学得越多,收获得越多,我就忍不住去想,如果我参加的是生命科学学科的见习教师规范化培训,是不是也能有这么多收获呢?这么一想,我就更怅然若失了。

在基地校,科学学科和生命科学学科的任课教师在同一个办公室办公,高老师知道我的专业背景,因此也很有可能看到了我有时候投向那边的憧憬目光。一天下午,我刚赶到办公室,她便告诉我她的课调到了第四节,第二节课是一节生命科学公开课,问我有没有兴趣去听一听。我高兴极了,连忙收拾东西冲去听课。这听课、评课,等我听完第三节高老师的指导课,再与她交流结束后,天已经有点黑了。"小杨,如果你愿意的话,可以在保证我这里的学习不打折扣的基础上,也去参加生命科学那边的培训,我们学校也是生命科学学科的规培基地校,我可以去帮你打个招呼。"高老师非但没有因为我"身在曹营心在汉"而感到不快,反而鼓励我去参加生命科学学科的培训。她还很认真地告诉我,她支持我在学科上的坚持,也欢迎我转变想法,但无论如何,她都希望我能够朝着心中的目标不断努力,永不止步。于是在接下来的时间里,我在保质保量完成科学学科规培任务之余,尽可能地参加了所有能参加的生命科学学科的规培学习和教研活动。在见习教师规范化培训结束后的三年间,我继续承担本校科学和生命科学两门学科的教学工作，并坚持参加两个学科的各项教研活动。我累并快乐着，且收获良多。

八年后的今天，虽然我任教的是初中生命科学学科，但我始终认为，当初能够参加科学学科的见习教师规范化培训是我的荣幸。2013年8月至2014年8月，这12个月改变了我，培养了我，造就了我。我不再拘泥于专业，而是积极探索跨学科、跨专业的教学实践。在2016年上海市中小学中青年教师教学评选活动中，我参加了中小学研究型课程组的角逐，并获得二等奖；同时，延续硕士论文的课题研究，探索青春期性健康教育的新途径，"性——青春期性健康教育"一课获得2019年上海市中小学健康教育示范课二等奖。这些看似"不务正业"的尝试也在助力我的专业成长，让我的眼界更宽、思维更活。跨学科的教学经验更让我的专业教学如虎添翼，我的课被评为教育部2016—2017年度"一师一优课、一课一名师"活动"优课"，还在2019年上海市中小学中青年教师教学评选活动中获得中学生命科学学科一等奖。

荣誉属于过去，未来任重而道远。感谢上海市见习教师规范化培训为我带来这场"跨学科"相遇，为我点亮盏盏心灯，它们温暖了我职业生涯的开端，指引着我教书育人的去路，相信等到我满头风霜之时，依然能助我找回初心、破除迷惘。我把对这一场美好相遇的感恩写成了一首小诗《点点心灯》，希望能为上海"见习教师"的群像添上温暖的一笔。

我曾是初生的牛犊
目空一切，自大又踉跄
我曾是破壳的雏燕
羽翼未丰，饥渴又无助
我曾是新生的树芽
直面寒风，柔软又孤独

直到有人为我点了灯

莹莹星火,簇簇微光
我以为我立在灯下
灯却燃在我心中

我成了桃李园中的耕牛
脚踏实地,心有方圆
我成了杏坛边的雨燕
振翅高飞,责有所归
我成了校门口的那棵树
亭亭如盖,风雨不侵

我从此怀抱星火
我将为别人点灯

杨逊蕾:2013—2014学年上海市见习教师规范化培训学员,基地校为上海市蒙山中学。一级教师。毕业于华东师范大学生物科学专业,现任上海市罗星中学教师、教导副主任。曾荣获教育部2016—2017年度"一师一优课、一课一名师"活动"优课"、2019年上海市中小学中青年教师教学评选活动中学生命科学学科一等奖等。在《金山教育》杂志上发表《科学教育的简单学习性评价探索——一种小组式科学课堂计分表的应用》。

教育感言:为孩子的未来而教。

致敬来时路　无悔再出发

华东师范大学附属紫竹幼儿园　沈　荣

"沈老师,请你围绕本次活动,就各年龄段幼儿的前阅读核心经验作一个叙述,并对自己的活动进行反思……"几周前,青教赛的赛场上专家们的问题接连不断地抛向我,我根据平时积累的理论知识并结合日常带班时孩子们的真实情况,胸有成竹地回答道:"各位老师好,我首先反思一下我的教学活动……"

今年是我从事幼教工作的第七年,当我手捧区赛一等奖的奖状时,脑海里不由得浮现出那个初出茅庐的我,记忆就像一趟列车缓缓出发……

嘀嗒嘀嗒,时间回溯到始发站。

2010年,我进入学前教育专业,对一名男生来说,这个专业充满着不确定性。四年的大学学习生涯,本就屈指可数的男同学中,既有中途转专业的,也有明确表示未来不从事学前教育工作的。四年的大学生涯结束后,2014年9月,我带着新手男教师的稚嫩,惴惴不安地踏上幼教岗位,成为上海男幼师中的一员。

列车继续向前,第一站的体验令我记忆犹新。

入职初期,我面对一群小小孩总是不知所措。孩子们吃饭会掉满桌的饭粒,走路一不小心就会摔一跤,同伴间时常发生争抢玩具的事,还有梳头发、尿裤子……一切对我来说都是全新的挑战,最让我头痛的是每次开展集体学习活动时,根本没几位小朋友会认真地看着老师,仔细听老师说了什么。一时间,我被一种深深的挫败感所包围,忍不住怀疑自己是否适合当幼儿园老师。

正当我迷惘之际,见习教师规范化培训及时出现,我有幸通过规培平台跟随闵行区水清路幼儿园周威老师学习,巧的是他也是一名幼儿园男教师! 就这样,我开始了为期一年的见习。

模仿——跟着别人看风景

记得第一次见到周老师时,他幽默风趣地说:"以后我们就一起抱团取暖了。"听到这话后,我们相视一笑。经过一段时间的跟岗学习,我注意到周老师都是用既轻松又阳刚的方式带着孩子一起运动、游戏、学习,梳头发、换裤子等还是小事情,关键是他能驾轻就熟地组织每场集体学习活动,有办法让一群小小孩认真地听自己说,这让我敬佩不已。此后,我时不时地向周老师请教教育教学方面的问题,周老师也总是耐心地回答我。他说:"教育教学最重要的是了解孩子的年龄特点,掌握孩子的学习方法,然后把自己也当个孩子,用游戏的方式来开展学习活动。"

为了帮助我更好地理解什么是年龄特点、什么是学习方法,周老师还为我展示了一节公开教学活动"动物朋友"。

"来,小朋友们,我们一起来玩游戏!"周老师用简洁明了的语言带着小班的孩子围着场地边跑边扮演喜欢的动物,不仅创设了愉悦的教学氛围,还激发了小朋友的学习兴趣,这节拓印活动在孩子们的欢声笑语中顺利开展。活动结束后,周老师鼓励我试着模仿,并提醒我在活动过程中要引导孩子选择自己喜欢的动物,在印好动物形象的KT板上涂上喜欢的颜色,并鼓励孩子们自己动手,尊重孩子的意愿,凸显幼儿为本的理念。随后,周老师还从目标制定、环节设计、时间把控等方面对我提出了细致的要求。我按照周老师的引导一步步地开展活动,果然孩子们玩得特别开心,我也得到了基地园老师的鼓励和肯定。我开始认识到,原来只要了解了孩子的年龄特点和学习方式,把自己也当作一个大小孩,就能顺利地开展一场集体教学活动,让"孩子们听我的话"。

虽然本次活动还停留在模仿层面,但我已开始领略到了沿途的风景。一方面,对职初的我而言,这是一次较大的挑战,需要我不断思考,把握活动背后的逻辑,探索环节设计的原因;另一方面,此次活动的成功,促使我迈出了专业自信的第一步,勇敢地继续向前。

尝试——看到自己的风景

在一次次模仿中,我积累了越来越多的教学经验,也基本能胜任日常的教育教学活动,但我总觉得自己身上还少了点什么。

"为什么同一个教案、同一位老师、同一节课在不同班级开展的效果不一样?"我问周老师。他告诉我:"一节好的活动,不管在哪个班级开展,都会有好的效果,因为一名好老师会在活动前先了解班级孩子的原有经验,会思考活动中可能出现的各种场景,会通过有效的师幼互动,帮助孩子进一步建构新的理解与认知。"周老师的一席话,让我认识到自己不能仅仅停留在教学模仿阶段,而应该尝试着去了解孩子,掌握有效的师幼互动策略和方法。

以大班教学活动"100 层的房子"为例,我曾多次在平行班中试教这节课。"100 层的房子"中住着 10 只动物,每个班级的孩子都会投票选择一只小动物进行精读。由于孩子们对动物的偏爱程度不同,因此大家选择的动物也不同。在反复试教的过程中,我慢慢积累了"和孩子对话"的经验,掌握了针对不同班级、不同孩子开展教学活动的小窍门。我意识到,教师最重要的是要抓住活动的核心,要思考从哪几个维度和孩子进行"对话",做到"虽然孩子不同,但心中有方向",这种"以不变应万变"的策略,有助于我及时捕捉孩子们话题的方向,并进行积极有效的回应。在互动过程中,我有时也会把一名幼儿的疑问抛给其他幼儿,以促进幼儿之间经验的连接,将个性经验转化为共性经验,帮助孩子建构更深层次的理解。

随着师幼互动的经验逐渐增多,我进一步提升了教育教学专业能力,逐渐形成了自己的教学风格。这一路,我欣赏到了属于自己的风景,春暖花开,不再迷茫!

创新——用全新的视角看风景

随后的几年里,我掌握了有效的师幼互动方法,组织教学活动时也变得游刃有余,但在和周老师交流时,我经常被问到这样一个问题:"为什么要开展这个教学活动?"在关注教学目标、环节实施、师幼互动的基础上,我开始思考究竟什么样的活动才是孩子真正需要的。渐渐地,我不再只是出于完成教学而简单地开展活动,而是会辨析这个活动或这一系列活动开展的原因和价值。

犹记得我实施过一个大班活动"白鹤日记",和那些常规的活动课不同,它并非出自教材,而是源于孩子的发现。当时孩子们正在自主翻阅绘本,突然几位小朋友交流起白鹤和天鹅的相似之处,还因为观点的差异引发了一场辩论。我发现孩子们对白鹤兴趣浓厚,便设计了这节集体教学活动,没想到效果出奇地好,活动的开放程度也很高。孩子们不仅自主观察绘本中的白鹤,了解其成长经历、生活习性等,还展开了热烈的讨论:"白鹤喜欢吃什么?""它们为什么要飞往遥远的南方?"活动结束后,大部分孩子都对白鹤的外形、习性有了进一步了解,还有一部分幼儿关注到白鹤的数量越来越少,于是开始思考它们濒临灭绝的原因,可见这个活动也增强了孩子们对保护自然环境、珍视生命成长的认识。

回顾活动"白鹤日记",我经历了观察发现、构思设计、反复修改等多个过程——尽管调整过好几轮方案,但每一次方案的修改都围绕幼儿进行——将儿童本位落到实处,建立了自己的儿童观。慢慢地,"白鹤日记"从一个班级的常态教学活动变成了一节园级的公开课,随后又登上区级、市级和全国性的平台;从开始设计到后期具体落实,该活动前后在区级以上平台开放共10余次,获得了良好的反响,其相关活动内容也发布于《上海托幼》。

追本溯源,创新思考,作为一名观察者和实践者,我用全新的视角看到了这一路别样的风景。

其实专业发展有很多不同的途径和切入口,我选择了全新的集体教学活动这个方向。集体教学能培养教师观察与识别的能力,帮助教师建立儿童发展观和课程观的理念——敏锐地发现幼儿,思考如何捕捉幼儿感兴趣的、适宜于幼儿发展需求的活动,创设开放、轻松且有利于激发幼儿思考、表达的教学环境,制定适切的目标,对幼儿提出合理的期望。

对新教师而言,"模仿—尝试—创新"是一条必经之路,时至今日,我已顺利开展区级以上活动30余次,也取得了不同层面的多项教学荣誉。作为一名青年教师,我由衷地感谢上海市见习教师规范化培训为我们搭建的专业发展学习平台,也特别感谢基地园及师傅们的引领和指导,正是因为各位前辈的倾囊相授,我才能一步一个脚印地走到现在。

列车徐徐向前,我将致敬过往,继续出发。

沈荣: 2014—2015学年上海市见习教师规范化培训学员,基地校为上海市闵行区水清路幼儿园。一级教师。上海市闵行区第六届骨干教师。毕业于温州大学学前教育专业,现任华东师范大学附属紫竹幼儿园班主任兼教研组长。曾荣获第八届全国幼儿园语言教育研讨会一等奖、上海市学前教育信息化教学活动创新教学案例一等奖、闵行区第四届青年教师爱岗敬业教学技能竞赛一等奖等,多次荣获年度工作奖励"优秀"及"记功"称号。

教育感言: 眼中有孩子,心中才有光。

恰恰思有道，翩翩蝶自来

上海外国语大学嘉定外国语学校　江佳玮

教师生涯的第一年注定是忙碌的，这一年我们身上的标签不少：于学生而言，我们是新教师；于家长而言，我们是年轻教师；于学校而言，我们是见习教师。何为见习教师？为何要在这手忙脚乱的菜鸟第一年进行见习？这些曾经的疑惑，如今答案越发清晰。

我的脑海中慢慢浮现出年度优秀见习教师面试那天的场景，面试老师看着桌上我那摞厚厚的见习资料，问道："这一定花了不少时间和精力，你觉得有意义吗？"

"意义"这个东西很神奇，它悄悄地躲藏在岁月中，静待花开。

当年面试，我的回答或多或少夹杂着一些功利性，对教师生涯满怀憧憬，却又有点懵懵懂懂。如今我即将踏入工作的第七个年头，第一年的见习时光似乎只能在那些文字与图片中找寻记忆。回首如今的硕果累累，播种正始于那一年。

从一名青年教师的角度来看，我的专业成长很快，从见习期的优秀见习教师公开课到市级公开课，从"教学新秀"评比课到"青年教师爱岗敬业"教学竞赛评比课，从英语教研组长到英语教研员。明确目标是我前行路上的清晰定位，正是因为我不断地思索英语课堂教学，所以才能对英语教学保持热情，不断推进个人专业发展。行中思，思后行，循环反复，终迎来花开满园，翩翩蝶自来。

如何明确不同阶段的目标呢？目标源于解决问题的动力，首先要善于发现问题。

青涩的第一课

见习培训一段时间后的第一次公开课展示，是我课堂教学上遇到的第一个大难题。那节公开课是在基地校借班上课，这对新教师来说无疑是个极大的挑战。当我为学生分发软白板和马克笔时，同学们感到很新奇，我这才知道他们从未在英语课上使用过这些，并且对思维导图一无所知。那一刻，我的大脑一片空白，绘制思维导图是本节课的重点，也是亮点，我理所当然地默认基地校的学生和我所教的学生具有相似的学情。可以想象，在那节公开课的思维导图环节，我花了比预想中更多的时间和精力，学生的习得效果也打了一定的折扣。

这是我的第一节区级公开课，不算十分成功，还带着些许遗憾，然而这个看似不怎么美好的开始，却在我心中悄然种下了一颗种子——思。这次经历让我深刻地意识到学情对教学的重要性，进而推动我进一步思考，如何才能更从容地把控课堂。

改变控制下的课堂

时间轴来到工作的第三年，我代表嘉定区参加上海市中青年教师评比。踩着下课铃声走出教室的那一刻，我对教学的完成度颇为满意，满心希望能够冲击一等奖。而第二轮答辩结束后，我灰心丧气地走出答辩室，结果如我所料，最终我只获得二等奖。记得那时市英语教研员评价我的课堂教学太过于控制，而这就是我与一等奖失之交臂的最大原因。很长一段时间，我一直在思考何为"控制"，以及我是如何"控制"课堂的。直到去年我指导区内教师执教市级公开课，前后历时一个多月的磨课，让我愈发看清了自身的问题所在。

那次活动的主题是"指向核心素养的单元教学设计——以思维激活为例"，教学内容主要是一则讲述侦探探案的访谈记录。由于学生们对盗贼究竟是谁充满好奇，因此教师在课堂设计时常常抓住诸多案件细节层层抽丝剥茧，通过递进的问题设计帮助学生发现真相。当一个个设计精巧的问题最终助力学生找出盗贼时，教师们往往会有满满的自豪感。然而这样的教学设计在最初就被市教研员否定了。为何教师要代替学生去寻找细节？为何线索之间的关联要由教师代替学生去搭建？为何学生不能有机会表达与他人不同的想法？一系列追问让我瞬间回忆起自己精心设计的那节中青年教师评比课，当时学生就是在我的逻辑思维下认识、了解电话发明家贝尔的一生，但其实那是我眼中的贝尔，并非学生们认识的贝尔，他们对贝尔更多可能的认知都被我紧紧地"锁"死了。那节课看似节奏流畅、师生问答自如，但学生的思维并没有得到真正的激活。正如市教研员所说，我们的课堂上学生都很少犯错误，这样的课真的是一节好课吗？在历时一个多月的磨课过程中，我和我的伙伴们不知推翻了多少个教学设计，不断斟酌、修改教师的课堂提问，学生的学习单从满满一页纸到最终的一页空白纸，这些都是我们在走出"控制型"课堂教学之路上所做的努力。

追求自如的课堂

课堂改进的步伐从不会停歇，当我认真思索减少课堂控制的教学策略时，另一个问题也相伴而来：如何鼓励学生在课堂上大胆表达自己的想法，从而代替教师"一言堂"的现状呢？

我情不自禁地想起那节实习汇报课。当时，学校还邀请市英语教研员莅临指导，我的内心既激动又紧张。课堂的最后，我提出了一个有一定难度的问题，班级中仅有一个男生举手回答。这个男生平日里是个捣蛋鬼，成绩处于中上游水平。为了避免课堂上等待时间过长，我不得不叫他起来回答。调皮的他果然给了我一个出其不意的答案，他滔滔不绝地说了一段答非所问的话，让我不知该如何应对，最后只得草草收尾。汇报课结束后，师傅让我注意在公开课上要有策略地请学生回答问题。从公开课角度来看，我认同这一点，那么家常课呢？我再一次思考如何在减少对学生的控制、激发学生思维的前提下，让更多学生在课堂上敢于表达。

2020年12月，我校有幸承办了上海市初高中英语联合教研活动。作为承办方的一员，我参与了前期磨课、会务筹办、活动主持、报道撰写等整个过程。本次教研活动的主题为"初中英语阅读教学之批判性思维培养实践",由高中英语教研员带领的上海市第四期"双名工程"攻关基地两位高中英语教师执教初中牛津英语中的一篇拓展阅读。从前期的磨课到最终的展示课,从磨课期间市教研员的意见到活动当天市教研员高瞻远瞩的点评,一切都不断刷新着我对英语教学的认知和感悟。思维品质体现在思维的逻辑性、批判性和创新性,教师在教学设计中要引导学生摆脱由主观原因导致的思维定式——它们通常在阅读过程中起负面的作用——使他们领悟一种价值方式,从更多的视角和维度来理解眼前的事物。

每每有所收获,我都异常兴奋,迫切渴望在自己的英语课堂中实践一番,希望最终能解决自己的问题。于是,围绕开课内容,我和我的学生们进行了一次大胆的尝试。

这一次,没有 PPT 课件,没有既定的板书,没有预设的问题,学生以小组为单位开始了自主阅读。第一个任务是寻找自己遇到的生词,并通过上下文线索尝试猜测词义。第二个任务是回答教师提出的问题:标题中的外星人指谁?地球人又是谁?说一说你在文中找到的线索。在任务的驱动下,学生们学习热情高涨,约 20 分钟的自主阅读结束后,学习小组依次分享了他们发现的新词汇,并在没有词典的情况下充分利用上下文线索推测词义,有理有据。学生发言过程中,其他小组不时发出阵阵赞叹声;而我,只是一个串场者,在一旁静静地欣赏着学生们的精彩发言。第二环节,学生的学习热情达到了最高点,大家都十分明确谁是外星人,谁是地球人。但如何把散落在文中的所有线索收集完整呢?每个小组都发表了精彩的言论。当多数较为表层的信息被学生一一发现后,我意识到此时需要搭建桥梁帮助他们走得更深、更远。学生紧跟我的层层追问,不断深入思考,生怕错过了关键信息。下课后,我将黑板上的板书拍照留念,内心既激动又幸福,激动于师生之间、生生之间的思维碰撞点燃了整节课,学生们的学习效果并不亚于那节教研活动的展示课,幸福于自己能将市级教研活动的所学所悟运用于课堂。

走过青涩,遇见控制,寻觅自如,这一路的探索与追寻源于一个个问题的出现和击破。回首过往,似乎自己最爱问"为什么"的阶段是见习期。很多人总希望即刻能够得到答案,但那毕竟是他人告诉我们的。我认为教育的魅力就在于自我思考,以及实践后的收获,哪怕结果是失败。

"意义"这个东西很神奇,它悄悄地躲藏在岁月中,静待花开。当我们被问及做某件事是否有意义时,只需坚持去做,岁月的沉淀终将给出一个答案。

江佳玮: 2014—2015学年上海市见习教师规范化培训学员,基地校为上海市嘉定区迎园中学。一级教师。毕业于华东师范大学学科教学(英语)专业,现任上海外国语大学嘉定外国语学校英语教研组长、上海市嘉定区教育学院英语兼职教研员。曾荣获上海市第三届上海基础教育青年教师爱岗敬业教学竞赛英语组一等奖、上海市"教学能手"称号、上海市中小学青年教师教学评选活动二等奖。

教育感言: 让课堂变得可以呼吸。

在启蒙摇篮中蜕变成长

上海市徐汇区宛南实验幼儿园　陈迤悦

见习教师,是我踏上教师职业生涯的第一个身份,如今已是我从教的第六个年头了。回顾过往,这段宝贵的见习时光令我印象深刻。初来乍到时,规范化培训为我指明专业发展的方向;迷茫困惑时,带教导师为我耐心地释疑解惑;疲惫不堪时,学习共同体中的小伙伴为我加油打气。见习期里,我不断吸纳专业知识,大胆实践,查漏补缺。对我而言,这是我职业生涯中发展最为迅速的时期,也是最后一段就算犯了错也能被包容的日子。

见习教师规范化培训承载着上海市教委对所有一线新教师的统一基本要求。一系列规范化、系统化、科学化的培训,好比画卷中那一笔笔清晰的轮廓,奠定了教师专业成长的总体方向和框架,使我们学有要求、行有标准。

虽然距离我参加规培已过去许久,但其中的点点滴滴仍历历在目,这种作用是强而持久的,更是令我受益终身的。以下是我在规培期间的一些心得体会和成长事例,望与大家共勉。

基于实践问题,磨炼专业技能

◆ 借助手册载体,明确实践方向

幼儿教师的一日工作是烦琐的,带孩子、写文案、听教研、联系家长……我被这些事务性工作团团包围,每天都忙得焦头烂额,难以真正地静下心来思考问题,更别说对工作进行系统的归纳和梳理了。

这是我刚入职那段时间最深刻的感受,每天奔波于孩子和各类任务之间,深感疲惫却无所适从，直到见习教师规范化培训的出现。在规培初期，让我收益最大、印象最深的莫过于那本见习手册。

记得第一次拿到那本厚厚的手册，我还自我调侃是不是要准备出书了。对当时的我来说，一百多页的空白内容不仅是我职业生涯第一年的一座大山，更是我日常工作中千丝万缕的烦恼。直到我开始真正使用这本手册时，我才真切地感受到，原来这是一份指南，是一盏明灯。

见习手册将幼儿园新教师的工作以内容为板块清晰地划分为四项十八条规范，展现了新教师成长的必经之路。明白了手册赋予新教师的意义后，我决定好好利用它，于是我开始有计划、有目的地将工作中的思考和收获记录下来，然后按部就班地根据板块进行梳理汇总。无论是园内教研、外出观摩、开放半日还是聆听讲座、小组讨论，我都会随身携带它。那段时间，我甚至忘了手册是一份作业，有时还会在上面涂涂画画，用各种方式记录下所思所想。完成手册的那一日，我不仅在专业上得到了系统、全面的成长，还获得了满满的成就感。

现在回过头来看那时的笔记和内容，虽然字迹稍显稚嫩，甚至认知上有些许偏颇之处，却体现了我和手册之间一种独特的情感脉络，它见证了我在见习期一步步成长的足迹，分外珍贵。

珍惜导师资源，浸润师徒带教

初入职场的新教师不仅迫切需要获得专业上的支持，还要处理好复杂的人际关系。刚入职的日子里，一个个接踵而至的难题让我感到前所未有的迷茫，而规培中导师的出现宛如照亮航线的灯塔，他们于我而言亦师亦友，他们倾囊相授、言传身教，为第一年的我保驾护航。

师徒带教堪称见习规培中最为高效的一种发展途径。作为规培基地中最为优秀的一批成熟教师，导师们对新教师的付出是不求回报的，因此每一个学员都应该珍惜并好好利用导师资源。

我是幸运的，由于我所在的宛南实验幼儿园就是我的规范化培训基地校，因此我的带教导师就是我日常的搭班教师。平时,我仔细观察导师是如何管理班级的,大到理解教育教学方法,小到记住每句话、每个教态。每当导师上课时,我就会和孩子们一样坐在小板凳上认真听讲。从观察到模仿,从内化到外显,我在实践中不断发现各种细枝末节的问题,并虚心地向导师请教,我的专业水平得以迅速提升。

这里,我想和大家分享两个小故事。

新学期开学第一周,小班孩子的午睡成了一大难题:有的不愿安静睡觉,总与旁边的孩子玩闹;有的不断要求上厕所,影响了周围孩子的睡眠;还有些调皮鬼总喜欢用手敲击移门,发出各种噪音;等等。如何管理孩子们的午睡呢?我向导师提出了心中的困惑。

导师没有直接告诉我答案,而是让我根据见习手册中的要求静下心来观察每一个孩子,尝试对他们的行为进行分析。我按照导师的要求做,确实有了一些新发现:佳佳特别爱上厕所,是因为她月龄小;小闵频繁醒来,是因为容易出汗;小新是个多动的孩子;那两个嬉闹的孩子是一对双胞胎兄弟,平常就喜欢相互玩耍。

我把这些情况告诉导师,导师指导我说:"上厕所频繁的孩子,可以让她靠走廊睡;怕热、爱出汗的孩子,可以让他睡在较通风的位置;顽皮好动的孩子,别让他睡带轮子的床;爱嬉闹的兄弟,睡觉的位置隔开点比较好。"同时,导师还让我仔细观察每一个孩子的特点,并运用见习手册中的幼儿行为观察表作个案分析,形成有针对性的保教方案。

还有几次,我发现每每运动之前,导师就会"失踪"一会儿。起初我并不在意,以为可能是去上厕所了,直到有一次偶然望向窗外才发现,导师在玩滑滑梯、在摸皮球,在排查运动时孩子可能遇到的一切安全隐患。我恍然大悟,原来导师一直默默地守护在孩子们身边。

和我们对孩子的教育一样,导师对我的教导也是润物细无声的。作为学员,新教师除了多问、多思考外,还要多观察、多捕捉,只要有一双善于发现的眼睛,一定会有更多的收获,这也是教师应该具备的自主学习的能力。

浸润基地文化，感悟职业成长

◆ **理论化实操，养成思辨惯性**

得益于规范化培训，我不仅充分感受到基地校的教育文化和理念，还对自己的职业发展有了更明确的认识。

作为全市最优秀的示范园之一，宛南实验幼儿园的办园特色是"生活即教育"。这里有许多宝贵的学习资源，包括多年来在实践中积累的丰富翔实的环境创设案例，如盥洗室的故事、生活区域的创设、个别化学习活动的创设、主题墙面的创设等，它们通过专题讲座、现场观摩、个别指导等多种形式呈现，形成了系统性的培训课程。

"光说不练假把式"，只有通过实操才能将外部理念真正内化为自身的专业认知。以在小班组织角色游戏为例，大部分孩子虽然已经具备了一定的角色意识，但很少出现同伴之间的语言交流，依然停留在独自游戏或平行游戏的阶段。比如在娃娃家游戏中，"妈妈"独自在炒菜，"姐姐"在帮娃娃洗澡，"爸爸"在打扫卫生……孩子们各司其职，互不干涉。我曾在游戏的分享环节通过情境展示的方法帮助孩子们丰富游戏情节，引导他们相互沟通，却发现收效甚微。

直到有一次听了环境创设的讲座后，我忽然意识到：有些能力并不是教出来的，为什么不另辟蹊径，将环境创设与教育教学相结合呢？于是我在娃娃家门口安置了一个小门铃。小班幼儿对会发声的物体特别感兴趣，只要路过娃娃家门口，孩子们都喜欢摁两下门铃，并对其研究一番。第二天的游戏中，娃娃家的门铃声几乎没停过。在游戏分享环节，我抓住孩子们的兴趣点，让大家讨论小门铃的用途，并结合孩子们的做客经验，组织他们展开一系列讨论："谁会去摁门铃？"——新增"主人"和"客人"两个角色概念；"摁了门铃后，会发生什么事？"——添加在家中接待客人的情节；"有客人来时，如何做一名热情的好主人呢？"——引发幼儿的社会性交往和沟通。在分享后的几天内，孩子们最热衷的就是当一名小客人，而"爸爸""妈妈"们也会很热情地招待小客人，娃娃家中欢笑声不断。就这样,一个小门铃的环境创设,自然而然地促进了孩子们的社会性发展,真是神奇!

◆ 学习共同体,提升自主学习力

浸润于教育文化的同时,基地校还开辟了每周一次的学习共同体活动,旨在发挥新教师的自主学习精神。

在学习共同体活动中,我遇到了来自各个幼儿园的小伙伴。一样的专业、相似的经历、共同的困惑,让我们每周一见面就有说不完的话,很快便亲密得如同相识已久的老友。大家围坐在一起,或交流心得,或分享案例,有时哪怕只是吐吐槽,缓解一下压力,也是轻松而愉快的。

学习共同体是一个良性的自主学习场所。由于各幼儿园的新教师都聚集于此,因此我们常常交流工作上的困惑,分享"三笔字"作品,讨论个别化活动的创设,相互说课,自制数字故事,进行微课交流等。我们在交流中提升专业素养,增进彼此的情感,相互鼓励,共同进步,形成了浓厚的学习氛围。

学习共同体也是每位学员的练兵场。比如,我们还抱团策划了自弹自唱、演讲、"三笔字"等形式多样的技能比武,全方位地提升了自己的专业素养。学习共同体承载着我一路上的点滴收获,令我至今难忘。

经受展示洗礼,实现人生蜕变

和众多学友相比,我是一个幸运儿。2016年6月,我参加了首届见习教师规范化培训展示活动并荣获市一等奖。此次活动包括情景表演、演课、演讲、案例分析、写教案、"三笔字"六个环节,全方位地展现了见习教师经过一年学习后的专业成长情况。

对我而言,这不仅是一次成果展示,更是一个自我历练的平台。在准备期间,我针对"三演三写"进行了系统性的训练,并在基地校宛南团队的带领下,经历了多次磨课、培训和研讨,遇到了无数困难和挑战。

就拿演课这一环节举例,从定下这四节课到备教案,从在自己班中模拟上课到在见习教师汇报活动上开课,从演课给导师听到演课给园领导听,最后我在教研员面前正式展示模拟课堂,并虚心听取改进建议。正因为有了这些心路历程,我才能吃透这四节课,真正了解每节课、每个环节的设计意图,预设孩子们在各环节中可能出现的问题,有针对性地设计有效的师幼互动,并且不断调整自身的语态、教态等。通过智慧呈现的演示训练,我不仅明白了如何处理好教育管理中的各种细节,更体会到一名教师应当具备的思想与理念。

以上这些历练是我专业发展的基石,它们让我收获了属于自己的宝贵财富,同时打开了我的眼界,让我获得了职业生涯的第一份殊荣。

为期一年的见习教师规范化培训对我的影响是深刻的、长远的、可持续的,它为我今后的专业发展画好了蓝图,奠定了基础。如今在工作中,我还会经常从规范化的四大方面审视自己,明确规划专业成长的每一个落脚点,在见习教师规范化培训的引领下,不断提出更高的要求,不断提升专业水平,将学到的知识内化于心并贯穿于实践。

规范化培训让我们共同成长,携头并进,走好职业生涯的第一步!

陈迤悦:2015—2016 学年上海市见习教师规范化培训学员,基地校为上海市徐汇区宛南实验幼儿园。二级教师。毕业于华东师范大学学前教育专业,现任宛南实验幼儿园青年教师研修组组长、团支部书记。曾荣获 2016 年上海市中小学(幼儿园)见习教师规范化培训展示活动一等奖、2020 年"立民族之魂,树文化之根"于漪教育著作诵写讲活动幼儿园教师组一等奖。在市、区级层面开展集体教学活动 10 余次。原创教案《中国中国我爱你》荣获 2019 庆祖国 70 华诞"唱童谣诵经典"公益展演活动优秀创编奖,原创亲子游戏"桌面玩球会"荣获 2020 年云上亲子嘉年华最佳游戏奖,案例《以大班"我们的城市"主题下"未来城市地下停车库"项目为例》入选"2020 跨学科与教师专业成长"论坛。

教育感言:将世间一切美好带给孩子。

体验·感悟·拼搏·成长

上海师范大学附属中学　金晓斐

入职前,我就知道新教师要接受为期一年的见习教师规范化培训,而且该培训有严格的考评制度。由于我在本科、研究生期间就去高中进行了实习,也获得了一些授课的机会,积累了不少备课、授课的经验,因此我信心满满,希望自己好好培训,争取在考评中获得"优秀"。

体　　验

一看到见习教师规范化培训的方案,这"浸润式"的培训方式就令我深深地折服了。从读书笔记到练字、从专题讲座到课堂授课,再到班主任工作、教师专业发展等,凡是教师职业生涯中可能遇到的都会在培训中具体展开,看来想要获得考评"优秀"还真不容易。那段日子,我忙得不可开交,但收获颇丰,丰富的集中培训拓宽了我的视野,导师的单独指导直指问题核心。经过一段时间的学习,我终于遇到了最大的挑战——考评课。

根据教学进度和考评时间,我的授课内容为有丝分裂,这一内容非常抽象,很多概念需要在这一堂课中理清。换句话说,这堂课很难上出特色,但如果换个简单点的内容,又势必会打乱教学计划。导师鼓励我说:"能把这样一堂课上好才能真正地提高自己,遇到困难我会帮你。"导师的话为我注入了极大的信心,我决定迎难而上,于是就这样定下了考评课的内容。

经过一周的反复修改,我把教学设计交给了导师。导师仔细阅读后,说:"这是一份合格的教学设计,规范却缺少亮点。如果你的目标是考评课'优秀',这还不够，这堂课过于普通，少点新意。"我思考了许久，刚开始并没有特别好的创意，所幸后来通过查阅文献，我发现可以把细胞分裂的探究史贯穿在整堂课的知识内容中，由此入手，不仅课堂知识连贯，而且还能培养学生的观察能力，启发学生思考。于是，我推翻了原本的教学设计，重新设计教学过程。随着我与导师的不断讨论和反复修改，教学设计越来越完善。但一次组内说课结束后，导师又一针见血地指出了一个问题："这堂课教师的主导性太强，学生才是课堂的主体。"

无论是我读书时学到的教育观还是参加的各种教育教学培训，"以学生为课堂主体"一直是被反复强调的观点，我以为自己早已把它铭刻在心中了。因此当导师提出这个问题时，我感到很迷茫，不知道从何下手。考虑到"有丝分裂"这块内容知识性很强，教师势必要铺垫很多知识，而课堂又不能满堂灌，所以我设计了一些教学活动，希望能提升学生的课堂参与度，难道这不算"以学生为课堂主体"吗？这个问题困扰了我整整三天，即使查阅了很多文献资料也没有得到解决，我有些气馁，决定向导师请教。

感　悟

第二天听完导师的课后，我道出了心中的疑惑。导师想了想，问道："刚才的课听下来感觉如何？""感觉学生很配合，老师的提问都能回答，课堂上学生的参与度很高。"导师笑了笑，说："我从教多年，对学生十分了解。我知道学生的知识盲区，也知道我的提问会得到怎样的回答，所以我会把需要解决的大问题进行拆分，设计恰当的提问，层层递进，引导他们得到这些答案，或者启发学生思考，通过讨论，让学生自己得出结论，通过这种方法得到的知识才是他们真正掌握的知识。"

导师的一番话让我茅塞顿开，之前我一直想着如何把这堂课上出特色，所以利用探究史设计了教学活动，看起来丰富多彩，其实只是为了获得考评"优秀"，这让我的教学设计走偏了方向。课堂是培养学生的地方，所有的教学活动都应围绕教学目标展开，而不是为了让这堂课看起来很精彩。我想，真正的"以学生为课堂主体"应该是教师引导学生参与课堂活动，让学生的思维和能力在思考、探索中得到充分的发展。虽然我的教学内容里有枯燥的概念知识，还有需要铺垫的背景知识，但我可以根据学生的实际情况和教材内容精心设计情境，把原本的教师讲解设计成课堂的阅读和讨论，通过让学生自主阅读、小组讨论并回答问题等，引导学生自己得出结论，自己构建知识体系。

那一刻，我才意识到，无论理论知识多么丰富，只要没有付诸过实践，没有真正经历过思考，就不是真正的"懂"。同理，无论我上课多么风趣幽默，把知识框架搭建得多么精妙，如果学生只是背出知识点，就不是真正的"懂"。反过来说，如果课堂着眼于在师生互动及生生互动中培养学生的学习能力，使学生能够通过分析、逻辑推理得出结论，能够用所学的知识解决现实问题，这才是真正的"懂"。活动形式可以多种多样，但一切还要落到实处，这样的互动课堂才是真正的"以学生为课堂主体"。我想，我确实比以前更懂什么叫"以学生为课堂主体"了，而且我相信只要不断地努力探索，我会对此有更加深刻的理解。

拼　　搏

眼看考评课一天天临近，正在紧锣密鼓地准备时，我又接到了一个通知，"实现高中课程改革与高考制度改革的有效对接"高级论坛在上海师范大学召开，参加论坛的教师和专家需要去高中听课，我的任务就是利用我校的未来教室上一堂合理利用多媒体技术的公开展示课，展示课的时间就在我上考评课的三天后。由于时间紧任务重，导师建议我不要改变授课内容，在考评课后根据未来教室的特点，重新修改教学设计。未来教室的多媒体操作相当复杂，我虽然接受过培训，但从未在那里授过课。同一个内容，两种不同的上法，还要学习使用复杂的多媒体技术，考评课和展示课的压力让我有点透不过气来。这时，导师与我分享了他年轻时的经历，给了我很多鼓励。是的，抱怨没有用，不如多想办法，事情总要一点一点去完成。我决定先一心一意准备考评课，之后再琢磨多媒体技术，优化教学设计。在导师的指导下，我反复打磨教学设计，终于定稿。多亏了前期的精心准备，试讲课非常顺利，学生参与度也很高。课后，导师对我给予了充分的肯定，并就课堂时间的把控提出了一些意见。我在空教室里一遍遍地操练,两天后终于迎来了考评课。

一开始,考评课很顺利,但由于现场有专家听课,学生们变得很谨慎,不敢回答没有把握的问题,于是在某个问题出现两人回答错误后课堂瞬间冷场。要知道以前我常和学生打成一片,几乎从来不用调动课堂气氛,但这次我没有预料到学生不敢回答问题,一下子有些慌乱,只好自问自答,赶紧进入下一个环节,好在后面一切顺利,学生也逐渐进入状态,课堂又恢复了活跃的气氛。考评课结束后,我得到了专家们的一致好评,但我不敢松懈,结合专家和导师的评价认真反思:学生一定是想要好好表现的,但越想表现得好就越谨慎,越不敢说,我因为没有设计好问题引导才导致了冷场,看来课堂提问的有效性还需要进一步改进。

我从学生的知识体系出发,重新设计课堂提问和讨论。对于有难度的问题,我给学生留充足的思考和讨论时间;对于有些课堂提问,我不再执着于让学生说出"标准答案",因为这会约束学生的思考,只要学生言之有理、科学性强即可。我继续打磨课堂的提问,预设了更多学生可能的回答,也增加了一些引导。另外,对于一些较难理解的问题,我又设计了贴近生活的案例,既通俗易懂,又不失严谨,这可以引起学生的兴趣,同时活跃课堂氛围。

我连夜修改了教学设计,第二天就去未来教室试用多媒体,然后借班试讲,熟悉多媒体操作,与导师讨论修改。这次展示课来了很多全国各地的教师,虽然我是新入职的年轻教师,但我没有给学校丢脸,直到所有听课教师离开,我才松了一口气。我真切地感受到,越是准备充分就越是自信,也就越能把课上好。

成　　长

最终,我如愿获得了考评课"优秀",展示课也获得一片好评,影像资料被全国中小学教师继续教育网录用,纳入"中小学教师信息技术应用能力提升工程"项目省级培训课程。回想起来,在那不到一个月的时间里,我修改过的教学设计至少有五个版本,好几次都是推翻重来。导师那听课笔记本上一条条细致的问题和建议让我感受到了他对我专业上无微不至的关心,课余时间一次次真诚的指导与谈话让我感受到了他的全力付出和倾囊相授。每一个专业术语、每一个环节的时间安排、每一个环节过渡的串联词,都是导师可能提出问题的地方,任何微小的闪光点都会得到他的肯定和鼓励。而我也在这个过程中慢慢养成了习惯,形成了仔细、严谨的态度,懂得在遇到问题后找导师讨论协商。

一年的浸润式培训细水长流,一名新教师必须通过多方面的磨炼,才能逐步提高自己的课堂教学水平。我的导师从来不会直接帮我解决困难,而是鼓励我自己克服,帮我理清思路,为我提供支持。随着时间的推移,我也渐渐形成了自己的教学风格,课堂上有了更多的情境和讨论。学生是知识海洋中的小船,我不该成为小船的马达,推着它前进,我该是一座灯塔,引导他们驶往正确的地方。这一年的浸润式见习教师培训和导师的悉心带教,让我跳出了舒适圈快速成长,也让我坚信,通过坚持不懈的努力,自己一定可以成为一名优秀的青年教师。

金晓斐: 2015—2016学年上海市见习教师规范化培训学员,基地校为上海师范大学附属中学。二级教师。毕业于上海师范大学课程与教学论专业,现任上海师范大学附属中学生命科学教师。录像课"有丝分裂"被全国中小学教师继续教育网录用,"人类遗传病和遗传病的预防"获2018"一师一优课、一课一名师"市级、部级"优课",在2019"黄浦杯"长三角城市群教育征文评选活动中获浦东新区三等奖。另开展区级公开课两次、区级讲座一次。

教育感言: 教师是我的事业,我会成为一盏明灯,指引学海中的学生不断前行。

是她告诉我，你要成为这样的老师

上海市奉贤区江山小学 孙 颖

我有幸遇到过两位好老师。一位是我高中时的语文老师，他是一个东北老头儿，上课非常幽默，我因为他喜欢上了语文。另一位是我在见习教师规范化培训基地校的师傅——蒋老师，她上课创新有趣、工作认真负责、待人和蔼亲切，是她让我知道了语文课要怎么上，也是她让我知道了该成为一名什么样的老师。

是她告诉我，要做一名有趣创新的老师

遇见蒋老师之前，我印象中的语文课就像我小学时那样，没有课件，老师在台上讲，学生在台下记笔记，一堂课下来，书上写满了知识点和需要背诵的片段。遇见蒋老师之后，我才知道原来语文课可以这么有趣。记得我第一次走进她的课堂，是一年级的第一节拼音课"aoe"。在教学拼音 a 时，蒋老师先在课件上出示一个正在唱歌的小女孩的形象，并配有歌唱家练声的音频，接着她让学生学着小女孩的样子一起唱一唱。当大家掌握了发音的特点后，她让学生仔细观察自己发音时的嘴形，通过编顺口溜"张大嘴巴，aaa"，让学生更好地掌握和记忆这个拼音。她对学生回答的点评也十分有趣，如"大公鸡打鸣的声音可响啦，你再来一遍试试""你的叫声真响亮，早上小朋友都醒啦""你这只小公鸡肯定是位小小歌唱家"等，风趣幽默的语言牢牢地吸引着学生的注意力。没想到蒋老师能把一节简单的拼音课上得如此生动，我被深深地震撼了。

这节课后，我明白了我也要找到自己的教学风格，做一名有趣创新的老师。这几年我带的都是低年级，低年级的孩子更加"诚实"，老师的课精彩就认真听，老

师的课不好就开小差,所以每节课我都精心准备。记得有一次教学一首儿童诗《青蛙写诗》,需要让学生认识并运用标点符号。在课的尾声,我出示了十几个连续的"呱",让学生运用这节课学到的标点符号去写一首青蛙诗,然后读一读。虽然只有一个字"呱",但是标点所在的位置不同,句子的停顿也就不一样。后来,我请学生上台朗诵自己的青蛙诗,现场"呱"声此起彼伏,别提有多热闹了。

我还把这份幽默延续到课后。有一次,我发现不少学生做作业"偷工减料",回家后没有认真朗读课文,课上读的时候不是漏字就是多字。怎么办呢?大发脾气,只能宣泄不满的情绪,孩子们还是会老调重弹。于是,我努力调整自己的心情,一字一顿地说:"今天的课文朗读,有几个同学被打回原形,在家里并没有认真地读课文,注意了,明天老师将继续学孙悟空三打白骨精,让这些'妖精'现出原形。"说着,我用别有深意的目光快速地扫了一眼那几个读得不好的学生。学生们一听都笑了,那几个犯错的孩子也不好意思地笑了。第二天,学生朗读课文有了意想不到的进步,尤其是那几个之前没读好的孩子,现在读得又认真又响亮。看来,恰到好处的幽默不仅能提醒表现不好的学生及时改正,还能鼓舞其他学生的斗志。

是她告诉我,要做一名认真踏实的老师

每一节优秀的课背后,都凝聚着一个团队的辛勤付出。我很幸运在见习期就能参加区级公开课的展示,除了惊喜之外,我还感到一丝不安。蒋老师得知消息后,马上带着我开始备课。我们一共修改了六次,课堂上说的每一句话、黑板上写的每一个字,我们都反复琢磨。蒋老师告诉我,上一节课很容易,但要上好一节课很难,一定要认真踏实。我现在还清晰地记得,多少个夜晚,她和我一起留在教室里反复操练,她当学生我当老师,一问一答。她还带着我一遍遍地走位,并告诉我写板书时怎么站才能让学生看得更清楚,引读时手势怎么做才能让学生一目了然。我终于明白,看似轻松有趣的课堂,离不开认真的备课和反复的操练。

在那节公开课上,我看到了不一样的学生,台下全是他们高高举起的小手,每个孩子的眼中都充满了神采。如果教师想知道自己的课好不好,学生的课堂表现就是最好的回答。课堂绝不是表演,教师要明白每个环节为什么要这样设计。教

师一定要打造智慧的课堂，要有教法，因为教师的教法就是学生的学法。

我始终记得蒋老师说的"做任何事都要认真踏实"。这几年，我也在不断地加强自身的专业发展。首先是加强专业阅读。朱永新教授说："一个人的精神发育史就是他的阅读史，一个民族的精神境界取决于这个民族的阅读水平，一个没有阅读的学校永远不可能有真正的教育。"如果没有阅读，教师就不可能出现真正意义上的成长与发展，教师的创造必须建立在阅读的基础之上。其次是加强专业的写作。教师应该对平时的教育生活进行总结、归纳，尤其是课堂的反思和需要提升的地方。比如，要认真研读教材，提升自己对教材的分析和解读能力。除此之外，我还加入了区名师工作室，积极参与其他教师的上课、磨课活动，抱着虚心的态度学习，大胆地说出自己的想法，找到自己与别人的差距。我希望自己能通过研读教材、课堂教学、展示交流等途径提升课堂把控能力，努力形成自己的课堂教学特色，做一名学术思想深刻、教育教学策略独到、教学风格独特的教师。为了实现这个目标，我将不断丰富我的专业知识，夯实我的专业技能。

是她告诉我，要做一名温暖人心的老师

初为人师的我曾故意板着一张脸，装出一副严肃的样子，希望孩子们可以听话，但效果并不理想。有一次，一个女孩早自修迟到了5分钟，我问她："你为什么迟到？"见她不回答，我又重复了一遍，她突然哇哇大哭起来，后来我才知道她是因为早上身体不舒服才迟到的。我问她为什么不解释，她怯怯地回答道："我害怕……"我心里五味杂陈：我明明对孩子们很好，为什么他们这么怕我？于是我去请教蒋老师应该如何处理与学生的关系，她给我的答案很简单，就是微笑、宽容、真心地对待他们。她告诉我，有一次她班里有一个孩子没戴红领巾，面对扣分的老师时他谎报了自己的班级，但后来还是被发现了，同学们纷纷指责他。她把那个男孩叫到办公室，问他是不是有什么理由，是不是不想让自己的班级扣分，结果那个男孩一听就哭了。蒋老师没有责怪他，而是温柔地告诉他，她很高兴，因为她知道原来集体荣誉在他眼里是那么重要，他宁愿自己犯错也不想让班级扣分。随后她又问男孩是否想过其他班级的同学也像他一样爱着自己的班级，他这样做对

那些同学不公平。男孩一下子意识到了自己的错误,于是主动向另一个班级的同学道歉。听了蒋老师的故事,我顿时明白了自己错在哪里,我总是以成人的想法去揣测孩子的心思,给他们的微笑和宽容太少了。

其实学生都很纯真,没有什么坏心思,只是有时候处理的方法不太对。教师应该给他们更多的包容与爱,从他们的角度思考问题。每个孩子犯错的背后,总有一些他认为非常重要的理由,如果教师一味地指责,只会让孩子更排斥,当孩子认错只是屈服于老师的威严,那就没有达到真正的教育目的。

我很喜欢应彩云老师的一段话:"在我的世界里,天大地大孩子最大。我在孩子的天空里,努力飞舞,努力成为孩子天空里的云。"这番话深深地吸引了我,她将教师与孩子之间的生活描绘得如此浪漫温情、触动人心,这也是我需要努力的方向。我是一名小学班主任,虽然大部分学生长大后可能都不记得我,但我知道自己是引导他们铺好人生之路的基石,是指引他们穿过迷雾森林的领路人。

在今后的工作中,我会时时记起在培训中收获的一切。我是教师,这是一份职业,更是一项志业。我是教师,这是一份职责,更是一种使命。我是教师,时光缓缓显形,终见此生天命。我是教师,以现在求证未来,让生命幸福完整。

孙颖: 2016—2017 学年上海市见习教师规范化培训学员,基地校为上海市奉贤区育秀实验学校。二级教师。毕业于上海师范大学数字媒体艺术专业,现任上海市奉贤区江山小学语文教师。曾荣获 2017 年上海市中小学(幼儿园)见习教师基本功大赛二等奖、2018 学年度南桥镇"优秀教师"称号。"aoe"被评为"一师一优课、一课一名师"市级优课。在《新课程》等杂志上发表《巧用学习支架,打造智慧课堂》等多篇文章。

教育感言: 热爱学生,做一名眼中有光的老师。

套筒式培训下的多面体教师

上海市奉贤区育秀实验学校　翁心韵

我至今还清晰地记得工作第一年第一次期中考试成绩揭晓的那个早晨,我在教师食堂偶遇张祝文校长,她先是亲切地问我工作两个月来的感受,并给了我很多建议,然后看似随意地说:"你们班这次考试不是很理想,班主任效应不是特别明显啊。"我内心羞愧不已,不由得低下了头。我深知学校一向非常重视对青年教师的培养,提出了"一年合格、三年初步成熟、五年骨干、十年特色"的要求,而这次我带的两个班的考试成绩都处于年级中下游水平,显然还达不到"一年合格"的要求。"没关系,你可以多听听其他老师的课,多向他们取经,希望下次能有进步。"在张校长的激励下,我开始思考如何站稳讲台,提升自己的教育教学水平,提高班级的成绩,培养学生的品质。

幸运的是,为了加强师德、发展师能,基地校为我们搭建了许多学习平台。在这里,每一位见习教师至少要经过四个层次的浸润培训:第一层,师徒协作组,主要由学科指导教师、班主任指导教师和小伙伴指导教师组成;第二层,备课组和年级组;第三层,教研组,主要由教研组长负责指导培训;第四层,专长教师团队。这四个层次就像一个套筒,层层相连,有助于见习教师尽快形成职业技能,胜任教育教学岗位。我就是这套筒式培训的受益者。

由 点 到 线

犹记得站上讲台的第三个月,第一次开教研组研讨课前,我一想到即将会有二十几位有经验的教师来听课,心里便惴惴不安。如何设计一堂精彩的数学课、如何准备公开课的教案、如何引导学生积极参与课堂，当时的我对这一切一无所知，就像白纸上的一个点，孤立无援。就在这时，师傅吴丹花老师向我伸出了援手，她亲切地坐到我身边，和我一起翻阅课本，确定课题，并把教案的模板发送给我，同时鼓励我大胆设计，待试教后再讨论修改。听了她的话，我心里瞬间有了底气，感觉到自己不再是一个孤独的点，而是有另一个点与我联结，在这张白纸上汇成一条线。

当然，有底气并不意味着一切顺利，第一次试教结束后，我十分沮丧，自己预设的环节并没有想象中那么顺畅；由于引导不到位，学生的课堂参与度不高，自己事先准备的内容也没有在课堂上完成。回到小公室后，师傅再次坐到我身边，说："小翁，第一次试教教成这样已经很不错了！你的视频引入很新颖，一下子就激发了学生的学习兴趣！"在她的安慰下，我沮丧的心情平复了不少。"我们一起看看怎么修改更好。可以把数学史的阅读材料添加进来，增加学生的民族自豪感……"在师傅一对一的指导下，我经历了多次试教、修改，最后终于顺利地上完了这堂教研课，而且课堂上还有很多可圈可点之处。

原本我以为上课只要把知识点讲清楚就可以了，但这次教研课让我对教学工作有了新的认识：真正的教学并不是照本宣科，而需要教师将知识点进行整合和梳理，教师唯有多花心思备课，才能让学生在课堂中有所收获。另外，我也明白了在学科教学中还可以渗透德育教育，弘扬正能量。

由 线 到 面

刚踏上教师岗位的我就像一个蹒跚学步的孩子，要想走稳、走好这条路，少不了教研组内各位老师的搀扶和引领。四年来，我一共开了四次区公开课，从确定教学内容和目标、分析学情、把握重难点，到发现可能存在的问题、找到解决措施，再到完成整堂课的设计……在磨课的过程中，我多次修改教案，仔细推敲串联词，不断改变提问方式，这个过程当然会非常痛苦，倘若我只靠自己一人的力量，肯定无法发现课堂上的问题——即使发现了，也不一定能找到合适的解决方案——好在教研组老师们集思广益，指导我将整堂课的环节设计得更为紧凑，语言也更为精练，我才得以顺利地呈现出一堂堂精彩纷呈的课。

对我们青年教师来说，其他有经验的教师不仅是同事，更是教学路上的引路人，正是由于大家的无私帮助，我才能在短时间内夯实基本功，为站稳讲台奠定良好的基础。正如英国作家萧伯纳所说："你有一个苹果，我有一个苹果，彼此交换还是一个苹果；你有一个思想，我有一个思想，彼此交换就是两个，甚至是两个以上的思想。"在教研组浓郁的研讨氛围感染下，在教师们的悉心指导和鼎力相助下，白纸上不再只有单调的一条线，而是无数条线交错在一起汇聚成一个面，它让我有机会看到讲台外更广阔的教学新天地。

由面到多面体

如果说春天是播种的季节，夏天是耕耘的季节，那么秋天就是收获的季节。在2017年秋天，我收获了甜美的果实。

参加上海市中小学（幼儿园）见习教师基本功大赛的消息来得那么突然，本次比赛包括"三笔字"展示、演讲、信息技术应用、教案设计、模拟课堂教学、教育案例分析、教育智慧七个环节的考验。我知道这是一场硬仗，容不得半点松懈，因此全身心地投入其中……忙忙碌碌的日子过得飞快，待一切归于平静，那些饱受煎熬而又极其充实的日子重新浮现在我的眼前，我情不自禁地感叹道：身处这样一个团队，真的好幸福！

仍记得那个风雨交加的午后，区教研员庄建红老师为我送上了一杯暖茶。当时，我正因即将上传的四堂课而手足无措，庄老师以冷静的分析、细心的引导，为我的选课指明了方向。模拟课堂演练时，庄老师又通过耐心的解答和专业的建议，解决了我在准备过程中的困惑，给予了我走向赛场的勇气。

仍记得奉贤区教育学院的那一间间教室，我和小伙伴们在这里留下了奋斗的身影。得益于学院组织的专题培训，我对演讲和教育智慧不再陌生。从一开始的小心翼翼、缩手缩脚，到后来的自信满满、侃侃而谈；从一开始面对突发情况时的手足无措，到后来在任何场合都淡定自若、方法多样……在学院老师们的指导下，我的教学水平突飞猛进。这些培训不仅有助于我为即将到来的比赛做好准备，更为我之后的教育教学工作积累了不少宝贵的经验。

仍记得那一个个寒冷的夜晚，灯火通明的七年级数学教师办公室传来一阵阵热烈的讨论声。当我因遇到瓶颈忍不住号啕大哭时，是备课组的老师们为我出谋划策，帮助我解决问题。整整两个星期，吴丹花和潘正连两位老师放弃在家休息的时间，每天晚上与我在办公室里一起讨论，共同研究，不断地帮助我修改教案与课件，就连每一句过渡语、每一个提问都精益求精。张祝文校长也时刻关心着我的成长，为我提供了不少资源，成为我坚强的后盾。因为你们，寒冷的夜晚变得温暖，孤独的我成了"我们"。

尽管比赛紧张而激烈，但我并没有想象中的紧张无措，相反，一切就像彩排好的那样有条不紊。我想，也许正是因为有了大家的关心和帮助，我才有信心、有勇气、有自信，在成长的道路上大步向前。

因为基地校的套筒式培训，我不再是一个孤独的点，而是无限延伸的线，是变幻无穷的面，是在白纸上拔地而起的多面体。期待未来我能成为一名拥有多面魅力的老师！

翁心韵：2016—2017学年上海市见习教师规范化培训学员，基地校为上海市奉贤区育秀实验学校。二级教师。毕业于上海师范大学数学与应用数学（师范）专业，现任上海市奉贤区育秀实验学校数学教师。曾荣获2017年上海市中小学（幼儿园）见习教师基本功大赛二等奖、2019年奉贤区行政嘉奖。区青年课题于2020年顺利结题。在线教学案例荣获奉贤区二等奖。

教育感言：做好平凡的教育工作就是不平凡。

乘风破浪　追梦不息

上海市格致中学　万鹏程

从小，受父亲的影响，我立志长大后要成为一名光荣的人民教师。为了实现这个梦想，我不断努力奋斗。2017年7月，我梦想成真，成了上海市格致中学的一名英语老师。

初入教坛　践行初心

我非常崇拜我的父亲，他是一名中学语文特级教师。在我幼时的记忆里，父亲很严厉，要求也很高，不管是对学生还是对我。随着我逐渐长大，每每看到父亲教过的学生致电问候或回校探望他，我就十分羡慕，觉得做一名受学生爱戴的老师是一件非常幸福的事情。高考前夕，我毅然选择了师范院校，暗下决心要成为像父亲那样的教师。

我是幸运的，研究生毕业后顺利进入上海一所优质高中做英语老师。习近平总书记在全国教育大会上强调教育要"培养德智体美劳全面发展的社会主义建设者和接班人"，这让我感受到了作为一名教师的使命和责任。因此，从走上讲台的那天起，我就下定决心，不辜负家长和学生的期望，认真备课，精心设计教案，力争上好每节课、批好每本作业，让自己的职业生涯有一个良好的开端。

见习培训　引领成长

在黄浦区教育学院的组织下，我参加了2017年见习教师规范化培训。学院邀请多位专家作了"教师职业理想与教师专业发展""教师礼仪""如何撰写学生评语""教师语言表达的艺术""见习教师的职业认知与专业发展""如何听课和评课""此时此地此情此景此学生——浅析如何处理各类教育情景"等专题讲座,为提升新教师的教学素养提供良方,这让初入职场、内心迷茫的我吃了一颗定心丸。

正所谓"高山仰止,景行行止,虽不能至,然心向往之",虽然我很希望能在学生心中留下这种印象,但我深知自己离这个目标还有距离。犹记得刚开始讲课时,课堂参与度不够高、作业难度设置不合理,一系列问题犹如一盆冷水浇灭了我满腔的热情。但在培训中听了上海市特级教师朱震国老师讲的"教师语言表达的艺术"后,我明白了上课时应该如何灵活运用讲话技巧;听了其他中学的优秀老师的分享课后,我惊讶地发现原来文本选材可以这样指导,教学活动可以这样设计,课堂氛围可以这样调动,一些小技巧就可以让互动效果翻倍。

记得在第二次区级培训中,刘涛教授一开始就让我们思考"为什么要成为一名教师"这个问题,随后从谋生因素、兴趣与个体因素、地位或声望因素、使命因素四方面进行了分析。我在台下听得心潮澎湃,因为每句话都戳中了我选择成为一名教师的初心。我在心里暗暗许下愿望:要成为一名卓越教师!

除了区级培训之外,格致中学也定期组织新教师参加校内培训,培训主题多元且切中需求,例如"如何进行有效的教学观察""公开课观摩反思"等。为了让我们这些新教师少走弯路,资深的前辈教师们倾囊相授,传递教学经验,他们对教育教学都有着深刻的理解,并在课堂上应用了形形色色的教学方式,是我们学习的榜样。

格致中学有一个很好的传统——师徒结对,我有幸拜正高级教师、特级教师詹玲老师为师,詹老师精湛的专业水平、认真敬业的工作态度引领着我不断前行。令我印象最深的是,2018年上半年,我在詹老师的指导下完成了一堂校级公开课,教授的语言文本是一篇有关职业的文章。我最初的教学思路是"导入—读前—读中—读后":先从各种职业的图片入手,引出本课主题,再让学生通过skimming、scanning等阅读技巧了解、归纳文中所提的四种职业的内容与特点,最后引导学生探讨自己的理想职业,写一篇题为"My ideal job"的作文。但这种设计显得中规中矩,为了达到更好的效果,詹老师指导我对文本进行深度阅读,推敲细节,丰富活动的多样性,使教学环节环环相扣,尽可能地贴近学生的生活,提高教学趣味性、连贯性与有效性。

果然,修改后的设计能够轻松地将学生带入课堂氛围。首先,我由自己的工作照引出教师这一行业,引起学生的兴趣。导入中,我通过图片、美剧中的节选片段等教授了本课的重点词汇。接着,我自然地过渡到文中的标题"People from All Walks of Life"。在阅读文中的四段文字时,我设计了表格形式的板书,为学生搭建文本框架,便于他们在读后进行自然的输出。处理文本的每一段时,我先基于文本提问题,再设置一个开放性的问题。例如,在讲"教师"这一职业时,我带领学生着重读段落的最后一句话"Often their impact on students stays all through their lives",让他们找出两个"their"所指,思考"Is there a teacher whose impact on you stays all through your life?"这个开放式的问题瞬间打开了学生的思维,他们争先恐后地举手回答,课堂气氛一下子活跃起来。通过类似的方法,我带着学生了解四种职业的内容与特点,基于文本而又高于文本。在产出阶段,有了表格这一"搭手架",学生自然输出,既巩固了课堂输入,又发挥了自己的想象。最后,我把原本准备布置的作文题改为让学生画一幅自己喜欢的职业图片,并配以文字,学生顿时兴致高涨。这堂公开课取得了良好的效果,使我对站稳讲台充满了信心。

砥砺奋进　勇于挑战

教学比赛让我对教学有了更深入的思考。2018年上半年,我报名参加了区"萌芽杯"比赛,经过教案设计、模拟课堂等环节的激烈角逐,我闯入了最后一关——教学比赛。我讲授的文本是一篇有关蜘蛛的文章,属于戏剧体裁。在进行教学设计的过程中,我的师傅詹玲老师带着我对这节课的重点、环节设计进行了仔细的剖析,帮助我一点一点地磨课。她告诉我,阅读课应基于文本,做深度阅读,让学生真正做到读文本、理文脉、表文意。我首先由昆虫的照片和短视频引出

"蜘蛛"这一主题,引导学生讨论蜘蛛是否是昆虫,激发他们的兴趣。导入中,我通过图片、视频等拓展了一些与课文相关的词汇,随后让学生通过读文章标题和斜体字猜测文章内容,再运用 skimming 阅读技巧核查预判是否正确,接着展开对文本的深入阅读。在深入阅读的过程中,我引导学生通过两个主人公围绕"蜘蛛"展开的对话、舞台说明等找出他们各自对待"蜘蛛"的观点及支持自己观点的理由,并通过教师朗读或学生表演的方式,让学生进一步体会两个主人公对待"蜘蛛"的态度和情感。在最后产出阶段,学生扮演课文中的一个角色,借助教师提供的句型结构,阐述自己对"蜘蛛"的观点。最终我获得了"萌芽杯"比赛一等奖。

2018 年 12 月,我参加了上海市中小学(幼儿园)见习教师基本功大赛和新教材教学展示评比。基本功大赛包含教案设计、模拟课堂教学、教育案例分析、教育智慧呈现、"三笔字"展示、演讲、信息技术应用七个项目。俗话说:"台上一分钟,台下十年功。"从 2018 年暑假起,我就开始了漫长的备赛过程。我认真地钻研新课标、教材,不断地挑战自我。每次熬到凌晨快要撑不下去的时候,我都会想起自己曾下决心"成为一名卓越教师",这个梦想支撑着我咬牙坚持下去,克服一切困难,最终如愿取得了好成绩。

我很幸运能得到这样的机会锻炼自己,"学然后知不足,教然后知困"。备赛的过程中,专家老师们为我提出了不少宝贵的建议,使我更加明确了今后的课该怎么教、怎么讲,主动寻找课堂教学中的不足与差距,进一步细化教学内容,认真上好每一节课。通过参加各种比赛,我明白了做老师必须勤于学,善于思,慧于心,敏于行。

注重积淀　扬帆起航

见习培训为我打下了良好的基础,让我对"怎么做一名好老师"有了新的认识,并在此基础上不断学习、锻炼,积淀自己的教学技能。经过不懈的努力,2019年,我入选了"上海市'双名工程'黄浦高中英语种子计划",参与了华东师大邹为诚教授的"名师摇篮计划",在专家、前辈的指导下进行教学实践,不断提高教学水平,特别是提高了对高中英语新教材的分析和教学能力。2019年8月,我按照华东师大邹为诚教授"名师摇篮计划"制定的"建立基准—找出问题—理论学习—解释教学—教学检验—教学总结"六步骤教学法,尝试了新教材一个单元的课程设计和试教工作,并录制了十多节示范课。2019年12月,我在备课组长缪英老师的帮助下,与其共同完成了上教版高中英语新教材一个单元的审读、教学设计与试教,试教意见被新教材编写组采纳。在黄浦区王莎莎老师"种子计划"团队的带领下,我多次参与学习活动,进行了两次名著导读与分享。2020年10月,我还参与了上海市教委组织的高中英语新教材教学研讨活动,并执教了市级展示课。

非常感谢上海市师资培训中心、黄浦区教育学院和上海市格致中学为我提供学习成长的平台。经过这几年的摸索尝试,我在英语教学、学生管理等方面有了一定的提升,但我深知自己在教育教学等方面还存在许多不足。教育工作是一项常做常新、永无止境的工作,生命不止,追梦不息。我将不忘初心,继续前行,将于漪老师的名言"一辈子做老师,一辈子学做老师"当作自己的座右铭,在坚守中不断学习和创新,做一个脚踏实地的追梦人。

万鹏程:2017—2018学年上海市见习教师规范化培训学员,基地校为上海市格致中学。一级教师。毕业于上海师范大学外国语言学及应用语言学专业,现任上海市格致中学英语教师。曾荣获黄浦区2017学年见习教师"萌芽杯"教学比赛一等奖、2018年上海市中小学(幼儿园)见习教师基本功大赛一等奖、2018年上海市高中英语教学展示二等奖。参与了上海市高中英语新教材试教工作,并录制了十多节教学示范课;在上海市教委组织的高中英语新教材教学研讨活动中执教市级展示课,获得一致好评。

教育感言:用心用情用智,求真求实求致。

我跨界而来，定坚守初心

上海市虹口区第四中心小学　马　青

前阵子出现了一个热词"跨界"，我也赶了一趟时髦。在进学校工作之前，我曾是一名派出所的内勤，每天的工作是处理信访投诉，其中最让我头疼的是家庭或邻里之间的琐事，有些人一旦要求无法得到满足，便满嘴谩骂甚至大打出手，因此我常常在想，有没有什么工作是积极向上又有意义的呢？

后来我无意中听到了于漪老师说的一句话："今天的基础教育，就是明天的国民素质。"百年大计，教育为本，教育大计，教师为本。我豁然开朗，毅然辞去稳定的工作，跨界成为一名小学数学老师。从那一刻起，我便确定了从教的初心——成为一名好老师，让学生既掌握科学知识，又懂道理、明事理。

教育本就不是一件容易的事儿，对跨界的我来说，更是难上加难。一想到要独立面对各类教育教学问题，我就变得手足无措。幸运的是，见习教师规范化培训及时出现，引领我成为一名合格的老师。培训中，我像海绵一样快速地汲取着大量的教育教学理论知识，我的带教导师们则成了我学习的"活体教科书"，他们的言传身教、倾囊相授，让我收获满满、感触颇深。

记得一次午休，班主任外出，作为搭班老师的我负责管理班级。突然，教室后边两个打扫卫生的孩子互相推搡拉扯起来，打破了原本的宁静。我仔细询问，得知他俩都想扫地，但因为只有一把扫帚，谁也不肯让步，所以争夺起来。看到他们吵得不可开交的样子，那一瞬间，我有些恍惚，几年前常常看到的那些因为琐事闹到派出所的人们竟和眼前的孩子们重叠了。回过神来，我又感到一丝庆幸，还好自己眼前站着的是纯真的孩子，事情也没有糟糕到无法挽回的地步。

于是，我静下心，学着带教导师的样子，先表扬了两个孩子爱劳动的初衷，然后引导他们遇到事情应该互相商量而不是用武力解决。我没有将扫帚指定给他们中的任何一个人，而是让他们自己去商量一个解决的办法。果然，孩子们为我带来了惊喜。几分钟后，他们便商量出一人扫地一人排桌椅的方法，这场"夺扫帚"纠纷总算平息了。当天的晚托班，我还以这件事情为例，引导学生展开了热烈的讨论。

通过这次经历，我深深地理解了带教导师说过的一句话："教育工作必须见微知著，当孩子的观念和行为发生问题时，哪怕只有一点点偏差，都要以小见大。"通过及时、正确的引导，我们也许只需要几分钟就能扭转孩子错误的观念和行为，但如果没有抓住教育的黄金时机，孩子们的价值观偏差就会日益严重，长大后很可能成为那些无理取闹的"信访人"。这不正是我所秉持的教孩子懂道理、明事理的初心吗？

当然，成为一名好老师的道路并非一马平川。著名教育家马可连柯说过："学生可原谅老师的严厉、刻板甚至吹毛求疵，但不能原谅他的浅薄无知。"如果教师的专业知识不扎实，教学时必然会捉襟见肘，穷于应对。数学教学尤其重视学生数学思维和数学学习习惯的培养，让孩子活学活用才是数学教育的本质。

作为一名非教育专业出身的数学教师，我深知专业的教育方法、教学知识是我的短板，因此教学中总有一种摸着石头过河的感觉。记得有一节课，一个学生当场质疑我的教学内容，这让我对自己的初心再次有了深刻的认识和感悟。

那是一节数学试卷分析课，在讲解一道数学题"把10个球分成不同数量的3堆，最多一堆是几个"时，我分析道："不同数量的3堆，按照数的分拆，应该是1、2、7，所以最多一堆是7个。"我话音刚落，有个孩子立刻举手说："老师，你说得不对！""不对？哪里说得不对？是不是这小家伙要捣乱呀？"我心头一紧，赶紧问："你觉得老师不对在哪里？"那孩子眨着真诚的眼睛看着我，认真地说："老师，1个怎么能叫堆呢？"她当着全班同学的面质疑了我这个老师，其他学生也叽叽喳喳地附和道："对呀，1个不叫堆呀！""就是呀！"我一下子手足无措。我原本理解题目要考察的知识点是 10 的分拆,出题者想表示"堆"是一份的意思,可我又觉得学生说得没错。如果此刻摆出老师的威严,强制学生采用我的答案,也许这个疑问就翻篇了,但他们的质疑精神同时也被我扼杀了。

这时,我想起见习规培时带教导师曾经说过:"要尊重学生,倾听学生的想法,注重培养学生的质疑能力,他们提出问题的过程是发展创造性思维的过程。"如此看来,作为老师的我不应该为学生的这份意识和勇气而感到高兴吗?

于是我笑着对那孩子说:"你提的问题真好,老师决定去查一查,'堆'到底最少有几个,稍后再答复你。"

课后,我立即请教了带教导师,并查阅了相关资料,原来"堆"一般指 2 个以上,孩子说的果然有道理。于是我调整了备课内容,并为全班学生重新讲解了这道题,还特别夸奖了那个敢于提出问题的孩子。看着她脸上开心的笑容,我庆幸自己当时没有敷衍了事。从那之后,班级里敢于对自己不理解、不认同的知识提出疑问的学生越来越多。我知道,自己不仅呵护了一棵思维的幼芽,更灌溉出一方智慧的苗苗。

学生的这句"老师,你说得不对!"让我想起了带教导师平时对我的耳提面命:"每节课、每个知识点一定要备充分、备正确!"自那以后,我开始更深入地研究教材,积极主动地向师傅请教,夯实专业知识,提高课堂应变能力,在师傅们的经验上总结出一套自己的教学方法,具体如下:

◆ 扎实专业,上活每一节课

要让学生学好数学,必须让他们感受到数学的奇妙,激发他们主动学习数学的兴趣,使他们成为课堂的主人。为此,我阅读了大量有关优秀教师经验的书籍、积极学习老教师的教学方法,把枯燥的知识点变得趣味化,把抽象的概念变得具体化,把老师讲学生听的传统教学模式变成以学生多说多讨论为主的新型教学模式。

◆ 巧思妙解,用好每一次课堂生成

教学并不是一成不变的工作,它灵活,需要教学机智。记得有一次,一个小朋友在做应用题时把正确的"20＋30－20＝30"的算式写成"20＋30＝50－20＝30"。乍一看,这是一个很大的错误,但仔细一想,我们最近正在学习连加连减竖式计算,这孩子显然是把竖式计算中连加连减的计算格式直接搬过来了。我首先表扬了这个孩子能运用新知识来解决问题,然后组织全班学生对算式与竖式之间的关系和区别进行深入讨论。在这次因为意外的课堂生成而引发的讨论中,学生自己总结出了正确的两者关系,令我特别感动。

◆ 培养能力,呵护每一个孩子的思维幼芽

敢于质疑,善于质疑,是学生具备创新精神的前提,而培育创新精神又是当代教学的核心任务。正如上文学生所说的"老师,你说得不对"那样,提出问题比回答问题更重要。在之后的教学工作中,我开始注重培养学生的质疑能力,有时甚至会故意说错,观察学生的反应,让学生多思常辨,在质疑中掌握知识点,培养思维能力。

习近平总书记说过:"做好老师,要有理想信念、道德情操、扎实学识、仁爱之心。"成为一名好老师,是我的职业信仰,是我跨界而来的初心。未来,我将继续坚守初心,进一步提升自身的政治素养,以德立身,以德施教,不忘立德树人;同时,扎实专业知识,增强学识魅力,用爱培育、灌溉祖国的花朵,用一言一行去引导学生,全心全意地投入教育事业。

马青: 2017—2018学年上海市见习教师规范化培训学员,基地校为上海市虹口区第四中心小学。毕业于同济大学物流管理专业,现任虹口区第四中心小学数学教师。曾荣获2018年上海市中小学(幼儿园)见习教师基本功大赛一等奖、虹口区见习教师专业成长案例特等奖、虹口区小四总支"优秀党员"称号。

教育感言: 教育一定要从长远出发,塑造全面的人。

归零启程，好课引路

上海市杨浦高级中学　陈怡昉

和大部分青年教师的发展经历不太一样，在进入普教系统之前，我已经有过几年的工作经历，虽然不是从事英语教学，但也在教育这个大阵地上历练了一段时间。记得刚入职时，我心中掠过一丝窃喜，觉得自己有过工作经验，高中这个讲台我肯定站得住、站得稳。带着这个想法，我以看似自信笃定的姿态开始了第一学期的课堂教学。

出师不利

见习期第一年，学校为我安排了经验丰富的带教师傅，师傅给我详细地介绍了学生和班级的情况，并叮嘱我要合理安排课堂进度和内容。我认真地记着笔记，心想：我难道还搞不定这群毛孩子吗？

上讲台的前一天，师傅微笑着对我说："你先感受一下课堂和学生，课后咱们针对具体情况再好好聊聊。"我接手的是高二的一个班级，学生们形成班集体已有一年，学校环境和班级氛围对他们来说不再是什么新鲜事儿，因此当我走进教室时，他们把所有的注意力都放在我这个新来的英语老师身上，不少人还窃窃私语起来。

导入、读文章、提问、再读文章、再提问……我回忆着以前读高中时的英语学习模式，在完成这些流程后，又拓展补充了许多生词。

没过多久，有些人趴在桌上发起了呆，有些人的眼神里不再充满期待。我站在讲台上"一览众山小"，学生们的一系列负面反馈让我措手不及。我不敢再看学生了,声音越来越有气无力,连提问也尽量避免了……随着下课铃声响起,我快速结束了今天的课,灰溜溜地离开教室。

更让我大受打击的是,我无意中在学生的QQ空间看到了他们对我这个新老师的失望。之前的心高气傲和胸有成竹荡然无存,随之而来的是自我怀疑和更多的困惑。所有的教学环节都是完整的,每个环节都准备得很充分,我表现出的淡定和从容应该也掩饰了我内心的紧张和忐忑,没有被学生发现,但是课堂效果怎么会那么差?我怎么了?哪里出了问题?

归 零 复 盘

"我下一节在高二(10)班上课,你来吗?"师傅拍拍我的肩膀笑着说。同样是40分钟,同样是阅读课第一课时的教学,师傅的课仿佛是一间豪华的样板房,我的则是一间茅草屋,漏洞百出。导入、提问、练习、总结,造房子该有的流程大家都有,但每个环节又截然不同。瞧,师傅像庖丁解牛般不伤筋骨、行云流水地解构了知识,学生则以一种舒服的方式内化了知识,他们是那么专注,但又很放松、很享受,学习的节奏就像呼吸一样自然。

"你现在正在经历的正是你要经历的。"课后,师傅拍拍手上的粉笔灰,又一次微笑着说,"没有白白经历的事情,这是好事情。"我紧绷的心瞬间放松了下来,那些质疑自己的情绪逐渐消散。

接下来我们一起对之前的那节课进行复盘。在师傅的分析和引导下,我发现自己的教案密密麻麻,不仅没有梯度、没有层次,更没有重难点,眉毛胡子一把抓,看似什么都讲了,其实什么都没讲。

我还意识到我所设计的提问是学生不感兴趣的。在这篇关于麦当劳快餐发展史的课文中,他们并不在乎麦当劳的商业运营模式,而是对快餐产品的口味和广告情有独钟。他们喜欢什么?他们这个年龄段感兴趣的话题有哪些?我没有事先进行了解,只凭主观臆断去设计所谓体现梯度和难度层级的问题,而底层的基石是空心的,根本无法吸引学生的注意力。

"你平时说话语速就快,有没有意识到?"师傅语重心长地说,"不是说话频率快就能引起学生注意的,就好比蜜蜂绕着你嗡嗡叫,时间久了,就成了白噪音似的背景声音,反而听不到重点了,学生也容易昏昏欲睡。"

是啊!教师的语音、语调甚至语速都是影响一堂课质量的重要因素,我平时就快人快语,学生很容易在这种密集的轰炸中逐渐疲倦,注意力缺失,其实偶尔的停顿或留白反而有助于学生深度思考并建构内化知识。

通过复盘,我发现了很多问题,其中最重要也最根本的问题是内心的傲慢。我紧紧抓着自以为是的工作经验不放,殊不知这一所谓的优势恰恰是我成长道路上最大的障碍。那就全部放下吧,放下自以为是,放下所谓的工作经验,放下想成为人人眼中的好老师的欲望,让自己清空归零。

好 课 引 路

为了提升新教师的专业能力,基地校开放了一系列教师课程供学员观摩,因此只要时间不冲突,我就去听师傅和其他老师的课,每次侧重点不同,比如今天观察课堂用语,明天观察问题的抛出和反馈。在课堂上,我还会把目光放在学生身上,看他们会在什么情况下大笑,又对哪个环节表示认同,以及这个年龄段的孩子关心什么话题。

英语教学理论中有一个著名且备受推崇的教学法,叫沉浸式教学理论。在那段日子里,我觉得自己仿佛在沉浸式地学习如何教学,全身心地浸泡在教室里,在老师和学生的视角之间转换体验,给自己足够的学习和思考时间。每节课,我不再带着一定要让学生喜欢我的预设,而只关注自己的教学是否自如地将内容输送到学生心中,我的讲评是否提升了他们内化知识的能力。放下期待和预设的过程,也是和过去的自己告别的过程。卸下所有心理负担后,我拥有了再出发的勇气和底气。

记不清是从哪节课开始,我的自信又回来了;也没明白是从什么时候开始,我自然而然地通过各种有趣的段子将知识点传递到学生心里。我真的不知道是哪碗"米饭"让我长大的,似乎这些都不是真正的转折点,只是转折之后自然发生的"果"而已。

我想,真正的转折是身边人一句句贴心的提醒、一节节好课的引领、一个个肯定的眼神、一份份沉甸甸的信任。

他们告诉我不要轻言放弃,他们就像一口宁静的钟,一旦被疑问碰到,就会发出应答。如果你得到了回声,那么它什么也没做,只把你心里的声音重新反馈给你。他们做着自己,最终他们身上共有的品质又启发了你。

感 恩 相 遇

原来,这一路上所有的遇见,都是来提醒我、帮助我成长的。

我的带教师傅和那些给予我悉心指导的老师们身上无不闪耀着智慧和慈悲,他们把接力棒递给我,陪着我一步步地向前奔跑。他们用自己的一言一行告诉我,每一刻都是全新的开始。我们无法借由回报来达到施与受的平衡,唯有将我们所得到的传承下去,下一代也通过重复同样的模式而达到另一个施与受的平衡,这或许就是一种最充满希望的传承。

和学生的相处让我意识到,他们的存在是教师不断钻研教法的原动力。我想,无论时代如何变化,对教师来说,研究教学对象是很重要的,这也是教学创新的立足点之一。作为一名英语教师,我需要思考如何从学生的视角理解和感受他们,不辜负他们提出的每一个问题——每个问题背后都可能对应着某个渴望弥补的知识漏洞和困惑——只有不断完善自己的知识储备,才能更好地为学生答疑解惑,并带领他们去理解多元文化背景下的不同现象。

对于这段归零后重新成长的体验,我并没有沾沾自喜,反而形成了更深层次的思考。它是无比宝贵的,但不是因为它为我带来了各类比赛中的奖项和荣誉,而是因为它让我想到或许这就是一种对未来专业发展的启示,每个看似收获满满的阶段就像一个装满了茶的水杯,只有倒掉、放下、归零,才能不断接纳符合时代发展的新事物。

教师成长的这条路没有尽头，我愿不断接受新的挑战，透彻体验并提升领悟，提醒自己无论处在教师发展的哪一阶段，都要拥有归零启程、虚心求学的心态，这样才能走得更远、走得更稳。

陈怡昉：2017—2018学年上海市见习教师规范化培训学员，基地校为上海市杨浦高级中学。一级教师。毕业于华东师范大学对外汉语教学专业，现任上海市杨浦高级中学英语教研组副组长。曾荣获2018年上海市中小学（幼儿园）见习教师基本功大赛一等奖、2018年杨浦区中小学（幼儿园）见习教师规范化培训基本功大赛一等奖、2021年杨浦区第十三届"百花杯"教学比赛英语（高中组）一等奖、杨浦区第十届德育论文评选二等奖。在《杨浦教育》杂志上发表《沉浸式外语教学视角下的主题式配音活动设计与实施》等文章。

教育感言：看见学生，就是照见自身。

有一种成长叫磨课

上海市宝山区罗店第二中学　刘家男

做一名平凡的人民教师,一直是我心中的梦想。圆梦后的第一年,一个个艰巨的任务纷至沓来,个人时间几乎被挤压到零,这是许多老教师口中的魔鬼第一年,是新教师最难熬却也最重要的一年。见我整日忙得不可开交,父母怪我当初不听劝,友人惜我付出与回报不成正比,可我的心却在这最累的第一年愈发坚定了。

如今已是我工作的第四个年头,没有了最初的疑惑、慌张和焦虑,取而代之的是自信、沉稳和熟练。我忍不住问自己:是什么让我熬过了那年的辛苦?是什么给了我坚守的勇气和信心?是什么带给了我成就感和荣誉感?答案只能是——课堂!作为一名教师,最大的魅力就是专业素养和课堂教学的完美融合,学生每一次的积极参与和课后的进步与收获,对我而言都是内生动力的源头所在。

但要上好一堂课实属不易,尤其对我这样一个毫无教学经验的新手教师来说,每次上课都是一次历练。四年后,我的自信、沉稳和成熟,便是在那一次次磨课中慢慢培育出来的,其中令我印象最深的就是在基地校的毕业汇报课。

迷　茫

见习结束前的毕业汇报课是我第一次遇到的较大型公开课。面对首次公开课任务,稚气未脱的我既期待又惶恐。早就听前辈们说,公开课是提升教学能力最有效的途径,我希望通过这次公开课实践进一步提高自己的教学能力,但同时我也非常惶恐,第一次在那么多人面前上课,如果出了差错,那该多丢人啊!

我执教的是沪教版语文六年级下册第六单元的一篇自读课文《白兔和月亮》,

这个单元的主题是"小故事，大智慧"，收录了古今中外有名的寓言故事。六年级学生还处于从小学到初中的过渡期，有趣的寓言故事自然能引起他们的兴趣，可是《白兔和月亮》这篇课文非常短，情节也比较简单，按照寓言故事的传统上法，恐怕只需半节课便上完了。怎样才能牢牢地抓住学生的注意力呢？怎样才能引导学生自己领悟简单故事中蕴含的人生哲理呢？……接到任务后，我忐忑不安，无数个"怎么样""怎么办"反复敲打着我的心。

解　　惑

我将课文反复看了十几遍，前两遍通读，从第三遍起开始拿笔逐字逐句地做批注，保证每一处都能顺着学生的思路进行延伸扩充，接下来则每天看几遍，及时记下新的想法。因为课文短，看的次数多了，最后我甚至能通篇背诵下来。在此基础上，我根据课文的内容和寓言的文体性质，结合学生实际情况，拟定了教学目标，并针对目标制定了完整的教学方案。三天后，我迎来了第一次试教。

第一次试教由校内师傅帮我把关，虽然整堂课上得比较顺畅，但我却边上边冒冷汗，因为我的时间估算严重滞后，每一个环节都比预先计划的要提前，最后还剩15分钟时，课已上完，我别无他法，只好让学生提前在课堂上完成家庭作业。好容易捱到下课铃响，我内心自责不已，没想到我备课时竟出现了如此大的疏漏，犯了提前上完的大忌。就在我特别沮丧的时候，师傅把我叫到办公室，对照着听课笔记，不厌其烦地指导我，同时告诉我：课堂应该以学生为主体，教学内容短小，可以考虑增加学生的讨论发言时间，或者增加自由创作环节。师傅的话令我茅塞顿开，原先的我过于注重将教案上的内容完整还原，忽视了课堂上学生是活动的、变化的。

两天后，我迎来了第二次试教，这次由基地校师傅把关。有了第一次试教的经验与教训，这次我对教案进行了仔细的修改，果然课堂时间把控得非常精准，教学内容也环环相扣，刚好在下课铃响前顺利地完成了所有教学内容，我自认为不错，如释重负。结果，师傅把我叫到办公室，意味深长地问我："刚才课上的讨论环节，有一个学生说他不支持白兔的做法，你为什么没有进一步地反馈呢？"我一下子被问懵了,因为那个学生的回答与课文的主题价值观完全背道而驰,为了不影响教学进度,所以他回答完后我轻描淡写地评价了一下,就赶紧让他坐下了。师傅叹了一口气,语重心长地对我说:"这是新教师的通病,虽说今天的这堂课整体上算是完成了,但是你却放过了一个极有可能成为你课堂上一大亮点的机会。那个学生为什么会得到完全不同的答案呢?会不会还有其他学生也和他一样想呢?这背后蕴含着学生的思维方式,而只有知道学生的思维方式,你才能真正教好他们。"师傅的话再次引发我的深思,原以为自己已经明白了"以学生为主体,以学生需求为导向"的真正内涵,谁知远远不够。教育教学,育人传知,真不是一件想当然就能做好的事情,要想成为一名优秀的成熟教师,我要学习的还有太多太多。

迎　　战

就这样,我一次次试教,一次次反思,一次次修改,这篇短短的《白兔和月亮》,我在四个不同的班级上了四次,每次都不一样。要问累吗?说实话,真的很累,但这份累值吗?真的很值!从学生的反馈来看,我明显感觉到自己的课堂越来越好了。原来,每一次认为已经可以了的时候,其实还有很大的进步空间。

终于到了正式开课这一天,所有聘任校的见习教师和校领导都来了,教室后面黑压压地坐了一片人,我定了定心,告诉自己:你没问题的!课上,我首先以单元导语直接切入,唤醒学生对已学课文的回忆,强化寓言的文体特征。随后,我通过课堂提问、小组讨论、寓言扩写等方式,一步步带领学生走进寓言的故事,感知寓言背后蕴含的人生哲理。课堂气氛很活跃,学生参与度很高,我非常顺利地完成了既定教学目标。基地校教导主任在后来的点评环节中说道:"这堂课目标明确,为学生搭建了很好的互动交流平台,这样的课堂学习是自主的、有效的。"公开课所在班的原语文老教师也鼓励我:"课后听了孩子们的反馈,孩子们很喜欢你的课,从你的课堂里我看到了孩子们自由思考的魅力,希望你坚持下去。"

豁　　然

一堂课的结束并不是终点,我要做的还有很多。通过这次磨课,我将讲座上、书本上学到的教育教学知识真正融入了课堂实践,并深深地体会到"以学生为主体"的内涵。以往的我,为了保证课堂进度,提高教学效率,在教学上总是表现得比较死板,忽视了学生的多样性。而这次汇报课后,我意识到了,学生跟教师之间其实是互相成全的关系,教师只有充分尊重学生,才能完全打开学生的心扉,触摸到学生的学习规律和底层思维,从而真正达到学习效率的最大化。我经验尚浅,教育理论方面的知识还不够深厚,所以上课时还无法很好地处理这种情况,往往在课后反思时才领悟到。由此可见,我在这方面还有许多东西要学习、要积累。

"玉不琢,不成器。"那次磨课后,我又接到过区"城乡结对,携手共进"项目展示课、区初中语文公开课、市见习教师综合比赛等任务,虽然每一次都不轻松,每一次都需要付出大量的时间和精力,但每一次我都会在专业上有新的领悟和大的提升,每一次我都对未来更加充满信心,这就是磨课带给我的飞跃和成长!

常言道"渊深识鱼乐,树古多禽鸣",当水域足够深广,鱼群自然能够畅游,当树木足够苍老葱郁,飞禽自然会赶来栖息。尽管目前我只是坳堂之上的一杯水,只是沙漠里的一株苗,但令我深感欣慰的是仍旧有小鱼愿意来游躅、有小雀愿意来栖息。前方的路虽还远,但方向已明,未来还有多少堂公开课在等着我,我不知道,但我不会惧怕,不会退缩,我会勇敢地迎上去,去拥抱更强大的自己!

刘家男:2017—2018学年上海市见习教师规范化培训学员,基地校为上海市罗店中学。一级教师。毕业于北京师范大学汉语言文字学专业,现任上海市宝山区罗店第二中学教科室副主任、语文教师。曾荣获2018年上海市中小学(幼儿园)见习教师基本功大赛二等奖、2017届宝山区见习教师初中组综合比赛第一名。参与学校多项课题,被评为宝山区教育系统2021—2023年"教坛新秀"。

教育感言:教育是修诸己而惠于人的事业,教师应对每一个学生心怀感恩。

让每一堂课都闪光

上海市青浦区实验中学　陈冰音

2021年6月,我教师生涯的第一届学生即将毕业,还记得三年半前,刚刚入职的我和刚刚入学的学生都在努力适应新环境、新角色,也在努力磨合。现在想来,入职第一年,还是见习教师的我过得格外充实和难忘。见习教师规范化培训,特别是在基地校的浸润式培训,让我对课堂教学从"新手式懵懂"转变为如今的"得心应手"。

入职至今,我听过一系列精彩纷呈的公开课,心中暗暗赞叹于那些闪光的课堂,以及开课教师们深厚的积淀、过硬的素养和令人敬佩的魅力。这些年,我自己也有幸开了数十节不同级别的公开课,其中感触最深、收获最大的是见习期的我所开设的第一节公开课。

是机遇,也是挑战

接到公开课任务的我既兴奋又紧张,兴奋的是自己第一次开公开课,紧张的是这次不仅要去其他学校借班上课,而且同课异构的篇目是七年级教材中的《壶口瀑布》,而我当时任教六年级,对七年级的学情不够熟悉,再加上我是刚入职的新教师,对自己的教学能力几乎没什么自信。

我的学科带教导师崔老师看出了我的担心和顾虑,鼓励我说:"你年轻,有想法,先把教案设计出来,我们有时间,可以多试教几个班,要对自己有信心。"在接到任务的当天,我便借来七年级的语文教材和教参着手研读,并查阅相关的文献资料,把阅读过程中受启发的部分圈画出来做好批注。接着,我尝试独立完成教学设计,虽然开课前只要求交简案,但我花了两个晚上的时间完成了详案的初稿,因为我一直记着教研员在规培中说的"语文老师,尤其是新教师,一定要坚持写详案,要把问题做充分的预设"。

第一次试教,我选择了自己当班主任所带的班,虽然备课时下了很多功夫,但一堂课下来,课堂气氛不够活跃、问题容量小且无法形成问题链、教学目标无法完成等情况让这节课显然不尽如人意。于是,崔老师带着我分析解读文本,确定教学目标和重难点,指导我结合校本教材《初中语文学程手册》中的课中探究题进行问题链的设计,再结合学情进一步推敲环节的设计,她还帮助我分析存在的问题,并提出相应的改进措施。我又花了一个周末修改教案,第二次试教时,选择了我任教的另一个班,除了对主旨的理解还有些欠缺,整堂课的其他内容都推进得比较顺利,气氛也更活跃了。

崔老师肯定了我的进步,同时对我提出了更高的要求:首先,目前的课属于中规中矩的常规课,而站上公开课这样的平台,亮点也是很重要的;其次,目前我试教的两个班都是自己任教的班,对学生整体和个体都比较了解,但正式开课是借班上课,面对陌生的学生,如何快速拉近师生距离、保证课堂气氛,也是我之后需要考虑的。带着这两个要求,我开始思考如何设计亮点,并与七年级语文组沟通,开始借班试教。

是启发,也是反思

幸运的是,正当我为设计整堂课的亮点而苦苦思索时,学校的校内实践课安排发布了。我所在的基地校同时也是我的聘任校,学校要求每位老师每学期开一节校内实践课,每节实践课至少邀请三位老师来听课、评课,开展研修,每位老师一学期要参加至少十次校本研修,甚至可以是跨学科研修。这一系列安排,为一线教师提供了互相学习、良性竞争的平台。

看了学校发布的实践课安排后,我与崔老师沟通,决定先听三节七年级语文课。崔老师要求我做听课笔记时尽量完整地呈现课堂内容,并在每节课课前提醒我关注教学设计中的亮点、问题链的设计、教师对学生的引导等，告诉我可以将这些在做笔记的过程中重点标注出来，评课时也会先让我来发言。由于缺乏听课、评课的经验，当时我的发言主要集中在师生互动、教师引导、板书设计等较为浅显和基础的方面，而其他经验型教师则关注到了教学环节的设计、教学目标的达成度和对文本的解读深度等，我边听边反思自己的课做到了多少以及还存在哪些问题。

其中一节《小石潭记》给我的启发颇深。虽然这是一篇文言文，但在文意的梳理环节，授课老师组织学生化身"导游"柳宗元，依托文本内容，带领全班同学"游览"小石潭，在轻松愉快的氛围里自然地达到了疏通文义的教学目标，也为学生进一步解读柳宗元由"乐"到"哀"的情感作铺垫。这节课的亮点设计让我直观地感受到巧妙的环节设计对公开课来说有多重要，相比之下，我那篇同为游记的《壶口瀑布》的设计确实显得过于传统了。

我在校本研修中开阔了视野，一边研修一边自我反思，每节课都记了满满好几页笔记。我庆幸自己能在短时间内观摩到这么多好课，更告诉自己：高质量的课堂提问离不开教师对学生的关注，离不开教师自身对文本的解读以及在教学设计上的用心，设计思维容量大、新颖且令人印象深刻的问题和活动，靠的是经验的积累、广泛的涉猎和不懈的思考。

是成长，也是鞭策

开课前的那段时间，我一边参加校本研修活动，一边调整教案，每当在校本研修中获得一些启发，我就会标注下来并将其运用到自己的教学设计中，随着教学设计的不断完善，我对公开课也越来越有信心。

受研修活动中首先关注教师基本功的启发，我在公开课的教学设计中增加了教师范读的环节，又借鉴《小石潭记》让学生化身导游的活动，上网搜寻了关于壶口瀑布这一景点的信息。当看到壶口瀑布的照片被印在旧版五十元人民币背面时，我突然想到可以以此为辅助，引导学生理解文章的主旨。除此之外，我还从

《航拍中国·陕西》中截取了壶口瀑布的视频,在整堂课的结束语前播放,这样做不仅增强了课堂的感染力,还能让学生在解读完文本后,更直观地感受到壶口瀑布的磅礴气势,体会到壶口瀑布所象征的顽强不屈的民族精神。

正式开课前,我两次在七年级借班试教。第一次借班试教时,面对陌生的学生,我在前半节课过多地顾及教学环节的推进,忽略了课堂的主体应该是学生,而当我意识到这个问题再想办法引导时,课堂气氛已很难被调动起来,以致后半节课虽然学生回答的机会多了,但课堂的节奏也变慢了。

课后,我主动向崔老师和其他几位听课老师说出自己存在的问题,他们告诉我,师生之间的"情意"很重要,借班上课,要能够快速和学生建立起"情意"。在前辈们的建议下,第二次借班授课时——这也是展示课前的最后一次试教——我提前一天去班里与学生交流校园生活和旅游经历,拉近彼此的距离,这也让我记住了一些能说会道、善于表现的脸庞。果然第二天上课时,原本的陌生感基本消失了,听课老师们对整堂课的效果都很满意。

正式的公开课前,我提前一刻钟去授课班级与学生们交流,给他们分发棒棒糖。陪他们排队进录播教室时,我心中仍旧兴奋和紧张,但我知道,这时的我早已不同于刚接到任务时的我。虽然在刚开始的导入环节,面对那么多的听课老师和陌生的班级,我还是很紧张,但随着范读的开始,我逐渐沉浸于文本,沉浸于课堂,当我与学生交流课文的语言之美,感受壶口瀑布的博大浩荡,感动于黄河象征的伟大民族精神时,我已忘记了那些听课老师的存在,和学生一起享受学习的快乐,不知不觉中将"情意"升华到了"情志"。随着《航拍中国·陕西》视频的播放,我知道,这节课快要结束了。回顾从接到任务至今的点点滴滴,我心中感慨万千,于是将所有的情感化为即兴发挥的课堂小结,意外的是,最后一句话刚讲完,我便收获了全班同学的掌声,听课老师们也不约而同地起立为我鼓掌……感动、感恩、感慨——我收获的又何止这些掌声啊!

这次公开课的成功给了我莫大的信心和鼓舞,见习期的我还完成了江西省教育专家来校参观时的展示课、实验集团共同体活动展示课和校内评比课,每一次开课机会我都格外珍惜,因为每一次开课都是一次成长。崔老师总是不厌其烦地帮助我完善教学设计,叮嘱我要时刻不忘课堂的主体是学生,她还鼓励我在传统教学方式的基础上,发挥自己的优势进行创新,让我体会到每一堂成功的语文课都是智慧的碰撞和欢笑的聚集。备课组的老师们,甚至其他年级的语文组老师,也一直在帮助我、指导我,从备课、磨课到最后开课的每一个环节,我因此明白了每一节课背后都凝聚着众人的心血和智慧,并被他们毫无保留的倾囊相授和踏实严谨的教学态度深深地感动。

通过见习期的这堂公开课,我不仅提升了自己的教学能力和眼界胆识,更树立了"让每一堂课都闪光"的自我要求。何为"闪光"?我想,除了一节课中有突破传统教学方式的智慧与创新以外,还有教师与学生思想火花的碰撞与呈现,以及教师教学风格与教育理念的渗透与凸显。

于漪老师说,要成为用生命起舞的语文人。我想这就是对教育事业的热爱与执着,因为真心热爱教育事业,因为真心想成为一名优秀的语文教师,所以愿意全心全意地奉献与钻研,尽己所能地献身于教育事业。希望能通过自己的努力,让每一堂课都闪光;希望自己能一点一点努力靠近如灯塔般的优秀教师们,让每一个孩子都能爱上语文,爱上我们的母语。

陈冰音:2017—2018学年上海市见习教师规范化培训学员,基地校为上海市青浦区实验中学。二级教师。毕业于上海师范大学汉语言文学(师范)专业,现任青浦区实验中学语文教师兼班主任。曾荣获2018年上海市中小学(幼儿园)见习教师基本功大赛一等奖、"迦陵杯·诗教中国"诗词讲解大赛市一等奖、"我和于漪老师的故事"征文大赛市二等奖等。获提前转正、区记功一次,并有一项市级课题立项。

教育感言:以大爱之心,塑全面之才。

一堂留下遗憾的比赛课

复旦大学第二附属学校　王倩梦

收起教具走出教室,我开始反思刚刚的教学:学生怎么不积极反馈？明明教学各环节都在自己学校试讲过了,之前还那么顺利……我甚至对自己产生了怀疑。这一幕来自上海市中小学(幼儿园)见习教师基本功大赛的一堂教学比赛课。

首次磨课　亮点不明

经过校级、区级遴选和赛前培训,2019 年 10 月,当得知自己入围见习教师基本功大赛时,我的内心无比激动。对新手教师而言,这无疑是一个好机会,市级比赛是对见习教师教学能力的一次全面展示和检阅,我也希望能在这场比赛中展现出最好的教学水平和扎实的基本功。但是,那年的现场教学比赛与往年不同,不仅赛前需提交四节 15 分钟的教学片段设计,而且比赛时会采取抽签的方式选择一节课面向学生授课。如何在这么短的时间内备好四节完整的课？如何在 15 分钟内呈现出每节课的教学亮点？在没有任务铺垫和活动导入的情况下,学生能否有效输出,达成教学目标？带着疑惑与不安,我开始了备赛和磨课。

第一次磨课,我围绕 7A Unit 7 Signs around us,以学生熟悉的标志为话题切入。在有趣的情境导入中,学生置身于标志博物馆,通过学习生活中的规章制度进一步区分各类标志,从而增强规则意识。15 分钟转瞬即逝,我对自己的活动设计挺满意,学生们看起来也很投入。但专家提出了三个问题:"你想在这 15 分钟里呈现什么亮点？接下去的课要怎么设计？教学设计和课堂活动哪个更重要？"我不由得陷入了沉思,并开始意识到比赛课与家常课、展示课的不同。

磨课过程中，我急于将 40 分钟的教学环节浓缩在 15 分钟里，导致课堂节奏过快，学生全程被各种活动带着跑，真正吸收的知识少之又少。教学不应是多个课堂活动的堆积，活动应当是为体现教学设计而存在。我应该在仔细设计 40 分钟课堂的基础上挑选其中某一精彩片段重点展示。

重组思路　柳暗花明

见习规培时教研员反复提到"教学设计时要以初中英语学科教学基本要求为基准"，我沉下心来仔细对照该书，并结合单元整体性，全面设计教案与教学环节。

重新分析教材后，我选择 7A Unit 9 Different foods for the festival 为授课内容。本单元的话题是"国际美食节"，第一课时注重让学生在文本对话的阅读中体会语言知识，归纳并总结语言的表达方式，在思考中提升语言能力和思维品质，践行英语学科核心素养。教师需要充分利用现有的教学手段营造一个能进行交际实践的学习环境，激发学生的语言意识，使他们理性表达自己的观点。

在引入环节，我通过事先设计好的问题链，例如"SPCA 的全称是什么""SPCA 平时做什么工作""SPCA 需要什么来经营他们的组织"，先激活学生的背景知识，让他们对 SPCA 这一话题进行讨论，再逐渐引入"通过国际美食节为 SPCA 筹款"。然而，在试讲过程中我发现，这种方式用时过长，而且个别问题并非本环节的关键，在 15 分钟的课堂内显得头重脚轻，无法让学生快速进入教学主题。后来我在教研员和师傅的指点下，将师生问答调整为通过展示自己设计的 SPCA 海报，让学生在海报中寻找关键信息，从而快速进入主题，这也为本单元后续课时的教学做好了语言和话题的铺垫。

引入环节顺利完成后，如何在授课过程中锻炼学生的思维品质并让学生有话可说，也是我重点考虑的问题。我希望学生在泛读和精读后，能够回答出 International food festival 海报中的空缺内容，并在教师引导和小组对话的基础上归纳出举办一场大型活动的基本要素。在这一环节，层层递进的问题链是串起整个活动的关键因素。首先，提出基于文本的问题（例如：What are the students going to do to get money for the SPCA? What will the students sell?),夯实学生的基础;其次,提出高于文本的问题(例如:有哪些课文对话中没提及的要素是我们设计活动的时候要思考的?),在丰富文本的同时发散学生的思维,引导学生用准确的疑问词回答。

重新设计教学后,我多次在学校找班级试讲,以确保教学设计能流畅实施。

比赛来临　道阻且长

我带着精心设计的课来到比赛地点,期待能让评委老师们眼前一亮。在与学生进行简单的接触后,我的课堂教学正式开始。在引入环节,我展示了设计好的SPCA海报并提出问题:"What does the SPCA do? What does the SPCA need? How can you help the SPCA get money?",与磨课情况不同的是,学生们无法说出我预想的答案。他们似乎已经忘了前几单元所学的SPCA的工作内容,也无法独立思考如何帮助SPCA这个机构。怎么办?我只能一步步引导。

随后的阅读环节,我希望让学生通过小组讨论得出在设计活动时还需要思考哪些因素。在赛前试讲时,我校的学生能说出"Who will help them? How to keep the food warm in winter? Who will they sell food to?"等答案,但比赛现场留给我的却是一片沉默,偶尔穿插几句支支吾吾的回答。

比赛的15分钟显得无比漫长,最终,我只能草草结束了课堂教学评比。遗憾之余,我不禁问自己:试讲环节并未出现这样的情况,到底是哪里出了问题?

赛后反思　解读遗憾

比赛结束后,我对这次课堂教学进行了反思:备课时,我只着眼于本校学生的学情,却忽视了不同学生在思维深度及广度上可能存在差异。

职初教师在备课时很容易"使错力":对学生预设的期望太高,想一股脑儿地把知识教给学生,从而导致授课过程中教师变成主体,说得比学生还多。此时,教师通常会抱怨怎么学生什么都说不出,害自己一个人唱独角戏,甚至上完两个班级的课后还会大感疑惑:怎么学生的课堂反应截然不同?是不是学生的问题？事实上，在课堂中，学生水平不一的现象尤为常见。在备课时若没有备好学生，没有针对学生的实际学情设计问题链，课堂教学就难以推进。

比赛课的遗憾让我意识到，备课时要站在学生的视角想象学生的回答，每个问题都要做好学生回答不上来的准备，并想好相应的应对方法，引导学生思考。只有提前"想学生所想"，遇到学生回答不符预期时教师才不会慌乱无措。此外，备课时要做到面向全体学生提问，先为低成就（low achievers）的学生搭建脚手架予以引导，再为高成就（high achievers）的学生设置具有思维含量的问题，只有所有学生都融入课堂了，才能真正体现以学生为主体。备课不仅是思考课堂环节与活动设计，更要为学生提供"私人订制"的课堂，把课堂话语权还给学生，这样才不会留下实际教学与课前预设不符的遗憾。

感谢这堂给我留下遗憾的比赛课，它留下的是我作为一名职初教师对教学的深入思考。比赛已过去许久，现在的我会在备课时把自己当成学生，提前设想各个层次的学生回答，并为课堂的顺利进行准备各种方案。虽然偶尔还会碰上一些出乎意料的答案，但我在一次次的磨炼中渐渐学会了如何应对。

时光不能倒退，比赛的课堂也无法重来。若有机会，我会带着这些思考重新设计那场比赛课，将曾经的遗憾书写为成长的印迹。

王倩梦：2018—2019学年上海市见习教师规范化培训学员，基地校为复旦大学第二附属学校。二级教师。毕业于上海师范大学学科教学（英语）专业，现任复旦大学第二附属学校英语教师。曾荣获2019年上海市中小学（幼儿园）见习教师基本功大赛综合奖一等奖和现场课堂教学单项奖三等奖、第五届杨浦区"教育教学新秀"。担任上海市青年教师专业发展实践项目课题领衔人，参编三本初中英语阅读书籍，参与录制全国教师培训课程讲座。

教育感言：用爱倾注，让每朵花儿在阳光下绽放。

如何做孩子的老师与朋友

上海市嘉定区新翔幼儿园　蔡　昀

瑞士教育家裴斯泰洛奇这样深情地描述教师的生活："从早到晚我一直生活在孩子们中间，我的手牵着他们的手，我的眼睛注视着他们的眼睛。我随着他们流泪而流泪，我随着他们微笑而微笑。"

站上三尺讲台后，我越发坚信，只要在漫漫长路中坚持自己的初心，一定会有所收获，而关于这个过程，我还有很多话想说。

师 德 为 先

见习规培开始后的第一个九月，我作为新手教师，认识了一个有点特别的孩子。他叫诺诺，天生患有白内障，手术后视力低于0.1，属于视力障碍儿童。诺诺天真可爱，行为却带有明显的攻击性，我试图用爱和关怀改变他，但一直没有奏效。

有一天晚上，我突然想起进入学前教育系上的第一节课，符跃辉院长站在讲台上对我们说：作为一名幼儿教师，你们要热爱幼儿、尊重幼儿，要有爱心、耐心和责任心。她还说，虽然教师在孩子身上的付出不一定马上会有收获，但那颗爱的种子一定会在孩子心底生根发芽。第二天，我开始查找资料，寻找孩子攻击性行为背后的原因，最终得出结论：因为眼疾的缘故，诺诺很少参与运动，导致情绪变得敏感，与同伴交往时脾气暴躁。

从那以后，每当诺诺进入新环境，我都会一边牵着他的手走，一边告诉他要去什么地方，缓解他因视力障碍而产生的焦虑情绪。我还和其他老师尝试改进部分运动器材，对一些不够醒目的运动圈用贴纸进行重新包装，这样诺诺在老师的口头指导下就能找到这些颜色鲜艳的器材了。渐渐地,他重新爱上了运动,性格也变得开朗起来。

履行教师职业道德规范,以立德树人铸就教育之魂,这不正是我们"不忘初心,牢记使命"的含义吗?

幼儿为本

其实我很早就萌生了要站上三尺讲台的想法。我的母亲是一名幼儿教师,我小时候常常看到她在家备课、制作教具,也常常听到她安抚电话那头焦虑的家长,声音温柔而有力量。母亲永远把孩子放在第一位,凡是和孩子有关的事情,她总能娓娓道来。虽然有些孩子毕业多年,已戴上了绿领巾甚至红领巾,但他们在路上见到我的母亲时,还是会飞奔过来说一句:"华老师,我好想你!"正是因为受到了母亲潜移默化的影响,我在填写高考志愿时,从上到下写的都是学前教育!

我读大三时,母亲得了乳腺癌。我们都劝她不要再继续工作,可她担心突然换老师会让毕业班的孩子不习惯。暑假做完手术后,母亲和我说:"女儿,妈妈想了很久,还是想回到幼师岗位上,我想把孩子亲手带到毕业……"那一刻,我明白了也许孩子是一个教育工作者永远无法割舍的。我的母亲在9月开学时回到园里继续带班,而2021年也是她教师生涯的第三十年,她让我明白只有把幼儿放在首位,才能在三尺讲台上站得更稳。

作为一名幼儿园教师,我深知研究幼儿时要把学前教育理论与保教实践相结合,遵循幼儿的成长规律,坚持实践、反思、再实践、再反思,不断提高专业能力。

终身学习

我何其幸运,拥有大量学习的资源和平台。我的基地校正是我任教的幼儿园,我的导师是与我朝夕相处的搭班,我就像一块海绵,不停地汲取着最先进的学前教育理论,因为我知道,教育的改革与发展日新月异,教师不仅比学生更需要学习,也要比学生更善于学习。

2019年，我获得了嘉定区见习教师比赛一等奖，代表区里征战市级比赛。作为南翔学区唯一指定的见习教师基地，我的基地校新翔幼儿园专门成立了由园长、业务园长、骨干教师组成的"护宝导师团"，对我进行赛前一对一的跟踪指导。

刚开始，关于如何根据我在初赛中出现的问题进行针对性指导，五位导师也曾感到困惑："我们应该怎么做？我们可以做到哪一步？"经过多次开会商讨，她们从教师专业发展规律、专业成长需求、教师职业规范、培训课程建设等方面定方向、定思路，为我准备了一套丰富的培训"大礼包"。

其中，郭宗莉老师等专家多次对我进行手把手的指导，带我研究课堂上每个环节的设计意图，把关模拟课堂的教学质量，一节课足足磨了十多遍，后来沈园长甚至向别的幼儿园借班上课："金老师，我们幼儿园有个年轻老师要磨课，我们幼儿园的孩子已经全部上光了，能不能借你们的孩子和班级上课？"

就这样，导师们分工合作，不仅指导我撰写教案、演讲、分析案例，还组织现场实战模拟，为我营造比赛氛围。特别是在准备"智慧呈现"项目的过程中，专项辅导陈菊老师和我一开始心里都没底，因为这是一个全新的板块，要求参赛教师在指定时间内想好案例的解决对策，并用表演的形式演绎出来，有些复杂的案例甚至需要一人分饰多角。

在没有任何经验可以借鉴的情况下，陈菊老师一边给我加油打气，一边帮我想办法："这虽然是一个新项目，但分开来看其实并不难，我们拿到案例先把解决思路写下来，就像平时我们教研时做的那样——分析原因，提出对策。只有思路清楚了，接下去的演才不成问题。"为了磨炼我的教研能力，陈菊老师还利用下班时间帮我一起分析案例，就连哪里要演得夸张一点、哪里要演得收一点，她都带着我一点点地抠细节。

"这是一次珍贵的比赛机会，站上讲台、站稳讲台，是每位见习教师包括我在内的第一步职业目标！我已接受了为期一年的全方位、多形式、高起点的见习教师规范化培训，我有信心冲刺市级比赛！"在基地校团队的保驾护航下，我刻苦钻研教学，最终获得市见习教师基本功大赛综合和现场课堂双料一等奖。

我十分感谢"护宝导师团"的每位导师，更感谢坚持到最后的自己："道阻且长,作为新教师,不要害怕前路的挑战,坚持不懈地走下去,就一定能够在教育的田野里收获幸福的种子。"

"幼儿为本,师德为先,能力为重,终身学习。"第一次翻开《幼儿教师专业标准》时,我就被这十六字深深地吸引住了。我想每位教育工作者都听过这样一句话:"教育的本质意味着什么?它意味着一棵树摇动另一棵树,一朵云推动另一朵云,一个灵魂唤醒另一个灵魂。"我们想唤醒孩子,同时这一年的规范化培训也在唤醒着我们。

为期一年的见习教师规范化培训结束了,历经现场课堂教学、"三笔字"、演讲、教育智慧呈现、教案设计、案例分析和信息技术七个项目的重重考验,我提高了职业素养,收获了专业成长,逐步迈入成长期和发展期。

印度诗人泰戈尔说过:"花的事业是甜蜜的,果的事业是珍贵的,让我做叶的事业吧,因为叶子总是谦卑地垂着绿荫。"这短短一年的见习教师规范化培训让我收获良多,相信我能在未来的课堂中更好地站稳讲台!

蔡昀:2018—2019学年上海市见习教师规范化培训学员,基地校为上海市嘉定区新翔幼儿园。二级教师。毕业于上海师范大学天华学院学前教育专业,现任上海市嘉定区新翔幼儿园班主任,同时负责科艺教条线组长工作。曾荣获2019年上海市中小学(幼儿园)见习教师基本功大赛现场课堂教学单项一等奖和综合一等奖、2018年区见习教师"我的第一秀"一等奖、2019年"教学新秀"青年教师比赛二等奖。2020年曾展示区级公开课《我家是动物园》。

教育感言: 要做孩子的老师,先做孩子的朋友。

奋楫笃行　扬帆筑梦

上海市奉贤区恒贤小学　罗伊雯

每个人都有一个梦想,我的梦想是成为一名教师。于是,我带着蓬勃的激情,踏上了三尺讲台。回首我的成长之路,有一段时光让我印象深刻,那就是见习教师规范化培训,它为我打下了坚实的基础。自那时起,我便始终坚守着一颗教育初心,在工作中不断学习、不断反思,以梦想为帆,筑青春之梦。

初为人师,敢于有梦,爱上三尺讲台

2018年9月,我作为一名刚毕业没多久的大学生,再次走进校园,走进教室,唯一不同的是,此刻的我是一名站在讲台上传授知识的教师。

还记得我初为人师时,班上的一名学生因未能按时交作业而遭到我的批评。个子小小的他低垂着头,涨红了脸,一言不发地站在我身旁。对他来说,我的批评是突如其来、难以接受的,从那以后,我能明显感觉到他对我的反感——上课不听讲,作业不完成。面对他的种种"反抗",我生气,发怒,找他谈话,可都无济于事。到底该怎么办才好?我想了又想,还是没找到解决的办法。

后来,在见习教师规范化培训中,我的班主任带教导师一语点醒了我,让我认识到教师不仅要传授知识,更要了解学生的生活,走进孩子的内心。正如陶行知先生所说的那样,真正的教育应该是一种全心全意的活动,只有当它发自内心时,才能触及内心深处。教育需要耐心、关注和等待,每一朵花都会开放,只是花开有早晚,教师应该用心陪伴,以爱浸润,静待花开。

在之后的教学中,我发现这名学生有些自卑、缺乏自信心,我当着其他同学的面批评他,一定伤害了他的自尊心。我开始努力寻找弥补的办法,希望他不再对我感到厌烦甚至反感。我能做什么呢?只能是爱。我不再冲他发火,也不再毫无理由地责备他,而是给他机会,多多倾听,并适时鼓励他,了解他在学习上的困难。我必须由衷地关心他,不能抓着他以前的过失不放。通过大半学期的努力,他开始准时交作业了,上课能认真听讲了,每次见到我也不再耷拉着脑袋了。我想我成功了,我用爱让他认可了我,我提着爱这盏明灯,一步步走进了他的内心。

有了这次经历,我与孩子们的相处变得更自然、更舒服了,面对学生的各种问题时,也更能沉着地应对了。我发现自己越来越热爱教师这份职业,与孩子们的感情也越来越深,我喜欢他们的天真无邪、求知若渴,喜欢他们五彩斑斓的梦想,喜欢他们带着甜甜的笑靥叫我"罗老师"。

笃行善思,勇于追梦,多积尺寸之功

"心有所向,方能致远",对青年教师来说,经验是最为缺乏的东西之一,但幸运的是,在见习教师规范化培训期间,我聆听了许多专家的讲座,也聆听了许多老教师的课,他们毫无保留地分享自己在课堂教学和工作学习中的经验,深入浅出,异彩纷呈,使我汲取了许多思想上的精髓和理论上的精华。

走上讲台的第一年,我看着班上像小麻雀一样的孩子们充满活力地跟着我念 ABCD,心里有些许忐忑,生怕自己没有经验教不好他们。于是,我捧着课本虚心向前辈请教,并观摩了很多区级和市级的公开课。在听课过程中,我详尽记录,仔细揣摩老师的过渡语、教学活动设计、教学过程等,学到了怎样提问、追问才能更好地激发学生思考,学到了借助小组合作学习来提高课堂效率等,这些从优秀教师那儿学到的教学基本技能为我今后的成长奠定了基础。

光靠学习是不够的,更重要的是将学到的知识内化为自己的课堂教学技能。我珍惜每一次上课的机会,认真对待学校安排的诊断课、录像课、推门课,积极参加基地学校的比武课、考核课等。备课过程中,我认真研究教材、仔细分析教学目标和教学重难点,通过多次磨课、试教,不断调整教学设计。这些上课机会大大地磨炼了我,促使我在教学实践中不断反思、成长,也让我的课堂臻于成熟。

一切都在摸索中渐渐清晰起来,尽管我步履蹒跚,但还是在教学之路上迈出了一步又一步。教师的成长离不开学习,更离不开反思,笃行善思才能不断超越。

在工作中,我总是自觉地进行反思。课堂上,当学生对提问无动于衷时,我就会想是不是问题太难了;当学生作业的正确率不高时,我就会意识到今天的课堂效率不高……根据学生的学习反馈情况总结经验、寻找差距,我不断地更新自己的教学观念,改变自己的教学方式,驾驭课堂教学的能力大大提高。

见习期间,我还通过教学实践不断地反思、成长。一次次试教的过程使我更加明确授课思路,一份份教案就像一件件玉器那样被反复打磨,直至目的清晰、条理清楚。同时,见习期间的专题讲座带来了大量的理论知识,为我今后的教学实践打下了坚实的基础,也为我今后工作的有效开展增添了新的动力。

直面挑战,勤于圆梦,收获成长之果

如果说学习是教师成长的基石,反思是教师成长的途径,那么压力与挑战就是加速教师成长的催化剂。我深知压力是我不断进步的动力,只有积极应对压力,我才能无惧任何挑战,促使自己更快成长。

见习期间,我遇到了任教以来的最大挑战——上海市中小学(幼儿园)见习教师基本功大赛。参加比赛对我来说是一种锻炼和磨砺,获奖则是一种额外的收获。我能获得见习教师基本功大赛综合奖一等奖、现场课堂教学单项奖一等奖的好成绩,离不开基地校的无私帮助,更离不开校级、区级平台的大力支持。

从收到通知到正式比赛,一共有一个多月的准备时间,看似时间充裕,但我面对的是教案设计、现场课堂教学、案例分析、教育智慧呈现、"三笔字"、演讲、信息技术七项竞赛内容,再加上日常的教学任务,使我的备赛时间大大减少。虽然时间紧、任务重,但我还是决定以积极的心态直面压力,迎接挑战。

备赛过程中,我积极参与赛前培训,并为现场授课的比赛环节精心准备了四节英语课。但在第一次试教的过程中,我因为教学设计偏离教材重难点、课堂过渡语衔接不自然、对学生的评价太单一等问题,被当场否决。这让我万分焦虑:一节课就需要打磨这么久,更何况四节课呢?一股巨大的压力感向我涌来。

当然,压力也是动力。我调整心态,决定享受备赛的过程。除了研究课标与教材、分析教学目标和教学重难点之外,我还和区英语教研员、校英语老师一起讨论教学设计是否合理、如何提问更有效、板书怎样写更合理、怎样让学生更积极主动地参与等;同时通过多次磨课、试教完善教学过程,在教案撰写的过程中不断调整教学设计,如教学方法、教师课堂用语、教师课堂教态、课堂评价、板书、课件媒体等。"千磨万击还坚韧,任尔东南西北风",尽管磨课的过程非常艰辛,但我甘之如饴,因为我在"磨"中学习,更在"磨"中成长。此次比赛不仅是我见习期的一次历练,更是我成长过程中一段难忘的回忆。

为期一年的见习教师规范化培训,在上课铃与下课铃的交替中、在深入浅出的讲课声中、在批改作业的笔尖下不经意地滑过。我也从懵懂的学生成长为老师。在教师岗位上,我忙碌着,也收获着;劳累着,也成长着。我真正感受到了拼搏带来的充实和满足,也切实体验到了成功带来的幸福和快乐。

诗人汪国真曾说过:"既然选择了远方,便只顾风雨兼程。"是的,既然选择了教育,便只需"撑一支长篙,向青草更青处漫溯",只要我们青年教师永不懈怠,扬起风帆,凝心聚力,破浪而行,终有一天,我们也会像老教师那样"满载一船星辉,在星辉斑斓里放歌"。未来正在向我们一步步走来,征途漫漫,唯有奋斗。

罗伊雯:2018—2019学年上海市见习教师规范化培训学员,基地校为上海市奉贤区南桥小学。二级教师。毕业于上海大学英语专业,现任上海市奉贤区恒贤小学英语教师。曾荣获2019年上海市中小学(幼儿园)见习教师基本功大赛综合奖一等奖、现场课堂教学单项奖一等奖。在《奉贤教育科研》上发表《奏响小学英语课外阅读的"四重奏"》一文。

教育感言:一辈子做一名求真务实、潜心育人的教师。

做个快乐的教书匠

上海市杨浦区控江幼儿园　仲晓艳

于漪老师曾说:"一名优秀教师,虽无煌煌业绩,但他用心血浇灌,就能恩泽许多学生,乃至使他们终身受益。"正是这种文化人特有的清醒定位深深地吸引着我,引领我不断前行。

转变身份,追寻使命

毕业后的我总是被身边人问起:研究生毕业了怎么还来教小孩?人家中专毕业就能当幼师,你读了那么多年书还到幼儿园带孩子不后悔吗?刚开始我总是着急为自己解释,但在每天为琐事忙碌的过程中,我的内心慢慢产生了动摇。也正是在这个时候,我开始注意到班里一个叫涵涵的小朋友。

涵涵是班里月份较小的孩子,即使上中班了,早晨入园时还会哭闹不停,不愿意离开妈妈。在园里他倒是挺愿意参加各种活动,但一遇到自己不会做的事情,就两手一摊,嘴里说着咿咿呀呀,最后干脆哇哇大哭。涵涵妈妈告诉我,孩子在家不怎么说话,就算说了也说不清楚,而且脾气一上来就哇哇乱叫,弄得全家人都不得安宁。

看着涵涵妈妈苦恼的样子,我开始思考怎样做才能更好地帮助涵涵。为了引导他融入集体生活,我在晨间入园时主动热情地和他打招呼,介绍他加入小伙伴的游戏,并请他照看植物等。没过多久,涵涵入园总哭闹的现象消失了,大家都很欣喜。

但和同龄的幼儿相比,涵涵的语言发育仍显得过于迟缓,这成了涵涵家人的一块心病。一段时间的引导无果后，我及时与涵涵的家长进行了沟通，涵涵妈妈决定带孩子去语言发育科检查。经检查，得知孩子是因为长期吃软流食造成咬肌无力，从而阻碍了语言的发展。我也进一步了解到：由于担心涵涵卡住，涵涵妈妈平时都是打碎饭食喂给他吃，生活上的事也是各种包办。我恍然大悟，原来培训中老师说的家长对孩子的依赖和分离焦虑真的存在。结合之前在见习规范化培训中学到的家园沟通技巧，我在表示理解的基础上，鼓励涵涵妈妈着眼于孩子的长期发展，放手培养孩子的独立自主能力。涵涵妈妈深以为然，说要不是我，涵涵就要错过语言发展的最佳时期了，同时她明确表态，以后会给涵涵充分的机会自己去尝试。

经过一段时间的共同努力，涵涵终于有了进步。回想起涵涵刚开始的行为表现，不难看出他存在缺乏安全感、遇事畏难、语言发育迟缓等问题，如果任其发展下去，对他的成长必定百害而无一利。同时，涵涵这一个体现象又揭示了家庭教养方式的不科学。每个孩子的背后都有一个家庭，无数个家庭组成了泱泱中华；中华之大，像这样的家庭又是何其多。都说"三岁看老"，"少年弱则国弱，少年强则国强"，可见幼儿成长与国之兴衰紧密联系。如此想来，幼儿教师既要引导幼儿健康成长，又要向家庭传播科学的教育理念和方法，肩上的担子多重啊！"走自己的路，让别人说去吧"，我暗下决心，这就是我要追寻的使命感。

虚心求教，获益匪浅

作为一名见习教师，在实际带班中如何设计、实施高效的活动一直是我心里的一块大石头。

我还清晰地记得为了准备区公开课"会跳舞的不倒熊猫"，自己不知道改了多少遍活动教案，那段时间，我的师傅周玥老师一直在我身边给我建议，帮我加油打气。刚开始，因为我拿不定主意，师傅还帮我在每个领域都找了几个教案作参考，经过几番对着师傅说课试课，我终于确定了这节科学活动。

接下来才是真正的备课。首先要扩充教案，除了活动过程中的大环节，我还需要设计三个目标指向明确的核心提问。刚开始,我设计的提问太长,显得啰唆,孩子可能抓不住重点。后来师傅又提醒我用词过于成人化,孩子可能听不懂。经过反复修改,我总算敲定了三个核心提问。下一步就是对幼儿回答进行预设,由于实际带班经验较少,我难以准确把握幼儿的反应。这时,师傅告诉我:"你平时多和孩子们聊天,玩在一起,孩子们和你亲近了,你自然就能了解他们的内心世界。"我按照师傅说的话做,一段时间后,我的预设果然更接近孩子们的反应了。

该正式试教了,一节活动下来,我觉得自己发挥得不好,不敢看师傅的眼睛。师傅却笑着对我说:"上得不错,不过还有可以改进的地方,我们一起来看看。"不论是教态还是活动材料的改进,甚至是橡皮泥的摆放位置等细节问题,师傅都不厌其烦地一一指出。从她身上,我体会到"赏识教育"的重要性,这是一个多么和蔼可亲、循循善诱的好师傅啊!一种敬佩之情在我心中油然而生,同时我对如何上好一节课心里渐渐有了底。

除了教学,家园沟通对我来说也是一个难题,尤其被家长误会时,百口莫辩,内心又是万分委屈。

一天晚上,一对双胞胎的爸爸在班级微信群里发了一张两个孩子的指甲照片,质问道:"老师,我们孩子指甲上的伤口是怎么回事?麻烦解释下。"图片上显示两个孩子的指甲盖发白且有点脱落。我立刻在记忆里搜寻这两个孩子白天去过的地方,但并无异常。这时搭班老师已经打电话跟孩子爸爸沟通过了,说孩子的回答是"我们在地上玩,天天故意关门夹到我们的手了"。孩子爸爸语气很冲,言语中全是责备,认为是老师看护不利才导致孩子受伤。

我非常忐忑,第一时间向师傅寻求帮助。师傅先安抚了一下我的情绪,然后看了看照片,判断确实不像是夹伤,接着询问我这对双胞胎最近有没有生病的情况。我猛然想起来这两个孩子不久前得过手足口病,请假在家很久才来园。师傅赶紧找专业医生咨询手足口病的后遗症是否有指甲脱落的情况,答案是肯定的,我心里的大石头终于落地了。

第二天,我们把可能的原因告诉孩子爸爸,并表示这个年龄段的孩子有时候分不清想象和现实,在家长的多方询问下可能会给出一个虚假的答案。出人意料的是孩子爸爸并不接受,坚持说要带孩子去验伤。我当时觉得他真是不可理喻,但师傅劝我遇事不要急躁,与家长沟通也是一种修炼。"我们与家长的关系不是对立的,一切都是为了孩子,如果孩子健康,我们解开误会就好了,不要拿别人的错误惩罚自己。"师傅的话让我受益匪浅。果然,过了两天孩子爸爸主动说是他误会我们了。那一刻,我再次对师傅的处事不惊心生敬意。在师傅的言传身教下,在一次次"实战"的试炼中,我逐渐应付自如。

巧用所学,精进不休

"近朱者赤",见习规培这一年,我遇到了太多优秀的前辈,他们为我指明前进的方向,既鞭策我不断努力,也教会我灵活运用。

有一次中班学习活动,我在台上讲课,晴晴歪坐在下面,看着别处发呆。我想通过点名提问拉回她的注意力,她却眨巴着圆溜溜的眼睛一言不发,于是我告诉她仔细听就知道怎么回答了。过了一会儿,晴晴又坐不住了,先是抠自己的手指,接着不顾旁边小朋友的反对,一会儿摸对方的脸蛋,一会儿靠在对方身上,后来干脆开始摆弄离自己最近的玩具。对于我的多次眼神提醒和语言提示,她就像没看到、没听见一样。最后,我不得不走到她面前板着脸告诉她:"请你坐坐好,手里玩具送回家。"

为了改进晴晴在课堂上表现出的注意力不集中、没有良好的规则意识和倾听习惯、社会交往能力弱等问题,我努力寻找教育现象背后的原因,在沟通分析的基础上,从自身及家长两个层面进行策略教育。

首先,我在一日生活中融入规则意识教育,在游戏活动中加强对专注力、角色交往能力的引导,在学习活动中营造零干扰的环境。其次,我在集体中进行类似场景的讨论与教育,引导晴晴针对规则做出承诺。再次,我帮助晴晴家长分析孩子不良行为的原因,如隔代教养、沉迷看电视、玩具乱放等,并给出切实可行的教育策略和建议:多陪伴、规律作息、亲子阅读等。最后,我持续关注和反馈晴晴的良好习惯的养成,实现家园共育。看到晴晴后来专心听讲的样子,我心里甭提有多开心了。

从可爱的孩子们身上,我明白了教师应遵循幼儿为本的原则,尊重幼儿差异,因材施教,发现闪光点,帮助和支持幼儿健康快乐地成长。如果遇到个别幼儿问题,可以抓住教育契机进行集体教育。"家庭是孩子的第一所学校",幼儿行为的背后反映了各个家庭的环境与教育,教师要及时与家长沟通,促进家园合作。另外,灵活运用儿童心理学理论与策略可以让幼儿教育事半功倍。

岁月漫漫,归宿于爱

谁不曾被岁月磨平棱角,诚如平淡的生活最容易消磨人心,但是热爱可抵岁月漫长。爱工作,也爱生活,由心而生的热爱将支持我度过每一个繁忙的日子,领悟不一样的幼教人生。充满热爱,就会发现孩子们的可爱;充满热爱,就会懂得孩子们的需求;充满热爱,就会发现生活的乐趣。保持初心,砥砺前行,愿未来我能一直做个快乐的教书匠。

仲晓艳:2019—2020学年上海市见习教师规范化培训学员,基地校为上海市杨浦区控江幼儿园。二级教师。毕业于上海师范大学学前教育专业,现任上海市杨浦区控江幼儿园教师、青年教研组组长。曾展示区级公开课"和水宝宝做游戏""会跳舞的不倒熊猫",荣获区2020年见习教师规范化培训"优秀学员"称号。上海市中小学(幼儿园)见习教师规范化培训考核"优秀",控江幼儿园2020年度考核"良好"。

教育感言:心系幼儿,做个快乐的教书匠。

课长课短，学为人师

上海市青浦区教师进修学院附属中学　俞星玥

活动是人存在和发展的基本方式，是影响人发展的决定性因素，教育情境下的学生主体活动对学生素质的提高具有不可替代的作用。

——题记

作为一名初中地理老师，我从2019年7月起践行"青浦教育"。在"青浦实验"的引领下，我参加了见习教师规范化培训，经历了20多场专题讲座、专家报告和分班研讨。从校级诊断课、汇报课，到区级基本功考核、项目化学习展示课，再到市级见习教师基本功大赛，基于"活动—发展"教学理念，我在40分钟、15分钟和5分钟的课堂中不断重构课堂教学模式，完善自我的教学素养。

上好一节40分钟的课

站稳三尺讲台是对每一位新教师最大的考验。初上讲台，我就遇到了第一个坎儿，学生学习技能型学科时状态欠佳，对学习内容提不起兴趣。

程卫国局长在"青浦教育改革与发展"讲座中提到："新教师要仔细斟酌几点期许，勇于创新、终身学习、学会合作，成为青浦教育人。"读书，是立身之本。新教师理论基础薄弱，底蕴不厚，书是最好的指导老师。我通过阅读《青浦实验启示录》了解到在"青浦实验"的"活动—发展"实验中，经验型教师通常会有意识地组织学生开展动手操作实践、动口交流讨论、动脑思索探究的课堂活动，让学生自己去获取结论。为了激发学生兴趣，我在汇报课"台湾"中进行了尝试。

我设计了"寻宝大作战"，通过寻找宝岛台湾的"宝藏"资源，激发学生的兴趣。"活动—发展"模式从知识构建层面而言,是达到合理联想(知识固着点与新问题具有合适的潜在距离)和实质联系(经得起变化形式的检查)的两个联系,我尝试让学生用已掌握的地形、河流和气候知识分析"宝藏"资源的成因。

第一次试教,出现了很多问题,学生虽然兴趣浓厚,但"宝藏"记录得毫无逻辑可循,使我无法根据学习成果推向第二步分析。可见我的教学创意使学生萌发了兴趣,但缺乏地理思维的培养途径。于是我进行第一次修改,通过教材研读,理解地理环境各要素是相互影响的,逐渐建立思维导图,授课思路也变得富有层次。我以圆环方式固定宝藏资源的填写,引导学生以一定顺序填写资源及物产,再引导他们分析每种"宝藏"产生的原因,自然而然地把知识融入活动。

第二次试教,我有意识地对资源顺序进行排列,将重要的资源置于两边,将有关联的资源放在一起,但在匹配原因分析纸片的过程中,学生很容易混淆地形和气候与资源成因的匹配。这一节课,学生直呼单张纸片看得懂,原因分析填空题也做得来,但要将原因和资源准确地匹配起来还有点费力,上课时也来不及操作。导师点拨我:"你可以先带学生匹配纸片,再让他们完成填空。"第三次执教效果令人满意。学生整节课都沉浸在找一找、填一填、贴一贴的活动中,下课后还兴高采烈地向我展示美化后的作品,高喊着:"老师,你以后每节课都这样玩就好了!"

"活动—发展"模式要求教师创造能让学生在原有知识基础上继续发展的活动,教师要从学生活动的指导者转变为让学生自行获取知识经验的促进者。"纸上得来终觉浅,绝知此事要躬行。"寻宝活动中,学生从寻找无逻辑转变为寻找有逻辑,是因为教师基于对学生已有知识的认识,提供了合适的学习支架,层层诱导,才有了课堂的变化。

上好一节 15 分钟的课

刚刚站稳讲台,我又遇到了新的挑战。一年见习期结束,作为见习教师基本功大赛青浦区遴选初中组一等奖的获得者,我被指定参加 2020 年上海市中小学(幼儿园)见习教师基本功大赛。2020 年的"现场教学"板块与往年相比难度大大增加,借班上课、仅提前两天抽题等规定对新教师的选题、教案设计、课堂把握等综合素养也提出了较高的要求。由于上课时间只有15分钟,若从课堂导入开始,虽然能循序渐进,但很难完整落实重难点;若从精华部分开始,学生又容易跟不上。两个问题究竟该如何权衡,这是现场教学比模拟课堂难的地方。

我抽到了比较有难度的一课——《西双版纳傣族自治州》中的"植物王国"片段,也是聚焦新中考热点"跨学科"的一课。备赛过程中,我不断地改进课堂教学,在"活动—发展"方面又有了新的探索与学习。

课堂需要快速导入,为了让学生身临其境,我利用《航拍中国》的片段完成导入,直击课堂重点。这节课的情境是西双版纳的热带森林里有许多植物奇观,主问题是思考植物出现这种特点的原因,探究途径是运用生物知识结合当地的非生物环境(即地理环境)探究植物奇观与地理环境的适应方式。这节课分析起来比较困难,因为学生对生物一无所知,就连我自己也一知半解。而且,15分钟内,探究活动、师生交流、思维导图构建、总结环节缺一不可,我该怎么设计呢?

初次试教时,我找了很多文字素材帮助学生理解,但光读材料就花了15分钟,加上我对知识也不熟悉,你来我往,一节课又上成了40分钟。

为了简化材料,我邀请好友绘制简图,放大植物特色,将文字信息藏于图中。课堂上,我还引入情境式教学,比如通过摇晃身躯,启发学生树根要往深处和广度发展才能支撑庞大的树干。导师提点说:"学生说过的不必再说;板书跟着学生出,缺的你再引导。"是啊,我给予了"活动",课上需要学生大胆"发展"。

后来我是这样完成这节课的:课前5分钟读懂—5分钟导入—1分钟整理语言—2分钟交流并得出结论—6分钟师生交流—1分钟教师总结。演练时,我连续两次从开始上课到布置活动结束只用了4分14秒,至少5次在50秒内说完总结语,贴板书也形成了肌肉记忆,只为将所有的注意力放在现场的学生身上。

从情感体验层面而言,"活动—发展"模式认为学生只有通过自身的活动才能够体验发展。皮亚杰的活动内化原理也指出,人的外部动作可逐步内化为智慧活动,学习需要人全部心理活动的积极参与。新教师要会"教",使展现在学生面前的地理不是一片荒芜的知识荒漠,而是一个迷人的知识胜境。善诱的一种就是提供活动方法,将其贯穿于教学过程中。对我来说,上好这一节课的 15 分钟就是成功,它给予学生充分的活动时间,让他们在体验中成长。

上好一节 5 分钟的课

2020 年 10 月 12 日,《上海市义务教育项目化学习三年行动计划(2020—2022 年)》权威发布。我参与了学校项目化学习的三年计划,寻找培养学生主动性和创造性的更好途径,也就是教师参与得更少,学生参与得更多。

见习期间,我开设了探究型课程——信息地理,带领学生绘制电子地图,每节课都是我讲一半,学生探索另一半,课堂氛围轻松而愉快。后来,利用该课程内容设计的教案与课例分别获得了 2019 年上海市青少年法治教育优秀教案征集活动初中组二等奖和 2019—2020 年青浦区中小学校本课程评选一等奖,我想这也许就是对我在探究型课程和项目化学习初探中的肯定吧!

市见习教师基本功大赛结束后不久,我被通知在区校长会前上一节关于学校项目化学习的成果展示课。该如何呈现呢? 我陷入了沉思。

考虑到学校有一个特色社会实践活动"徒步行",我便将课程确定为"行走中的阅读之'最优路径'规划"。学生已经具备了电子绘图基础,完成点线绘制只需几分钟,那么课上该呈现些什么呢? 备课时,我在"最优"二字上不断斟酌,公路运输中邮费少、路程短、耗时少的路线叫最优路径,可怎样的徒步路线属于最优呢? 通过反复修改学习单,我的思路逐渐明晰。预备课上,我指导学生以小组为单位确定主题,考虑行走时间、路线长度、沿途景观、交通安全、学生体能等影响因素。小组成员既要综合考虑自己和同学感兴趣的地点和景观,又要上网调查步行时间,还要实地考察沿路风景;学生不断地修改、规划,一次又一次地推翻原有计划,逐渐有了心目中较为满意的最优路径,而这足足花了 6 节课。

从活动背景阐述、小组组建、成员分工、景观初探、路径规划,再到自评、互评、师评,一次项目化学习初具雏形。但这还不够,还需要关于路径调整的陈述,项目化学习侧重对真实问题解决的过程,先在学习过程中发现问题,再用创造性思维方法灵活地解决问题的过程是最宝贵的。

终于,一节我只讲5分钟的展示课诞生了,学生在教室里捧着电脑,比画着他们注入汗水的"最优路径",时而侃侃而谈,时而互相质疑、评价、答辩,好不热闹。

从活动操作层面而言,"活动—发展"模式强调学生的学习只有通过自身的操作活动与主动参与才可能是有效的。这一次项目化学习,我为学生提供了可探究的方案,看似课堂上退居幕后,实际上课前就精心设计了活动。我学会了为学生创造活动时机,少讲多学,对活动的思考和运用有了新的认识。

对新教师而言,规培既在市、区、校级平台层面提供了很多展示自我的机会,也是一种无形的压力,但只有压力才能带来强大的动力,促使我们不断完善自身。很幸运,我能在多种形式的课堂锤炼中逐步明晰未来的发展方向,我也一直在努力,以期在陆跃勤老师"优秀教师的养成"讲座中提到的教师职业生涯时间轴上,不断记录成长的收获。

未来,愿我能在"青浦实验"文化滋养下的新办初中的教研氛围中努力成长为研究型教师,从课堂出发,以生为本,上好每一节课。十年树木,百年树人。感恩见习规培,愿上海教育越来越好,愿自己能为上海教育事业发展贡献一己之力。

俞星玥:2019—2020学年上海市见习教师规范化培训学员,基地校为上海市位育初级中学。二级教师。毕业于上海师范大学地理信息科学专业,现任上海市青浦区教师进修学院附属中学地理教师与"两类课程"负责人。曾荣获2020年上海市中小学(幼儿园)见习教师基本功大赛综合奖一等奖和课堂教学单项奖一等奖、2019年上海市青少年法治教育优秀教案征集活动初中组二等奖、2019—2020年青浦区中小学校本课程(研究型课程及项目学习活动案例)评选一等奖;荣获区见习规培考核优秀和提前转正荣誉,获区新班主任培训班"优秀学员"称号等。

教育感言:用心做事,传道解惑,用情育人,润物无声。

Ⅲ 严之有情,严慈相济

作为中小学德育工作的主要力量,班主任在班级管理和班集体建设上,在学生的成长和发展中,发挥着尤为重要的作用。可以说,班主任工作能力是教师专业能力的一部分,教师的职业成就感、幸福感和荣誉感更多地来自班主任工作。

不同于教学工作,班主任工作更多是一门管理艺术。对学生严慈相济,做学生的良师益友,就是班主任工作的应有之义。严,就是对学生严格要求,严格管理,不放松,不迁就;慈,就是对学生真诚宽容,把学生当成自己的孩子,没有爱就没有教育。

随着见习教师规范化培训的深入,无论是主课老师,还是副课老师,都在班主任这条追梦路上越走越坚定,班级工作也越做越有滋味。从被学生、家长质疑,到被学生、家长挽留;从经验不足,惧怕与家长沟通,到充分准备,给予正确专业的引导;从忙于解决各种班级问题,到主动发掘孩子们身上的闪光点;从亦步亦趋地模仿前辈,到尝试摸索出独特的工作特色……青年教师在班级工作中的成长既曲折又精彩,这种螺旋式递进与学生的成长规律不谋而合。

扫码获取更多资源

成长的滋味

上海市张堰第二中学　高星燕

2012年的夏天,我带着满腔热情走进上海市张堰第二中学,开启了自己的职业生涯:懵懵懂懂中,我憧憬着美好的未来;跌跌撞撞中,我编织着无悔的青春;磕磕绊绊中,我收获着成功的喜悦;不知不觉中,我走过了一年又一年。

2021年已是我成为教师的第九个年头,职初时的一幕幕仍历历在目。作为上海市见习教师规范化培训第一年的学员,我有幸成为基地校上海市罗星中学朱老师的徒弟。直到现在,我还清晰地记得每周三天到基地校准时报到的情景,记得自己坐在小椅子上听师傅上课的认真模样,记得师傅的每一次指导、每一次鼓励,它们是我前进的无限动力。令我印象深刻的事情有很多很多,其中五年班主任的工作经历让我至今难忘。

酸——年轻班主任的无奈

工作的这几年,我曾两次中途接班。第一次接班是在我入职的第二年,与之前带班的那位幽默、有才的老教师相比,一身学生气的我可以说是毫无经验。我既忐忑又害怕,但是师傅告诉我:"你不能被自己打败。"于是,我努力回想自己上学时最喜欢的一位班主任是怎样管理班级的,同时不断地向师傅和前辈请教。然而在一次班会课上,我偶然提出一个问题:"目前你们最大的希望是什么?"一个男生脱口而出:"我最希望我们原来的班主任回来。"好多学生都表示赞同。也许有人会说,初一的孩子是天真的,我不应该和他们计较,但是我做不到。那节课结束后,我一个人伤心了很久,觉得自己虽然年轻稚嫩,在很多方面不如有经验的老师,但自开学以来我一直尽力做到最好,为什么学生还是不接受我。

后来,我放纵了自己几天,也放任了学生几天。有一天,一个学生在周记中写道:"高老师好像不喜欢我们了,她怎么突然不管我们了?"那一刻我猛然意识到,学生能够感知到我的一举一动,我不能被他们一句无心的话打倒了。我应该再努力一点,让自己在他们心中占有一席之地。我应该像以前那样,成为每天最早到校的班主任之一。从那以后,每个课间,我都会准时进教室看看孩子们的学习情况,每天放学,我都会等到孩子们走了再默默离开。我相信我的付出学生会感受到。

但那一刻的酸,只有我自己知道。

甜——真实情境显师生情深

这个年纪的学生会在你不经意间给你闯祸,让你暴跳如雷,又会在你不经意间给你惊喜,让你感动不已。那是一节普通的自修课,班干部负责管理班级,向来调皮的男生们怎能错过这次"大显身手"的机会?于是,在一而再再而三制止未果的情况下,激动的班干部和几个调皮的男生一起敲碎了教室的玻璃窗。那一次,我对这群孩子表现出了极大的愤怒,因为我是那么信任他们,相信他们能自觉遵守纪律,可结果让我大失所望。那一次,我对他们的教育不再是循循善诱、耐心沟通,而是撕心裂肺地大声训斥,最后留下一句"错的不是你们,而是我,是高老师错了",紧接着眼泪夺眶而出。

接下去的两天正好是周末,我一直在想周一该如何善后。按照当时我们班的惯例,每周的班队课都由学生自己拟定主题、自己策划。说来也巧,那周正好是"五一"调休,所以第一天就有班队课。刚开始的内容和以往一样,是孩子们感兴趣的主题。突然,几个班干部走上前来,说:"今天这节班会课,我们还有一件事情,就是向高老师道歉。"随后他们把自己的想法呈现在PPT上,最后一句话令我至今记忆犹新:"高老师,对不起,是我们做错了。"

孩子们的懂事让我颇感意外。机缘巧合之下,我们把这件事搬到了金山区少先队活动课的比赛现场,将当时发生的一幕幕情境再现。比赛现场,我看见了孩子们全力以赴不允许自己出错的决心,还看见了孩子们激动的泪水在眼眶里不停打转。最终,我们的故事感动了评委,感动了现场听课的每一个老师,荣获区一等奖,孩子们都兴奋不已。从那以后,我觉得我们班的孩子更团结了,比如参加活动没拿第一,有学生就会这样说:"在我心里我们班是第一就够了!"多么振奋人心的一句话!

那一刻的甜,有很多人和我分享。

一学年的时间匆匆而过。一年后的夏天,一个电话、一个通知、一次谈话,匆匆结束了我和这些孩子的缘分。那个夏天,当知道我将不再教他们时,孩子们用QQ向我表达了他们的留恋之情。他们留给我太多难忘的记忆,有的写了一篇感人至深的文章,有的写了一篇长长的QQ说说,有的晒了许多美好而欢乐的照片,甚至有家长向我表达了不舍。那一刻,我觉得自己是世界上最幸福的老师,从被学生、家长质疑到被学生、家长挽留,我付出了很多,但收获得更多。这一切让我更加热爱这份教育事业,因为它让我找到了自己的价值。

苦——再难也要努力克服

在学校领导的安排下,我又一次中途接班,在没有教过初二的情况下直接教初三,这在我们学校是史无前例的。"毕业班""中考"这些曾经离我很遥远的字眼突然出现在我的眼前,一个只教过预备、初一,又无过多教学经验的老师如何胜任这一切?面对毕业班学生一张张陌生的脸庞,我再次失去了信心和动力:初三沉重的教学压力,再加上即将担任年级组中基础最薄弱的班级的班主任,这一切都让我不知所措。

课堂效率低下,学生态度懒散,整体成绩不佳……果然,接踵而至的困难让我有点招架不住。开学的第一天,我告诉学生:"曾经的你们已经是过去式,这一学年我要和你们一起创造奇迹。"我不厌其烦地和他们谈心,既是在给他们信心和动力,也是在给自己信心和动力。我主动和家长联系,告知孩子的近况。我曾花了一节课的时间倾听孩子们的真实想法,听到他们抽泣的声音,看到他们哭红的双眼,我欣慰地告诉自己他们都是棒棒的。尽管有些错误还是会反复出现,但是我没有气馁,我告诉他们:"在我还没有放弃你们的时候,你们一个都不能放弃!"

在教学上,师傅知道我任教初三的困难后,一有空就对我进行指导,查看我的教案,分享她的教学资源。

那一刻的苦,让我和孩子们团结在一起,也让我和师傅凝聚在一起。

辣——用心就会有"奇迹"

我曾经听过这样一句话:"什么样的老师教出什么样的学生。"但是今天我想说,什么样的学生成就什么样的老师。每个班都会有一两个个性鲜明的学生,我带的班级也不例外。小张是从我们学校转出去但初三又转回来的个性少年,报到第一天,他就嚣张地将手机放在桌上向我示威。第一次和他争吵时,他朝我怒吼,我给自己找了个台阶下,确切地说是我"输"了,因为那一刻我心里是胆怯的。第二次,当我对他的种种表现已忍无可忍,又发现他自修课在外面打篮球时,我觉得必须要给他点"厉害"瞧瞧。那天放学后,我把他单独留下来,先是一番苦口婆心的批评教育,结果他根本不买账,一直跟我顶嘴。我也不退让,他声音大,我比他声音更大;他语气冲,说话难听,我毫不示弱,针锋相对。最后,小张败下阵来,灰溜溜地背着书包跑了。那一刻,我一点也不后悔,也不担心他会乱跑,因为凭我对他的观察和了解,他本性不坏,也许还没到家气就消了。果不其然,第二天,小张跟着他妈妈来了,还没等我开口,他就开始解释昨天生气的原因。现在,我们既可以像师生一样探讨学习上的问题,也可以像朋友一样谈笑风生,我会对他适当放宽要求,但决不触碰他的底线。

那一刻的辣,差点吓到了我自己。

两次接班经历,都给我留下了深刻的印象,令我欣慰的是最后的结局都和我的付出成正比,尤其是在中考中我所带的这届毕业班还考到了全区数学第五的好成绩。

在充满挑战的成长之路上,我尝尽了酸甜苦辣,也收获了很多小惊喜。走过了九年的时光,如今我早已不是那个羞涩、稚嫩的大学生了,为人母后也更多了几分耐心和从容。但愿我还能和孩子们擦出更多的火花,祝愿我还能收获几次非凡的成绩。

高星燕: 2012—2013学年上海市见习教师规范化培训学员,基地校为上海市罗星中学。一级教师。毕业于上海师范大学统计学专业,现任上海市张堰第二中学教导副主任。金山区第六、第七届"明天的导师"工程骨干教师。曾荣获2018年上海市中青年教师评选一等奖、金山区首届"金穗杯"中青年教师教学评优一等奖、金山区"鑫工巧匠"、金山区第七届"明天的导师"工程金苗奖。

教育感言: 认真做事只能把事情做对,用心做事才能把事情做好。

陪伴成长，携手共进

上海市嘉定区马陆育才联合中学　周　骏

"获得本周流动红旗的班级是七（1）班、七（2）班、七（3）班、七（4）班、七（6）班。"开学已经三周了，七（5）班一直没有拿到流动红旗，作为（5）班的新班主任，我觉得无地自容。

带着大大的困惑，我敲开了带教师傅办公室的门，想要寻求专业的帮助。

寻求帮助，找到症结所在

听完我对班级情况的介绍，师傅并没有急着给出意见，而是问起了我对（5）班学生的看法。

"这是一群来自五湖四海的孩子，他们都是外来务工人员的子女，家庭的原因让他们年纪小小就担当了很多事，也造就了他们自认为有主见的姿态。但其实，他们仍旧是孩子，有着典型的00后的行为特征——爱表现，做事特立独行，行为追求'绝对'自由，不愿意听从他人的话，特别是我这个新老师的话。在大部分老师眼中，（5）班就是没有规矩、惹是生非的代名词，楼层里但凡有情况发生，必定和（5）班脱不了关系。"

"那，他们有什么闪光的地方吗？"

"嗯……"我一时语塞，在近一个月的接触中，我总是到处"救火"，忙于解决各种班级问题，慢慢地脑袋里只留下孩子们捣蛋、难管教的不良印象，却忽略了他们身上原有的闪光点。

（5）班的学生其实都很有个性，只是我和他们都还没有发现这份优秀。

接着我的话茬,师傅这样告诉我:"每个学生都是独特的,也是出色的,教育的目的正是激发与引导学生的独特性。"的确,现在的班级就像一盘散沙,老师和学生站在对立面上,无法做到齐心协力。

"那我应该怎么做呢?"

"为了让学生真正地成长起来,首先要让他们有统一的目标,建立班级氛围,形成合适的班风,打造出符合学情、独具特色的班集体。"

走近学生,打开班级"话匣子"

有了思路,我立刻付诸行动。

首先要做的就是走近学生,研究学生,毕竟解铃还须系铃人。由于是新接手的班级,学生与我之间始终有一层隔膜。在师傅的鼓励下,我开始试着走近他们,了解他们,花大量的时间在教室里,不谈纪律,不讲知识,就是谈天说地,比如爱玩什么、爱看什么、喜欢哪个老师、喜欢什么科目——了解一切学生,了解学生的一切。

我还试着站在学生的角度思考问题,比如为什么他们有这样的喜好、为什么他们要做这样的事、为什么班级会变成现在这样。在与师傅的交流中,我发现原来一切都是有迹可循的。

之后,我在教室后方的板报开设了一个"和周老师嘎三胡"的板块,每周由我设置主题,学生通过贴纸条来自由发言,每人手里还有一颗爱心,可以给喜欢的言论点赞,周末再选出大家最认可的发言给予奖励。

我从这一活动中了解到学生的真实想法,看到了学生平时没有展露出来的见地与能力。我更加了解学生,学生也与我更加亲近,愿意吐露自己的心里话,真的和我开始"嘎三胡"。对他们而言,现在的班主任更像是一个大朋友。

放手放权,把自律变成自觉

经过一段时间的观察,我组织了班干部改选,给小干部们更大的自主空间,让他们协助管理班级。

度过最初的不适应后,这批学生开始约束自己的行为,纠正自己的习惯,将管理他人的要求变为约束自己的准则。"己所不欲,勿施于人",只有当他们达到自己提出的要求时,他们才能理直气壮地去纠正其他同学的言行。就这样,这些学生不仅学会了如何管理好班级,还慢慢地发掘出了自己的潜力。

这部分学生的进步与成长被其他同学看在眼里,他们在被管理的同时,也一直憧憬成为这样的干部,于是开始效仿、学习。在一部分人的带动下,影响辐射到整个班级。生生之间的相互督促、互相影响成了转变的关键。每个人都从他律慢慢转变成了自律,又从自律发展到了自觉。

行为习惯变好了,每个学生都能很好地进行自我约束。在老师们的眼里,(5)班的孩子开始变得安分,但也仅仅只是安分了……

发掘亮点,携手共成长

思考着师傅提出的问题,发掘着学生身上的亮点,接下来该让学生们确定自己的目标,发展独特的个性,追逐想要的梦想了。

我让每一位学生制定自己的发展规划,写出自己的目标,找到自己的强项。基于学校特色与学生的个性特点,我和学生们找到了方向——大家普遍动手能力强,想象力丰富,具有极强的创造能力;同时,他们对动漫、游戏也有较浓的兴趣。那么,能否在条件充足的情况下,创作出令人惊艳的作品呢?

很快,机会就来了。

学校要举行"六一"义卖,学生都在讨论带什么参加,但一番热烈讨论后却毫无结果。

"你们不是会画画吗?"

"想不想一鸣惊人?"

"我们在 T 恤上画画,怎么样!"

一连三个提问,打开了学生的脑洞。说干就干!大家有的买衣服,有的买颜料,创作很快就开始了。

这是(5)班的学生第一次如此认真地做一件事。没有人指导,他们就自己查阅资料,上网研究。没有专业的工具,他们就自己发明,自己制作。没有时间,他们就挤出时间,不玩,也不休息。

当画完的衣服挂在学校天桥上晾晒时,大批学生前来围观,(5)班的学生自豪地告诉大家:"这是我们自己画的!"不久,(5)班在T恤上画画的消息在校园里传开了,前来观看的同学络绎不绝,不少人还要求定制。(5)班的手绘T恤,还没开始义卖,就已经广受关注。

"六一"义卖那天,(5)班的摊位成了全校最火的摊位,不仅吸引了其他班的同学,还吸引了大批老师,很多老师都得到了(5)班赠送的专属T恤。走在校园里,我的耳边不断传来"(5)班的孩子好厉害""(5)班的孩子真有本事"的声音。对学生而言,这一次的成功让他们得到了认可,彰显了个性,也让他们对自己有了信心。

随着学生的能力慢慢被发掘,我开始为他们寻找各种平台,让他们能够崭露头角。班级文化布置评比、创意发明比赛、美术作品征集……(5)班的学生出现在各种活动中,虽然刚开始成绩并不突出,但他们已经有了进取心,凡事力争做到最好。

信心的增长,经验的积累,让学生不仅收获了成功,也得到了更多人的认可。同时,他们也明白自己并非一无是处,也能做许多别人做不了的事。

第二次的高光时刻出现在"十四岁生日营"的活动中,活动要求学生利用废旧材料打造一场环保时装秀。大家自告奋勇,主动承担起所有环保时装的设计与制作。有了之前手绘T恤的成功经验,这些孩子胸有成竹,敢想敢做。他们到处搜集环保时装的设计,并向老师、家长学习剪裁和缝制,在不断的修改中,一件件不起眼的废旧材料逐渐变成了令人赏心悦目的艺术品。为了将时装秀办好,他们还在没有任何人要求的情况下,搭配出了两件精致的随行者服装和一系列道具。从搭配音乐到设计表演桥段,就连所有的表演也是学生在班干部的带领下自己完成的。为了表演好节目,他们甚至自发地请老师教"模特"同学走台步及舞台表演等。

学生们团结一致,共同努力,演出大获成功。在众多的肯定声中,我开始重新审视眼前这群喜笑颜开的学生。现在的(5)班已不再是之前那个特殊的班级了,他们有了自己的强项,有了拿得出手的班级特色。

在经历了自我怀疑、被他人怀疑之后,学生们在这条颇为坎坷的自我发展道路上逐渐找到了属于自己的方向,他们团结一致,不断跌倒、不断爬起,竭尽所能地奔向成功的彼岸,终于将这条路走成了属于他们自己的特色发展道路。

各自安好,成就最好的自己

八年转瞬即逝,如今,偶尔回到校园的他们不再是那群不听话、爱惹事的捣蛋鬼,而是成长为能够独当一面的大人了。他们有的继续自己的学业,有的已经走上社会,但无一例外,这些孩子都在新的环境中找到了自己的位置,发挥着自己的能量。

而我,也十分感谢和他们"斗智斗勇"、共同成长的这一年见习生活。从最初的束手无策到如今游刃有余地应对各种情况,见习教师规范化培训不仅为我提供了最新的教育理论、育人方法,也让我结识了专业的前辈与同事,得到了大家的支持,还让我感受到了作为新人,能够稳稳地走在教书育人这条路上的底气。

周骏:2013—2014学年上海市见习教师规范化培训学员,基地校为上海市嘉定区曙城实验学校。一级教师。毕业于上海师范大学思想政治教育专业,现任上海市嘉定区马陆育才联合中学教师、学工部助理。曾被评为上海市优秀少先队辅导员、嘉定区十佳班主任;荣获上海市"闵行杯""普陀杯"班主任基本功大赛三等奖,嘉定区第七、第八届班主任基本功大赛一等奖,嘉定区第九届"教学新秀"三等奖等。

教育感言:看着每一个孩子的眼睛,发现每一个孩子的亮点,陪伴孩子成就最好的自己。

我的模仿求索之路

复旦大学第二附属学校　范明月

浅灰色的暮霭下,独自彳亍在纬七河的河畔。渐渐地,天空被夕阳染成了血红色,绯色的云彩倒映在河面上,整条河也焕然一新。面对新校、新景、新人,我不禁思绪万千……

犹记得,2013年冬季的一天,我收到了二附校抛来的橄榄枝,从此开始了手握三寸粉笔,立于三尺讲台的教师生涯。

袭之,用之——快速成长的通道

2013年8月22日至25日,我有幸参加了杨浦区见习教师规范化培训的岗前培训。从教师法到新教师的成长规划,从上海市"一期课改"到"二期课改",从讲述师生之间的关系到撰写具体的教案,我浸润其中,获益匪浅。

酷热的盛夏、凉爽的深秋、清冷的初冬,整整四个月的时光,我不断地辗转奔波于杨教院和培训基地之间。时至今日,我仍清晰地记得各位前辈的谆谆教诲。优雅知性的王白云老师说:如果你觉得你是一颗人参,那你就好好培养这颗小人参吧;兢兢业业的朱琳老师说:少说、多看;聪慧博学的沈一敏老师说:多读书……半年来,从理论到文学,从语文专业类到班主任类,我仔细阅读了十几本图书,深感同行们的睿智与博学。尤其在看了《刻意练习》一书后,我越发认识到模仿的重要性。如毕加索所说:"模仿是人类一切学习的开端,然后才是创新,最后是你的自主。"于是,初为班主任的我,开始了亦步亦趋的模仿之路。

2014年初,我被安排到全校"闻名"的预备(3)班做班主任。那个寒假,我虽然大部分时间都是在紧张焦虑中度过的,但真正静下来时还是会努力回想师傅们传授的十八般武艺和自己的读书心得。假期里,我完成了以下几项工作:首先,涉猎笔记摘抄,回顾以往学习的策略,如以德立威、激怒制怒等;其次,站在现实的土壤上了解校情,研读二附校的各项奖惩制度,如"德育扣分细则""星级同学评选制度"等;再次,对班级中的三十多名学生逐一进行家访,并记录在册。

开学初的几周,我利用课间、自修、放学后等机会深入班里的孩子中,认识了和父亲矛盾较大且内心比较自卑的Z同学、因各科成绩不太理想导致没有自信心的Y同学、心理年龄大于实际年龄但自身行动力较差的W同学……每当遇到棘手的问题时,我的头脑中都会浮现出《班主任兵法》《班主任工作漫谈》中各位名师是如何处理类似情况的,实在不行再请教身边的师傅。比如,X同学博览群书,只要给他一个舞台,他就能从诸子百家滔滔不绝地讲到三国,但口齿不清的他很容易冲动,常常控制不住自己的脾气,每隔一段时间就会制造一些小麻烦,不是当众和老师顶嘴,就是和同学大打出手。不过,令我欣慰的是他生性善良,有一个远大的梦想——成为像曹操一样的人物。所以,每当有人汇报X同学又闯祸了,我就会借鉴《如何说孩子才会听,怎么听孩子才肯说》一书的理论,坚信"孩子犯错误的时候,是建立亲密情感的机会;孩子做对事情的时候,是塑造孩子行为的机会",让他静立5分钟,待情绪平复后再交流。渐渐地,师生关系更和谐,X同学也慢慢转变了。

"不学礼,无以立。"一个学期下来,在各种制度的引领下,在循循善诱的教导下,这群曾经自卑的"丑小鸭"们获得了一日行规年级第一、综合评比全校第一等多项荣誉。2015年,初一(3)班阳光中队被评为"杨浦区优秀少先队集体"。

"以人为镜,可以明是非。"职初的前三年,我几乎每天都在"照镜子",从万玮、魏书生、李镇西老师到学校的顾敏、曹彦等师傅,从模仿、比较到二次模仿,渐渐地,我发现镜子里的人变成自己了,甚至偶尔我也可以做别人的镜子了。

整之,适之——培养创造的土壤

2016年9月,我中途接手2018届(1)班,这也是一个极具特色的班级,有6名学生在德育处"榜上有名"——受处分,打破了二附校的历史纪录,且班级各项情况反馈稳居学校"首位"。当时我默默地告诉自己:复制上一次班级管理中的优秀经验,相信你可以的!

每天清晨,当黎明的第一缕曙光照进二附校的校园时,我已早早地等候在讲台旁。通过细心观察,我认识了一群个性迥异的孩子,比如在班里有较高威信但爱表现自己的A同学、脑子转得太快且嘴里少有实话的B同学,以及自以为看透人生追求及时行乐的C同学。一个学期下来,我努力挖掘学生身上的闪光点,因材施教地进行"赏识教育",使他们各司其职,分别担任班级的德育委员、值日班长等。以A同学为例,她身边追随者无数,凡是经过的地方总能带起一阵风,当然,她也是受处分的学生之一。刚开始,我是通过他人之口了解到这个学生的相关情况的——几乎没有好评!接班后的几周,我一直默默地关注她,发现她身上确实有不少问题,最大的特点就是喜欢争取机会表现自己。于是,我学习万玮老师的策略——顺水推舟,推举她作德育委员,赏识并信任她。慢慢地,A同学不仅自己在一点一滴中改变,也成功带动了身边的同学共同进步。

"凡事预则立,不预则废。"转眼到了初三,我借鉴师傅顾敏老师的管理经验,意识到长远规划的重要性。班级管理上,我除了确定一年的计划,还具体到每个月每场讲座的前期规划、每周行规课的设计等。初三的学习生活无疑是紧张忙碌的,但不可能让孩子们在近10个月的时间内都处于精神高度紧张的状态。在未雨绸缪的过程中,我最重视两个时间节点——一模考和中考。平时,我选择无声地陪伴,关注个别学生,私下一一交流,但一到这两个时间节点前的一个多月,我就会邀请优秀毕业生和学生们进行交流,让他们树立目标,奋起冲刺。事实证明这样做的效果还不错,2018年中考,我任教的初三(1)班,600分以上的有8人,全校600分以上者共17人。

在职业生涯的第二阶段——职初的第四至五年,我仍然在不断地反思:带班的过程中,仅仅是简单地模仿吗?答案无疑是否定的。在模仿中调整,在实践中整合。就这样,我在前人的基础上总结出了适合学生的"赏识教育"理念、"唐僧式陪伴"管理策略、"目标管人"凝聚技巧等。

纳之，优之——升级优化的人生

2019年9月，我再次中途接手2021届(5)班。和我以往带过的班相比，这个班级可谓有过之而无不及，好在我凭借昔日所学的本领，花了近一个学期，终于和风细雨般地捋顺了这个班级。但就在此时，我迷茫了：通过模仿所学，接连解决了三个问题班级，且屡试不爽，难道以后就这样机械地复制下去吗？该如何进一步提升自己呢？正处于瓶颈期的我踟蹰不前。恰巧此时，复旦二附校与浦东平和双语国际学校开展班主任沙龙活动，曾仔细拜读过万玮校长的《班主任兵法》的我不仅如愿得见真人，还有幸取得"真"经。一直记得会议上万老师说的一句话："我现在一般组织班主任老师参加的培训，都是企业管理方面的培训……"自那以后，我便一头扎进了企业管理类的书海中，从《卓有成效的管理者》到《掌握人性的管理》，从《能力陷阱》到《管理的策略》，我仿佛打开了一扇通往新世界的大门。

"管理就是通过别人来完成任务……将军就应该站在指挥部，而不是冲上前线。管理者要对事件的发展有强大的掌控感，需要每件事情都在可控的范围内。在培养人才的过程中，最大的挑战就是要眼睁睁地看着员工去犯错误，而且还不能说，要给其试错的空间……"字字珠玑、入情入理的论述让我茅塞顿开。在阅读、反思、二次阅读、二次反思的过程中，我隐约感受到从前一直忽略的内容。华为的下沉式企业文化更像一束光照进了我的心房："让听得见炮声的人呼唤炮火！"鉴于此，我带领学生们打造"各美其美，美人之美"的班级文化，力争用文化这根无痕的准绳，将孩子们凝聚起来，引领他们共同成长。

"他山之石，可以攻玉。"在职业生涯的第三阶段——职初的第六至八年，我借助企业管理的先进理念，触类旁通，向思维的更深处漫溯。

从跟着师傅取经到研读班主任类图书，再到接受企业管理理念的熏陶，我一路成长，一路欢歌：先后在集团校中开展"赏识教育""唐僧式陪伴的管理策略""以情感其情，人心度人心"等多场主题讲座，惠及同行；同时，坚持教师的辐射引领作用,多次完成学校的带教任务,先后带教复旦高教所研究生、本校职初教师等十多名,荣获复旦二附校首届"师徒携手贡献奖"。

反观语文教学,我也在模仿中不断成长:模仿上海市慕课联盟学校的作品,制作的微课曾包揽全国一、二、三等奖;模仿陆宏亮老师的语文课堂,在文本解读的道路上越走越稳;模仿祝庆东老师的"小课题"研究,通过"建模"提升课题质量。模仿并超越模仿,这应该就是模仿的意义吧!我相信,终有一天,这模仿来的一招一式,会助我打通任督二脉,成就更好的自己!

范明月: 2013—2014学年上海市见习教师规范化培训学员,基地校为上海音乐学院实验学校。一级教师。毕业于华南师范大学文艺学专业,现任复旦大学第二附属学校语文教师。杨浦区第五届骨干教师。班级管理中,坚持"赏识教育"理念和"唐僧式陪伴"管理策略,所带班级曾获杨浦区优秀少先队集体;课堂教学中,将汉字等传统文化引入课堂,微课"汉字的前世"等多次包揽全国微课类大赛一、二、三等奖,发表《按图索骥,沿波讨源》等多篇文章。

教育感言: 教真语文,做真人。

一名青年体育教师的班级管理心得

华东师范大学第二附属中学　范永武

随着上海市高考改革对学生综合素养的要求不断提高,在班主任队伍中也越来越多地出现了体育教师的身影。以我自身为例,作为一名毕业于985高校的硕士研究生,我具有较强的科研能力,并且在职业生涯开始之初就参加了上海市见习教师规范化培训,对教育理念、课堂教学、班级管理等方面有较全面的了解,在基地学校一年的见习班主任经历更是让我得到了快速成长。本文从我担任班主任的经历出发,详细阐述一名青年体育教师的班级管理心得,旨在说明体育教师确实有能力带好班级。

体育教师做班主任的优势

数十年的户外体育专业训练,形成了体育教师独特的气质——强健的体魄和阳光的外形;日常体育课教学中的队列队形训练,展现了体育教师过硬的教学基本功和良好的教学管理能力;裁判、策划与组织比赛是体育教师的基本功,通过在班级中开展体育活动和球类比赛,可以增强班级的凝聚力和集体荣誉感。处于初高中阶段的学生,在中高考的压力下,情绪往往容易出现大幅波动,而体育教师通常能够及时发现情绪低落、压力大的学生,并通过一起锻炼的形式进行沟通和陪伴,防止意外发生,体育教师具有较强的心理疏导能力。

除了以上优势之外,体育教师还有一个特点——不会有明显的"班主任效应"(各学科任课教师做班主任,一般都会有一定的学科倾向性)。我常常鼓励学生把时间分配到各学科,还把自身的求学经历及文化课"逆袭"的学习方法告诉学生,增强他们学习的自信心,所以我班级的学生各学科的发展一直比较均衡。

良好的开端是带班成功的基础

新班级组建完成后,班主任要做的第一件事就是和学生及家长见面。按照学校的要求,班主任要亲自去家访,了解每一个孩子的性格特点和家庭结构,家访后要及时梳理信息,记录并分析学生已有的特长和发展优势。在班委和课代表选择上,班主任也要秉承人人有事做、事事有人做,让每一位学生都参与到班级管理中,这与团体对抗类体育比赛强调的"人人尽责"有异曲同工之妙。班主任要做到公平、公正与公开,只有在充满正能量的班级文化氛围中,学生才能做到人人守纪。

带 班 策 略

新生开学的第一节班会课,我首先告诉他们一些良好的学习与生活方式,比如:对待学习要主动,主动问候同学、老师;做到今日事今日毕,当天不懂的问题当天解决;学会选择,做作业的时候做到文理兼顾;缩短入学的适应期,争取一周或一个月内适应新的高中生活。

新高一入学的第一个月,我班召开了"静能生慧,慢能成事——自我适应"主题班会,很多同学受益匪浅。佛曰:"静能生慧,慧能生智。"智慧从何而来?禀赋天分是为根,经验阅历是为干,但若要开花结果,则还需要"静"的浇灌。中国人讲究悟,静就是悟的第一步。慢,是稳妥,是不匆忙,是甘心沉淀;静心积累,抛却急躁冒进,迈着缓慢而坚定的步伐走向成功,最终才能获得胜利。学习也是如此,欲速则不达,尤其是高一的学习,学生应该夯实各学科基础,为难度逐步加大的高二、高三的学习与生活做好准备。就像习练太极拳一样,只有凭借安静与缓慢,才能倾听内心的声音。

班级管理心得

将课题研究的思维迁移到学习与生活中。因为学生时间有限,科学研究与文化课学习从表面看似乎是冲突的，实则可以相互迁移。教师可将自身从事科学研究的经历告诉学生，让学生尝试进行课题研究。思维决定行为、决定习惯、决定命运。经过一段时间的课题研究，学生不仅文化课成绩有了进步，综合能力也得到了提升，让同伴、老师、家长刮目相看。

将每一个学生看成一个宏大的世界。"佛观一粒米，大如须弥山。"数十年的体育锻炼已经铸就了体育教师细致的观察能力。教师要将每一个学生都看成一个宏大的世界，深入了解学生的性格特点、家庭教育、学习习惯、生活方式，走进学生的内心，拉近彼此的距离。当学生犯错误、考试发挥失常时，教师不应立马就批评或惩戒，而应试着去倾听、去理解、去帮助，这样才能换位思考，从而消除隔阂，使班级文化充满正能量。

"五育并举"与"健康第一"。每天利用课余时间跑完一千米或日行一万步，每天打一遍太极拳，每周开一次体育类的主题班会。我曾和学生说过一个有关日本马拉松运动员的故事。这个运动员说："每次比赛之前，我都要乘车把比赛的线路仔细看一遍，并把沿途比较醒目的标志画下来，比如第一个标志是银行，第二个标志是一棵大树，第三个标志是一座红房子，这样一直画到赛程的终点。比赛开始后，我就以百米冲刺的速度奋力向第一个目标冲去，等到达第一个目标，我又以同样的速度向第二个目标冲去。四十几公里的赛程，就被我分解成这么几个小目标轻松地跑完了。"我告诉学生学习就犹如一场马拉松，可以将高中三年分成很多阶段，到达一个目的地后，全力跑向下一个目的地，不必在乎起点，成功源于坚持。

敬畏规则。新生入学时或放假前的主题班会上，教师应告诉学生要有公德心，包括卫生公德和纪律公德。卫生公德是指在公共场合不乱丢垃圾，做到人走垃圾无；纪律公德就是在公共场合不大声喧哗、不插队、不把铃声开到最大，以礼让、谦让为主。公德心就是要替别人着想，比如感冒了需要戴口罩，得了需要被隔离的传染病（水痘或者手足口病）不要到处走动等。

管控时间与手机。体育教师有更多的时间和精力深入到班级管理之中。由于体育教师每天都要指挥学校的早操工作，因此在早操之前可以先进教室进行巡视,检查早自修读书情况,晚自修也是如此。体育教师身体好,通常能顶住较大的工作强度。

当今这个时代,人手一部智能手机,似乎它已成为人体不可分割的一部分。对自律性强的学生而言,手机是知识的海洋,可以用于自主学习;对自律性差的学生来说,手机则是不良知识的陷阱。体育教师可以将平时管控运动队的经验迁移到班级管理之中,在教室中准备手机柜,学生早上进教室后没收手机,放学离开教室后归还手机,做到学生和手机短暂分离,让学生把更多的精力投入到学习中。

总结与展望

素质高强、专长突出、能武能文、全面发展是新时代体育教师的基本素养。感谢见习教师规范化培训和基地学校对我的培养,这一年我不仅学到了很多班级管理经验,还在班主任见习的过程中感受到了教师这一职业的伟大。

范永武: 2013—2014学年上海市见习教师规范化培训学员。基地校为华东师范大学第二附属中学。一级教师。毕业于华东师范大学体育人文社会学专业,现任华东师范大学第二附属中学体育教师。曾荣获2014年浦东新区"优秀见习教师"称号。目前已发表论文约10篇,完成课题3项。曾在2019年接受上海电视台新闻综合频道《新闻透视——体育教师做班主任》节目采访,2020年被评为学校优秀班主任。

教育感言: 教育是静待花开的过程,和学生一起慢慢成长!

"匠心"所致　芳华自来

上海市浦东新区三林镇中心小学　胡晓寅

记得我上小学时老师布置了一篇作文《我的梦想》，当同学们还在叽叽喳喳地讨论想当科学家、飞行员还是外交官时，我已经毫不犹豫地提笔写了起来。自从踏入校门，我就不自觉地被老师这个职业所吸引，是老师教会了我知识，提升了我的素养，奠定了我的价值观……我常常想，假如我是老师，我会怎样做呢？这篇作文被语文老师在班级里大声地读了出来，那一刻，一种庄严而神圣的感觉在我心中油然而生。

长大后，虽历经波折，但我的梦想始终不曾改变。怀揣着潜心为人师的理想，手持着精心育桃李的信念，我终于站上了三尺讲台，踏上了探寻星辰大海的旅程。然而，教育之路不可能总是一帆风顺，每到这时，"回归起点"——回忆见习规培的时光，便成了推动我不断前行的力量之源。

播种——"未成曲调先有情"

犹记得 2014 年 9 月 11 日，全国模范教师黄静华老师为我们见习教师作了"让爱与责任同行"的师德教育报告，黄老师对教育、对学生的热爱使我深受感动。在黄老师的影响下，我开始思考"如何做一个教育的有情人"。

◆ 博闻·厚积

我的见习带教导师张文娣老师有着丰富的带班教学经验，身兼年级组长的她在繁忙的工作之余，对非科班出身的我给予了无微不至的关心与帮助，使我少走了许多弯路。

初来乍到，对教材不熟，再加上教育教学经验不足，注定我不可能干得有多出挑，因此我只能更加努力，争取不落人后。见习期的第一个月，我在各种焦虑与困惑中度过，虽然很拼很累，但总觉得用错了力，使岔了劲，缺了底气，少了成效。就在这时，张老师神秘地拿出了一本书——苏霍姆林斯基的《给教师的建议》，她称其为自己的教师生涯之师。师傅的"师傅"？它有什么特别之处？我迫不及待地开始探索其中的奥秘。我花了一周的时间仔细研读这100条建议，并多次和张老师进行探讨。其中，让我印象最深刻的是苏霍姆林斯基对"读书"的诠释，他建议教师要将书本视为自己的老师，每天去向它们请教，这样"每过一年，你的科学知识都变得更丰富"，长此以往，教育教学"在你眼里看来就浅易得像识字课本一样了"。多么有趣的说法，多么智慧的解读。那一刻，我明白了张老师想要告诉我的道理——多读书、多积累，根扎得越深，才能"长"得越高，走得越稳。

在张老师的言传身教下，几年来，无论工作再忙，书始终是我心中难以割舍的一块净土，每天临睡前不翻上几页，不记下几笔，我总觉得仿佛少了点什么。有的书像风尘仆仆的卖货郎，肩挑着别样的风土人情；有的书像珍藏百年的女儿红，封存着悠悠的岁月之香；有的书像一架古琴，轻拢慢捻，绕梁之音不绝如缕；有的书像一枚青橄榄，放入口中细嚼，淡淡的苦涩淌过舌尖……我不再仅凭自己的感觉完成教育教学工作，我懂得了大家常说的"换位思考"其实就是德育理论中的"共情"，了解了皮亚杰的认知发展理论的四个阶段及其特征，也知道了马洛斯的需求层次理论是从生理需要到自我实现需要的不断进阶。面对工作中的突发事件，我能越来越快地抓住其中的关键点，进而"对症下药"。自我学习和实践演练，很大程度上弥补了我在理论知识上的不足。

◆ 调适·沉淀

见习伊始，相比周围师范专业的应届毕业生，身上"非师范生""社会招聘"的标签让我时常对自己产生怀疑：如果换一名专业更对口、经验更丰富的老师来带这个班，无论是班级建设，还是学生个人，是不是都会发展得更好？久而久之，这些负能量便在不知不觉中传递给学生，重复唠叨的"苦情戏"、独断专行的"一言堂"也悄悄出现在班级建设的过程中。有一天,我甚至对前来沟通班会流程的班长冲口而出:"我不要你觉得怎样,听我的……"那一刻,看着她委屈、不解的神情,我怔住了,我是不是渐渐变成了自己曾经最不喜欢的样子?

幸运的是,张老师就像一位心灵的魔法师,再一次看出了我的焦虑,她套用法国文学家罗曼·罗兰说过的一句话"要播洒阳光到别人心中,总得自己心中有阳光",让我明白调整心态的重要性。我若有所思,确实,回忆起张老师对待学生的样子——动作轻柔、嘴角含笑、眼中有光,一切都汇聚成两个字——"喜欢"。喜欢是一切付出的前提,无论什么事物,只有真心喜欢了,才会全情投入,才不会心生抱怨。

在张老师的引导下,我发现自己虽然不是专业过硬的教育师范生,但所学的哲学专业为我提供了一个极棒的思想武器,康德、黑格尔、马克思、杜威、罗素推动着我不断思考"人的发展",用辩证的眼光看待问题;自己虽然不是最富活力的应届毕业生,但几年的社区工作教会了我更好的沟通方式、更积极的解决策略。沉住心,静下气,我学会了认识更好的自己,准备好迎接更多的挑战,懂得了用微笑面对每一个可爱的学生。

萌芽——"弦弦演绎声声思"

见习的第二个学期,上海市特级教师陈胜庆老师为我们作了"谈谈青年教师的成长路径"的报告,他将教师的专业成长分为适应期、稳定期、发展期、成熟期四个阶段。浦东教育发展研究院德育教研员姚瑜洁老师通过"班级建设的理论和实务"鼓励我们要时时反思,增强班级的凝聚力,将班级打造成共同的精神家园。从那以后,"如何做一个教育的有心人"成了我新的思考方向。我尝试摸索自己独特的工作特色,力求在自己的能力范围内把一件小事做精彩、做到位。

◆ 启步·触礁

如果将学生比喻为一枚枚小磁针,如何找到那块吸引众针、指明方向的磁铁至关重要,它可以说是一个特色班集体创建成功与否的标志。

迷茫之际，一条偶尔弹出的微信公众号信息给了我灵感，其多样的形式、多环节的操作流程，正符合我对班级形象展示和团队协作能力培养的需求。经过一番学习和研究后，我和孩子们决定成为全校"第一个吃螃蟹的人"，将微信公众号引入班集体的特色创建。

理想很丰满，但在实际操作中却遇到了不少阻碍：家长担心孩子容易在网络中迷失自己，影响正常的学习生活；学生缺乏实操能力，公众号的内容构思、图片编排、文字编辑，以及微信群的人员审核、组织调控、任务分配等都难以实现自主管理。如何解决这些问题？我有点无从下手。难道真要就此放弃？我又心有不甘。我把内心的矛盾告诉张老师。在倾听了我对班集体特色创建的想法以及遇到的难处后，张老师给予了肯定，认为这一特色化的建设正符合当前的潮流趋势。对身处网络e时代背景的孩子们来说，如何最大限度地发挥他们的主观能动性，形成独有的班级特色与主流文化，是一个非常值得研究的课题。在张老师的鼓励下，我重拾信心，决定突破瓶颈。

◆ 护航·扬帆

根据张老师的建议，我将眼前的困难拆分成一个个小问题，尝试逐个击破。

家长方面，我加强家校联动，引导家长认识到现在的孩子都是网络"原住民"，接触网络本身就是不可避免的。既然如此，我们何不通过正规的班级活动进行正面引导，帮助他们学会自主选择、自辨是非、自我反思？通过探讨，我们将这个"度"的控制分为"自律"和"他律"两部分。一方面，教会孩子们抵制含有暴力、色情等内容的信息，并对时间进行严格控制；另一方面，成立"文明上网"纠察队，定期反馈。自我约束和他人监管共同把控，为微信特色班的有序创建设置了一条行为底线。

学生方面，我结合他们的年龄和能力特点，将这一特色班集体创建进行跨年级递进式规划：三年级分岗训练，四年级情景模拟，五年级自主管理。同时，逐步转变自己在这一过程中的角色，从组织指导者逐渐变为意见补充者、活动参与者。

一切准备就绪，班级微信公众号"微笑向暖"正式上线，包含"分享园""活动岛""建设部""投票站"和"点墨集"五个板块,可以展示社会热点、班级活动、建班提案、课外拓展、自评互荐、学生才艺等。孩子们亲切地将维护公众号称为"玩微信",随着一篇篇推文的发布,他们的积极性日益高涨,班中再也没有一个"闲人"和"客人",一个"人人是主人,人人有事做,人人担责任"的班集体初具雏形。家长们看到了孩子的变化,对我的工作也愈加配合。微信公众号在学生中间担负起磁铁的重任,发挥着"磁石效应",连接起"实体班级"和网络上的"影子班级",以"1+1>2"的向心力和凝聚力,将责任感、荣誉感根植于每一个孩子的内心。

绽放——"曲终人散意长在"

为期一年的见习规培很快就结束了,有留恋,有不舍。幸运的是,我所在的基地校三林镇中心小学对新教师的发展非常重视,之后两年的"后规范化培训"更是让我与导师张老师的缘分得到了延续。

七年征程,回首起点,心还在,梦如初。在各方的支持和帮助下,我荣获上海市园丁奖、上海市优秀辅导员、浦东新区见习教师规范化培训优秀导师的称号;在市、区各级比赛中多次荣获论文及竞赛奖项;入选浦东新区班主任宣讲团和蒲公英班主任资源库,多次进行"学会放手,让班级管理更放心""确认过眼神,遇见对的微信"等宣讲活动;三次开设区级公开课,撰写的教科研成果四次发表于市级刊物;参加国培计划(2017)、上海市爱的教育"体验式"班主任培训、上海市郊区班主任高研班、浦东新区骨干班主任培训、浦东新区班主任高级研修班等各级培训。

我与见习规培的缘分不止于此。自2017学年起,我连续三年为基地学校的见习教师开设微讲座,并在疫情期间录制了见习规培微课。2018年9月,我成了尚博实验小学邵秀文老师的见习导师。一年里,我时刻谨记张老师对我的谆谆教导,以她为榜样,毫无保留地将自己的所思所学与邵老师分享,和她共同成长,最终获得了"优秀导师"的称号。

套用电影《老师·好》中的一句话:我不是在最好的时光中参加了见习规培,而是参加了见习规培才有了这段最好的时光。一分春华,一分秋实,既然带着梦想来到这片星空下,希望我能够永守"匠心",脚踏实地,在成为一名优秀班主任的道路上越走越远!

胡晓寅:2014—2015学年上海市见习教师规范化培训学员,基地校为上海市浦东新区三林镇中心小学。一级教师。毕业于华东师范大学公共管理专业,现任上海市浦东新区三林镇中心小学班主任兼学生部助理。曾荣获上海市园丁奖、上海市班主任基本功大赛小学组一等奖、上海市优秀少先队辅导员、区"见习规培优秀导师"等。《e时代下小学"微信"特色班集体创建》等多篇文章被收录于《拨动学生心弦的艺术》等书。

教育感言:仰望星空,不忘育人情怀;脚踏实地,静待沿途花开。

追梦奋进　一路风景

上海市实验小学　沈小婷

遇见一个好老师是每个人一生的幸运。我就是一个幸运儿,小学时,班主任程老师总是和蔼可亲,从她那儿得到的尊重、信任和关爱,成了我童年时代最温暖的底色。从那时起,幼小的我便在心底埋下了一颗梦想的种子:长大后,我也要做一名温暖、有爱的班主任,就像程老师那样。

高考后,虽然与成为一名师范生失之交臂,但我并没有停下追梦的脚步,在本科期间自学了教育学与心理学知识。大四时,我义无反顾地选择继续深造,终于成为上海师范大学的一名研究生,走上了教育工作的正轨。读研期间,我不断夯实教育理论知识,朝着自己的梦想努力前进。

毕业后,我幸运地加入上海市实验小学——一所拥有新中国第一代名师袁瑢的百年名校,开始了追梦的旅程……一转眼,站上三尺讲台已经七个年头,当班主任已有六个年头,我在追梦的路上越走越坚定,班主任的工作也越做越有滋味。

回顾过往,我从一个懵懵懂懂的新教师蜕变为能够胜任工作的班主任,离不开入职之初的见习规培,离不开导师的言传身教,更离不开市、区、校各级平台的大力支持。

见习规培——积聚追梦力量

上海市实验小学是我的聘任校,也是我参加见习规培的基地校,能在这里开启追梦的旅程,我是幸运的。初为人师,我遇到了不少难题,幸好见习规培赋予我追梦的力量,不仅帮助我实现了从学生身份到教师身份的转变,更好、更快地站稳讲台，也促使我在职业生涯之初就明确了职业发展的目标与方向。

◆ 全面学习，提升素养

在为期一年的见习规培期内，基地校从职业感悟与师德修养、课堂经历与教学实践、班级工作与育德体验、教学研究与专业发展四方面对我们进行培训，内容全面而充实。其中，班级工作与育德体验这一板块的培训令我感触最深。基地校请来了许多具有丰富实践经验的优秀班主任，他们结合鲜活的教育实例，在班干部培养、班级文化建设、课堂纪律管理、班会课设计、品德评语的撰写等方面对我们进行全方位的指导，大大提升了我的班主任工作素养。

◆ 对话名师，明确担当

在见习规培中，我有幸近距离聆听了毛裕介、金建中、蒋雯琼等多位名师的讲座。德育专家毛裕介老师在"师生关系之我见"讲座中说："学生是有生命的人，一个好老师应该要用尊重、平等的眼光来看待师生之间的关系，真正做到以人为本。"上海市特级校长金建中老师在"体验职业快乐，创造幸福人生"讲座中，结合自己的职业经历告诉大家："作为教师，师德、知识、能力缺一不可，要坚守初心，用自己的爱关心、理解学生。"上海市班主任带头人蒋雯琼老师在"爱与责任——做一名称职的教师"讲座中告诉我们："做班主任是辛苦的，但也是幸福的，要清楚地了解每个孩子的特点，包容他们的缺点，用智慧帮助孩子解决成长中的问题，把每一个孩子教育好、保护好、培养好。"在与名师的对话中，我明白了：尊重、关爱、理解、包容是师者应有的担当，更是促进学生幸福成长的密码。

导师带教——开启追梦旅程

作为一名新教师，最欠缺的就是实践经验。入职第一年，我激情澎湃，希望带出一个各方面都很优秀的班级，但事与愿违，没有班级管理经验的我在工作中遇到了不少难题：学生没有凝聚力，纪律松散，班级卫生状况也不尽如人意。幸而班主任导师——周老师一路陪伴着我，每次遇到难题，我都主动向她请教，她总是不厌其烦地对我进行指导。在周老师的言传身教下，我在班主任这条追梦路上踏出了稳稳的一步。

◆ 儿童立场,创意经营

在一次谈话中,周老师告诉我:"作为一名班主任,要坚守儿童立场,善于发现孩子们的特点,建设富有特色的班级文化。"在她的指导下,我学会了组织丰富多彩的主题活动,让孩子们在集体中收获快乐、健康成长。

为了锻炼孩子们的表达能力,我组织了"小精灵新闻播报"活动:每天的晨会课上,请当天的值日班长播报一则新闻。从新闻素材的选择,到撰写文稿,再到脱稿播报,都由孩子们自主完成。在日复一日的新闻播报中,孩子们不但提升了表达能力和组织能力,而且增长了知识,拓宽了视野。

为了给予孩子们及时的评价激励,我利用每周五下午的队会课开展"表扬大会",用充满童趣的表扬信总结孩子们一周的表现。无论是一次精彩的发言,还是一件好人好事,抑或是行为规范有进步,都可以得到表扬。善意而恰到好处的鼓励,让孩子们不断品尝到成功的快乐。

为了培养孩子们的劳动习惯,我在班级平台开展"劳动打卡"活动。在每天的打卡中,孩子们逐渐掌握了基本的劳动技能,慢慢养成了良好的劳动习惯,班里的"劳动小能手"也越来越多。

············

看着不断进步的孩子们,周老师笑着对我说:"你越来越有办法啦,也舍得付出时间和精力来帮助学生成长,真不错!"我听了备受鼓舞,暗下决心:要继续加油做一个有创意的班主任,让学生能在小教室里拥有成长的大世界。

◆ 民主管理,建班有道

周老师关爱每一个学生,在班级管理上也很有一套。我认真地观摩着,仔细地记录着,等到接手新班时,就将学到的方法融入班级常规事务的管理:坚持民主管理,通过民主选举的方式让每个孩子找到适合自己的班级小岗位,在岗位锻炼中成长;班级运作自主化,引导学生自主管理班级日常事务,如晨会、课间操、十分钟队会等,充分发挥学生的主人翁作用;积极与家长沟通,借助家校合作的力量共同育人。事实证明,这样做的效果很不错,我带的班级,氛围和谐向上,多次被评为校级"示范班"和"动感中队"。

我想,正是因为有了导师的一路带教,我才拥有踏上追梦旅程的底气。

平台支持——领略追梦风景

为期一年的见习规培结束后,我正式成了一名班主任。在专业成长的道路上,市、区、校为青年教师搭建了优质的平台。在各级平台的支持下,在一连串关键事件的驱动下,我直面挑战,克服困难,在追梦路上不断前行。

◆ 层级培训,且学且行

在规培时,我便明确了自己的职业发展方向:成为一名优秀的班主任。因此,我有意识地抓住每一次与班主任工作相关的培训机会:聆听上海市教师教育管理平台的"班主任工作艺术"网络课程,学习先进的育人理念和方法;参加由黄浦区德研室组织的主题谈话课培训,学习"拨动学生心弦"的方法;参加由我校王英老师主持的班主任工作坊,学习实用的治班方法……一系列内容丰富、形式多样的培训让我受益匪浅。

如果说见习规培和导师带教赋予了我追梦的力量,让我稳稳地踏出了追梦旅程的第一步,那么各级平台提供的培训机会便是我追梦路上的加油站,是一种学习的延伸。

◆ 机遇垂青,竞赛历练

2018年11月,我参加了黄浦区第六届班主任基本功竞赛,此次竞赛关注班主任建班育人的实践能力,聚焦"家班共育"。这让我想起蒋雯琼老师在见习规培时阐述过的关于"家班共育"的观点:要厘清家长权益,变"被动参与"为"主动参与",变"单向灌输"为"体验分享",变"单一维度"为"全维度合作"。那时,我正好接了一个一年级新班,在平时的工作中,我发现学生普遍缺乏劳动意识,更不用说劳动习惯了。我何不借此机会动员全体家长共同投入到劳动教育的过程中,在"家班共育"中培养孩子们的劳动意识、劳动能力和劳动习惯?于是,我和家长一同商量、设计了家班劳动教育方案。在育人方案的实施过程中,家班相互支撑,让孩子们在快乐的实践中不仅收获了本领,更收获了成长。

后来,我根据此次实践撰写的家班共育案例《家班合作,劳动打卡,在孩子心中开出朵朵幸福花》,获得黄浦区第六届班主任基本功竞赛一等奖,此后又获得"中国好老师"公益行动计划优秀育人案例一等奖。这让我信心大增,同时更坚定了要在班主任这条追梦路上不断奋进的决心。

2020年11月,我有幸参加了第九届长三角中小学班主任基本功大赛。比赛分为论文评选、主题班会课设计与课堂实施、教育情境模拟三部分。由于任务重,时间紧,因此在备赛、参赛的过程中,区德育室和学校团队给予我大力支持,我像一块小海绵,在专家们的悉心指导下努力吸收专业知识,最终取得论文二等奖、综合一等奖的好成绩,沉甸甸的荣誉背后凝聚的是团队的心血和智慧的结晶。

一个月的备赛、参赛过程,也是不断学习、磨炼意志、修补短板、增长本领的过程,这段宝贵的经历不仅让我在班主任专业成长方面得到了"催化",更让我在自己的追梦路上向前迈进了一大步,领略到了最美的风景。

梦想美好,道路悠长。我庆幸自己有梦,也庆幸自己坚持追梦,更庆幸追梦路上有见习规培、导师带教和平台支持相伴而行。一路追梦,一路风景,我愿在这条追梦路上不断奋进,成为一名温暖、有爱的班主任,成为儿童终身幸福的守护者。

沈小婷:2015—2016学年上海市见习教师规范化培训学员,基地校为上海市实验小学。一级教师。毕业于上海师范大学语言学及应用语言学专业,现任上海市实验小学语文教师。曾荣获2019学年黄浦区第六届班主任基本功竞赛小学组一等奖、2019学年黄浦区中小学教学评选二等奖、2020年长三角地区中小学班主任基本功竞赛小学组综合一等奖。

教育感言:用爱唤醒孩子内心的善与美。

让爱的种子在童年扎根

上海市杨浦区杨浦小学　孙景燕

成为一名人民教师,是我一直以来的梦想。为了在专业上有深度、有广度、有宽度,本科毕业后我选择继续攻读硕士研究生,为即将到来的教学生涯做准备。入职第一天,我心中充斥着紧张、茫然与无助,不知道走进教室该干什么、说什么,甚至不知道该怎么与刚接班的家长沟通,也不知道如何才能上完一节课,一切都显得那么陌生。幸好,见习教师规范化培训开始了,日常教学、班级管理、家校沟通……经过一系列点对点、手把手的培训,我这个"新手小白"开始昂首挺胸地走进教室,游刃有余地开展工作。在教师这个平凡的岗位上,我不断地学习、反思,努力寻找一些智慧的育人方法,悉心琢磨如何上好每一堂语文课。

著名教育家苏霍姆林斯基曾经说过:"爱人类比爱一个具体的人容易得多。在口头上说说'我爱人们'比较容易,而去帮助一个身边的人确实比较难的。"他主张不要让学生把热爱祖国、热爱家乡的话停留在口头上,与其空喊口号,不如付诸具体的行动。作为一名小学教师,疫情期间,我用实际行动告诉学生如何去帮助身边的人,让他们了解怎样通过具体的行动表现对他人的爱。让爱的种子在童年扎根,这也是规范化培训中专家教给我们的教育的本质。

留 一 段 情

为人师表,师德惟馨。师德是什么?千百年来,许多研究者竭尽全力用最精妙的语言来概括它,而我选择用最平凡的行动来诠释它。

2020 年伊始,全国被新冠疫情所笼罩,一场没有硝烟的战争就此打响。疫情无情人有情,面对疫情,身为班主任我是这样做的。

◆ 封城

往昔热闹的街头,已空无一人,紧张、压抑、焦虑等各种情绪在人群中蔓延。此刻,各个学校开始统计学生在沪情况、身体状况、人员接触等信息。

一接到通知,我立即通过网络对班级学生展开详细调查。

"在沪,一切都好。""在沪,一切都好。"……

突然,微信上蹦出两行字——"乐乐在去随州老家的路上……""阿力刚到宜昌,昨晚在武汉中转,停留了一晚。"

居然都是湖北!我不由得为这两位学生担忧起来,随即将情况上报学校,并时刻和家长保持联系:"武汉要封城了?你们回得来吗?""身体无恙吧?""别出门啊,权当休养生息了。"当得知学生一切安好,我那颗悬着的心才放了下来。

第二天一早,我就接到乐乐的微信,知道他已离开随州,正在回上海的途中。而阿力,因为封城,滞留在了宜昌。

◆ 隔离

看不见的敌人除了无形的病毒,还有人们心理上的创伤。因为居家隔离无法出门,大家只能通过网络获取外界信息,而大量信息轰炸带来的谣言和中伤,令很多人长期处于精神紧绷的状态。对从湖北回沪自行在家隔离的乐乐来说,除了关注他的身体健康外,对他心理健康的干预也很重要。因此,我每天和乐乐联系,时刻关注他的身心状况,并对他每天的学习、生活给予关心,适时指导。

有天晚上,我得知乐乐家的蔬菜及速冻食品快吃完了,而此刻大家都响应号召闭门不出。我只好瞒着家人,跑去超市采购。菜架上几乎空空如也,我挑了一点看着还不错的青菜、黄瓜、菠菜,又拿了一些汤圆、包子,随后将满满一袋食品送到乐乐家小区门口。当乐乐发来吃着热腾腾的面条的照片时,我会心地笑了。我和学生"隔离不隔心",疫情隔绝了空间,却无法阻隔我对学生的关心和爱护。

◆ 互动

为了缓解阿力滞留宜昌的焦虑情绪,丰富学生居家隔离的精神生活,我组织孩子们参与线上的背诵古诗比赛,对他们提交的视频及时给予点评,并奖励免做作业券、一周调换座位等,不仅大大调动了学生的积极性、充实了学生的寒假生活,也为下学期的线上教学打下了良好的基础。

还一片天

著名教育家陶行知先生用四块糖果教育孩子的故事,给了我很大的启迪。他用第一块糖果奖励孩子守时,用第二块糖果奖励孩子尊师,用第三块糖果奖励孩子正义,用第四块糖果奖励孩子自省。一场本该"雷电交加"的批评,最后变成了一场"甜蜜的邂逅"。陶行知先生十分爱学生,注重发掘学生身上的闪光点,用欣赏的眼光看待每一位学生,通过言语的激励和物质的奖励,使学生改正错误,朝着好的方向发展。我以"四块糖果的故事"作为班级管理的准则与理念,形成了自主、开放、尊重的教育教学风格,还孩子一片自我管理的澄澈天空。

◆ 自主

在德育工作实践中,我不断学习前辈的经验,不停地摸索、探寻,在加强自身学习的基础上实践提升。根据学校工作安排和本班实际情况,我坚持新接一个班时先和全班共同拟定"班级公约"。每个学生可以畅所欲言,提出对班级建设的小建议、小想法,再分类拟定,一边实施,一边完善。日子一长,学生们都知道怎么处理一些小问题。用大家的眼睛约束大家,从而增强集体的凝聚力。这样一来,我既能亲近学生、研究学生,又能公平公正,树立威望。一整套细致合理的班级制度让中队正常运转起来,孩子们迅速成长,并向着自制、自理的目标不断前进。

◆ 开放

班主任的工作千头万绪,事务繁杂,既要抓课堂教学,又要抓班级管理,有时还兼上其他课,因此选出一支好的班干部队伍协助管理班级尤为重要。我十分注重培养得力的小干部队伍,并充分发挥班委的榜样力量和组织管理能力,促进班级建设与发展。

首先,我对学生进行深入了解,通过民主、公正、公开的选举,选出一批热心为集体服务并能以身作则的学生当班干部;其次,让班干部明确自己的职责,调动他们工作的主动性;再次,在实践中教给班干部管理班级的方法,激发他们工作的积极性;最后,坚持表扬、奖励为主的原则,培养班干部工作的创造性。同时,激励全体学生参与班级管理、丰富班级文化,形成良好的班级舆论,班风正、学风浓。

◆ 尊重

一日之计在于晨,晨会课是一天教育的开始,是学生的精神早餐。重视晨会课的教育,是做好班主任工作的一条重要途径。晨会课是班主任才拥有的阵地,应该运用好这个舞台,发挥它的作用。我带的班级晨会课从来不搞"一言堂",而是采用民主式的建议和提醒。在班长的组织下,学生干部分别发布对同学们当天的要求或前一天的反馈,比如学习委员提醒大家按时上交作业、生活委员通报值日情况、纪检委员提出纪律要求、宣传委员检查红领巾佩戴情况、体育委员反馈体育课情况等。班委提完建议后,再由学生自主发言,全面辐射每一天。

"尊重学生"的教育理念,促进了生生激励、生生共进,使每个学生都成了班级的小主人。

织 一 张 网

除去班主任这个身份,语文教师是我的"主业"。深入钻研课程标准,研读教材,熟悉教材中的每一篇课文,熟知每一阶段的教学目标,是每一位语文教师必须具备的能力。为了帮助学生一步一步脚踏实地向前走,我为他们量身打造了学习的小目标和实施策略。同样是阅读指导课,三年级正是童心烂漫之时,我就带着孩子们读儿童诗歌,在童趣中体会阅读的快乐,放飞无边的想象;四年级,我带着孩子们读各种各样的儿童小说,用书中的故事润泽他们的心灵,并引导他们联系自己的生活;到了五年级,孩子们的心智略微成熟些,我便为他们开设名家名篇专栏,如泰戈尔的《飞鸟集》、冰心的《小橘灯》、朱自清的《背影》……孩子们一点点被文学感动,一点点为文学心动。这就是我期待的阅读指导的远方目标。远方如诗,远方如歌,与远方相连的一路是绵密细致的多维小目标,我为孩子们织就一张知识能力的网,引领他们沐浴文学之光。

我慢慢地走近学生,和他们成为朋友,洞悉他们的心理,激发他们自主学习的兴趣。我的课堂,既有激动人心的朗读竞赛,又有声势浩大的剧本演出;既有开放发散的话题探讨,又有聚精会神的小组研究。我的课堂,不局限于形式,只为在孩子的兴趣与能力之间搭起一座桥梁。孩子们最喜欢两周一次的"接力作文",每逢周五,他们总是分成志同道合的写作小组,或在教室里,或在阳光下,欣赏品评每个小组选出的佳作,同时进行"粉丝"互动。大家选中的佳作配上"粉丝留言"就成了一份精美的班刊。"成为作者"是一项殊荣,可以激励大家下一轮写作更加用心、尽心。就这样,我为孩子们的写作织出了一张思考之网、信心之网。

学习就是心灵的接触,因为只有心灵方能直达心灵,知识的传授也不能脱离心灵的轨道。通往教育教学的这条道路十分漫长,我愿为晨曦,快乐地生活;愿为骄阳,热情地学习;愿为红日,幸福地工作……旭日已升,层林尽染,霞光满天!

见习教师规范化培训成就了我,让我在教师这个岗位渐入佳境,发光发热。而我,愿意付出毕生的努力,用辛勤的汗水将学生浇灌成一朵朵美丽的花;用爱托举学生不断向上攀登,让爱的种子在学生的童年扎根。

孙景燕:2016—2017学年上海市见习教师规范化培训学员,基地校为上海市杨浦区杨浦小学。一级教师。毕业于上海师范大学教育学原理专业,现任上海市杨浦区杨浦小学语文教师。曾荣获2017年上海市中小学(幼儿园)见习教师基本功大赛一等奖、2019年杨浦区基础教育青年教师爱岗敬业教学竞赛一等奖、2020年杨浦区第十二届"百花杯"教学评比语文学科一等奖、2020年上海市中小学中青年教师教学评比(小学语文)一等奖,2020年承接上海市"空中课堂"拍摄任务7个课时。

教育感言:挚爱在左,责任在右;风雨兼程,只因热爱。

一分耕耘一分才　羽翼渐丰促教学

上海市浦东新区致立学校　乔彧豪

"如果要挖井,就要挖到水为止。如果要做,就要做好。"来到致立后,我深刻地认识到致立人这种认真不敷衍的态度、不做浮夸无意义之事的态度。抱着这种态度学习,我羽翼渐丰:整日沉浸在自己世界的特殊孩子,慢慢地敞开心扉,与老师亲密无间;那些令我不知所措的问题,在同事和师傅的帮助下被一一攻克;公开课上不再出现手忙脚乱的现象,取而代之的是泰然自若……

第一个被"收服"的小跟班

2015年,刚从大学毕业的我踏入上海市浦东新区致立学校,成了一名特教教师。由于从未接触过这个行业,我对特殊教育一知半解,不知从何入手。这里的每一个孩子都特别有"个性":有的喜欢躺在地上,死活不愿端正坐好;有的喜欢到处乱跑,就是不愿认真配合;有的喜欢大吵大闹,一不顺心就肆意尖叫;还有很多自闭的、多动的、沉浸在自己的世界中的……但当我静下心来走入他们的世界时,我发现他们比常人更天真无邪,更质朴真诚。

在开始教学工作之前,我对自闭症的认识仅仅停留在字面意思上,直到我遇见小龚。班上虽然有四名自闭症学生,但小龚是最特殊的一位。一年级的他能力非常差,不认识文具,不知道自己的座位在哪里,不听指令,甚至连最基本的自己吃饭也做不到。当然,最令老师头疼的是小龚从早到晚哭个不停,导致任课老师无法正常上课,不管谁安慰他、安抚他都没有用。作为班主任的我,只能四处"取经":先上网查询自闭症儿童的行为、情绪特点,然后倾听师傅与自闭症儿童的教育小故事，再向班主任导师学习与自闭症儿童相处的小技巧……一圈"取经"下来，我发现面对自闭症儿童最重要的是"三心"，也就是怀揣着耐心，慢慢地去接触他，让他感受到你的爱心，同时感到安心，这样孩子的情绪才能稳定。我试着喂小龚吃饭，带他去上厕所。当他情绪失控时，我就带他到操场上、草地上走一走。当他用手敲打自己的头时，我就紧紧抱住他，让他打不了自己。慢慢地，他适应了学校的生活，不再哭闹了。每天出操时，他都会牵着我的手，肚子饿时他会把我拉到他身边，看看我，又指指饭菜。再后来，他开始放下戒心，尝试着参与课堂教学。我相信，这些孩子虽然有着或多或少的残缺，但一定能感受到老师们是真的在帮助他们、保护他们。只要用爱心和耐心慢慢地开导这些孩子，总有一天他们会感到安心，体会到学校是他们的另一个家。

第一堂磨人的公开课

为了提升我的专业能力，学校安排我和多位带教师傅结对，在他们的言传身教下，我进一步认识了致立精神，明白了做事要全力以赴。正是有了这种工作态度，我才有了后面的一次次机会，接触到很多不同的理念。在致立的六年，我一步步改进自己的教学方法，一步步创新自己的教学技能。

见习教师培训期间，刚开始工作的我经常会犯一些低级错误，如教学流程不规范、教学进度把控不好、教学重难点不突出等。第一次试教公开课"蔬菜拓印"时，我手忙脚乱，效果一塌糊涂。课后，我的师傅黄老师谈了他的感受："首先，整节课的重难点突破不明显；其次，整节课完全是你一个人的表演，与学生之间的互动几乎没有。"接着，师傅耐心地指出整堂课的问题，并帮我重新选择内容，确定主题，甚至告诉我每个环节应该怎样衔接，怎样提高学生的学习兴趣，怎样创设情境引导学生一步步完成作品。师傅还对一些细节提出了改进建议。例如在用蔬菜沾颜料时，考虑到学生很难将蔬菜完全沾满颜料，师傅提出装菜用大盘子，颜料调得稀一些，这样保证学生能够轻松地沾满颜料；又如有些脑瘫学生在按压过程中使不上力，教师需要在这一环节及时地关注到他们。就这样，师傅指导我一次次地修改、一次次地试教。每每我有了什么新的想法，师傅总是第一时间与我讨论，为我答疑解惑。在这个过程中，我逐渐认识到，在特殊教育的课堂上，要根据不同学生智力障碍的程度及特点，提供不同程度的支持，设计不同的教学策略。

第一份满意的课件

完成见习期的学习后，我的教学生涯终于步入正轨。五年里，我教过很多学科，始终保持着做事认真的态度，也取得了一些小成绩。经过深思熟虑，我确定了自己的学科方向——生活数学。我虽然是美术教育专业毕业的，但对数学教学一直保持着热情，也有一定的数学基础。在教学实践中，我能够将之前所教学科与生活数学相融合，逐步形成属于自己的教学特色。其间，多位师傅提出了宝贵的建议，促进我在专业发展上稳步前进。另外，学校也为我提供了许多机会，让我慢慢地发现了自己的教学特长，将现代化信息技术融入培智课堂。我对信息技术本身就有浓厚的兴趣，入职后也常对这方面进行钻研。在制作课件时，我会将一些天马行空的想法融入课件中，比如制作一些动画、动态提示、互动问答等，而学生恰好对这些内容很感兴趣，因此学习效率也得到了提高。

但很快我就发现了一些问题——有时候，自己费尽心思设计的内容并不适用于所有学生，比如互动式的竞赛问答。对程度较差的学生来说，他们可能连基本知识都还没掌握，这时候要求他们回答问题、完成任务，难度的确很大。

一次偶然的机会，学校邀请华东师大的于素红教授来作讲座，培训内容是支架式教学的实施与应用。听完这个讲座，我开始思考如何将课件制作得更加规范、系统，如何为不同层次的学生设计不同程度的支架，如何利用信息技术帮助培智学生更好地理解生活中的数学。回想起之前教学粗细概念时，我给程度好的学生两个物体，告诉他们××粗、××细，他们能够较好地复述，但换了物体之后，他们又都不会了，程度差的学生更是连复述两个物体的粗细都很难做到。有了于教授的理论支持后，我决定通过视觉、听觉、触觉等多种感官去提示和刺激学生，利用互动课件和多媒体的特点，以多元化的素材，让学生感受不同物体的粗细。对能力较强的学生,我在提供大量素材的同时逐步推出支架,让他们深刻认识粗细的区别,掌握粗细的概念。对能力较弱的学生,我通过多样化的提示、多感官的刺激,让他们尝试去读去说,逐渐感受粗细的概念,达成了解粗细概念的教学目标。就这样,我在信息技术的支撑下,利用智慧课堂,达成了在课堂中运用互动课件进行个别化辅导的目的,让每一个特殊孩子都受到了充分的教育。

回顾六年的教学生涯,第一年的见习期对我影响很大,它让我形成了"要做就要做好"的学习、工作态度。全力以赴是我一路成长的核心,我之所以这样做,不是为了个人的得失,也不是为了他人的表扬,而是为了让每一个特殊孩子都能体验、学习,取得进步。"良好的开端是成功的一半",成长的道路才刚开始,我还有许多不足之处。我坚信,只有不断拓展自己的知识领域,努力钻研自己的专业知识,才能适应日新月异、飞速发展的教育教学改革。

乔彧豪:2015—2016学年上海市见习教师规范化培训学员,基地校为上海市浦东新区致立学校。二级教师。毕业于上海师范大学天华学院艺术教育,现任上海市浦东新区致立学校教师。曾荣获上海市中青年教学评比二等奖、浦东新区中小学"百优班主任"、长三角特殊教育微课比赛三等奖等。

教育感言:勤于学,善于思,敏于行。

永远怀着一颗学徒的心

上海市长宁实验幼儿园　吴诚杰

如果说教育是一门艺术，刚入职的我就像一个学徒，稚嫩且充满困惑与好奇。而入职后的规范化培训，正好为我提供了直面大师的机会和途径，可以解决我的困惑，满足我的好奇心。在规范化培训中，基地园与工作单位的带教师傅们不遗余力地言传身教，或传达思考与经验，或传授理念与方法。在他们的谆谆教诲下，在请教、反思、学习的过程中，我慢慢体会到教育这门艺术的精妙。

用请教化解迷茫

作为一名师范专业毕业生，我在大学期间经历了很多见习与实习，自认为工作时一定能做到游刃有余，但当我真正成为一名班主任时，才发现很多问题自己之前都没预料到。入职时，我接任了一个大班，另一位老师则是从托班带起，已和孩子、家长们共同度过了三年的时间。由于是插班教师，加上性别特殊，孩子及家长们对我一直持观望和好奇的态度。班级管理与家园沟通没有自信，处理班级幼儿个别问题时缺乏经验……可以说，这一年的带班过程对我来说充满挑战，带班之外的文案撰写、从毕业生向教师身份的转变，更是让我措手不及，甚至有些迷茫。

"老师，我要上厕所！""老师，我要憋不住了！""老师，我流鼻涕了！""老师……"这就是我刚进班级时每天午睡室的日常。我时而给孩子们递纸巾，时而帮他们穿衣服上厕所，忙得不可开交，就连每次和大妈妈换班时，都会冒出各种小脑袋，发出奇奇怪怪的声音。于是，迷茫的我把这个问题告诉了带教师傅。师傅告诉我,孩子们常常会用各种方式来试探新老师的规则底线。我恍然大悟:原来孩子们有时候不是真的想要尿尿、擤鼻涕,而是想要试探出午睡时他们能做什么事情,因为我一直允许他们做这做那,他们才更加乐此不疲,完全不遵守午睡室的规则;再加上幼儿的从众心理,所以越来越多的孩子加入进来。

于是,我尝试做出一些改变。午睡前,我先提前告诉孩子们午睡室的规则,比如午睡时不上厕所、要保持安静,接着和几个经常说要尿尿的幼儿单独沟通,仔细询问他们是否尿好、等会儿是否还要尿尿等。午睡时,我利用榜样的力量,通过表扬午睡好的幼儿来引导其他幼儿做正确的事。果然,"午睡难"的问题很快就解决了。

在规范化培训中向带教师傅请教,顺利地化解了我心中的迷茫,而勤于反思则让我在规范化培训中受益良多。

用反思解决困惑

那时候班里有个孩子总喜欢触碰老师办公区域的东西,比如美工刀、剪刀、订书机等。我多次告诉他,老师的办公区域是不能进去的,更不能随意拿取工具,因为这些工具都很危险。他当时也认为不对,但没过多久,类似的行为又出现了——他在大家玩玩具的时候走到办公区域,摸了摸老师刚领来的转移膜。我觉得他是在挑战我的规则底线,便很生气地批评了他一顿。看着他那委屈的眼神,我总觉得自己似乎做错了什么,那么他到底为什么宁愿挨批评也要去摸转移膜呢?带着深深的困惑,我查阅了规范化培训中关于幼儿行为方面的讲座笔记,其中提到"要基于孩子发展阶段以及不同孩子的情况改变与调整规则,清楚地了解改变这些规则是满足或符合谁的需求"。联想到孩子的行为,我顿时对这句话有了更深层次的理解,意识到也许他只是出于好奇。第二天,我又拿着转移膜,他看了看我,低下了头。我走过去,问他:"你想知道这是什么吗?""嗯,这是什么纸呀?"他睁着水汪汪的大眼睛,好奇地抬头看着我。我耐心地解答了他的问题,并和他私下约定:如果想了解老师的工具或其他东西,可以和老师说,老师很愿意告诉你。后来，他欣然遵守这个规则，不再随意进入办公区域了。

这件事让我意识到，反思能够帮助我更好地理解专家提及的理念与方法。从那以后，我开始关注培训讲座内容与实际带班中遇到问题的联系。

有一次，搭班老师外出开会，我独自一人带孩子们进行户外运动。运动结束时，我大声呼唤孩子们收毛巾和喝水，自己则一边搬运动器材，一边注视着毛巾架那边的孩子们，只见孩子们在毛巾架前面挤来挤去，乱作一团。我刚要制止他们，几个动作快的孩子已经收好了毛巾，在操场上一边尖叫一边飞奔。我立马放下器材，准备拦住跑步的孩子。就在这时，有个孩子突然过来告诉我他流鼻血了，我赶紧拿起纸巾查看流血情况。紧接着，我的耳边又传来了孩子的哭声，循声望去，不远处一个孩子捂着屁股侧坐在地上，嘴里嚷着屁股疼……

一时间，尖叫声、哭泣声、嬉笑声全都融在一起，塞进我的耳朵里，焦躁的情绪一下子喷薄而出。"干什么啊！再不排队不回教室了！"说罢，我气冲冲地端起毛巾架，用几张纸为流鼻血的孩子止了血，然后扶起屁股疼的孩子，大声训斥了刚才乱跑的孩子，转身往教室走去。一堆吵吵闹闹的孩子们就这样叽叽喳喳地跟着我回到教室，焦头烂额的我瘫坐在椅子上，自言自语道："天呐，到底是哪里出了问题？"

那件事之后，我一直在反思应该如何更好地解决当时的困境。没想到几天后，我正好在规范化培训讲座上听到一位优秀的成熟教师提及带班的方法和策略，她指出带班既要流动起来，也要停得下来，也就是说要注重指令之间的衔接。我把她说的内容和自己遇到的困境联系起来，一下子茅塞顿开。如果再让我处理这件事，我也许可以通过一些指令来帮助孩子们：先让收好毛巾的孩子们在操场上找个点站定，然后提醒后面乱跑的孩子也找个点站好，接着依次帮助流鼻血的孩子和屁股疼的孩子，最后将毛巾架、运动器材、水杯架留在原地，等空闲时再去处理。这样的等待指令，不仅为动作快的孩子们创造了安静等待的时间，还便于我更好地关注其他孩子的情况。

在规范化培训中的学习，不但帮助我在反思中解决实际困惑，而且帮助我在工作上建立起了一份自信。

用学习建立自信

在之后的规范化培训讲座中，我不仅越发关注班级管理的各种方法，并结合工作中遇到的实际问题，深入学习相关保教方案，同时继续反思日常带班中的策略和方法是否合适，并主动向身边的同事及带教师傅请教。大家热心地为我答疑解惑，介绍了很多关于幼儿问题的处理策略和方法，并推荐了一些有关教育理念方面的书籍。就这样，我一边在规范化培训中学习，一边尝试通过有趣的集体活动和故事来吸引孩子们的兴趣。平时，我也常常和孩子们聊天、玩耍，让他们愿意听我说话。慢慢地，孩子们认同了我教师的身份，我带班时也越来越得心应手了。

当然，幼儿方面的管理只是班级管理的一部分。对刚入职的我来说，家长沟通也是一大难题。缺乏社会经验的我在与家长沟通时，常常不能满足他们的需求，有时甚至说错话导致家长生气，因此每当需要与老师沟通时，他们总是倾向于选择搭班老师。久而久之，我更不敢与家长沟通了。于是，我只好求助于经验丰富的带教师傅。师傅告诉我一方面可以多学习一些专业知识，用专业知识让家长信服，另一方面可以在带班时多观察孩子的生活情况和身体情况，比如被子是否过薄需要更换、鞋子是否太滑容易摔跤、今天有没有大便等，与家长们积极沟通，以此获得他们的信任，让他们了解到老师是很关心孩子的，从而更好地参与、配合对孩子的教育。

我按照带教师傅说的做，家长们果然对我产生了信任，逐渐支持我的工作。后来要开家长会时，带教师傅和搭班老师都鼓励我作为主讲教师，希望我与家长建立起良好的关系。于是，我将在规范化培训中有关幼小衔接的专业知识仔细梳理了一遍，并在家长会上以自己的学习生涯为例，生动详细地讲解了幼小衔接的问题和一些应对方式。家长会后，很多家长都主动来找我进行教育理念的探讨，这说明他们已经认同了我教师的身份。

虽然我在职初期遇到了很多挑战与困难，但所幸有规范化培训的支持与带教师傅的帮助,我才能更有自信地去面对幼儿与家长。

教育其实是一门不完美的艺术,没有一种教育方法适用于所有孩子。在规范化培训之后,虽然我在工作中偶尔还会感到困惑、迷茫、遗憾,但我相信只要永远怀着一颗学徒的心,去请教、去反思、去学习,一定能在教师这条道路上越走越远。

吴诚杰:2016—2017学年上海市见习教师规范化培训学员,基地校为上海儿童世界基金会长宁幼儿园。二级教师。毕业于上海师范大学学前教育专业,现任上海市长宁实验幼儿园教师。曾荣获2017年上海市中小学(幼儿园)见习教师基本功大赛一等奖、2018年"黄浦杯"长三角城市群"我的教育观"征文评选三等奖、2019年度上海市青年教师教育教学研究课题评选活动二等奖。

教育感言:孩子的人生不应是一次冲刺,而是一场有趣的旅行。

学师之道　行师之路

上海市第一师范学校附属小学　王艺为

2016年,我有幸加入静安区一师附小,成为一名新手班主任。回顾见习期的时光,忙碌又充实,疲惫却知足。当时,我既要兼顾教学,又要管理班级,从备课、上课到学生行规管理、家校沟通,新的身份让我倍感兴奋,却又无所适从。幸好余老师出现了,她就像迷雾中一丝耀眼的光,照亮我前行的路,使我感到安心、踏实。

作为年级组长,余老师有着丰富的少先队工作经验和出色的班级管理能力,曾荣获上海市园丁奖,并在奉贤区柘林学校支教。在余老师的精心带教下,我的教育教学能力大幅提升,并在见习教师基本功大赛中获区一等奖、市二等奖的好成绩。余老师不仅是我的导师,指导我的工作,还是知心姐姐,关心我的生活,我希望自己能成为像她一样优秀的老师,始终积极向上,充满正能量。回忆我和余老师之间的交往,有一件事让我至今难以忘怀。

2016年10月,我刚担任班主任三个月,正是最焦虑、最彷徨的时候。有一天晚上,小郑的妈妈在微信上给我发了数十段长语音,言辞激烈地阐述了女儿在学校被同学霸凌的经过,希望老师出面处理。我从语音中了解到,小郑经常被小成反锁在厕所里,并被抱起来转圈,多次撞到额头,已出现呕吐、头晕、做噩梦等症状。听完小郑妈妈的语音,我的大脑一片空白,"霸凌""脑震荡""呕吐"这一个个词在我的脑海中嗡嗡作响。不知所措的我鼓起勇气联系了余老师……

第一时间,及时反馈

余老师第一时间给我打来电话,我至今仍记得她说的第一句话:"小王啊,你别慌,我帮你。"短短的一句话就像一颗定心丸,让我突然有了依靠,情绪也稳定下来。余老师嘱咐我,家长现在怒气很大,文字沟通并不能有效传递老师的情绪,应该立刻电话联系对方,感谢家长提供的信息,并承诺会在返校了解清楚情况后进行处理和反馈,同时希望家长相信老师,相信孩子。电话这头的我赶紧拿起笔,记录下余老师说的每一句话。之后,余老师更是通过微信语音,将应该对家长说的话逐字逐句地讲给我听。我深吸一口气,着手进行处理。

学会倾听,安抚情绪

余老师反复强调,在没有了解清楚情况之前,老师一定要少言多听。倾听家长的声音,就是为家长提供一个宣泄情绪的出口,适时安抚他们的情绪,取得家长的信任。我发现,当我耐心地听完家长的诉求后,他们的情绪往往缓和了很多。

余老师曾语重心长地和我分享她的经验:共情是一名优秀班主任的重要"软实力"。班主任要学会站在家长的立场,体会他们的感受,理解他们的焦虑、愤怒、悲伤,作出可以满足他们情感需求的回应,安抚好家长的情绪后再处理问题。

了解情况,公平公正

当天晚上,我就和家长取得了联系。电话那头,小郑妈妈非常激动,要求小成父母道歉,小成在全班向小郑道歉,老师利用班会进行教育。作为一名新手班主任,我一夜未眠。第二天,我垂头丧气地走进办公室,只见工位上放着一本小册子——《中小学生欺凌防控指导手册》,我知道这一定是余老师给我的。余老师在课间主动和我沟通,指导我如何妥善处理。余老师告诉我,既然家长反复提及"霸凌"这个词,那么在与其沟通之前,一定要先了解校园欺凌的定义、范围、因素等,不可以随便给孩子"扣帽子"。我和余老师一起阅读了指导手册的相关内容,做到心中有数。接着,余老师让我将小郑、小成以及所有知情学生都集中起来,询问事情的相关细节,做好关键信息的记录,梳理整件事情的脉络,并复述给当事人及旁观者,确认是否属实。最后要做的就是联系家长,面对面进行解决。这一步步指导对我这个教龄只有三个月的班主任来说,犹如醍醐灌顶。我赶紧询问了相关学生，了解了整件事的前因后果，发现小郑妈妈在某些细节的描述上确实欠妥，事情也远没有校园欺凌那般严重。

了解了事情的经过，明确了"校园欺凌"的定义，我已经心中有数。但面对即将到来的双方家长面对面协调，我仍信心不足。我该说什么？我什么时候说？我该如何教育？这一系列问题，让我悬着的心始终没有放下。

当面解决，化解矛盾

作为一名新教师，我害怕直面家长，企图通过电话联系，做一个"传声筒"。余老师坚决否定了我的想法，提议让双方家长坐下来当面解决，避免后续遗留问题的发生。她还主动提出和我一起在场解决。我深知在以后的教育生涯中这种场面会经常出现，自己一定要迈出这一步，不能一直依靠导师。"我自己来！"我坚定地说。余老师笑了笑，对我竖起大拇指，言语中饱含鼓励："你不要怕，我在办公室等你，解决不了，给我打电话。"我清楚地记得，当天的面谈安排在放学后，共持续了三个小时，余老师也足足等了我三个小时，这让我非常感动。

双方家长坐下来面谈，当面聆听了多位孩子的口述，才发现事情并没有小郑父母说的那么严重。当他们强调孩子在学校遭受霸凌时，我顺势向双方家长科普了"霸凌"的官方定义，同时联系该事件的种种细节，否定了"霸凌"这一观点，维护了孩子的权益。小郑父母事后也承认言辞过激，向小成及其父母道歉。在面谈过程中，余老师不仅轻轻地走进教室，为家长们送上矿泉水，并拍拍我的肩膀，给我一个肯定的眼神，还不时在教室后门观望，默默地做我坚强的后盾。

最后，事情得到了圆满的解决。作为一名新手班主任，我也顺利地跨过了教育生涯的第一道小坎。这对有经验的老师来说也许不值一提，但对刚入职场的我来说却是浓墨重彩的一笔。经过这件事，我信心大增，对家校沟通也有了真切的体会。我知道，这背后离不开余老师的悉心指导。

抓住时机，积极教育

在余老师的指点下，我又单独将小郑和父母留在教室，对小郑进行了心理疏导和教育,希望她今后遇到问题要第一时间告诉老师,而不是通过家长转述,并鼓励她大胆说出自己的想法,不要憋在心里。这时,小郑妈妈突然流下眼泪,和之前咄咄逼人的模样判若两人。小郑妈妈和我交流了孩子长期以来的性格问题,希望今后我能多多关注、多多沟通。我突然发现,自己作为班主任,因为经验不足,惧怕与家长沟通,不仅误会了家长,也错失了很多关心学生的好机会。

当天晚上,我主动联系了小成父母,他们对我处理问题的专业表示认可,并承诺会积极配合老师,教育孩子文明游戏,与同学和睦相处。我心里清楚,所谓的"专业",是因为背后做了充分的准备,了解了矛盾的核心,并给予了正确的引导。

回顾见习期间我和余老师的相处,类似的事情还有很多,每一次应对背后都饱含班主任的智慧,我如饥似渴地学习着,快速地成长着。余老师对班主任工作充满激情,热爱并乐于付出。作为徒弟,我也在耳濡目染中学到了很多经验和技巧,并慢慢体会到教师只有用耐心、爱心、学识和奉献交织出自己的人格魅力,才能得到家长的敬重。我希望自己能成为余老师那样的老师,拥有一颗关爱孩子的心,建立一份教书育人的责任,将爱传递给学生、传递给家长,做一个幸福的班主任。

王艺为:2016—2017学年上海市见习教师规范化培训学员,基地校为上海市第一师范学校附属小学。三级教师。毕业于华东师范大学汉语国际教育专业,现任上海市第一师范学校附属小学语文教师。曾荣获静安区教育系统见习教师"新苗奖"一等奖、上海市中小学(幼儿园)见习教师基本功大赛二等奖。在《上海教育》《现代教育》等杂志上发表《书香溢校园 悦读育人心》《让阅读滋养教师》等文章。撰写的青年课题成果获静安区二等奖。

教育感言:教学上,亦师亦徒;育人中,有严有爱。

立德树人，热爱并收获着

上海市金山区廊下小学 吴健斐

教师工作的本质是塑造灵魂、塑造生命、塑造人。见习规培期间，我不仅承担了四年级两个班的英语教学工作，还在其中一个班做实习班主任。作为一名见习教师，刚接触班主任工作时，我既忐忑又茫然。但随着时间的推移，我慢慢感受到班主任这份工作的不容易，并深深地认识到孩子需要老师用心呵护，才能茁壮成长。同时，我也在与各种各样的学生打交道的过程中，不断地成长和收获。

了解孩子的背景

小邱是我们班为数不多的英语非常好的男生之一，他字迹端正，每一次都能保质保量地完成作业，但课上却从来不举手发言。有几次我叫到他，他连站都不肯站起来，这让当时刚踏上三尺讲台的我很没面子。在生气的同时，我也觉得很纳闷，于是询问了班里的同学，其他小朋友七嘴八舌地告诉我："老师，他总是发脾气，之前还摔过课桌！""老师，他上课从来不回答问题，不只英语课！""老师，没有人跟他做朋友！"听了学生的话，我陷入了沉思。

后来我联系了小邱的家长，想要了解他是不是只在学校里才有这样的表现。小邱妈妈告诉我，他在家里也是这样子，他们也束手无策。了解了基本情况后，我非常心疼小邱。

我下定决心要帮助小邱，因为他是一个非常优秀的学生。这孩子是自己跟自己发脾气，自己跟自己不开心，他有很强的自尊心，但同时也有很强的自卑心理。每个学生一言一行的背后都隐藏着许多可贵的闪光点，班主任就是要用爱心发掘这些闪光点,让学生在充满善意的期待和爱中,增强自信,走向成功。于是我决定走近小邱,走进他的心里,慢慢带他走出自己的世界,学会和身边的人相处。

尝试接近孩子

一开始,没有经验的我能想到的最简单的办法,就是把小邱叫到办公室聊天,但他除了偶尔点头和摇头之外一句话都不说。于是我开始思考一个问题:假如我是这个孩子,我希望被怎么样对待呢?我不由得想到之前听过的一个故事。

有一个精神病人以为自己是一个蘑菇,每天都撑着一把伞,不吃不喝地蹲在房间的墙角里。有一天,心理医生学着病人的样子蹲坐在他旁边。病人很奇怪地问:"你是谁呀?"医生回答:"我也是一个蘑菇呀。"过了一会儿,医生站起来,在房间里走来走去。病人就问他:"你不是蘑菇吗,怎么可以走来走去?"医生回答说:"蘑菇当然可以走来走去啦!"于是病人也学着医生的样子做。慢慢地,这个病人能像正常人一样生活了。

小邱自尊心非常强且十分上进,看到作业上有不该犯的错误就会跟自己生气。我应该像故事中的医生一样循序渐进,陪伴、引导他走出自己的世界。我发现他喜欢英语,所以爱屋及乌,对我这个英语老师也不那么排斥。这样一来,我更加有信心了,准备借着他对英语的喜欢慢慢改变他。于是我每节课下课都会走到他的座位旁边跟他说上几句,有时和学习有关,有时和生活有关,偶尔也聊聊兴趣爱好,引导他和外界沟通。有几次,我还会和他周围的同学聊上几句,带他融入同学中。当他的作业本上有错误时,我不再简单画叉,而是写上一句鼓励的话:"你下次一定不会粗心了!""期待你更优秀的作业!"当他作业全对时,我就在作业本上画一个大大的笑脸。我希望小邱明白,犯错并没有那么可怕,只有学会对自己宽容,才能对世界宽容。

和孩子心灵沟通

渐渐地,小邱愿意主动上交订正作业了,我就抓住这个机会跟他多聊几句,比如作业、学习、生活和喜好。他从一开始只是听着,偶尔点点头,到后来也会问我,开始和我交流,愿意和我接近,向我袒露他的想法。和学生谈话最重要的是走进孩子的心里,让他感受到老师是他最亲的人,从而"亲其师而信其道"。我相信师生之间真挚的情感,一定会有神奇的教育效果。

随着时间的推移,我发现小邱不仅不排斥我的接近,还会在课堂上与我进行眼神的交流,这与他之前上课时永远低着头不接受任何互动的样子判若两人。发现他在课堂上的注意力越来越持久后,我尝试着找他回答问题,他不再像之前那样拒绝站起来了。这一改变让我欣喜不已。我知道,我已经走进他的心里了。

在之后的课堂中,我不断引导小邱大声回答问题,并带领全班学生报以热烈的掌声,让他感受到班级中的友好氛围,感受到上课互动带来的成就感和满足感。从那以后,他不再满足于被抽到回答问题,而是积极主动地举手发言。我在和其他任课老师的交流中得知,他们的课上也能看见小邱举起的小手。

坚持自己的选择

经过一年的相处,小邱终于愿意向我敞开心扉了。在这个过程中,我慢慢学会了一些育人的技巧和方法,小邱也逐渐变得外向和爱说话。我和他建立了平等的师生关系,我尊重他,他也尊重我。当然,我们也不仅仅是师生关系,更变成了朋友。我只教了小邱一年,读完五年级后,他顺利升入初中。后来,我向小邱妈妈了解他现在的情况,小邱妈妈说孩子比以前开朗多了,愿意和人交流了。除了我的生日之外,每年教师节他也会通过 QQ 发来消息。他是我带的第一届学生,而第一届学生中,只有他是唯一一个每年都记得给我送祝福的。令我印象最深的一次是他读初一时,用全英文给我发来了这样一段话:"I'm in seventh grade, Miss Wu. Thank you for your guidance in English when I was in fourth grade. This is the third Teachers' Day after you taught me. Happy Teachers' Day!"当时看到这条消息,我的眼泪一下子夺眶而出。

《管子》里说:"一年之计,莫如树谷;十年之际,莫如树木;终身之计,莫如树人。"在与小邱相处的这一年里,也许是我的陪伴和耐心感动了他,让他感受到了关爱,感受到了温暖。我付出了爱,所以他也回报了爱。但小邱一定不知道,在他毕业后,他却成了我最想感谢的人。因为他锻炼了一个年轻班主任的心,让我有了坚持的理由,让我觉得这个世界上最小的"主任",是一个温暖人心、富有情感、责任重大、意义深远的"官"。

我国现代教育家夏丏尊说:"教育之没有情感,没有爱,如同池塘没有水一样,没有水,就不能称其为池塘,没有爱就没有教育。"要做好班主任,不能缺少爱,爱是感情诱导的本源。我们热爱教育,把教育当成事业;我们热爱学校,把学校当成第二个家;我们热爱教的每一个学生,把学生当成自己的孩子。只有充满热爱,才能做好这份工作。而教师工作的特点,又决定了教育教学是一项极其复杂的劳动,需要每一位教师全身心地投入。

我的教育教学之路还很长。我相信,在这条路上既会有无措、伤心和失意,又会有收获、喜悦和满足。我很高兴在入职的第一年就尝试了班主任这份工作,让我能够充满热爱地在这条路上勇往直前,而一路上的收获也让我更加明确,教书育人的确是我心之所向。

吴健斐:2016—2017学年上海市见习教师规范化培训学员,基地校为上海市金山区第一实验小学。二级教师。毕业于上海商学院国际经济与贸易专业,现任上海市金山区廊下小学英语教师、团支部书记、党支部委员。曾荣获2017年上海市中小学(幼儿园)见习教师基本功大赛一等奖、金山区青年五四奖章、金山区第三届"育苗杯"班主任基本功大赛一等奖、2019年度区"鑫工巧匠"称号。

教育感言:教书育人是心之所向,所以愿意勇往直前。

品味"对话"　磨砺成长

上海市黄浦区思南路幼儿园　刘学远

有人说过:"所谓成长,就是自己一个人跟一跄的受伤,跌一撞的坚强!"是的,在成长的过程中,我们会遇到无数的艰难险阻并因此受挫,正是这些艰难险阻磨炼了我们,激励我们不断向前发展。

如今我已在幼儿园中度过三载春秋,回看初入职时的自己,作为一名新教师,我其实遇到过许多坎儿,其中最先面临也最让我困惑不已的便是看似简单实则不易的对话。

入职后,我参与了上海市见习教师规范化培训,并在基地学校的培训中获得理论与实践的双丰收。在与幼儿、导师、家长的相处中,我逐渐体悟到用"对话"吸引孩子们的视线,用"对话"汲取导师的专业精髓,用"对话"获取家长的满意与信任。

与孩子对话:站在孩子的角度,辨识孩子的需要

记得刚成为一名带班教师时,我最大的挫败感就来自在孩子们面前流眼泪……

那是一个小班音乐活动"开始和停止",孩子们尝试跟着"开始"和"停止"的音乐用身体语言表现不同的动物。有的"咚咚咚"用力地踩着地板,有的开始学老虎"嗷嗷"叫,声音越来越响。我试着喊"停",试着拍节奏吸引孩子,试着请一两个孩子先坐下,也试着把音乐调响,但教室里的声音已经大到听不见音乐了,孩子们个个沉浸在扮演的动物角色中,快乐而不受控制。我没有理由也无力喊停,于是坐

在教室的最前面哭了。

那天,我有一种"输了"的感觉,觉得自己很失败。我的确用眼泪让孩子们停了下来,但同时我也展示了自己的脆弱。我不断安慰自己,在孩子们面前哭,至少证明我们之间的关系是平等的,可我也清楚地知道这一定不是最好的方式。

于是,我将这个问题带到了规范化培训的"辨析讲坛"中,这是一个专门为新手教师搭建的平台。在这里,我们可以畅所欲言,与同年龄的老师探讨,向有经验的老师请教。交流过程中,基地导师吴老师分享的故事引发了我的思考。

吴老师说在她年轻时执教的一次公开活动中,当她和孩子们坐在草地上讲故事时,孩子们突然都朝着同一个方向跑去,她连忙对孩子们说:"快回来,那里有大灰狼!"不料,一个孩子回答道:"幼儿园里才没有大灰狼呢!"事后吴老师才发现,草地上一群小鸟时而跳跃,时而飞起,原来孩子们是去追小鸟了啊!吴老师说如果下次再碰到这样的情形,她一定会和孩子们一起跑过去,等小鸟远去了再召集他们回到自己身边。

原来一句话就可以改变孩子的视线和行为,我却只想着自己组织活动的成败。为什么要想方设法去控制孩子呢?如果能和他们一起发现、一起游戏该多好啊!

在参加黄浦区"萌芽杯"比赛时,我将我的故事和思考作为案例分享给评委老师。正当我沾沾自喜,觉得自己的反思是如此深刻时,冯院长的提问让我措手不及:"如果让你再上一次,又碰到了同样的问题,你还会哭吗?""当然不会!""那你会怎么做呢?""……"

后来,在"萌芽杯"的颁奖舞台上,冯院长又问我关于上次的问题是否有答案,并语重心长地说:"教师要和孩子们一样沉浸在他们的世界里,或扮演一种动物,可以是一只跺着脚的大老虎、会唱歌的小鸟,还可以是一只吹着口哨的金丝雀,用动物的口吻一起做游戏,既有趣又能吸引他们!"

反思是起点,找到合适的方法与策略才是新的开端。我觉得自己对如何与孩子进行"对话"的理解又得到了一次升华:只有从孩子的视角理解他们的需要,用智慧的语言与孩子对话,才能成功"抓住"他们的小耳朵!

与导师对话:汲取前辈经验,在反思中实践

在班级工作中,除了与孩子相处,与家长沟通也是青年教师的重要课题。我常常不知道该说什么,害怕说话,更担心家长会问倒我。还记得初入职时的开学前两周,每每离园,家长就会向我抛来各种问题,我明明知道却说不出来,有时甚至大脑一片空白。于是,每当家长来接孩子时,我都主动"退居二线",把交流的重任留给我的带教导师。

一天,我遇到了一件令我束手无策的事⋯⋯

我们班有一个女孩名叫玥玥,她的运动大肌肉发展得很好,但在那天的室内运动游戏中,她的牙齿却不小心磕到了嘴唇,咬出了一个小泡泡。我该怎么和她妈妈交代?怎样才能让她相信我说的是事实呢?我心里既忐忑,又充满疑问。

我第一时间带着问题向导师请教。她告诉我,虽然我们面对的是家长,但孩子是我们共同的话题,老师应当坦诚地讲清楚事情的原委,让家长感受到老师对孩子的真诚与关怀,这样就不会担心与害怕了。

"那我该怎么和玥玥妈妈说呢?"导师没有马上给我答案,更没有直接替我包办。她和我一起努力回想了当天的每一个细节,接着我们进行了一次"模拟对话",预设了多个可能发生的问题。

模拟对话开始!导师直击问题:"玥玥是在什么情况下嘴上咬出小泡泡的?"

我脱口而出:"运动游戏!"

导师看着我,言下之意是说得不到位。于是我连忙补充运动游戏中发生的细节,但导师还是不置可否。

"我还能说些什么呢?"正当我思考的时候,导师点拨道:"你不仅要回答家长问的问题,还要说出我们老师是怎么说、怎么做的,这样才能打消家长的顾虑,增进彼此之间的信任。"

导师的一番话让我茅塞顿开。我酝酿片刻后,按导师所说的方法把事情的经

过及老师与孩子交流的内容、采取的措施等演练了一遍。导师听完我的表述后连连点头,接着她又问我玥玥今天是不是没哭、是不是很勇敢。我疑惑:"这些也要告诉家长吗?"导师笑着说:"语言的清晰在于让对方听明白,而语言的艺术是让对方听得舒心。"

有了交流的语言与方法,我底气也足了,后来当我单独和玥玥妈妈进行沟通时,家长不仅没有像我想象中那样追问、质问、责问,反而对老师表示了理解和感谢。

事后,我激动地告诉导师家长的态度与想法。她笑着对我说:"记得告诉玥玥妈妈,回家后还要进行观察,并持续和家长保持联系!"

在我园开展的规培课程中,经常会针对家长工作进行案例分析。在分享自己案例的同时,我也从同伴和导师们的经验分享中逐渐感悟到,前辈教师的从容不迫是一次次磨砺的成果,新手教师不仅应常常到这些"大树"下学习借鉴,更应走出她们的庇护,灵活运用成果。

与家长对话:敢于突破固着,满足不同需求

先入为主、敢想敢试是我们青年教师的特点。初入职场,面对问题与困难,我们应该珍惜基地学校、区级培训的平台,积累经验,大胆创新。

为了让教师与家长之间的"对话"擦出新的火花,在基地校吴园长和教师团队的支持下,我们青年教师与导师们共同探索了许多家园沟通的创新实践。

比如开设"沉浸式家长会"。首次让家长以幼儿的角色进入教室,体验幼儿在园的一日生活,使他们在亲身体验中发现孩子可能存在的问题,从而引发家长主动提问"我的孩子是怎么产生变化的"。家长获得话语权后,与教师之间的"对话"将更有话题。

又如尝试开展个别化"育儿沙龙"。通过家长个别约见、每周家园视频交流、家庭观察卡等多种途径,了解家长的育儿困惑,将家长感兴趣的话题与幼儿的发展现状进行聚类,分阶段地开展线上与线下的个别化主题沙龙,与家长"共话"幼

儿的成长。在沙龙中,拥有共同困惑的家长聚在一起,不仅容易产生共鸣,还能了解同一年龄段其他幼儿的发展情况。

这一系列家园工作的创新实践,得到了家长们热情的参与和热烈的反响。我们欣喜地发现通过不同形式的"对话",老师们变得更加了解孩子,家园沟通变得更加有效。这也给了我们青年教师莫大的信心,促使我们在实践中不断探索和成长。

宋朝的一位教育家李觏曾说过:"善之本在教,教之本在师。"老师是孩子们向善的因子,我们遇到的每一个小问题对孩子的人生来说都是大事。在成长之路上,不忘初心,努力成为一名好教师是我们人生的理想,而善于发现问题、敢于直面问题、勇于解决问题则是我们需要时刻警醒自己的。

学会与孩子对话,真诚地与家长沟通,勤于向智者请教、与长者交流,相信我们这群青年教师会慢慢蜕变,不断成长!

刘学远:2017—2018学年上海市见习教师规范化培训学员,基地校为上海市黄浦区思南路幼儿园。二级教师。毕业于上海师范大学,现任上海市黄浦区思南路幼儿园教师。手风琴八级,打击乐五级,喜爱舞蹈、钢琴与摄影。曾荣获上海市中小学(幼儿园)见习教师基本功大赛一等奖、上海市教玩具设计大赛三等奖、黄浦区"萌芽杯"教学比赛一等奖、黄浦区教学评选教学设计奖等。

教育感言:老师的一生有许多孩子,孩子的成长只有几位老师,我们肩负重任。

班主任螺旋式成长中的"三阶段"角色转变

上海市曹杨第二中学　赵炜瑜

尺璧非宝,寸阴是竞。虽然我的教师生涯并不长,但在被学生称呼了千百次"老师"后,我早已认同了自己教师的身份。我是教师,更是一名基层班主任。回顾那些年的班主任工作,我有幸站上了班主任工作的市、区平台,和育人前辈共同探讨、研究德育问题,并形成了对自己班主任螺旋式成长中"三阶段"角色转变的思考。

锤炼基本功:从"经验型"模仿者走向"智慧型"表现者

挑战与机遇并存。入职第一年,我成了普陀区最年轻的一名班主任。寒来暑往,我跟随班主任带教师傅穿梭在课堂之间,也"依葫芦画瓢"地学习如何管理班级、设计班会课、处理班级问题。虽然在班主任工作上没有犯什么大错,但与带教师傅和育人前辈相比,我总觉得自己缺了点老师的"育人气"。一名刻意的"救火队长",这是我对入职半年的自己的总结与评价。直到参加了上海市中小学(幼儿园)见习教师基本功大赛,站上了更广阔的平台,见识到更多的人与事,我开始反思自己的问题,努力锤炼基本功,终于从"经验型"模仿者走向"智慧型"表现者。

那是参加普陀区见习教师选拔比赛的日子,我与新入职的同事一同步入教师考场,从教育设计到课程实施,从撰写教案到案例分析,从班主任智慧呈现到答辩,我不由得再次感叹教师职业背后丰富的内涵。虽然以全区总分第一的成绩入围了全市的比赛,但我没想到自认为最有实力的部分——班主任智慧呈现却成了最令人汗颜的部分。作为一名"经验型"模仿者,我天真地认为自己已经是班主任了，怎么可能遇到问题处理不了呢？然而，一个青春期情感疏导的问题，让我在评委面前尴尬得说不出话来，苍白无力的说教搭配着不协调的肢体，像极了一个"小丑"。自那天起，我开始重新审视班主任工作——这不是人人都可胜任的职位，而是具有极强专业性的岗位，敷衍度日是对学生的不负责任，如何真正从学生角度出发育人才是接下来我需要思考的问题。

通过普陀区的见习教师比赛，我认识到，模仿只是表层，我还没有学到带教师傅的精髓。接下来的日子，我对班主任案例和智慧呈现进行了深入研究，归纳了众多班主任曾遇到的问题类型，包括青春期情感疏导、学业压力处理、家班共育问题、班级管理问题、突发事件处理等，并与带教师傅和录用校的师傅做了大量的带班工作研讨，形成了自己的处理应对预案。

2018年，我以优异的成绩获得了上海市中小学（幼儿园）见习教师基本功大赛一等奖。在其中的育人智慧呈现环节，我将自己平时的工作成果娓娓道来，精彩的处理获得了评委们的一致认可，而这都要归功于见习规培给予我的一次次转变的契机，是它们让我慢慢走向"智慧型"的表现者。

聚焦专业力：从"事务型"表演者转向"研究型"实干家

好景不长，我的班主任工作成长再次遇到了瓶颈。"说得都好听，做得好才是真的好。"或许是看到了我的沾沾自喜，带教师傅这样对我说。的确，当时的我就像一个"事务型"表演者，虽然口中有学生，但落实到真正的班级管理中，未必胸有成竹。我很快认识到班主任工作与比赛中的情境模拟不能完全画等号。

一转眼已是入职第二年。有一次，在学校的组织下，我们这些新班主任带着学生到南京参加社会实践课程——南京生存训练。在雨花台烈士陵园的一场主题班会，彻底颠覆了我对"德育"的认知。以往谈起爱国主义主题班会，我最担心的就是流于形式，害怕学生不能真切体会。为了增强学生的民族自尊心，让他们把思想集中在爱国的主题上，我预设了种种问题，并提出了以下做法：着眼细节，关注体验过程，营造班会严肃气氛；推进理解，预设同学发言，扭转班会"话锋"；跟进思辨,现实材料育初心。

这篇《一次爱国主题班会的"三退三进"》刊登于省级期刊《新生代》。通过这次主题班会的"三退三进",我发现判断爱国主题班会是否成功要看能不能从形式转变为实质,将感性上升为理性,把语言转化为行动。会后,学生们当然也会进行思考和讨论,但这时他们不再是夸夸其谈,而是有意识地联系历史和现实;更重要的是这次班会从某种意义上来说并没有真正地"结束",在今后的日子里,这次班会的教育效果会一直影响着学生,引导他们将爱国主义内化于心,外化于行。

从此,我开始从"事务型"表演者转向"研究型"实干家,遇到问题,不再高谈阔论,而是潜心研究。比如:在《东方教育》发表《学校道德教育和价值观教育的问题与对策》,探究德育问题中的短板和自己的解决方式;在《普陀教育》发表《研学实践背景下新时代班级劳动教育价值与实施的思考》,探讨劳动教育在班级实施过程中的做法。慢慢地,我学会从学生的角度出发,关注真正的育人,提升班主任专业能力,从之前把学生当成教育的客体转向现在以学生为主体。

关注真问题:从"单一型"输出者指向"个性化"育人师

《中小学德育工作指南》指出,要培育高中生学会正确选择人生发展道路的相关知识,具备自主、自立、自强的态度和能力,初步形成正确的世界观、人生观和价值观。面对班级问题,我建立起一套处理表面问题在先、解决真问题在后的流程。我认为班主任不应该当"救火队员",而应该通过个性化问题的个性化教育来育人心,不要让"大道理输出者"成为班主任的标签,而要积极探索个性化班级管理和问题解决。

我把自己的经验与做法带到了基础教育层面最高等级的班主任展示比赛——长三角班主任基本功大赛的赛场上。

"小明同学才艺了得,经常为班级写字画画争取荣誉,在今年的文化节中,应其他班主任邀请,他为其他班书写了一幅字画,最终评选结果出炉,那个班拿到了一等奖,而小明的班级只有二等奖。有同学说他是叛徒,小明一生气,撕掉了班级墙上的字画，情急的同学让他赔给班级，这时班主任恰好路过，你会如何处理？"得益于见习规培和市、区、校的研修培训，我对各类教育情境都有一定的把握和思考。从表面上看，这个班级突发事件似乎是同学之间的情绪问题，其实背后反映了两个核心问题：一是有些同学的团队意识不强，二是同学们对公德和私德的认识欠缺。

找到了核心问题，我开始归因分析。"一个班级就是一个团队，应该共同进退，无论有没有获得荣誉，同学们都要一起承担和负责。那些指责小明的同学，他们对班级的奉献有多少？所以要先让他们进行反思和自我教育，毕竟小明每次都为班级出力。"有些孩子看起来是班级的刺儿头，其实他们是急于表达观点，展现自我，那就可以给他们这样的机会，"班级建设不能光靠一两个有才艺的学生，每个人都是集体的建设者，集体因每个人的特色而发光"。

随后，我引导学生们展开公德和私德的思辨。"高中生不喜欢听说教，但他们很喜欢进行思辨。"在长期专注于学业的情况下，高中生中可能会出现这样一些现象：有的学生只顾自己，只想着自己获得荣誉和成绩，不顾大局，形成一种精致的利己主义；有的学生既关注自己的利益，也会帮着争取集体荣誉，但对公德和私德的思考还不够，看不到更高的层面。"这个案例中，在引导学生进行思辨时，要让他们明白，学校举办文化节的初衷并不是造成班级之间的冲突，而是为了让校园文化有所建设，让同学们施展自己的才华，感受他人对文化的理解，提高自己的审美情趣。"

一番层层递进的引导教育，不但顺利化解了同学之间的矛盾，还让学生们体验了一次集体教育和公德、私德教育。

"作为班主任，首要任务就是保护学生的身心健康，解决情绪，再解决问题。"德育不是救火，也不是说教，个性化地解决个性化问题，教无定法，"模板"和"套路"满足不了学生们不断出现的新问题，挖掘问题背后的育人价值，就是要利用好各种契机，把坏事变好事，智慧育人。

经过多轮比拼，最终，我作为最年轻的参赛选手，获得了综合一等奖、论文三等奖,成为唯一一名获得综合一等奖(高中组)的上海选手,这与见习规培和我在各层面对班主任工作的研修学习密不可分。

　　班主任的成长既曲折又精彩,这种螺旋式递进与学生的成长规律不谋而合,正是在同频共振中,我与学生形成了"成长共同体"。通过对这"三段式"角色转变的思考,我越发坚定了自己育人的梦想。培养什么人？怎样培养人？为谁培养人？"师者,所以传道授业解惑也。"韩愈说得精辟:传播知识,认识真理,培养人才,对人类发展怀有终极关怀、肩负历史使命。一言以蔽之,教师胸怀的是大爱,担当的是大任,从事的是大业。十年树木,百年树人,为了教育事业,为了祖国的未来,我将坚守初心,勇担使命。

赵炜瑜: 2017—2018学年上海市见习教师规范化培训学员,基地校为上海市晋元高级中学。二级教师。毕业于华东师范大学化学师范专业,现任上海市曹杨第二中学教师、团委书记。曾荣获2020年长三角地区班主任基本功大赛高中组综合一等奖、上海市中小学(幼儿园)见习教师基本功大赛一等奖、普陀区班主任育德能力大赛一等奖(十佳班主任)、普陀区教坛新秀"爱岗敬业"技能大赛特等奖、曹杨二中优秀党员。在《东方教育》《青年与社会》《新生代》《普陀教育》等杂志发表《学校道德教育和价值观教育的问题与对策》等多篇文章。

教育感言: 让老师的教与学生的学都成为一件幸福的事情。

倾洒阳光播种爱

上海市香山中学　周倩雯

站在三尺讲台上，面对着一张张朝气蓬勃的脸庞，迎接着一个个清澈通透的灵魂，我想，与其说教师是红烛，燃烧自己照亮别人，不如说教师是太阳，倾其所有把爱汇聚成一束束阳光，照射进每个学生的心房。我循着前辈们的足迹，倾洒着阳光，播种下一颗颗爱的种子，期待孩子们收获美丽的人生。

夜空中最亮的星

见习规培期间，学校帮我安排了一位班主任带教导师。导师姓毛，工作了近三十年，再过几年就要退休了。她总是在办公室里谈笑风生，看起来并不怎么关心班级事务。对急切想要学习带班技巧的我来说，这无疑是个打击，尽管心生抱怨，但我也无可奈何。然而三个月后的一件事改变了我的看法，让我明白了带班育人的起点是什么。

事情发生在 11 月中旬，周一上午，数学老师带着一个男生气冲冲地来到毛老师面前，不停地数落男生的不是。这学生倒也没有被数学老师的威严吓到，反而露出嬉笑的表情。听完数学老师的抱怨，毛老师什么都没有说，将男生领到休息室，过了许久才出来。过了几天，毛老师发烧了，我做了三天的代理班主任。让我惊讶的是，课堂上，其他老师口中的那个"坏孩子"一直认真地做着笔记。第三天，我终于按捺不住好奇心，问了男生其中的缘由。

或许是年纪相近，他也没有隐瞒："毛老师找我谈话那一天，就问了我几个问题，然后听我叙述。她是我的新班主任，虽然看起来有点年纪了，但和我以前碰到过的老师都不一样。她会听我说话！"

"周末晚上我在房间里弹吉他,我爸妈冲过来就抢,说我不完成作业,还讲了一堆难听的话,我就跟他们起了冲突。我爸拿起吉他就砸,我一气之下就跑出去了。其实我也不知道要去哪里,走着走着就到校门口了。"说着,他扑哧笑了出来,"结果正好碰见毛老师,大概是我爸妈打电话给她了,她就来找我了吧。那天晚上真的很冷,我都没来得及穿外套,冷得直发抖,毛老师就把她的外套给我披上。本来我是不打算回去的,但看老师这么冷,我也过意不去……"

"毛老师说了,只要我能认真听课,她就给我机会在迎新晚会上弹唱!而且她还给我买了一把新吉他,为了不让我爸发现,她允许我放学后在她办公室练!"说到这儿,男生的眼睛亮了,里面满是喜悦。

听完男生的叙述,我才意识到自己有多肤浅,只看到表面,殊不知毛老师私下的默默付出。同时,我又深感羞愧,拥有一位如此优秀的导师却不自知。教师的耕耘,从来不是为了向他人展现一出精彩戏剧,而是像杜甫诗句中描绘的那样"随风潜入夜,润物细无声"。毛老师的心底有个小太阳,她的爱宛如阳光,温暖了学生,照亮了他未来的人生路。

这份爱也点亮了我的教育之路:这是最有价值的一堂课,任何一种带班技巧都在爱的面前黯然失色。对教师来说,爱是教育的力量源泉。朱永新在《新教育之梦》中说:"理想的教师,应该是一个充满爱心、受学生尊敬的教师。"从那以后,这份爱在我的心里扎下了根,以不断汇聚的阳光为养料,慢慢变成属于我自己的小太阳。

迎新晚会上,男生压轴弹唱了一首《夜空中最亮的星》,获得了全场的掌声。他在舞台的聚光灯下,她在观众席的黑暗中,两人的眼睛都化成了最亮的星。

每当我找不到存在的意义,

每当我迷失在黑夜里,

夜空中最亮的星,

请指引我靠近你。

岩石里的花会开

一年后,我也成了班主任,带了第一届学生。刚站上讲台时,我还有点手足无措,但强烈的使命感很快打消了我的不安:我要心怀阳光,把阳光播撒到每个孩子心里。一个心中有光的人,就有了希望和信念。我甘愿做这样的使者,照亮孩子们前进的道路。

带班的第一天,我就发现班里有一个"问题男孩",他从不和老师、同伴交流,一个人默默地坐在最后一排,认真学习,却一言不发。同学们都戏称他为"磐石",他也不以为然。认真思索一番后,我特意在英语课上将他分进最活跃的小组,可没料到他直接无视我的要求,坐在角落里干自己的事情。下课后,我单独找他聊天,结果自己说得口干舌燥、郁闷上火。我不放弃,又从其他学生那儿要来他的QQ号,可一番苦口婆心的交流只换来"不要想改变我"寥寥几字。这个"磐石"还真是名副其实,油盐不进。

其他老师都说:"他就是一块石头,你怎么做都没用,还不如放任他这样。"渐渐地,我萌生了放弃的念头。可有一天,当我听到学校广播在放《夜空中最亮的星》时,脑海中顿时浮现出迎新晚会上的一幕幕,想起了那个弹吉他的男生眼中闪烁着的微光。我查阅了"磐石"的档案和初中班主任给他的评语,了解到他原本是个学习不错的学生,中考的发挥失常导致他对学校产生厌恶,因而封闭自己的内心。正当我为如何走进他的内心而苦恼时,档案上的一行字吸引了我的目光——爱好:各类运动,特别是篮球。

再次与他闲谈时,我在不经意中流露出自己对运动的热爱。也许是我们之间的代沟较小,又或许是运动的话题引起了他的兴趣,他竟第一次直视我的眼睛,侃侃而谈起来;第二次,我邀请他看了球赛;第三次,他教我打了篮球……我还动员班里的男生开展篮球"斗牛赛",听闻这个消息时,他第一次在教室里和其他男生一起激动得欢呼雀跃。看着他开怀大笑的样子,我的嘴角也跟着不自觉地上扬。

后来,他开始帮课代表一起搬作业,每天都来我的办公室问问题,课上听到我咳嗽还会在我桌上放一盒润喉糖,让我心里暖暖的。我生日那天,他送给我一个妙蛙种子的玩偶,还有一封信:

周老师:

你知道我为什么送你妙蛙种子吗?妙蛙种子背上的种子可以吸收阳光,也可以发射日光束。我觉得你就和妙蛙种子一样，每天都阳光满满，一直笑着，把我的心也照得暖洋洋的。你是我见过最好的班主任！我执拗的性格让我一开始就排斥这个学校，但是因为你，我想我会努力去喜欢的。

真的十分感谢你！希望你每一天都快乐！

你最头疼的学生　磐石

读完信的那一刻，我流下了眼泪——我为他的改变而欣喜，为自己不懈努力终有收获而欣慰，更为自己没有辜负那份信念而自豪。教育的过程的确很艰辛，但教育的结果是让人惊喜的。著名的思想家、教育家蔡元培曾说："教育者，非为已往，非为现在，而专为将来。"教师不能固守偏见，只看到"石头"这一假象，而要耐心、宽容地呵护每块"石头"，倾注心血去浇灌它，用阳光去温暖它，相信总有一天岩石里会绽放出一朵绚烂的花。

筑梦路上最美的太阳

步入高三后，学生们或多或少会因为学业的压力而变得寝食难安，尤其是面临美术冲刺的艺考生。班中有一个特别爱笑的女孩，因为她的名字里有一个"阳"字，再加上她性格乐观开朗，我便称她是班级里的"小太阳"。可高三一开学，"小太阳"仿佛失去了光芒，整日愁眉不展，每次我想与她沟通，她都低着头说没事。后来，通过走访家长和约谈好友，我才得知事情的原委——作为一名艺考生，她的美术成绩不甚理想，虽然家庭条件不佳，但父母还是帮她报了补习班，花了不少钱。日常的美术用纸和颜料等工具的支出，再加上每天朝七晚九的专业冲刺，给她的心理造成了很大的负担。懂事的她怕给父母增添烦恼，一直在想如何解决工具的钱。

经过慎重的思考，我做了一个决定。隔天一早，我搬了一个画架和椅子，坐在她旁边，称自己最近想画画，但苦于无从下手，所以想寻求她的帮助。我买了许多纸和颜料，开玩笑地说既然要拜师学艺，总要犒劳一下师傅，然后把工具放在她的脚边。她看了看我，又低下头盯着那些颜料，没有说话。

往后的日子里，我几乎一直待在画室，见证着她和其他同学一点一滴的进步。"小太阳"画画的时候，我从不打扰她，等她空下来，我就向她展示我的画作。没有美术基础的我画出来的火柴人总能获得她的赞赏与大笑,她也会很认真地帮我修改。渐渐地,"小太阳"回来了,画室里又响起了她欢快的笑声。

美术联考结束那天下午,我们一起坐校车回学校。"小太阳"递给我一张画,上面是我坐在画室画画的样子。她说,其实从我走进画室的那一刻她就知道我的目的了,她很感激我用这种方式帮助她渡过这段难熬的日子。她又说,画纸和颜料的钱等高考完就会还给我,等她有时间了,一定教会我画画。她还说,等以后大学兼职赚了钱,要给我买好多好多零食。说着说着,她哽咽了。我握住她的手,再次感受到"小太阳"的温度。

学生的逐梦路上一定有许多磕磕绊绊,他们或因迷茫而踌躇不前,或因跌倒而黯然神伤,教师的使命就是用阳光温暖他们,用爱呵护他们。罗曼·罗兰曾经说过:"播撒阳光到别人的心中,总得自己心中有阳光。"作为学生,我曾经沐浴在老师爱的阳光下;作为老师,我现在想用阳光之心育阳光之人,用心灵温暖心灵,让孩子们成为自己的小太阳!

"桃李不言,下自成蹊。"教师,就是立足平凡的岗位,享受教育的幸福——送走一个个勤学好问的学生,迎来一批批意气风发的学子。我想,即使再忙碌十年、二十年,呕心沥血,头发花白,我也要坚持自己的信念:做学生逐梦路上最美的太阳!

周倩雯: 2017—2018学年上海市见习教师规范化培训学员,基地校为上海海事大学附属北蔡高级中学。二级教师。毕业于上海师范大学,现任上海市香山中学英语教师。曾荣获2018年上海市中小学(幼儿园)见习教师基本功大赛二等奖、2020年浦东新区第三年教龄教师"新苗杯"教学评比一等奖、2020年浦东新区信息教育技术协会论文三等奖。2020年参加"浦东新区骨干后备培训班"。

教育感言: 教育看向的不仅是当下,更是未来。

与您"童"行

上海市闵行区浦莲幼儿园　雷　蕊

时间回到 2019 年 9 月,我以一名应届生的身份来到上海工作。犹记得那时的我信心满满,唯独对即将开始的工作怀有一丝担忧:在长期的学习生涯中,我摄取了许多理论知识,可实践经验还十分匮乏……

果不其然,当我这个中途接手班级的新老师站在中(1)班二十多名幼儿面前时,我乱了阵脚。集体教学活动时,我说"请你们安静",一些孩子依旧聊得热火朝天,并不时扯扯衣服、跺跺脚;运动时,我说"请你们注意安全",一些孩子依旧爬上爬下、跑东跑西;如厕时,我说"小手要洗干净",一些孩子依旧马虎地搓搓小手,然后悄悄溜出厕所……带班的日子里,我每天都在混乱、吵闹、慌乱中度过。如何像那些有经验的老师一样,用一个小小的眼神和动作,就抓住全体幼儿的心?如何与这些儿童同行?这一切都让我困惑不已。

所幸见习教师规范化培训及时出现,带领我们这些新手教师积极寻找应对之策。除了参与本校工作外,我们还得以进入见习基地浸润学习、观摩实践,而这也是我和我的师傅赵老师同行的开始。

如何与"童"行

10 月初,正是丹桂飘香的季节,我满怀期待地踏进见习的学校,心里却还有一丝忐忑:带教师傅不知道严不严厉?我开口第一句话该说什么呢?但这些顾虑很快被您一句简单的自我介绍打消了。

"你好,我姓赵。我也是安师大毕业的哦!"您微笑着对我说。

那一刻，我有点惊讶，随之而来的便是无以言表的喜悦。我何其有幸能在千里之外遇到我的同门学姐，又是怎样的缘分让我们成了师徒。那天，您细致地为我介绍了见习园所的规章制度以及所带班级的详细情况。看到您和孩子们默契的互动，如何与儿童同行的困惑又在我的脑海里盘旋。

您带我同行

◆ 我的困惑您来答

初入职的我在带班时一直被幼儿的一些行为表现所困扰。为什么幼儿的回答和行为总是不能达到我的预期呢？为什么某些幼儿就是不能按照既定规则做事情呢？在班级管理中到底应该还给幼儿自由还是要进行一定的管束呢？在这一系列问题的重压下，我的每日带班变得困难重重。

后来，我把心中的困惑告诉您，您说："凡事要尊重幼儿天性，以幼儿发展为出发点。"这句话让我茅塞顿开。是呀！我何必在预期、规则、管束上纠结，在实践的过程中我最应该关注的难道不是幼儿到底有没有获得发展吗？从那一天开始，我真正树立起了"一切以促进幼儿发展为目的"的一日带班目标。

◆ 我的实践您传教

作为师傅，您在实践中总是毫无保留地言传身教。一次午后幼儿户外自由活动时，几个男孩在水泥地上爬来爬去，小手和裤子都被弄得很脏，我觉得不卫生就上前制止，但他们压根不听我的，反而越来越多的孩子加入到"爬行大军"中，只见操场上尘土飞扬，而我只能束手无策地站在一旁。

这时，您走过来对孩子们说："既然你们想爬，那我们组织一场爬行比赛怎么样？"幼儿们听到兴奋不已，您又继续说："既然是比赛，就要有比赛的规则，只有遵守规则才能参加比赛哟！"说完，您带着几个孩子一起去拿攀爬垫，其间其他幼儿居然全程安静等待，和之前的张牙舞爪截然不同。攀爬垫拿来后，您告诉大家比赛规则："垫子的一头是起点，另一头就是终点，两两幼儿比赛，看谁先从起点到达终点。第一关，屈膝爬（手、腿、脚着地）；第二关，屈膝爬（手、脚着地）；第三关，匍匍爬。"您一边示范不同的姿势,一边讲解动作要领。孩子们听了后非常兴奋,纷纷积极主动地参与到这次"爬爬乐"比赛中。一下午的时间在笑声与汗水中转瞬即逝,孩子们不仅轻松学会了三种爬的姿势,还在运动中收获了成长与快乐,而我也在不经意中学会了如何顺着幼儿的喜好去教育。

◆ 我的勇气您给予

在基地校,我有幸见到了在电视上才能见到的方也哥哥。讲座现场,方也哥哥热情地邀请老师们互动,台下的我忍不住心跳加快,几次想要举手但又缩了回去,心想:哎,方也哥哥毕竟是明星,要是我互动得不好怎么办?还是算了吧!

我的小动作被您发现了,您在我的耳边说:"机会要自己争取,把握住这次互动的机会,不管表现得怎样,最后受益的还是你自己。"于是我鼓起勇气和方也哥哥进行了现场互动,发现自己也没有想象中那么紧张。在互动的过程中,我还学到了怎样带领幼儿利用皮球有序地开展运动游戏。后来我把这个游戏带回园所和班里的幼儿们一起分享,他们玩得不亦乐乎,迟迟不肯结束游戏,和我的感情也大大增进。是您的一声鼓励,给予我参与活动的勇气,更让我从中受益。

◆ 我的悲伤您安慰

不知不觉中到了见习的第二学期,正当我准备摆脱职场菜鸟的身份时,与家长的沟通问题又成了我职业生涯的一个绊脚石。班里有一位新转入幼儿的家长对孩子的在园安全很不放心,几乎每天放学后都要发消息询问我,就连蚊虫叮咬、身体疼痛等一些看不见伤口的问题也穷追不舍,导致我下班后的非工作时间一直在回复她的消息,心情非常焦虑,睡眠质量也下降了不少。

我把事情的经过告诉您,您对我说:"遇到这样的家长,首先你要了解她的孩子之前在别的学校是否出过安全问题,然后抓拍一些这个幼儿能够自我保护的短视频给家长看。另外,一定要把家长当作朋友,让她对你越来越信任。"我按照您说的方法,再次尝试和这位家长进行沟通,原来这名幼儿之前在另外一所幼儿园被其他幼儿欺负过,但一直没告诉妈妈,直到妈妈自己发现,所以妈妈非常担心幼儿的安全问题。了解了事情的缘由后,我顿时理解了这位家长,于是白天常常主动和她交流,并拍一些幼儿在园的短视频发给她。经过一个月的时间,家长对我的态度大为转变,从一开始的不信任变成现在的"老师辛苦了",我也从最初的不耐烦变成如今的"××今天和朋友玩得很开心"。在您的帮助下,我不仅化解了和幼儿妈妈的沟通危机,还收获了和家长成为朋友的成就感。

◆ 我的参赛您鼓舞

在见习的一年里,基地校和区教育学院多次开展促进专业技能成长的比赛,如教玩具评比、师德演讲、主题征文、模拟课堂、半日开放等。每次您都会对我进行耐心细致的指导,鼓励我勇敢迎接每一次挑战。

组织教学活动是我最不擅长的,而"新苗杯"见习教师基本功大赛的复赛就是要现场说课。比赛之前您和我一起选课,帮我寻找符合我教学风格的活动,确定三节教学活动后,您又和我一起对教案里的每句话反复推敲,并将幼儿可能的回答罗列出来,再告诉我应该如何回应。比赛前一天,您担心我现场紧张,还特意喊我去您的班级模拟一遍。我一边说,您一边告诉我应该做什么动作,用怎样的表情,甚至还一遍遍地复述说话的语调和语气。等我说完三节活动后,您半开玩笑地说:"明天你就这样说,一定没问题,反正今天你在我这儿都说过一遍了,明天只是去重复表演。"说来也怪,听了您的话,我顿时充满了信心,后来在首届"新苗杯"见习教师基本功大赛暨"见习之星"比赛中取得了三等奖。这个收获当然离不开您的鼓舞,是您带着我同行,给予我力量!

◆ 我与您"童"行

回头看当时刚刚踏上幼教岗位的我,工作经验空白,专业技能匮乏,犹如一块亟待雕琢的璞玉。但在您的教导下,一年后的我取得了较大进步,不但能初步站在幼儿的立场看待问题,解读幼儿的当下话语,而且能较好地应对家长的疑难问题,并利用参赛的机会汲取经验教训。

生活中,您为人处事有方法、有经验,待人热情、真诚,教会我与同事融洽相处的秘诀。工作中,您积极主动地面对困难,教会我知难而进、办法总比困难多的乐观精神。在见习的一年时间里,您的言传身教潜移默化地影响了我,您亦师亦友的形象在我的心中日益清晰。您的一举一动常常让我在感动之余,也获得了更多学习和工作的动力,职业角色定位和职业生涯规划从而变得越发具体。一日为师,终身为师,感谢您对我在见习路上的栽培、陪伴和鼓舞,也感谢见习教师规范化培训,缓解了像我这样的职初教师的压力与焦虑,使我能够在关爱中走好职业生涯的第一步。

师傅,此时的您一定在幼儿教育岗位上奋勇前进,而我也会继续在这条道路上与您"童"行!

雷蕊: 2018—2019学年上海市见习教师规范化培训学员,基地校为上海市闵行区浦江镇第一幼儿园。毕业于安徽师范大学小学教育专业,现任上海市闵行区浦莲幼儿园教师、科研主任。曾荣获闵行区首届"新苗杯"见习教师基本功大赛暨"见习之星"评选三等奖,指导幼儿参加长三角地区科普微童话获三等奖,上海市教育科学研究院"幼儿健康水平监测与分析"项目子课题"幼儿屏幕暴露的现状与干预研究"获良好,获闵行区行政嘉奖。

教育感言: 爱与尊重是教育教学的出发点。

——百名优秀青年教师成长案例

李永智 主编

下

目 录

Ⅳ 潜移默化，育德于教 /1

提升幼儿解决问题能力的"三把钥匙"	2
从心出发　站在儿童的立场上	7
追寻幸福的班主任修炼之旅	12
以德树人　以智育人	17
一缕阳光，折射别样精彩	22
一百封书信敲开成长的心门	27
春风化雨迎暖阳　老干扶持育新竹	32
以"唤醒"代替"责怪"	37
每一个梦想都值得灌溉	44
以身作则，播种于心，静待花开	50
抓住落在身后的点滴微光	55
一次点亮心灯的奇妙旅行	60

爱,真不简单 64
谢谢你教我爱孩子 69
追"道"求"法"的幸福 74

V 以研促教,以教促学 /79

开启新入职教师教学研究成长之路的"三个锦囊" 80
跨越"楚河汉界"的第一次尝试 85
引航·远航 90
抓单元,思学情,课堂焕新颜 95
童真的孩子,用"童话"来陪伴 101
源头活水哪里来? 105
从"教的设计"走向"教与学的融合设计" 110
一句教诲如陈酒 115
我的教育认知提升的三重境界 120
健体补钙淬新芽　强筋壮骨炼繁花 125
"一亩三分地"的诗和远方 130

念念不忘　必有回响　　　　　　　　　　　　135

从"手把手"到"放手"　　　　　　　　　　　　140

突破桎梏　重铸新我　　　　　　　　　　　　146

任务,青年教师专业成长的助推器　　　　　　151

从科研到课堂的蜕变　　　　　　　　　　　　155

发扬"工匠精神",提高课堂品质　　　　　　　159

摘掉"有色眼镜",用科研的方法做教师　　　　164

在教学中渗透科研　　　　　　　　　　　　　169

Ⅵ　心有光芒,本立道生 /175

薪尽火传　笃行致远　　　　　　　　　　　　176

从"工科女"到"劳技人"的蜕变　　　　　　　181

一位"门外汉"的成长记　　　　　　　　　　　186

讲台,站稳不容易　　　　　　　　　　　　　191

向下扎根,向上生长　　　　　　　　　　　　196

心有光芒,必有远方　　　　　　　　　　　　201

乘风破浪的"小周老师"	206
送你三朵小红花	211
乘风破浪　立桅扬帆	215
从"0"到"1",从"1"到"∞"	220
数学课堂变形记	225
一只鸟儿飞翔的轨迹	230
星光不负追梦人	235
教坛"小菜菇",暗室里的明媚生长	239
在传承中创新,在创新中成长	244
从茫然无措到胸有成竹	249
花若盛开,蝶自会来	254
从"菜鸟"教师到"斜杠"青年	259
心中有光,素履以往	265
本立而道生:我的教学"原点"	270

Ⅳ 潜移默化，育德于教

"学生是发展中的人。"学生首先是一个"人"，不可避免会有缺点和错误，教师应该理性、包容地对待；同时，学生还是一个"发展中"的人，教师要能为他们的发展打下坚实的基础。"学高为师，身正为范"，教师除了学科的课堂教学之外，还应承担并履行好促使学生养成良好道德品性的职责，应以身作则，引领学生树立正确的人生观和价值观。

年轻教师工作认真，大多有着较为丰厚的专业理论素养，"知道"比较先进的教育理念，但在真实的教育教学实践中，往往缺乏实践经验与智慧，并不能将自己"知道"的教育理念真正内化为行动。见习教师规范化培训以实践浸润的方式，让新教师在指导教师教育智慧的示范和引领下、在基地学校文化与身边教师的熏陶中，将教育理念逐渐从"知道"水平转化为"拥有"水平，促使理念真正内化于行。通过见习规范化培训的"浸润"与新教师的不断实践内化，有效地养育和提升了新教师的育德能力，引导新教师真正参悟"为师之道"。

新教师全身心地投入教育实践，不断反思、探索，不断形成与积淀教育智慧。无论是用"一百封书信敲开成长的心门"，还是在面对学生出现的各种行为偏差时，以"唤醒"代替"责怪"，真正走进学生的内心世界，"先礼后兵""刚中带柔""美美与共"……抑或是"关注需求，适时搭建脚手架""只有单纯的爱是不够的，要带有方法的爱才能够彰显出教育独特的魅力"，都见证着见习教师规范化培训在新教师心中播撒下的"育人"种子的累累硕果。

扫码获取更多资源

提升幼儿解决问题能力的"三把钥匙"

上海市松江区荣乐幼儿园　戎伦

2012年大学毕业,我进入松江区荣乐幼儿园,成了一名光荣的幼儿教师。我时常叩问自己:作为一名教师,我到底要培育孩子什么呢？回顾自己的学生生涯,老师教过的诗词可能只记得几句,但是那些勤于思考、勇于创新、坚持不懈的品质却伴随我至今。于是,我开始思考并努力探索:如何帮助幼儿获得终身受益的品质？

在第一年见习期,初出茅庐的我和万千新教师一样秉承着细心、爱心、责任心来呵护幼儿,对于孩子们合理的请求,我都会耐心地一一回应。例如,进入冬天,有孩子上完厕所后棉毛衫露在外面跑到我跟前说:"老师,我不会包裤子!"于是我让孩子们排好队,帮助小家伙们一个一个包好裤子,心里还十分欣慰:家长们放学接孩子时,看到一个个小肚皮被包得好好的,肯定会很放心!

我一直觉得"孩子遇到问题向老师求助"本身并不算是个问题,直到见习带教师傅在指导半日活动时,问了我这样一个问题:"你有没有注意到,你们班的孩子一遇到问题就喜欢喊老师,平时也是这样的吗？"我一下子被问住了,因为平时我真的没有关注过这个问题。师傅继续说:"当孩子们遇到问题时,不要急于代劳,我们做起来可能很简单,但对孩子来说就失去了一次宝贵的锻炼机会,我们要相信孩子,让他们自己试一试,在试的过程中他们也在不断开动脑筋、积累经验。"

于是我第一次开始审视"幼儿遇到问题求助教师,怎么办？"这一问题,并进行了观察和思考:

在幼儿园的一日活动中,幼儿的确会遇到许多小难题,有的幼儿会自己试一试,有的幼儿试都没试就向老师求助。教师自以为是的"帮助"不仅剥夺了幼儿自主尝试的机会,还助长了幼儿一遇到问题就依赖成人的惰性。那么,当幼儿遇到问题时,应该怎样提升他们自主解决问题的能力呢?于是,我带着师傅提出的建议,试着用"三把钥匙"给予幼儿充足的探索时间,鼓励幼儿自主尝试。

第一把钥匙:信任

午睡起床后,小家伙们又开始喊老师了。阳阳说:"老师,我不会翻裤子!"听到有一个小伙伴说话,其他孩子也纷纷效仿。多多说:"老师,我的袜子掉了(你帮我穿一穿)!"桐桐说:"老师,裤子哪一边是前面啊?"……换作是以前,我肯定立刻弯下腰帮忙翻裤子、穿袜子、找到裤子的前面铺铺平,但是这一回我"忍"住了,我走到阳阳面前,对着阳阳身旁的安安问:"安安,你会翻裤子吗?"安安点点头,我说:"那你来教教阳阳吧。"安安像模像样地教了起来:"手伸进裤腿,抓住裤脚把它拉出来,就可以啦。"我走到多多跟前说:"两只小手拉开袜口,把小脚伸进去试一试。"我走到桐桐面前问:"你的裤子上有图案吗?一般有图案的就是前面,你可以找一找。"

这一次的教师退后、充分信任,虽然让起床整理的时间变长了,但是孩子们尝试自主整理,通过不断动手尝试积累了宝贵的生活经验。每当看到孩子们会穿衣、会束裤、会拉拉链等点滴进步,我都会由衷地赞美孩子:"瞧,你们小手的本领越来越大了!不用老师帮忙,努力试一试就会有发现。下一次遇到问题了,可以怎么办?"孩子们得意地说:"我们先自己试一试,不行了再找老师帮忙!"从那以后,孩子们还未尝试就说"老师你帮我……"的话变少了,更多的是"老师,我会……""老师,我发现……"。

"信任"这把钥匙给予幼儿充分的探索时间和空间,虽然在解决问题之初需要更多的时间,但是它是幼儿自主尝试、探索方法的重要前提。幼儿不断尝试,发散思维,不仅能帮助他们解决目前遇到的问题,更可贵的是,幼儿正逐渐养成独立思考、乐于挑战的思维品质。

第二把钥匙：支持

诚然，一味地信任、鼓励有时又会显得苍白无力。有这样一幕让我印象非常深刻：个别化学习时，瑞瑞在玩"给小鳄鱼洗澡"时遇到了困难，他向我求助，我本着激发他自主解决问题的想法，鼓励他"你再试一试"，他一脸沮丧地回到桌子旁，摆弄了一会儿材料，就把材料送回橱柜里，然后趴在桌上看旁边的伙伴。我的心被瑞瑞沮丧的表情深深地刺痛了，我开始自我怀疑：幼儿遇到问题，我不能直接告诉他方法，我鼓励他再试一试，难道错了吗？为什么他连玩的兴趣都没有了？我走到瑞瑞身边，小声地问："瑞瑞，你怎么不玩了？"瑞瑞说："还是不行，我不想玩了。"我明白了：瑞瑞反复尝试但都没有成功，所以才向老师求助，但是我只是一味地说"你再试一试"，并没有给出任何的提示或建议，导致瑞瑞最后想探索的小火苗都熄灭了。

遇到这样的情况，我该怎么办呢？在主题为"走进区角"的见习教师培训中，我试图寻找解决这一问题的方法：个别化学习需要尊重幼儿的个别差异，在材料的投放上关注层次性、多样性、开放性等，使幼儿在与材料的互动中积累各种经验。可见，从幼儿遇到的问题中，教师也能自主反思教育教学的有益性。再次思考瑞瑞的故事，我想为之努力的是：即使是一份简单的材料，对于不同能力水平的幼儿，也可以设计不同难易程度的多种玩法。例如：你最少需要用几块积木连接水管让小鳄鱼洗澡？当遇到障碍物时，你又会怎样调整水管呢？后续，我根据思考调整了材料，再观察瑞瑞的探索行为：当积木的数量充足后，连接水管对瑞瑞来说变得"小菜一碟"；有了成功的体验后，他开始尝试拿走两块积木试一试是否仍然能接通水管，并反复调试着。

对于同一份材料，瑞瑞前后不同的探索兴趣使我反思：教师的观察、支持与调整对幼儿解决问题起着至关重要的作用。我们不仅要相信幼儿是有能力的学习者，拥有自主解决问题的能力，而且需要观察幼儿的行为，适当地"推一把"，根据幼儿的实际需要给予支持，这些物质材料、科学技术、师幼互动、生生互动等多元支持都将成为幼儿持续探究、解决问题的不竭动力。

第三把钥匙：生成

信任和支持有效助推了幼儿发现问题、解决问题能力的提升，但这还远远不够！《上海市学前教育课程指南（试行稿）》中指出：教师应有课程开发意识，要善于将幼儿在一日活动中自发生成的、具有发展价值的兴趣点与预设活动内容有机结合。

运动活动中的一件小事曾引发我的思考。在太阳的照射下，孩子们对影子产生了兴趣。琪琪一会儿挥手，一会儿学金鸡独立，不停地变换身体的姿势，他的举动吸引了小伙伴阿布。琪琪兴奋地说："你看！我的影子在动！"阿布也参与了他的游戏，用手变换着姿势说："这是孔雀，你看像吗？""像！你看，我变个老鹰！"两个孩子的讨论声吸引了其他的小伙伴，大家伙儿兴奋地聊了起来："只有有太阳才会有影子，阴天是不会有影子的！"接连三天，孩子们对光影的探索乐此不疲。

孩子们对光影有着浓厚的探究热情，我该做点什么呢？我想到师傅曾在散步时和孩子们观察树杈上的鸟窝，并给老师们开展了一次非正规的教育活动。师傅引导教师思考："鸟窝对于不同年龄段的孩子有什么价值？""鸟窝事件给你什么启示？""如何在'生活处处皆教育'的理念下，将幼儿的兴趣与教育素材点建立连接？"于是，我尝试将孩子们感兴趣的光影与大班主题活动"我自己"相连接，在班级科学区开展以"光影"为主题的探索。

梳理幼儿已有经验并搜集幼儿想探究的问题后，我围绕"为什么我的手会有影子呢？""为什么有的影子有颜色？""光会拐弯吗？"等问题投放材料，鼓励幼儿尝试探索。起初，孩子们会问："老师，这个怎么玩？"我说："没有规定玩法，你可以带着你的问题去玩一玩、试一试，看看能不能从中有所发现！"于是，孩子们开始大胆地探索。当孩子们与材料互动时，我在科学区定点观察，经常听到"哦……我发现秘密了！""老师你来，我看到……"，经常看到孩子们在探究墙上用符号、图画等多种方式记录下自己的发现或提问。从幼儿的语言和动作中，我发现孩子们不仅能带着问题有目的地去探索,还能通过反复尝试、不断探究找到新发现,真正体验到科学探究的乐趣。

从"光影"到后来的"玩纸""玩车"等,我们不断捕捉幼儿感兴趣的话题,挖掘有探究价值的素材,生成探究主题,使孩子们敢于提问、乐于探究。

清楚地记得,在上海市学前教育年会上,黄琼老师曾说:"未来已来,未来是科技的比拼、人才的比拼。"如何培养有思考力的幼儿,提升幼儿解决问题的能力?作为幼儿教师,我一路学习,一路反思:从生活中最常见的问题入手,给予信任,让幼儿有探索的时间和空间;给予支持,让幼儿有持续探索的"脚手架";试着生成,让每一个蕴含着教育价值的点滴,成为幼儿获取终身学习能力的宝贵契机。诚然,提升幼儿解决问题的能力一定还有更多的方法,让我们继续向幼儿学习、向同伴学习。教育,我们一直在路上!

戎伦: 2012—2013学年上海市见习教师规范化培训学员,基地校为上海市松江区荣乐幼儿园。一级教师。毕业于盐城师范学院学前教育专业,现任松江区荣乐幼儿园教研组组长及教师。曾荣获上海市"身边的科学小故事"讲故事比赛一等奖、上海市"动手学科学"一等奖、第36届世界头脑奥林匹克中国区优秀指导教师、上海市幼儿园优秀游戏活动案例二等奖、上海市中小学幼儿园运用调查研究方法优秀成果三等奖、松江区园丁奖、松江区教育系统十佳班主任。

教育感言: 严而不缚,爱而不纵,关注细节,责任至上。

从心出发　站在儿童的立场上

上海市松江区泗泾第二小学　孙荟涵

"来！来！来！来到小孩子的队伍里，发现/了解/解放/信仰你的小孩。你不能教导小孩，除非是发现/了解/解放/信仰了你的小孩。"陶行知先生的《教师歌》想必大家都耳熟能详。陶先生以他一贯的智慧与热忱，用一声声真挚的呼唤，诉说了一个真理：只有发现、了解、解放、信仰儿童，才能做真正的儿童教育。

2014年8月，我正式成为上海市松江区泗泾第二小学的一名信息科技老师，见习教师规范化培训拉开了我职业生涯的序幕，从职业规划、师德修养，到学科素养、建班育人，职业道路中的困惑与迷茫都能在培训中找到答案。规范化培训也在我的心中埋下了一颗发现、了解、解放、信仰儿童的种子，为我在育德体验上的成长书写了浓墨重彩的一笔。

以心育行：从"严苛"走向"宽容"

信息技术是从小学三年级才开设的一门课程，而信息技术老师在学校往往也是比较"独特"的存在。不少学校只有一名信息技术老师，除了正常教学外，同时还要兼顾网络管理、设备维修、摄影摄像等其他工作。

所幸我所在的泗泾第二小学对任何一门学科都有很规范的管理，我的基地校中山小学更是有着区内领先的信息科技教研组。从课堂教学到班级管理，我都不断地向专家、前辈们汲取丰富的经验。开学前，早早备好课的我成竹在胸，但没想到第一节课就发生了令我意想不到的状况。

由于学科的特殊性，学生都要前往计算机专用教室上课，上下课的路队成了一件令我头疼的事情——不是队伍不整齐，就是交头接耳，严肃、整齐地列队前进的理想画面并没有出现。每一次组织纪律，或声嘶力竭，或走走停停，甚至耽误了不少课堂时间。

我的师傅发现了这个情况，她语重心长地对我说："他们也就是八九岁的孩子，能每一节课都走得像军人一样吗？"是啊，我发现自己以超出孩子们年龄特点的要求在对待他们。师傅又亲自为我示范如何快速且高效地排列队伍：提醒学生脚踩地面上的线前进，编制"抬头挺胸、直臂摆动、眼看前方、两两对齐"的小口诀，设立路队小管理员……同时师傅还建议我开展一次主题班会，引导孩子们有序排队，轻声慢步。在师傅的言传身教下，我渐渐掌握了方法，摸索到了规律，果然各班的路队情况都有了明显改善。

苏霍姆林斯基说过："每一个决心献身教育的人，应当容忍儿童的弱点。"教育，要遵循儿童发展的自然规律，而不是充满管控和强制，与其"严苛"地硬性要求，不如"宽容"地寻找解决方法。

从心出发，站在儿童的立场上，以心育行，从"严苛"走向"宽容"。

以心育人：从"共性"走向"个性"

见习教师规范化培训以集中培训、校本培训和个人研修为主要组织形式，注重区级培训与校本培训相结合，师德修养与专业引领相结合，专家指导与个人实践相结合。除了校级和区级师傅们的示范引领与言传身教外，还定期开展专家讲座、教师论坛、实地参观、课堂展示、分组交流等多种形式的活动，注重培养新教师多方面的素养，这些都使我在应对各类教学情况时更加从容不迫。

小杨是一名男生，每次上课时的路队，他总要从队伍里凸显出来，不是站在队伍外，就是做小动作；课堂上，他对老师所讲的内容也兴趣寥寥，我虽屡次教育，但他却一点也不在意。我为此烦恼不已。

恰巧，在一次区级讲座中，专家提道："儿童最伟大之处就是儿童的可能性、儿童的差异性，不能一味追求'共性'，而是要寻找每一个孩子的'个性'。"我深以为然,于是对小杨同学开启了"观察模式"。我发现他竟然会编程,刚开始我以为他是胡乱操作,便又仔细留意了一下代码,居然基本正确,程序也可以运行。我毫不吝啬地夸奖了他的编程作品,他腼腆地笑了,眼底有掩饰不住的自豪。他告诉我,他从小就对编程感兴趣,没有上过课外班,都是自己摸索出来的。他还询问我,以后课上能不能都用来编程。我的第一反应是拒绝,但是我没出声,而是对他说老师要考虑一下。

我将这个学生的情况与师傅进行了交流,师傅帮我分析:小杨同学能够自己探索编程软件,说明他具备了一定的信息素养与逻辑思维,但应该完成的课堂任务也不能放任;可以借此机会,以编程来鼓励他完成其他课堂任务。

于是,我和小杨"约法三章":每节课应该完成的课堂练习一定要完成,完成之后可以进行编程;约束自己的行为,不影响集体路队;老师会将编程软件安排进教学内容,为同学们讲解。小杨听了十分高兴,学习的热情也高涨了许多,经常积极举手发言,而且还成了同学们的"小老师"呢!

不要只想着让孩子依照老师的想法行事,而是要努力寻找他们自身的闪光点,给予孩子渴望的知识,给予孩子自由发挥的空间,为他们的合理需求提供支持,让孩子感受被理解和被尊重的快乐。

从心出发,站在儿童的立场上,以心育人,从"共性"走向"个性"。

以心育德:从"要求"走向"需求"

见习教师规范化培训总是这样适时又及时,不仅内容上贴近老师们的需求,形式上也丰富多样,为新教师们精心调制"成长大餐":令人难忘的军训磨炼了我们坚强的意志,干货满满的专家讲座厘清了我们的教学思路,别开生面的课堂观摩与研讨拓宽了我们的教育视野,充满挑战的考核汇报提升了我们的专业素养……

见习期里有一节重要的德育汇报课,我提前很久就在思索汇报的主题与表现形式:主题一定要新颖,吸引人的眼球;表现形式要多样,最好要有节目表演……

后来，见习教师规范化培训为我们精心准备的一场教育课的观摩与研讨，让我意识到自己陷入了一个误区：我只考虑到课的效果怎么样，听课教师对我的评价如何，而忘记了课堂的主体是孩子们；我将教师的"要求"摆在了首位，而忽略了孩子们真正的"需求"。在课堂观摩后的研讨会上，一位德育专家的话也让我一直铭记至今："老师们一定要想清楚，你是真的想通过主题班会课来解决问题，还是想让孩子们配合你完成一场表演？"

活动结束后，我又将自己的收获和想法与德育师傅进行了沟通。师傅建议我：走到孩子们中间，多聆听、多观察，还可以通过个别访谈、调查问卷等方式了解孩子们。

于是，我常常在课间走进教室，听孩子们聊聊他们喜欢的话题；召集班级小干部，向他们了解最近班里存在的小问题；设计调查问卷，倾听他们的心声……通过一系列深入的了解与倾听，我发现大家对每周三"雏鹰之声"广播的问答环节很感兴趣，每次都会竖起耳朵听问题，迫不及待地将答案投入红领巾小信箱，等待自己的答案中选。在这个过程中，孩子们发现了不少小问题：投递人数较多，常常出现拥挤不堪的情况；偶尔广播语速过快，来不及回答；答案中选率太低，降低了答题热情……

最终，我将汇报课的主题确定为"小信箱，大讨论"。孩子们热情高涨，自发进行小调查，制作饼状图，还排练了一个情景剧，还原信箱投递时拥挤的场景，并且积极罗列解决方案。一堂本就该由孩子们主导的课，也终于还给了孩子们。

课堂是孩子们的课堂，"问需于童，问计于童"，讨论孩子们想讨论的话题，解决孩子们想改变的问题。

从心出发，站在儿童的立场上，以心育德，从"要求"走向"需求"。

距离参加见习教师规范化培训已过去了六年多，感谢见习教师规范化培训这个桥梁，让我遇见教育路上的良师益友。无论是我的校级师傅还是区级师傅，总是在我迷茫时，给予我恰当的点拨；无论是培训讲座还是现场观摩，总是在我困惑时，照亮我前进的道路。

恰如冰心所言："爱在左,同情在右,走在生命的两旁,随时撒种,随时开花,将这一径长途,点缀得花香弥漫,使穿枝拂叶的行人,踏着荆棘,不觉得痛苦,有泪可落,却不悲凉。"

教育亦是如此,一路花香,一路荆棘,一路泥泞,一路旖旎,有付出总会有收获,见习教师规范化培训播撒下的种子已然开花结果。见习期一结束,我就成了一名德育工作者,先后担任学校少先队辅导员、德育教导。当我在设计全校性的活动时,当我在处理家校沟通问题时,当我遇见个别生转化案例时,我总能回想起见习教师规范化培训对我成长的启迪:从心出发,站在儿童的立场上。

孙荟涵: 2014—2015 学年上海市见习教师规范化培训学员,基地校为上海市松江区中山小学。二级教师。毕业于江南大学教育技术专业,现任上海市松江区泗泾第二小学副教导主任、信息科技老师。曾荣获全国少年儿童"双有"主题教育活动先进个人、上海市青年五四奖章、上海市"我与改革开放 40 年"小研究征文一等奖、上海市"我在少先队改革中"征文一等奖、全国第 25 届青少年计算机表演赛优秀个人组织奖。主持市级少先队课题研究"基于微信公众平台的'网上少先队'建设",文章发表于《少先队活动》,参与编撰"上海市辅导员"系列丛书。

教育感言: 从心出发,站在儿童的立场上。

追寻幸福的班主任修炼之旅

上海市徐汇区汇师小学　孙静

2015年,作为一名刚刚踏上教师岗位的毕业生,我对未来的职业生涯充满期待,同时也不免有些忐忑。教师的日常工作繁忙吗?我能胜任教师工作吗?做教师幸福感强吗?这些问题一直在我心头萦绕。

工作三个月,我是一(3)班的班主任,任教一(3)、一(4)和一(6)班的数学。一开始我觉得很迷茫,比起做学生时的幸福生活,现在总是有点疲惫不堪。当新鲜感消失殆尽,学生们从一开始的"夹着尾巴做人"到后来的"原形毕露",麻烦事儿每天不断。除了备课、上课、批改作业等日常工作外,我还要盯着一些特别调皮的学生的行为规范。而且班主任要处理无比多的琐事,比如谁弄坏了谁的书包、谁和谁发生了小摩擦,我开始有所抱怨:"怎么每天都会发生这么多事呢?那些小孩真是烦死了!"做老师真的幸福吗?我被自己的这个念头吓了一跳,我扪心自问:是什么支撑我这些年的师范生学习?怀揣教育梦想的我要轻言放弃吗?不,这才是一个开始,我想要成为一名收获幸福的老师。

有一天,学校邀请了上海市劳动模范殷洪骏老师为我们作见习教师规范化培训的专题讲座,她讲述的主题是"做幸福的班主任"。殷老师是一位班主任工作经验丰富的教师,已经送走八届毕业班学生,讲座紧紧围绕着她的亲身经历展开,告诉我们如何做一个幸福的班主任。

她诠释了班主任工作的开展来源于用心,要时刻关注学生的习惯,关注学生的兴趣,努力为每一个学生寻找成长的转机。整场讲座中,殷老师不断向新教师传达"给予学生最切实的帮助"的工作实质,正如殷老师说的"特别的爱给特别的学生""没有绝对的幸福,幸福都是要靠你去发现的,如果一直把自己的工作看作麻烦,把孩子们看作麻烦制造者,那你就永远感受不到幸福"。这一场推心置腹的交流对我影响很大,我深受触动,又想起殷老师关心学生的那些故事,我深深地反思自己做得太少但抱怨太多……好吧,就从关心我的每一个学生做起。

一年级的孩子还不太适应独立的在校生活,每个课间我都会跑去教室对大家说:多喝水,活动一下,想上厕所的同学快去吧。孩子需要反复提醒才会完成一些事情,哪怕是大人认为习以为常的小事。曾经的我就不能理解为什么孩子会小便或大便在身上,后来我的班里也出现了这种情况,我观察到发生这种情况的往往都是比较胆小的女孩,需要得到大人的同意后才去厕所,自己想去却不敢主动讲给老师听。对于这样的孩子,一出现这种问题,我现在都是第一时间帮他们处理干净,换上预留的备用校裤,安抚他们的情绪,并及时与家长沟通。

作为一名生活经验匮乏、习惯被照顾的独生女,曾经我也因为嫌弃而躲避不及,直到我无助地站在女厕所,看到我的带教师傅陆晓玲老师为一个女孩子所做的各项处理,我佩服她是这样的细致入微,原来为了让孩子更舒服一点,老师能做这么多。那一刻我听到女生对老师真挚地说了一声"谢谢",看到老师辛苦付出后收获了幸福的笑靥。那一刻她们不只是师生,胜似一对母女。恍惚间,我想到我的学生会无意间错叫我为妈妈,一个个小小的人儿就这样走进校园,他们离开最亲近的家人,对新环境没有安全感,在这偌大的校园里最依赖的就是班主任,就是我。叫我妈妈的瞬间,是他们对我最大的信任和依赖,是一颗颗献给我的真心啊,我又岂能辜负?

作为新班主任的我感受到老教师们对学生发自内心的关爱和力所能及的帮助,无关乎学习成绩。我的每一位同事都在工作的每一天为学生做着一件又一件美好而温暖的小事。我学习着更多班主任工作的技能,不轻易责备遇到问题的孩子,哪怕有的孩子不止一次遇到同样的问题。我总是心平气和地安慰孩子,避免让孩子产生"犯错"的愧疚感,给孩子幼小的心灵留下阴影。让小孩守规矩确实是全世界最为难的事情,主要是因为孩子还小,并不了解规矩的定义,容易随心所欲。教师所能给孩子的最宝贵的东西就是足够的时间与长情的陪伴。想要收获幸福的我,要先为我的孩子们创造幸福。

师傅陆老师教会我很多当班主任的小妙招,比如她说我们要做孩子的朋友。平等的地位有助于更好的沟通,而沟通是信任的基础。师傅要求我以最快的速度记住每个孩子的名字。记住孩子的名字,一方面是对孩子最基础的尊重,另一方面会让孩子觉得老师在关注他,在关心他,他不是淹没在人群中的小个体。孩子会对老师产生亲切感,从而愿意在这门课程的学习上投入更多。卡耐基在《人性的弱点》中写道:"记住一个人的名字,对他来说,是任何语言中最甜蜜、最重要的声音。"我们要努力做那名"甜言蜜语"的教师。

9月接班,10月我迎来了职初期第一个大考验——家长开放课。初出茅庐的我,光和师傅及备课组老师们一起磨课、试教就花了大把力气,作为一名年轻班主任,还要开好第一场家长会,这令我压力倍增。我已经依靠同事很多了,她们帮我完成大的环节,小的细节我也不能松懈。我下定决心要把三个班109个孩子的名字都记下来,做到切实关心每一个孩子从叫出他们的名字开始。我根据每个班级的座位表记名字,好不容易记了个八九不离十,家长开放课前一天,我所开课班级的班主任恰巧进行了大规模座位调整,这下我是真的惊慌失措了……那个夜晚,我记学生名字一直到半夜,现在想来真是单纯美好的回忆。

第二天,我打起精神迎接家长开放日,我能感受到每一个被我叫出名字回答问题的孩子是多么自豪,他们勇敢而自信地回答问题、发表见解,他们的家长也对我报以微笑。我希望家长对学校和老师放心,这也能更好地促进家校沟通,形成更大的育人合力。这一天还发生了一个小插曲,我在自己班上课时,可能是太紧张,竟喊错了一对双胞胎的名字,重点是平时我从未喊错过……家长们露出理解我的会心微笑,我马上接了一句:"我是第一次喊错她俩的名字,真的!"这下家长们都笑出声来。这一句话缓解了尴尬,缓解了我的紧张,还挺管用。我感受到学生和家长对我的肯定和善意,幸福指数大大提升。

我从一年级的班主任做起,看到孩子们入校以来的变化,看到他们从幼儿园过渡到小学,看到他们在努力适应各科老师的教学风格,完成老师布置的各项任务。我为他们的每一次小进步而高兴,也为他们所犯的错误担心。我和他们朝夕相处,共同学习,一起成长。我们赢得荣誉,也分担失败,彼此包容,互相成就。孩子们身上有很多闪光点,是那样的纯真与可贵,这让我不断地自省。

我们班有一个动作很慢的男孩子,有一天放学我没耐心等他整理书包,看他慢吞吞路过讲台时动了讲台上的东西,我便疾声质问他:"你在干什么?!"他委屈地说:"这一摞本子要倒了,我扶一下。"我当时一愣,立马表扬了他,并在心里对自己说:你要有更多的耐心和爱心对待每一个纯真的孩子。有一天,我因为一件小事批评了我们班一个各方面表现都很优秀的男孩子,其实挺于心不忍的,他也很快认识到了错误,他比其他孩子都懂事成熟一些。放学时他来到我面前,对着我欲言又止,最后他说:"孙老师……你记得浇花。"当时我的心都化了。记得还有一天,放学后我陪几个家长还没来接的孩子在楼下等,一个女孩突然对我说:"起风了,孙老师你没穿外套,快上去吧!"我被小朋友对我的关心深深地感动了,竟不知说些什么,只是傻傻地笑着……

像这样的小美好不胜枚举,孩子的细心观察与体贴周到通过那天真的眼神和稚嫩的话语传达给我,让我感受到教师的职业成就感,也为我鼓了一把劲儿;我的付出不求收获,能得到来自他们的回应,足以让我满足。我终于开始收获属于我的小幸福。

日子在繁忙的工作中一天天流逝,直到我结束了这一年的见习教师规范化培训,我制作了一个很长的数字故事,关于我当班主任的这一年。看着看着,我泪流满面。回顾这一年的苦与乐,我才明白学校给我这个做班主任的机会对我来说意味着什么。我的学生,在陪我成长。

第一年新教师的工作,需要更多的时间去学习、去探索,才能提升各方面的技能水平。还好见习教师规范化培训为我们指点迷津,在师德修养、教学研究、班级工作、专业发展等方面都给我们打了样。在带教导师的关心与督促下,我相信勤能补拙,没有经验,才更需要我们的一腔热血、持续热爱、高效输出和无私奉献。

我从来都不是一个人在战斗。

每一个渺小的我们,在每一个平凡而不普通的工作岗位上挥洒热血,为心中的那个教育梦坚持奋斗。回顾工作的这些年,我从茫然到适应,从习惯到喜爱,从工作上升到事业,从努力跟上到尽力冲刺。在追寻更好的自己的路上回首过往,感动常在,幸福相伴,唯有梦想与爱不可辜负。

孙静:2015—2016学年上海市见习教师规范化培训学员,基地校为上海市徐汇区汇师小学。二级教师。毕业于上海师范大学学科教学(数学)专业,现任徐汇区汇师小学数学教师。曾荣获上海市2016届见习教师规范化培训展示活动二等奖、上海市徐汇区见习教师规范化培训"优秀学员"称号。工作六年间开展了区级公开课,区级讲座"学习数据分析支持下的小学数学精准教研",制作多节区级微课,并参与徐汇区数学数据采集及素养评价项目。

教育感言:以爱之名守护学生,以己之力助推学生成长。

以德树人　以智育人

上海市普陀区新普陀小学　高季晨

也许是冥冥之中的缘分，在工作的第一年，我参加了见习教师规范化培训，而基地校正是我的母校——华师大附小。时隔十年，我又回到自己的小学，那个承载我童年记忆的摇篮，那片萌发我教师情结的土壤。这次的见习旅程给了我收获与成长，让我明白了如何育德育人。

以德树人　规范自身

◆ 教师的人格，就是教育工作的一切

来到基地校报道的第一天，我就去看了我以前的班主任倪老师。印象中的倪老师喜欢穿黑西装，每天都是一副干练的形象，她是我小时候崇拜的偶像，对她的崇拜之情也是我长大后想成为教师的原因之一。我在班级门口张望，有一位老师穿着宽松的中袖蹲在柜子旁，似乎在找什么东西。我始终不敢确定，直到一个同学大喊："倪老师，门口有人找你！"倪老师回过头来，也许是岁月的变迁，抑或是教师的重担，她的秀发中已抽出根根银丝。我赶紧上前说明来意，想不到倪老师还记得我的一些往事，当她得知我选择了做小学教师时很是高兴，对我说："做老师是一份良心工作，班主任需要有更多的责任感。"

回想起小学的时光，有一次我得了肺炎，在医院住了两个礼拜，没有了同学的陪伴，一个人在病床上百无聊赖。没想到有一天倪老师竟然来看望我了，我喜出望外，真真切切地感受到自己没有被遗忘。我们班上有一位脾气执拗的学困生，每天只想着玩，父母对他束手无策，干脆也不管教了，是倪老师每天放学后留他下来教他做作业……

倪老师生动地诠释了何为教师的良心和责任感，那就是对孩子要充满爱心和耐心。所以，她的这句话对我的影响一直很大，可以说是我做老师、做班主任的座右铭，也是我开展教育工作的准则。

在倪老师的玻璃台板下贴着"附小五要五不"，里面写了教师必须要做的五件事情以及不能做的五件事情，比如要尊重学生、谈话先请坐、说话要和气、不要讽刺挖苦学生。我想这是对每位教师师德规范的要求，我们应该不折不扣地将其贯彻在自己的教育工作中。以前的我的确被学生的一些出格行为气得火冒三丈，无法心平气和，于是摆起教师的权威："你不应该……""你怎么又……"这样想来，可能在我说第一句指责性话语的时候，早就已经失去了和孩子好好沟通的机会。现在的我在沟通时会更加注意尊重孩子，并用上一些谈话艺术，会把积极的、有同理心的话先讲给学生，比如我曾说："我想你这样做一定有你的道理，我可以帮你解决什么困难吗？"先让学生能够认真听我说话，再指出学生需要改进的缺点并告诉他们怎么做。只有尊重学生的人格，平等地对待他们，才能真正走进他们的世界，才能让他们对教师说的话心服口服。

作为班主任，我们需要接受形形色色的孩子。对于有些特殊的学生，我们更需要付出极大的努力去改变他们，而不是放弃他们。尽心尽力，问心无愧，积极面对学生的实际状况，他们才有提高进步的机会。乌申斯基说过："教师的人格，就是教育工作的一切。"要教书先育人，要育人先做人，教师的品格决定了学生品格的高度。让学生看到自己怎样做人，教会学生怎样做人，很多问题也就迎刃而解了。作为班主任，要有更强的责任心，不断加强自身的师德修养，以高尚的人格魅力与良好的师表形象去陶冶学生的心灵。

◆ 其身正，不令而行；其身不正，虽令不从

学生每天在学校八个小时，可以说他们一天见老师特别是班主任的时间比见父母都要多。教师的一言一行、一举一动会对学生有潜移默化的影响。子曰："其身正，不令而行；其身不正，虽令不从。"班主任是学生心目中最崇高、最有威信的

榜样,其以身作则的重要性不言而喻。

我的带教导师赵老师就是这样一位一丝不苟的老师。每次我踏进她的班级,教室环境总是很整洁,而赵老师的办公桌也是一尘不染。早晨,赵老师会热情地和学生问早问好,而不是觉得只有学生才应该向老师有礼貌地鞠躬打招呼;上课时,赵老师在黑板上的书写一定是非常工整的,因为这样她才有批评学生写字潦草的底气;下课时,赵老师找学生谈话也是轻声细语的,这样班级学生也不会大声嚷嚷;中午吃饭时,赵老师为学生打好汤后也在班级里吃饭,她要求学生光盘,自己也从不倒饭;午休时,学生在读书,赵老师也在阅读,听学校广播时她也不做其他事情……

由此我想到了曾看见一位同学在学校的饮水机旁洗手,我就问他:"小朋友,你为什么不去厕所洗手呢?饮用水用来洗手多浪费啊!"没想到他回答我:"厕所人多,我看到有老师来这里洗手。"刹那间,我不知道该怎么回答他了。有些教师在言教的同时,身教却做着反面宣传。从这些事中我明白了教师必须认识到自身行为规范的重要性,并自觉规范自身行为,为学生树立一个良好的榜样。身教重于言教,常规教育说一千道一万,不如做出一遍好样子来。

我们班有一个令我困扰的问题:学生餐后不知道要打扫卫生,尽管我每天催他们去洗抹布擦一擦台板和地板,可就是有人连去厕所的几步路都懒得走。现在每天中午12:05—12:10,我会准时打开音乐《劳动最光荣》,并率先拿起抹布开始擦讲台,学生看到我这样做也开始模仿起来,逐渐接受了这五分钟的劳动时间。学生讨厌被强制做某事,但是他们会有样学样,身教不仅符合儿童的认知特点,而且会让他们觉得很民主。通过示范行动来带动学生,教师就能达到教育的目的。规范自身言行、以身作则也是班主任工作中一种行之有效的好方法。

以德育人　规范学生

◆ 培养习惯重方法

对小学生来说,养成良好的行为习惯,能够让他们终身受用。班主任除了规范自身行为成为学生的榜样外,对学生的行为本身也需要提出明确的要求来进行规范。低年级是培养学生良好行为习惯的关键期,但是低年级学生年龄还小,有时不是不想做好,而是不知道该如何做好,所以教师不能只向学生发出指令,还要教会他们具体的方法和过程。

在见习教师规范化培训时,丁老师的一节班主任微讲座给了我很多启发。比如每节课预备铃响后,我们班的小朋友会从书包里"翻江倒海"地把下节课的东西拿出来;由于书包太大,如果把书包放在背后就只剩小半个椅子可以坐,于是很多小朋友直接把书包放在地上甚至走廊上,影响了别人走路。丁老师是这样做的:每天早晨到校以后,让学生把书包里的物品拿出来放在台板里,然后把空书包拉好拉链挂在椅子背后,这样不用每次拿东西都费时费力地找,将东西从台板里拿出来非常方便,而且轻便的书包放在椅背后也不占地方,可谓一举三得。

我还从丁老师那里学到了排桌子的口诀:横看第一排,竖看地板缝。以往我让学生对对齐,排排好,但是排出来永远是歪的。后来我手把手地教值日生,第一排是靠在墙边的,墙上有瓷砖的线,容易排齐,其他几排看第一排就可以做到横排对齐;地板缝也是固定的,沿着地板缝就可以很容易把竖排的桌椅对齐。在放学排队的时候,孩子们总是叽叽喳喳的,兴奋极了,无论说多少次"不要说话"都于事无补,这时候我就会对他们说:"现在把上下嘴唇抿紧,不要让高老师看到你们的牙齿!"孩子们赶紧笑着把嘴捂住了。没想到吧?仅仅是"闭嘴"这个动作也是需要教的。当学生进入中高年级后,又会出现更多更复杂的行规问题,在班级管理中,班主任要根据实际情况,不断创新,才能得到事半功倍的效果。

◆ 处理过错新妙招

最令我"匪夷所思"的是丁老师班级里有一条班规:接受道歉时,不说"没关系"。两位同学发生矛盾时,不管是有意为之还是无心之过,受到影响的学生内心一般都会觉得很委屈。因此,每当犯错的小朋友道歉时,丁老师从来不让另一位学生回"没关系",而是让学生把自己在摩擦中的感受说给另一个当事人听。这样一来,难受的学生通过倾诉,情绪得到宣泄,解开了心结;另一个犯错的学生在听同学讲述感受时,也明白了自己的行为给他人带来了伤害,是一个很好的教育过程。这招真是太妙了!

以前的我,对犯错的小朋友总会好好说教一番,再严重一些的,会让他们写检讨书,把"罪状"陈列出来。久而久之,个别"调皮蛋"写起检讨书来变得得心应手,所以总是抱着无所谓的态度,因为他知道老师也就只能这样教育他了。在丁老师的讲座中,我学到了可以设计一份"将功补过任务单",例如整理卫生角、修补图书、主动帮助同学、组织一次午休活动……犯错的学生可以从任务单中选择一项来做,以此弥补错误。有些是打扫教室卫生,通过为班级服务来减轻扣班级行规计分的内疚感;主动帮助他人,则会让同学们感受到他的热情和友爱,从而很快原谅他的错误,增添一份同学间的情谊。这样的"惩罚"才是有意义的。作为青年班主任,我们应该多向经验丰富的教师学习育人的智慧,从中找到适合自己班级特点的管理方法。

在见习教师规范化培训期间,我明白了班主任虽然是世界上权力最小的"主任",但是我们的工作也大有学问。所谓"德育"需要"以德树人,以智育人",让我们用规范的言行去感染学生,用巧妙的智慧去培育学生,关注学生的终身发展。

高季晨:2015—2016学年上海市见习教师规范化培训学员,基地校为华东师范大学附属小学。一级教师。毕业于上海师范大学小学教育专业,现任普陀区新普陀小学语文教研组长。上海市数字教材研究项目组核心成员,上海市青年教师专业发展实践研究项目成员。所撰写的论文《小学中低年级字词教学策略探讨》《浅谈三年级利用关键词培养语言运用能力》分别荣获上海市小学语文教学优秀论文评比一、二等奖。

教育感言:教育让我能够触碰未来,因为学生们就是未来。

一缕阳光，折射别样精彩

上海市宝山区荷露幼儿园檀乡湾分园　邵薇蔚

2015年对我来说是人生中意义重大的一年，彼时，我才知道幼儿园教师每天的笑容背后承载着多少辛酸与汗水。然而，就是对幼教的那一份热情，在我心中透过一缕阳光，托举起同一个梦想：给每个孩子一个健康、快乐的童年。怀揣着一颗诚挚的心，我踏上了见习教师的征途，开启了精彩的见习之旅……

碧海无波，成长有求

上海市的见习教师规范化培训内容很丰富，有专家讲座、教师专业技能培训和基地园指导带教，培训后还会开展"三评两选"活动。通过层层进编考试的我没有想到规范化培训如此严格，看着纸上的多选题——视唱、钢琴、舞蹈、美术，我这个菜鸟教师真是不知道该如何选择。打听了一圈大家对于培训的知悉度，后来我随旁边的老师一起选择了其中三项：视唱、钢琴和舞蹈。交上报名表的那一刻，我已经做好了挑战自我、努力奋斗的心理准备。

技能培训刚开始，我就体会到了巨大的挑战。对于视唱的五线谱，我除了能看懂小时候学过的高音谱号外，低音谱号及各种附点、其他辅助符号基本都不认识。我只能跟着老师一遍遍地弹唱，回到家后自己练习，却常常找不到调儿。

舞蹈课的内容比较紧凑，平时不太运动的我，刚开始常常能听到骨骼发出的"呻吟"，回到家后觉得比带了一个礼拜的班还累，第二天总是全身酸疼的状态。

然而，最让我力不从心的就是钢琴了。只能看懂C大调琴键的我，单手弹还能应付，双手弹奏并且跟着唱歌词着实让我头疼不已。除了每天不停地练习，根本没有其他捷径!

"弹"中见智,"弹"无虚发

第一次的还琴、第一次的点名视唱、第一次的舞蹈动作再现,都不尽如人意。我感觉自己已经很努力了,却依然跟得比较累。有许多次看到其他老师提出要从提高班调到基础班去,我忍不住也想提出申请。可是后来我想,既然去哪个班都是零基础,一样的练习,一样的学习,为什么不从起点更高一些的提高班开始学起,况且,我的成绩还不是那么差。于是,每次课上我都认真做好笔记,在陆老师的舞蹈课上,我会把每个幼儿的舞步和基本动作简单地画下来或用手机拍下来,在平时带班的课余时间,请周围的老师指点。虽然常常闹出姿势僵硬、动作错误的笑话,可是脑海里常浮现出陆老师的一句话支撑着我:"你们可别不如我这个70岁的老太太啊!"

一有时间,我就拿起《视唱练耳》的书唱起来,还把上面偷偷写的数字简谱都擦掉。一段时间后,我感觉自己视唱的能力有明显的进步,面对低音谱号的五线谱也能更快、更准确地唱出来了。有时音不是很准,我就在钢琴边弹一遍唱一遍,提高自己的音准。有一次,我偷偷看见导师的点名本,发现居然没有一次被打红三角,说明我每次点名视唱得还不错呢!

钢琴课上,我会把每次需要还琴的内容都用手机拍摄下来,回到家后并不是马上弹唱,而是先把视频看几遍,把里面的音乐听熟悉后再开始分手练习,右手熟练后再慢慢配上左手,看清楚每个停顿点、每个跳音、每个延长音……

找到头绪后,我不再对练习感到无比焦虑了,我已经慢慢适应了双休日的培训,对于每次的返还作业也不那么紧张和害怕了。

徜徉"知"海,点亮"智"慧

经过日复一日的学习和练习,总算快到考试了。为期一年的见习培训,我从没有请过一次假,也从不迟到早退。考试前我认真地复习,和同伴们一起练唱、互相纠正舞姿，无论在家里还是教室里，每天都能听到我熟练的弹奏声。考试中，虽有些紧张，我仍然认真地对待，完成了每一个项目。在结束的那一刻，我感觉这一年的努力总算没白费。

同样，在基地园的培训中，我几乎从不请假，每次都认真观摩指导教师的一日活动。刘老师在带教过程中非常认真负责，会向我们新教师阐述每次观摩活动的重点，以及如何有效实施一日生活，如何结合理论知识并实践于日常带班。每当我们有疑问时，刘老师总会细心、耐心地解答；对新教师在教学中的困惑以及关于教育事业的感悟，她都能细心聆听，并像大姐姐一样关心我们工作的各个方面。小天鹅基地园是个市级示范幼儿园，无论是园所环境还是师资配备，都值得我们借鉴和学习。新教师不仅要学习掌握教育教学能力，更要注重学习如何促进幼儿身心的全面发展。例如：教学环境的创设要符合"二期课改"的理念并考虑幼儿的年龄特征；在活动的设计中要关注幼儿个体的差异性，多给幼儿自主、自由的发挥空间；幼儿在前、教师在后是我们要学习的重要理念。又如：现在幼儿的动手能力较差，原因在于幼儿在家家长包办过多，家长对幼儿过度宠爱，导致他们不愿动手、以自我为中心、抗挫能力差，来到幼儿园后适应能力较弱；通过带教老师对家长指导方面的培训，我们新教师知道了与家长沟通交流的方式方法，知道了如何实现家园共育帮助幼儿全面发展。基地园的培训让我们都受益匪浅。

见习教师规范化培训，让我在专业技能、教师个人素养、家教指导、家园共育等多方面都得到了系统、细化的培训。在这一年的磨炼中，我参加了"三评两选"的比赛，获得片区优异的成绩，并有幸被推选为宝山区优秀学员，参加了市级的展示活动。这对我来说，是一种鼓励和肯定，更是一种责任和挑战。

渐思渐行，践行践思

刚开始当老师的我总会催着孩子们：你快快吃饭、快快穿衣服、快快坐下、快快画画……快，就好像是本领大和优秀的代号。可是后来我发现，对孩子们来说，快并不等于快乐呀！在成人的世界里，孩子们被催促着，他们的生活变得紧张，而我们曾经要给孩子快乐的梦想也浓缩成了一半,只剩下一个"快"字。这真的是我们要给孩子的快乐童年吗?

记得我们班有个孩子叫轩轩,他做任何事情都很慢,要想很久才开始动手。这天,我请孩子们去观察自然角的小蝌蚪,然后把小蝌蚪变到画纸上。小朋友们看了一会儿就都信心十足地画了起来,只有轩轩一个人仍托着小脑袋仔细地看着。我问他:"你怎么还不去画呀?"轩轩依然认真地看着:"老师,我还想再看会儿……"不久,动作快的孩子都画完了,争着把画给我看,轩轩却还在认真地画着。我心里想着要不要叫个动作快的小朋友去帮帮他。这时我听到了瑶瑶的叫声:"哎呀,轩轩画的是什么呀? 小蝌蚪怎么长脚啦!"小朋友们都围了过去,觉得轩轩画的和大家不一样。我拿起轩轩的画看了看,惊奇地发现轩轩画的小蝌蚪有些只有尾巴,有些不仅有尾巴还长出了一条腿、两条腿,连小蝌蚪游的方向也都各不相同,难怪他观察了这么久。

这让我想起了一个故事:上帝派给人一个任务,让他牵着一只蜗牛逛花园。这个人觉得很纳闷,为什么要带着一只这么慢的蜗牛在身边,他一路走得很快,时不时地还要回去等那只蜗牛。但是渐渐地,他发现,牵着蜗牛慢慢走,一路上看到了许多更美好的景象:花儿慢慢开了,树叶的颜色变了,蝴蝶也长出了美丽的翅膀……原来,放慢脚步,能欣赏到更多人生的美景。生活这么美好,我们为什么不放慢脚步和孩子一起去感受,一起去发现? 如果我们催着孩子快快地学会本领,快快地长大,他们又怎么能发现和感受童年的快乐呢?

我也是一只正在起步的蜗牛,正在学着放慢脚步,慢慢地牵着孩子们的小手,耐心倾听、用心理解,学会尊重每个孩子的慢慢成长。虽然,也有被气疯和失去耐心的时候,但是孩子们却在不知不觉中向我展示了生命中最初始最美好的一面。

跟随阳光,精彩前行

在见习培训的这一年中,虽然有时很苦很累,但是节奏感紧凑的学习和实践给我带来了很大的收获。幼儿园的教育无论从环境布置、课程设置还是四大板块活动等方面看,都透射出了幼儿为本、为幼儿服务的教育理念。应该让幼儿在前去体验、去感受、去探索、去发现,而教师应像朋友一样引导和启发幼儿,尊重幼儿的想法,尊重每个幼儿的发展差异性。几位特级园长在有关园所特色的讲座中,讲述了她们对幼教事业的热爱以及为之倾注的心血,让我对幼教这个职业有了更深的感悟。

同时,我真心感受到了上海市以及宝山区的教育领导者们对幼儿教师专业成长的关心和对每一次活动的用心:有内容丰富充实的培训计划、有特意邀请的专家和名师、有精心准备的讲座内容、有给新教师们学习和成长的舞台……我感到自己是幸运的,这样的集中培训不仅让我加固了自己的专业理论知识体系,也让我有机会向名师学习思维方式,在促使我提高个人教育教学能力的同时,也提升了我研课、磨课的能力。

在见习规培结束后的工作中,我依然勤勉学习。幼教那一抹阳光所折射出的精彩会一直激励我,在今后的幼教道路上越走越稳,和孩子们共同成长,精彩前行!

邵薇蔚:2015—2016学年上海市见习教师规范化培训学员,基地校为上海市宝山区小天鹅幼儿园。二级教师。毕业于上海海洋大学信息与计算科学专业,现任上海市宝山区荷露幼儿园檀乡湾分园中班教研组长及教师。曾荣获2016年上海市中小学(幼儿园)见习教师规范化培训展示活动二等奖。

教育感言:我愿牵起孩子们的手,快乐地过每一天。

一百封书信敲开成长的心门

上海市奉贤中学　马天翼

青年教师的成长一定是一波三折的,需要很多同龄人、长辈的专业指导。职初的第一年,尚处于迷茫期和磨合期的我,非常幸运地在上海市奉贤中学——我的母校兼工作单位参加见习教师规范化培训,在各种讲座和实践中吸取经验。那时我正面临着工作以来德育方面的第一个严峻挑战。得益于培训时受到的专业指导以及同参训教师们智慧火花的碰撞,最终我顺利地走进一个学生的内心,改变了他的人生轨迹,同时自己也得以迅速成长。

发现问题:一个"下降"的心灵与无措的新手教师

入学军训时的一次例行进寝室,让刚刚走上班主任岗位的我留意到了这个学生。高一刚刚入学的男生,在寝室里上蹿下跳,毫无纪律可言。当所有人都围坐在寝室的桌子旁吃零食、聊天时,他独自坐在自己的床上,默默地看着吵吵闹闹的同学,脸上的神色显示出超越同龄人的成熟。

开学第二周,他主动在 QQ 上找到我。"老师,我想问你个问题。如果我是问题学生,你还会每天笑着看我吗?"他突如其来地开始讲述自己的故事:他的父母生了四个孩子,他从小就被放养在安徽农村,由阿姨养大,直到读小学时才被接回上海,认识了自己的爸爸妈妈。他在成长的过程中缺失了很多家庭的爱,父母的教育通常暴力且不讲理,大姐的性格也很强势。他初中在其他区的私立学校读书,开始读日本颓废文学,经常一个人深夜在公园里做作业……

面对他这样复杂的情况,我除了与学校和年级部沟通外,在某次见习教师规范化培训中也向主讲德育的前辈老师讲起这个案例，没想到当时前来作讲座的前辈很快组织了讨论会，以"家校共育"和"敲开学生心门"为主题，引导参训教师互相讨论，并以我给出的案例为抓手进行德育讨论。这给迷茫中的我一种安心的感觉，让我感受到自己并不是一个人在面对这棘手的问题。在讨论现场，同伴们给我提了很多建议，有人说冷处理，有人说先走近家庭，有人说先从学生本身入手……在众说纷纭中，我渐渐有了思路，我选择了先与家长沟通，同时求助于心理老师。

然而家长不承认孩子初中就有问题，反倒怪罪学校教坏了自己的孩子，他爸爸撸起袖子来似乎就要打人；心理老师说他不合作，不肯开口交流，只说开学以来班主任挺关心他的。他知道老师找了家长后，就再也不肯跟我讲话，一时间一切似乎陷入了僵局。他的内心千疮百孔，且用一把锁将心牢牢关起来，谁都进不去。

他几乎都不好好吃饭，在教室里也沉默以对，上课经常走神望着窗外，拒绝更多的沟通，和同学们几乎零交流，一到下课就趴在桌子上睡觉……而我，一时间也充满了困惑，不知道究竟应该怎么做。

理论阅读：用书信打开心门

2015年底，见习规培期间，学校推荐我参加区里由宋海英老师主持的名教师德育工作室。有一次，工作室开展了一场德育心理书籍专题阅读的分享会，大家围坐在一起，分享自己在大学乃至工作期间阅读的书籍，畅谈自己德育工作中的经验和体会。会上，一位青年老师说的话给了我很大的启发，那位老师在提起阅读对教师成长的重要性时说："纸笔文字始终有着说话不能取代的作用。"

既然孩子的内心是封闭的，那我就尝试去打开它，或许书信是一个不错的媒介。我重新翻开大学时辅修的教育心理学教材，利用课余时间研读临床案例，读完了《积极心理学》《心理咨询与治疗的理论及实践》等诸多理论图书，同时也与工作室的老师一起探讨解决办法，见习期的我就这样在理论阅读和伙伴引领中迅速成长了起来。在理论研究中，我渐渐意识到文字的力量，以及心灵沟通的价值与意义。

我借由学校布置的周末摘抄作业，在本子上给学生写起了长长的信。

"这是给你的第一封非正式申请交流函……"

"日本作家里,我挺喜欢夏目漱石,批判现实主义不等于世界极端黑暗……"

每一天,我都从桌面上撕下一张日历,正面是莫奈的画,背面就用各种各样颜色的笔给他写话,说今天的上课内容,讲秋天校园的花开了,说自己喜欢的日本作家。一周以后,他终于写来了第一封回信:"老师,我不明白你为什么孜孜不倦地尝试用书信的方式跟我交流。大概是因为你年轻吧。但是你不要这样了,不要再管我了……"

越是缺少爱,越是害怕被爱;越是拒绝,越是需要。他愿意写便签回来,便是一个很好的开端。于是,每天晚自习我离开教室时,都会塞给他一张纸条,上面写着一些日常交流的话。100 天就有了 100 张日历,三个月,我每天都会写上一些话,他渐渐开始回信,渐渐开始讲述自己内心的创伤。

上百封简短的书信,终于逐渐打开了他内心的锁,仿佛有光透了进来。

肯定进步:在陪伴中成长

有改变就有欣喜,经过一年多断断续续的沟通,他逐渐变得正常,能和周边的同学共同交流,成绩也在稳步上升。同期培训的老师们都为我走近了他而高兴。正当大家认为胜利在望时,现实狠狠地给我们这群年轻的老师上了一课。

暑假过后,几乎是一瞬间,他就不愿意沟通了,无论我说什么他都不再跟我讲话,不知道假期的两个月,他究竟发生了什么事情。

就在这时,我有幸参加了由奉贤中学组织的见习期教师德育研究培训班。在某次培训交流中,我提出了这个案例,并对他暑假前后的转变颇为不解,认为他一定是在家里发生了矛盾冲突。培训老师敏锐地感觉到这是一个具有探讨价值并且正在进行当中的案例,于是积极与我沟通,将这个学生的情况初步拟成文字稿,发给培训班的老师们阅读,约定下面几周大家以分析这个特殊案例为主要内容,为我提供方式方法,也借此深入探究家庭、学业与学生心理的关系。老师们倾囊相授,有的从家庭的女性角色入手,分析这个男孩子孤僻、怪异、不信任外部世界的原因;有的从班主任角度出发,另辟蹊径,建议可以从小动物入手,尝试让他收养学校的流浪猫,从而找到归属感;也有老师肯定我从书信入手的方式,建议我在这个特殊阶段继续坚持,或许就会有"铁树开花"的一天……

虽然众说纷纭,但我还是对自己面对的学生和整个事件有了更为深入透彻的理解。从心理学角度分析,高压控制型的教养模式会导致孩子在外部人际关系中表现笨拙,对他人和世界充满警惕,存在明显的情感忽视。基于上述的分析,老师们建议以受教育水平高的姐姐为切入点,重建姐弟关系。例如:以家庭活动,如踏青出游、清明祭祖等为依托,建立伦理情感的认知;明确情感与金钱的轻重关系,鼓励姐姐们循序渐进地与他进行情感沟通,从饭桌上的对话开始,从姐姐们回家过生日开始……

一个人的成长必定不会一帆风顺,面对挫折、徘徊,需要引领和等待。寒冬的深夜,我在校门外的角落里劝他回家;每当有困扰、有迷惑时,我还是会写信与他沟通;成绩进步了,我就送他诸如《岛上书店》之类的书;每周都会与他在校园的走廊里进行深入交流;让他的室友带他去接触更多的人;和他的父母定期沟通,分享家长和孩子沟通的艺术;和他的几个姐姐建立讨论组,时常跟她们分享怎么和弟弟说话……

那些信件也真正成了打开他心门的钥匙,他渐渐开始笑了,渐渐有了朋友,渐渐开始跟室友打闹,他似乎找到了生活的意义,成绩也在逐渐上升。

案例反思:"斯人若彩虹,遇上方知有"

某次摘抄,他写了这么一句话:"老师送的《岛上书店》教会我,总有一股力量支撑着我从孤岛走向希望的彼端。我很幸运,遇到了这样的师长,让我的人生走向了美好而辽阔的未来。斯人若彩虹,遇上方知有。"

他从一言不发,同学们都有点怕他,到逐渐变得乐观开朗,愿意与各科老师和同学交流,愿意为班级出力,从中找到生命的意义和自己将来的目标与追求。他从游离在寝室同学之外,到拥有关系密切的朋友和室友,并能够站上学校的舞台进行课本剧表演,在班级内部获得认同感。

他不再郁郁寡欢,有了问题会主动来找老师,甚至走上舞台担任班级舞台剧中一个小小的角色。2018年3月,他通过上海市春季招生,考取了上海市第二工业大学,进入了一个他自己喜欢的专业,这也是一个让一家人都非常欣喜的结果。

非常幸运的是,刚遇到这个学生时,我正处于职初的见习培训期,一群有经验的优秀班主任以创意又智慧的方式成了我坚强的后盾。后来,我又参加了名教师德育工作室,和同伴们一起阅读各类相关书籍,尝试用文字的方式打开他的心灵。当故事一波三折,我再次陷入迷茫时,基地学校的培训为我提供了更多勇气和策略。

教师时常会站在长者、长辈的角度去教育学生,却很少真正将自我成长与学生成长融为一体,做到和谐共进。然而,人和人之间的交往本身就是一种精神上的相遇。当生命本身真正能够推动另一个生命展开并共同相守时,或许才能真正触发教育的内核。我的成长与学生的成长同步发生,这是我们互相用真诚和改变为对方书写的故事,最终在各种支持和自己的坚持下,我点亮了一个心灵。这是我职初期的故事,也将成为启迪我育德生涯的故事。

马天翼:2015—2016学年上海市见习教师规范化培训学员,基地校为上海市奉贤中学。二级教师。毕业于华东师范大学汉语言文学专业,现任上海市奉贤中学语文教师兼班主任。曾荣获2016年上海市中小学(幼儿园)见习教师规范化培训展示活动一等奖、2018年奉贤区行政嘉奖、2019年奉贤区教育系统"千名贤师结对千名学生"帮扶活动十佳教师、2020年奉贤区爱岗敬业教师技能大赛一等奖等。课题研究荣获2020年上海市青年教师实践研究优秀项目。

教育感言:言传身教,与学生共同闪光。

春风化雨迎暖阳　老干扶持育新竹

上海市崇明区东门小学　陆逸如

2015年8月,我踏上三尺讲台,成了一名光荣的人民教师。在初为人师的这一年,我便肩负班主任和语文老师的双重"重担"。面对全班40个小家伙,初出茅庐的我还真是感到束手无策,尤其在班级工作方面,层出不穷的学生矛盾、各式各样的班级活动、无从下手的家校沟通令我感到甚是吃力。就在我一筹莫展的时候,上海市见习教师规范化培训宛如一场及时雨降临,经验丰富的带教老师、精彩多样的通识培训、扎实有效的岗位实践,使我这株新芽不断成长。

关爱,如沐春风

我的班主任带教老师俞晓灵是我在班主任成长之路上的领路人。初识俞老师,是在见习教师职初培训时的"最美教师"演讲上,"一双手,一份奉献"是她当时的演讲主题。她在演讲中从邓稼先先生的手引申到老师的手:用一双手去帮助学生,用一双手去关爱学生;这双手代表着作为教师的奉献,这双手做着最细小的事,从而感化学生,被学生喜爱。她那简单质朴的话语却如此掷地有声,敲打在我心上,让我感触颇深。作为新教师,经验的缺乏导致我不知该如何与学生相处。俞老师告诉我:"这个时候,能及时调整心情、思路,主动伸出手,融入学生,就是最好的办法。学生虽小,但他们都有一颗善良纯净的心,他们能感受到来自老师最直接、最朴实的关爱。在课间多和学生交流;在学生遇到困难时及时帮助他们;在学生犯错时先了解情况,多指导、少指责……总有一天学生会接纳你、喜欢你,班级也会走上正轨。"

俞老师对学生的关爱不仅在于言传，更在于身教。"砰、砰、砰"，放学途中，俞老师所带的班级传来清脆的拳头与拳头的撞击声，并伴随着道别声与欢笑声，这已经成了一道独特的风景。在我为此疑惑不解而向俞老师讨教的时候，俞老师告诉我："班级里不乏喜欢用拳头解决问题的孩子，每次学生间发生肢体摩擦后，老师苦口婆心的劝导往往收效甚微。老师何不也用拳头解决问题？肢体接触这一教育行为，让我与孩子零距离接触，成为老师与学生之间无声的桥梁。"俞老师的这一番话令我陷入了久久的沉思。老师的爱来自各方面，不能只局限于言语，还应包括肢体语言、心理安慰等。别小看摸头、握手、抱一抱这些动作，它们有时候比千言万语更加温暖。

我的班里也有几个一言不合就喜欢动手的学生，严厉批评或耐心劝说都无济于事，或许我可以试试俞老师的做法。于是，我也和学生们约定了一场"拳头与拳头的碰撞"，这个小动作成了学生们每天的期待，是每天必不可少的仪式。每天放学时，班中 40 个学生的热情转化为一个个小拳头，热情地向我击来，小拳头欢快地碰撞着，拳头在发烫，内心也在"燃烧"，拳头在"疼并快乐着"。渐渐地，我发现，学生们在产生矛盾时，不会再想着先用拳头去解决问题，他们的感情在不断地升温。

而我也感受到了学生爱的反馈。一次，班里素来调皮捣蛋的小轩静静地站在我面前，笑着说："陆老师，我们班这么多小朋友和你击拳，你会不会很疼呀？"他说完，轻轻地和我碰了一下拳头，笑着走开了。这个小举动极具穿透力，让我感受到学生对我的爱，师生情原来不仅仅是"老师的爱"，学生的爱是那么单纯，那么温暖！从那以后，学生们开始轻轻地与我击拳，有时候还会轻轻地帮我按摩手，说怕弄疼我……

在俞晓灵老师身上，我体会到了班主任对学生的关爱。这样的关爱没有华丽堆砌的语言，没有轰轰烈烈的大事迹，却如一阵春风，唤醒彼此心灵深处的感动。了解班上的每一个学生，走近每一个学生，和他们成为朋友，"严在当严处，爱在细微中"，学生也会因此懂得关爱。

活动，润物无声

基地学校的班主任带教老师和见习班主任组成了一支团结一心、友爱互助的团队——见习教师班主任工作室。工作室里的活动形式多样，有示范课、微讲座、小组研讨、团队体验等；活动内容精彩纷呈，有主题班会课、社会实践活动设计、家访工作指导、学生个案分析等。每个班主任带教老师都会倾囊相授自己的班主任工作经验，见习班主任也在互相帮助中合作成长。

在一年级第二学期开学的前几周，我发现班级的值日工作出现了两个极端：部分学生乐于劳动，积极承担劳动任务；有的学生却需要时常提醒，做的时候还不太情愿。因此在工作室的主题班会课研讨中，我开展了一堂"小岗位，我承担"的队活动课。课堂上，学生积极参与，热闹非凡，但到了实际劳动中，个别学生依旧懒懒散散。为此，我在工作室的微沙龙中分享了自己的烦恼，让大家一起出谋划策，解决问题。见习班主任工作室负责人印燕俊老师告诉我："班主任对学生的教育不能止于一堂主题班会课，要通过多次教育的渗透才有可能达到预期的效果。主题班会课结束后，班主任应重视教育的跟踪，开展与学生劳动相关的系列活动或许是个不错的方法。"于是，我们围绕劳动教育的开展进行了研讨与交流。在他们的帮助下，我开展了学校、家庭、社区"三位一体"的劳动教育：在班级里进行劳动文化主题园的布置，渲染氛围；利用午会课和部分主题教育课，进行劳动观念和劳动态度的教育；重视班级中"人人小岗位"实践的岗位轮换与评价，提高学生劳动的积极性；和家委会成员共同制定家庭劳动清单，创设平台，分享家庭劳动成果和感受，提升学生在真实生活情境下的劳动技能；利用社区资源发现生活中的劳动者，邀请社区工作者进行劳动示范，鼓励学生参与社区志愿服务或公益劳动，让他们获得最直接的劳动经验和体会。

经过这一系列的劳动教育，学生的劳动意识得到了提升，劳动技能得到了强化。而我也意识到，对学生的教育不应是空洞的泛泛而谈，也不能仅凭主题班会课的一"课"之力，班主任应该在教育内容和方法上不断创新，挖掘更丰富的教育资源,形成更为多样、更为有效的教育方法,通过教育塑造学生良好的道德品质,为培养学生健全的心灵提供更为全面的引领。

见习班主任工作室的活动犹如滴滴细雨,让我汲取了不少班主任工作的精髓。我明白了班级活动育人的重要性,而我的学生也在形式丰富、意义深远的系列活动中潜移默化地形成了优良的思想品质,逐渐提高了自身的文化和道德素质。

沟通,温暖如春

除了学生外,班级日常工作还需要家长的配合。与家长密切沟通是教育工作的现实需要,我班的大部分家长都能密切配合我的工作,但是也有个别家长令我犯难。

班里有个叫小星的学生,"阅读打卡"、"争当花样少年"演讲、家长开放日……每当有需要家长配合的班级或学校活动,不管是线上还是线下,她的妈妈总是"查无此人"。"老师,孩子现在最主要的就是学习,我工作比较忙,其他活动我们没精力参与了。"小星的妈妈如是说。然而,小星在班级里的成绩却止步不前,性格也越来越内向。看到其他同学分享"阅读打卡"成果,看到同伴们自信满满地上台演讲,看到家长们参加家校开放日欣慰的笑脸,她的眼里有落寞、有羡慕,也有期盼。该如何和小星的妈妈沟通呢?这个问题困扰了我许久。

见习教师通识培训所邀请的专家为我上了生动的一课。崇明区教育学院德育室德研员胡诚老师多次来基地学校为见习教师开展讲座培训,胡老师的家庭教育指导讲座"家长如何做教育的合伙人"令我印象深刻。胡老师引入了"合伙人"这一概念,他认为在教育培养孩子的问题上,学校、老师和家长的目标与方法应该是一致的。学校、家庭两方面的教育力量应该彼此主动协调,积极合作,形成合力,实施同步教育。胡老师还传授了与家长沟通时的语言技巧、交流时机的选择和使用等,令我在理论和实践层面受益匪浅。

在和小星妈妈的几次交流中我发现,小星的妈妈教育观念守旧,认为学习是首要任务,对活动育人的认识不够,缺乏家庭教育指导。于是,我将胡老师在培训中引用的《老鼠夹与牛》的故事转述给小星妈妈,使她认识到孩子的教育应当是"全环节"的体系化工程。我也委婉地讲述了小星在校的失落感,使她意识到自己忽视了孩子内心的想法,忽视了孩子在活动中的收获。与此同时,小星妈妈也真诚地向我诉说了她的烦恼:一些班级活动、学校任务有点"形式化",给家长繁忙的工作增加了额外的负担。对此,我也进行了反思,对一些需要家长配合的活动或任务进行了减负,使之更有"营养"。之后,小星妈妈的配合也使小星渐渐开朗大方起来,在活动中常能见到她积极投入的身影。

一次次的家校沟通,给家长提出真诚的建议,倾听家长内心的想法,改进自己的班级工作……我与家长敞开心扉,让彼此的心温暖如春。沟通让我赢得了家长对学校和班级教育工作的理解和支持,从而能够更好地助力学生全面发展。

清代诗人郑燮在《新竹》中写道:"新竹高于旧竹枝,全凭老干为扶持。明年再有新生者,十丈龙孙绕凤池。"在上海市见习教师规范化培训的扶持下,我从一株新芽逐渐成长为一棵新竹;而我这棵新竹,积极投身于教育事业,致力于培育新一代的嫩芽。我感恩于带教老师、专家前辈们的热情鼓励和无私帮助,也感怀于教育事业的生生不息、代代相传。在今后的日子里,我会继续学习,努力提高自身能力,做好教育工作,帮助一代又一代"嫩芽"茁壮成长!

陆逸如:2015—2016学年上海市见习教师规范化培训学员,基地校为上海市崇明区长兴小学。二级教师。毕业于上海应用技术大学德语专业,现任上海市崇明区东门小学语文教师、班主任。曾荣获上海市崇明区中小学(幼儿园)见习教师规范化培训展示一等奖、区优秀见习教师、区优秀班主任、上海市中小学(幼儿园)见习教师规范化培训展示三等奖、上海市郊区小学优秀班主任等。

教育感言:倾听每一种声音,珍爱每一颗心灵。

以"唤醒"代替"责怪"

上海市第三女子中学　刘逸成

高中三年是学生人生观、世界观和价值观逐渐建立、成型、巩固的重要阶段,高考到来前,学生还面临着来自自身、老师和家长多方面的压力。如何在这关键的三年帮助学生养成积极向上的心态,顺利通过高考的检验,对高中班主任的德育教育水平提出了很高的要求。

初登讲台的我,面对学生出现的各种行为偏差,只想到纠正表面,却忽略了这些行为背后所反映出的个体差异,更忽略了"唤醒"背后的循序渐进。后来,有两件事深深触动了我,也让我意识到以"唤醒"代替"责怪"的重要性。

我与S同学之间的"风波"

我所带的班级学生大多性格沉稳,平日里学习认真,行为规范上也毫不马虎。在这样的班级氛围中,S同学显得分外格格不入。她时常上课迟到,作业迟交甚至不交;放学后也常常"忘了"做值日,在劳动委员的一再催促下还总是争辩、抗拒;在仪容仪表方面,她不顾校纪校规染发、化妆,即使老师采取了联系家长、严厉批评的手段,似乎仍不见成效……或许正是因为她的行为与惯常意义上的"好学生"相差甚远,同学们对她颇有微词。但她不以为意,视老师们苦口婆心的劝阻如耳旁风,平日里照样我行我素。在几次与S同学及其家长的交流中,我了解到她来自单亲家庭,以自己的母亲为榜样,不屑于与不认同她的同学为伍。

高二下学期接近期中考试时,正值我们班执勤,按要求每一位学生必须早上七点准时到校。因执勤集合时间较早,我在班会上三令五申,希望同学们坚持一周的时间,准时到校。而对于屡屡迟到违纪的S同学,我更是千叮咛万嘱咐,恨不得化身为她床头的闹钟,敦促她按时到校。谁知执勤的第一天,她就姗姗来迟,我试遍了电话、短信、微信,仍无法联系到她。直到七点半,她才在班级微信群中告诉我,因为早晨没听到闹钟铃响,所以迟到了。

S同学既无道歉,言语间也没有一丝羞愧,这样的态度让很多同学心生不满,她们私底下和我抱怨:"我们辛辛苦苦地执勤,她还在呼呼大睡呢!"是啊,这学期以来,她每周至少迟到一次,屡次严厉的口头警告对她似乎没有任何触动。如果"睡过头"能作为她的"免罪金牌",恐怕很多同学会质疑规则的公平和执行力度,到时候再想约束可就难了。想到这里,我再也坐不住了,决定给她开"违纪单A"①。

当天英语课前,我将她叫上讲台,告诉她对于她的屡次迟到,这张违纪单A就是一个小小的警戒,希望她以后别再迟到。我的语气并不严厉,没想到她反而对我高声嚷道:"你凭什么给我开违纪单?我早上迟到不是已经跟你说过了吗?是因为我闹钟没响。你还要我怎么样?"当时还有不少同学在教室里逗留,听到她的叫嚷,大家不由得齐刷刷看向我们。我强压着怒气说道:"这学期你的每一次迟到我都有记录,是不是要给你看看?今天我的确收到了你的微信,但闹钟没响并不是迟到的借口,也不能改变你迟到的事实。有赏有罚,这张违纪单你拿回去请家长签字。"听完我的话,她转头就走了。我只得将违纪单放在她的桌上,准备直接通知S同学的家长。谁知看到桌上的违纪单,S同学直直地冲了回来,伸手将违纪单撕了个粉碎。我顿时火冒三丈,严厉地对她说道:"撕了这一张,办公室还多的是,别做这样没意义的事!"

我平日里几乎从未这样严厉地斥责学生,一时间班级里的气氛都凝滞起来。好在上课铃声响起,我顺势深呼吸,调整情绪,开始了当日的英语课。课上,我也有些惴惴不安——她本就是自视甚高的性子,突然遭到我如此不留情面的批评,怕是心里承受不住。果然,她收起桌上的书本,索性抱着书包哭了起来。好在她

---

① 如学生有违反校纪校规的行为,且屡次劝阻后再犯,老师可以开具违纪单A;对于开具违纪单A后屡教不改者,老师可以开具违纪单B,取消该学生的推优资格。

只是小声抽泣,并未给课堂教学造成太大影响。我一面暗中观察她的反应,一面继续讲课。

　　课后,我意识到如果今天不能让她真正理解自己行为中的偏差,明白我的用意,或许我们之间的"梁子"就结下了。这个心结不解开,不知会不会影响她之后的学习生活? 但我又该怎么打破我与她之间的僵局呢? 我想到在规范化培训中曾听过长宁区教育局副局长汪叔阳老师作的一场讲座,其中有一段话令我印象深刻。大意是在平时教育学生时,我们的手段要艺术化;如果仅仅用训斥、说教,学生往往会产生反抗,而如果教育手段、方法艺术化,学生很有可能在不知不觉中就接受了教育,可谓是润物细无声。想到这里,我拉住抱着书包想要冲出教室的S同学,扶住她的肩膀,带她来到一个空置的小教室。

　　这一次我并未开口斥责她,而是递给她一张纸巾,柔声劝她止住哭泣:"我知道你现在很难过,但是再哭下去眼睛又红又肿可就不好看咯。"她仍然有些抗拒。我想起当自己受到委屈时,总是特别渴望妈妈的拥抱。于是,我尝试像个大姐姐一样抱住她,撸撸她的背脊。果然,她慢慢地止住了抽噎。看到她平静下来,我再次开口道:"其实我也是第一次遇到这样的情况,如果老师刚刚伤害到你了,你能原谅老师吗?"她点点头,看上去已经慢慢卸下了心理防备。我想这或许是深入了解S同学内心真实想法的一个好机会,于是趁热打铁地说道:"但你知道吗? 刚才你在全班这么多同学面前撕掉违纪单,老师如果不严厉批评你,那同学们是不是会觉得老师在默许随意顶撞师长的行为呢?"S同学低头不语。我继续说道:"我知道,你并不是故意想要迟到的。你自己还设了闹钟,说明你本想按时到校。只不过闹钟出了故障,所以老师批评你,让你觉得委屈,对吗?"我边说边摸摸她的头。"我也知道,你对自己学业要求很高,害怕有了违纪单会影响你之后的升学。"说到这里,S同学抬起头,嗫嚅称是。

　　我话锋一转,说道:"这些老师都能理解。但你想想,如果今天是高考的日子,你的理由能使考官同意让你延长考试吗?"

　　"如果是高考,我怎么会迟到?"

"那执勤就能不当一回事儿吗?"看到她撇了撇嘴,我想到或许能从她最敬重的妈妈入手。"你一直把你妈妈当作学习的榜样。我想,在生活中,她一定也是处处对自己有着极高的要求吧?"

"那当然,她是公司里最受器重的。"

"受人尊重有很大的原因在于她严于律己,有规则意识,绝不会因为闹钟没响就迟到吧? 更不会在自己迟到的情况下,还当众顶撞领导和客户吧?"我揶揄道,S同学也笑了。

看时机已到,我放缓了语气,将她的思绪拉回到当日的话题。"老师知道你对自己有很高的期望,希望成为像妈妈一样优秀的女性。但只有期望,没有实际行动,怎么能行呢? 优秀的女性不仅在学习上成绩优异,更重要的是在生活中也能处处做到慎独,严于律己,宽以待人。你有很多优点,但只有正视自己身上的缺点,积极改正,你才能成为更好的你。今天的违纪单A是一个小小的警钟,但老师相信你一定不会再迟到,因为你是要成为像你妈妈那样优秀的人的呀!"

她缓缓抬头看着我,郑重地点了点头。

我并未马上离去,而是搂着她回到教室。看到S同学手里的违纪单,再瞧见我和她之间不再剑拔弩张,而是一团和气,同学们似乎也放松了很多。我笑着对S同学的同桌说:"你的好同桌伤心了,到你出手安慰的时候啦!"同桌忙递上一颗棉花糖给S同学,两人不由得相视一笑。看来,我与S同学之间的一场"风波"算是平息了。

真正走进学生的内心世界

研究表明,高中生的人际关系与学业成绩存在显著相关。其中,与母亲、异性同伴的支持性人际关系和与班主任、任课老师、同桌、同性朋友的消极性人际关系对学生的学业成绩有着直接预测力。这说明,班主任的消极批评很可能会给高中生带来极为负面的影响。[①] 然而长期以来,许多高中班主任都习惯于采用强硬的

---

① 陈树婷.高中生情绪智力、人际关系和学业成绩的相关性研究[D].浙江大学,2006.

刚性管理模式，注重树立自己在班中的权威，殊不知这往往会引发学生的抵触心理，只有充分尊重和信任学生，才能使学生与老师发生正面互动。

青春期的学生本就处在一个较为敏感的年龄阶段，他们的竞争意识增强，想要在激烈的人生竞争中把握自己，追求自己的人生目标，但由于缺乏成熟的价值观，可能在看待问题的方式上有些偏执。这时教师不妨先和学生做朋友、做知己，尊重每个学生的认知逻辑。只有这样，教师才能在学生迷茫无措时，成为潜移默化地影响、改变、纠正他们价值观的那个关键人物。

规范化培训结束后，我再次反思我和S同学之间的冲突，意识到当她在本学期第一次迟到时，或许我就应该与她促膝谈心，听听她内心所想，适时纠正她有所偏差的认知体系，而非简单粗暴地批评她，治标不治本。当时的我只有"管"学生的冲动，却没有研究学生的意愿；只告诉学生该"怎么做"，却不问问她"为什么不想这么做"；只是简单归因，情绪化地责怪学生，却没有掌握逻辑性的工作方法，更没有对学生复杂的心理状况作出多种假设；只是把自己当成高高在上的发号施令者，却忘了一名教师更需要做的是平等地"唤醒"而非高姿态地"责怪"。

S同学打开心结，愿意让我真正走进她的内心世界，正是因为她发现我愿意平等地和她交流心中所想，发现我愿意尊重她的想法，发现老师也是个会不知所措的平常人。我想，作为一名教师，若能放低自己，褪去"我是掌控者"这种暗示，真正地与学生心对心，平等地交换感情，或许就能准确无误地向学生传达我们的关爱。

高中生心理指导策略

◆ "先礼后兵"——解释规则的必要性

每一个学生都是独一无二的个体，如果仅仅从行为入手，就事论事，从表面上看，教师毫无过错，但学生往往会觉得委屈，因为他们的行为其实受到了长年累月来自家庭、朋友的潜移默化的影响。他们有一套符合自身思维定式的认知逻辑体系，这个认知体系并不一定是正确的、符合社会主流的，却是他们多年实践的结果。贸然对这个逻辑体系发起严厉冲击，很可能会让学生产生强烈的逆反心理，教师想要达到的教育效果自然也无法真正实现。即使学生迫于师长的威严而认错，或许也只是被"强按头"，并不知道为什么"要喝水"。我们总是将学生各种不符合社会主流的行为笼统而又武断地冠以"叛逆"这一论断，其实多数"叛逆"的行为只不过是因为孩子不理解——不理解老师为什么这样规定，不理解自己为什么不能随心所欲，不理解早上执勤的意义……只有他们真正理解了社会的行为逻辑，才会真正做出符合这一逻辑的行为。

因此，班主任可以在班会、晨会等多种场合，以小组讨论、时事评析等形式，让学生先充分了解规则的必要性和合理性，意识到规则是班集体平稳发展的坚实基础。同时，鼓励学生在制定规则时提出疑问，并一一解决。有了班级同学都发自内心认可的一系列公序，是谓"先礼"；此后一旦有学生触碰已经公认的规则，则可以进行个别教育，是谓"后兵"。

◆ "刚中带柔"——注重班级情绪激励

有了班级纪律的支撑，班主任还须注重班级情绪的激励。师生之间要保持和谐的关系，要让学生感受到老师对自己的尊重和爱护。这体现在老师能够掌握班级管理的"度"，不在学生犯错时毫不留情地批评，要能看到每一个学生的困难，看到每一个学生的进步，要给学生留余地。高中生已经具备了丰富细腻的情感世界，班主任可以引导学生多进行换位思考，跳出已有的认知模式，认识到社会运行的普遍规则。

◆ "美美与共"——体现每个学生的价值

从上文的案例可以看出，S同学与班级中其他同学格格不入。一个包容度较低的班级文化对S同学极为不利，只会让她更加孤立，从而加重她自卑、逆反的心理。因此，班主任应当在班级中营造出良好的柔性管理氛围。

首先，班主任要起带头作用，在日常的教学和管理中注意自己的一言一行，对个别"问题"学生要平等对待，私下关照，不带有轻视、刻意忽视等行为。

其次，班主任要引导和鼓励学生相互学习、相互帮助，架起师生之间、生生之间的情感桥梁，让学生意识到每个身边人都有价值，都有自己可学习的长处。例如,在班级的环境建设上,在校内的各种文体活动上,在每日的值日工作中,尽可能地让学生在适合自己的岗位上发挥所长。班主任应在班级中时常给出正面的反馈,营造一个积极向上、人人都能体现自身价值的班级氛围。

◆ "共治共享"——成立高效的管理团队

班主任无论什么年龄,只要处于这个角色,对学生来说就是一个长辈和管理者,这就使师生间有一层天然的隔膜,学生对来自教师的理念容易下意识地持有怀疑心态。教师可以利用同龄人间的共情,用学生来指导学生,用学生来感化学生。因此,要从学生中发现和培养具有影响力、心理健康值高的学生,通过安排班级职能工作、分组结合等形式,让这些学生用正确的观念和行为范式来影响其他学生,实现间接的心理指导。[①]

总之,高中生是个特殊的学生群体,有其心理发展的特殊性。作为班主任,要以学生的心理发展为出发点,在平时的工作中注重工作方法,个性化地进行心理指导,帮助学生进行情绪管理,从而拉近师生的情感距离,更好地实现班级管理。

刘逸成:2016—2017学年上海市见习教师规范化培训学员,基地校为上海市延安中学。二级教师。毕业于复旦大学传播学专业,现任上海市第三女子中学英语教师。上海市第四期"双名工程"长宁区种子基地成员,长宁区英语创新团队成员。曾荣获2017年上海市中小学(幼儿园)见习教师基本功大赛一等奖、长宁区班主任新秀、2018学年及2019学年长宁区课堂工程一等奖。在第三届上海市教育信息化论文征集遴选活动中获优秀论文奖,在长宁区长三角教育科研征文中获二等奖。

教育感言: 永葆柔软的童心和向前的勇气。

---

① 万凤.高中班主任柔性管理的研究[J].读与写(教育教学刊),2018,15(11):126.

每一个梦想都值得灌溉

上海市静安区教育学院附属学校　陆闻烨

也许每个人小时候都有被老师提问"长大以后你想做什么?"的经历,也许我们当时的回答是"做科学家搞科研""做飞行员开飞机""做宇航员"……这些幼稚、单纯的梦想可能大部分都难以实现。梦想和目标是有区别的,目标必须具有可实现性,梦想则不同,梦想可以是天马行空的,甚至不切实际的。作为一名"园丁",我认为每一个梦想都值得灌溉。

条条大路通罗马

我幼年时期的梦想是成为科学家,初中时期又立志于化学学科,进入高中后明确了自己想从事的职业是化学工程师,因此我大学学习的专业是化学工程与工艺。我之所以有这个理想,是出于对自然科学的喜爱,并想借自身所学为社会做一些有用的事情。

但由于一些原因,我最终并没有进入化学工程设计的相关行业,而是成为一名中学化学教师,从而走上了另外一条圆梦之路。

作为一名非师范生,我在职初阶段有诸多困惑:我究竟要向学生传递什么知识?学生如果听不懂或不听,我该怎么办?我要如何运用我对化学的喜爱来教育学生?……所幸,上海市中小学(幼儿园)见习教师规范化培训解答了我的困惑。我的培训基地校是我的母校,也是我的工作单位——上海市静安区教育学院附属学校。

作为静教院附校的毕业生,我对后"茶馆式"教学并不陌生。在见习教师规范化培训的过程中，我更是深入学习了这种遵循学生认知规律，由教师帮助、学生自己学习的教学方式。基于对人的充分研究，后"茶馆式"教学有两大特征——"学生自己能学会的，教师不讲"和"关注相异构想的暴露和解决"，教学的关注点由"教了多少"转向"学生怎么学，学会多少"，从而大大地提高了课堂效率。

后"茶馆式"教学要求教师进行两方面的学情分析：学生现有学习基础与学生在学习过程中可能遇到的困难。通过对学情的充分研究，教师在课堂上选择性地开展教学活动，从而明确"每节课教什么"；借助融入课堂的即时评价和"一题多层"的手段，在课堂上直接针对学生学习有困难的地方进行突破，从而做到"讲是为了不讲"的目的；然后根据课堂反馈，在校本作业素材库中挑选适合当前学生状态的习题，在提高作业质的同时降低作业的量，从而提高作业效率。当我运用了后"茶馆式"教学的策略方法后，我的学生感受到"轻负担、高质量"的化学课大大地激发了他们学习化学的兴趣，他们在课后会更主动地与我交流，了解课外知识，开展拓展性学习。

在教授化学学科知识与技能的同时，我也侧重对学习方法的教学，通过每一类物质、每一个实验的教学，让学生逐渐形成化学学科独特的学科逻辑，掌握学好化学的方法。在后"茶馆式"教学中，教师不再是知识的教授者，而是课堂活动的组织者、学生探究学习过程的参与者；学生也不再是被动地听讲，而是在教师的引导下，通过独立学习、合作学习、"书中学"、"做中学"等学习方式，主动学习知识。在化学课堂上，我以科学探究的一般步骤为主线，引导学生完整地体验"提出问题—提出猜想与假设—制订计划与设计实验—进行实验与收集证据—得出实验结论—提出新问题"的科学探究流程。学生通过教师设置的"做中学"等多种活动，学到化学学科知识；通过教师设置的项目学习具体任务，学会实验探究法、理论计算法等科学研究方法；在小组合作中，学会理解、沟通、交流，共同研究。

通过培训学习和课堂实践，我获得了一些成就：我上课的小幽默、小科普能让学生留下深刻的印象；学生愿意来找我探讨化学知识，一起做化学趣味实验；学生觉得学习化学很有趣、很轻松，成绩也保持良好。最让我欣慰的是，有不少学生进入高中愿意继续学习化学学科，并在大学时选择与化学相关的专业。我想，我已经走在圆梦的路上了。

见习教师规范化培训将原本不明白教育教学为何的我带上了教师的道路,并带着我走向圆梦之路。

老师,我要成为你的校友!

小A是我的第一届学生,他个子不高,成绩也不是特别理想。他虽然是班级中的开心果,但似乎没有知心的朋友。针对他学习上的问题,老师和家长都为他操心,而他对学习似乎并没有什么兴趣。最初执教这个班级时,我对他的印象并不深,主要原因有两个:刚走上工作岗位的我在上课时主要关注的是自己,并不太关注学生;这个班级中有一些听课习惯不太好的学生,我上课时往往忙于管理课堂纪律。

刚工作的我总是忙得焦头烂额,而每周半天的见习教师规范化培训往往能给予我一些新的灵感和思路。比如在一次培训中,我获得了新的思路:化学学科也可以布置一些长作业。于是,为了激发学生对化学的热情,我布置了一项长作业:搜集资料,寻找感兴趣的实验,找我预约开展趣味实验。没想到,这小小的举措让我和小A建立起了远超师生情谊的友谊……

小A当时设计的实验是"钾、钠等碱金属和水的反应"。我想,虽然刚刚接触化学不久,但是小A对化学学科已经产生了兴趣,他一定是通过上网搜集资料找到了这个现象激烈的化学反应。拿到他认真书写的实验报告后,我尝试向学校申请采购这些材料。但是因为种种原因,我并不能获得钠、钾这些活泼金属。于是只能遗憾地告知他,因为实验物品比较危险,我们学校一般没有这些物品,只有到了大学才能够安全地进行这些实验。

小A当时就认真地告诉我:"老师,我要做你的校友。"

这件事以后,他的学习态度有了明显改变,开始给自己设立明确的目标:下次考试要进步到什么程度、要考上什么高中……九年级一年的时间其实很短暂,虽然小A开始努力学习了,但想要一飞冲天确实有点困难,他最终并没有成功考入重点高中。但自从有了这个梦想后,他面对挫折时不再轻言放弃,他在高中学习成绩名列前茅,最终进入了理想的大学。

小 A 最终没有如愿以偿成为我的校友,但他在青春懵懂的时期,靠着梦想给了自己一个努力的方向。我想,若是没有参加见习教师规范化培训,我也许并不会知道找到梦想能对一个孩子产生那么大的影响。正是见习教师规范化培训过程中的所学,让我学会聆听孩子,帮助孩子找到他们的梦想。

我要改变中国足球!

在大家眼中,小 B 是一个非常叛逆、难以管教的孩子,八年级时因沉迷于电子游戏和父母多次大打出手。由于沉迷游戏,无法完成作业,小 B 的成绩自然也很糟糕。我初执教该班时,小 B 就给我留下了深刻的印象,因为他是班上的"刺头",常常在课堂上故意打断我上课的节奏。

第一次面对这样的学生,我很是头疼。回忆起见习教师规范化培训时同仁们一起交流过的那些典型案例,我似乎有了新的思路……

某一次化学补课结束后,我找小 B 深入交流了一番。小 B 告诉我,他之所以沉迷游戏,是因为只有在游戏中才能轻松获得成就感,而且有些时候熬夜并非因为玩游戏,而是因为他想观看欧洲的足球比赛直播。他还告诉我,其实他是喜欢听我上课的,在课堂上故意捣乱就是想让我多关注他一下。

随着深入接触,我发现他身上有一些难得的品质:讲义气、与人交往大方、不计较、不轻言放弃、才思敏锐……有一次,我和他交流为什么喜欢足球,他告诉我因为足球是一项需要拼搏、合作的运动,他喜欢和好哥们、好伙伴在一起努力奋斗的感觉。我不经意间调侃了他几句,说喜欢足球在中国似乎没有什么前途。他认真地回答我:"我要改变中国足球!"后来,我发现他常常会在自己的朋友圈分享一些关于中国足球、中国足协、足球教育的文章,并配上一些看起来也许不成熟,但也是他深思熟虑的观点。"我要改变中国足球!"也许并不是一句空话。虽然这个梦想看起来有点不切实际,但我愿意帮助他去实现这个梦想。

又是一次深入的交流,我和小 B 一起规划了实现梦想的必经步骤:努力学习—考上好高中—进入大学选择相关专业……我告诉他:"老师想成为你的好哥们、好朋友,陪你一起走下去,祝你圆梦。"有了一个老师伙伴后的小 B 非常讲义气,在我的课堂上不再胡闹,作业也会认真完成。经过努力,他的成绩进步非常明显,化学成绩甚至还能在班级里数一数二。除此之外,他也愿意在学习上帮助同学。后来,因为家里的安排,他并没有参加中考,而是只身一人远赴海外留学。我想,他是一个有梦想的孩子,即使是在遥远的异国他乡,他也不会轻易迷失,而是会为了梦想继续奋斗不止。

每个孩子都是有梦想的,也许有一些是天马行空、不切实际的。但是教师可以作为伙伴,在孩子圆梦的道路上陪他们走得更远一些。见习教师规范化培训教会我,面对孩子要时刻充满耐心和信心,学会用孩子的视角、眼光去看待问题,做好陪伴者、见证者,和孩子共同成长。

我现在成绩是全校第一!

小 C 是个身材魁梧的男生,但与他高大的身材不相符的是,他非常单纯幼稚。因为学习能力和学习习惯的问题,他的成绩很不理想,家长和老师也常常为他犯愁。

面对这样一个不求上进的学生,我的一切努力都无济于事。然而,在见习教师规范化培训中的一次讲座上,我有了新的感悟:想要走进一个学生的心灵,需要一些契机。我就是靠着一个馒头走进了小 C 的内心……

因为身材高大魁梧,小 C 平时非常容易感觉到饥饿。我从见到他的第一次起,每天都会把自己早饭节省下来的馒头给他一个,避免他在学校挨饿。作为一个大男生,他还有些不好意思,但也因此喜欢上了我执教的化学学科。因为学习能力的问题,九年级的一年他常常疲于奔命,应付各科作业。为了避免他跟不上大部队,我选择每天在学校陪他完成作业,并进行辅导。通过观察,我发现也许我能做的最打动他的事情就是给他一些食物,于是在每天放学辅导的过程中,我总是会和他分享食物。在和他交流的过程中,我发现他所向往的其实非常简单:想在一些领域拥有一技之长。

最终,他没有选择进入普通高中,而是选择了自己心仪的中专和专业。毕业后,他来看望老师,告诉我:"老师,我现在的成绩是全校第一,而且我以后一定会坚持在自己喜欢的专业上继续发展的。"

每个孩子都应该拥有他们的梦想。见习教师规范化培训时刻提醒着我要用平等的眼光看待每个孩子,也教会我对待不同孩子需要用不同的方法。虽然孩子们的梦想很简单,但每一个梦想都值得灌溉。

教师是一个特殊的职业,教师需要不断地学习、不断地接受培训。所幸,我教师职业培训道路的第一步就是见习教师规范化培训。见习教师规范化培训不仅教会我怎么上课,还教会我如何倾听孩子的声音、走进孩子的内心,在孩子的成长道路上做好引导者、陪伴者。我想,要成为一名优秀的教师,喜爱孩子也许比自身的知识能力、教学技能更重要。而见习教师规范化培训正是因为做到了两方面都关注、两方面都兼顾,才使我们这些职初教师受益匪浅。

也许,帮助孩子寻找梦想,帮助孩子规划学习生活以灌溉梦想,是我教师职业上的梦想。我相信,每一个梦想都值得灌溉,每一个梦想也都会有开花结果的那一天。

陆闻烨: 2016—2017学年上海市见习教师规范化培训学员,基地校为上海市静安区教育学院附属学校。二级教师。毕业于华东理工大学化学工程与工艺专业,现任上海市静安区教育学院附属学校化学教师。曾荣获上海市中小学(幼儿园)见习教师基本功大赛二等奖、静安区教育系统见习教师"新苗奖"一等奖。

教育感言: 播撒希望,灌溉梦想,立德树人。

以身作则,播种于心,静待花开

上海市实验幼儿园　孟懿玉

新冠肺炎疫情让2020年的春节与寒假变得格外不同。在超长假期里,教师与孩子们无法正常进入幼儿园。要如何更好地利用线上平台与孩子们沟通交流,实现共同成长呢?我记得见习规培时一位专家曾说过:"教师的职责是教书育人。"而教书育人的场所从来都不只有学校,离开了学校,教师与孩子们依旧在一起,共同学习,共同成长……

1月26日中午,我与孩子们一起"云聚餐"。这时,一条微信消息弹了出来,是团支部书记发送的志愿者征集令,征集志愿者在高速路口测量体温,为上海"把关"。看到征集令时,我非常想报名:与其躺在家里什么也做不了,为什么不用微薄的力量保护城市呢?与其在家里和孩子们分享励志故事与保护自我的方法,为什么不以身作则,做他们心目中的"小英雄"呢?但是,当我将想法告诉父母时,却遭到了他们的强烈反对。"你妈妈身体本就不好,如果感染了可怎么办呀?""现在外面太危险了,不要出去了!"面对父母的反对,原本意志坚定的我开始动摇了,到底要不要去呢?就在我不知如何抉择的时候,一段画面、一句话出现在了我的脑海中……

那时候我在上海市普陀区绿洲幼儿园进行见习教师规范化培训,陈老师是我的指导教师。有一次开展运动,陈老师设置了一个从高处跳下的游戏,大多数孩子都玩得非常开心,但是轮到朵朵时,朵朵却不敢跳了。朵朵胆小的样子引起了其他小朋友的哈哈大笑,朵朵的脸一下子就红了。正当我以为陈老师会严厉地批评那些嘲笑朵朵的小朋友时,陈老师却抱起了朵朵,大声对她说:"好了,小宝贝,不要难过,哭是没有办法解决问题的,相信陈老师,陈老师会帮助你的。"说着,她便带朵朵一起爬上了垫子,一步一步地用生动有趣的儿歌演示给朵朵看怎样才能安全地跳下垫子。在陈老师的演示与保护下,朵朵终于鼓起勇气跳了下来。这时,在旁边看着的孩子有的为朵朵拍起了手,有的对朵朵说:"朵朵你可真棒呀!"运动结束后,我问陈老师为什么当时没有批评那些嘲笑朵朵的孩子,陈老师笑了一下,对我说了十二个字:"以身作则,播种于心,静待花开。"

这简简单单的十二个字让我受益匪浅。德育教育最忌讳的便是说教,因为这不仅会让孩子产生反感,效果也会减半。教师是孩子们的同伴之一,也是孩子们乐于模仿的对象;教师以身作则,言传身教,把好的方法和好的行为直观地展示在孩子们面前,更能被孩子们吸收与接纳……陈老师没有直接指责那些孩子,而是做了最好的榜样给他们看,从正面引导他们学会如何关爱同伴。

陈老师的十二字箴言让我更加坚定了自己要报名担任志愿者的心,我要做孩子们称职的引导者。我再次和父母商量,将缘由和道理告诉他们。他们听后沉默了一会儿,最后还是答应了。

我做志愿者的消息很快就传到了家长和孩子们的耳朵里,我收到了来自孩子们的无限夸赞与敬佩。夕夕说:"孟老师,你真勇敢,我好佩服你呀。"宝马说:"孟老师你太棒了,太勇敢了。"看着这些消息,我内心无比激动,我想我的以身作则、以己育人成功了,并且效果非常好。但是我也开始思考,我要给孩子们的仅仅是勇敢与服务他人的意识吗?不,勇敢不仅仅是胆大,还包含自我保护的基础与家人、好友、身边人的支持与爱护,这些内涵的东西也是孩子们需要看到与了解的。育德育人是让孩子们接受全面的教育,终身受益,而不是单纯的"做英雄"。

因此,我紧接着又做了以下几件事情。

自我保护是"小英雄"的基础与保障

首先,我在班级群里通过游戏——"大家来找茬",让孩子们找一找:老师在做志愿者的过程中有哪些自我保护的措施?除了图片上可以看到的措施外,老师还需要做什么防护呢?

游戏一发起,孩子们就在群里热烈讨论起来。有的说:"我看到你穿了一次性衣服保护自己。"有的说:"我看到你带了眼罩。"还有的说:"孟老师,你测体温的时候要小心保护自己哦,不要离别人太近呢。"孩子们在抢答的过程中分享经验,查漏补缺,学到了不同的自我保护方法。当孩子们都答完后,我总结了自己的经验,并且重点提到了做志愿者后的自我隔离,让孩子们知道在保护自己的同时,也要对他人负责,保护他人。

身边的爱与鼓励是"小英雄"背后的力量与支撑

接着,我又用故事的形式分享了我在做志愿者过程中所感受到的爱与支持,有孩子们的夸奖、朋友的鼓励、同事的榜样作用,还有家人熬夜等待的支持与爱护等。

活动结束后,我不断地收到孩子们和家长发来的信息,有的孩子用温暖的话语关心我,有的孩子与我分享自己的小经验,还有的孩子向我竖大拇指。从中我感受到了他们的爱、他们的成长。我想这次活动是成功的,孩子们学会了如何关爱,学会了勇于承担,学会了自我保护。

古人云:"少成若天性,习惯如自然。"幼儿品德的形成是知、情、意、行统一的过程,知是基础,行是关键,习惯是归宿。但在实践过程中,我们经常会使用单一的说教方式,幼儿也往往是"左耳朵进,右耳朵出"。如何丰富幼儿园的德育内涵,让幼儿在提高道德认识的同时,形成自觉的品德行为习惯,并受益终身呢?我总结了以下几个经验。

◆ 以身作则,感染幼儿

模仿是幼儿的天性,也是学龄前阶段幼儿的重要特征之一。因此,老师与其分享英雄故事和自我保护的方法给他们听,不如以身作则,做最好的榜样给他们看。老师的每个动作、每句话语都会在孩子心中留下印记,因此幼儿园教师的师德与自身行为尤为重要。我们一定要时刻记住"以己之爱,启他心灵",充分发挥自身的人格力量,明白身教重于言教,做孩子的良师益友,让良好的师德成为孩子成长道路上的指路明灯。

◆ 播种于心,引导幼儿

幼儿品德的形成是一个循序渐进、日积月累的过程,它渗透在幼儿一日生活的各个环节中,每时每刻都影响着幼儿的成长。品德教育的地点不一定是幼儿园,方式也不一定是集体活动。就像疫情期间在家时,我们也可以通过线上的小游戏、定期的"云相聚"等多种有趣的方式,和孩子们互动交流,让他们在无形中学会如何关爱同伴、如何自我保护。因此在每天的工作中,我们要充分捕捉各种教育时机,注重将德育无声地渗透在幼儿来园、盥洗、午餐等每个细节,真正起到播种于心、润物细无声的作用。例如:在点名环节,可以改变以往传统的由教师一手包办的点名模式,而是让幼儿主动发现班级中哪个小朋友没有到园,使幼儿学会关心、关爱自己的同伴;中、大班可以组织幼儿轮流做小值日生,协助老师完成浇花、整理图书和玩具等任务,培养幼儿从小爱劳动及为他人服务的良好品德;等等。

◆ 静待花开,等待幼儿

德育是一个长期积累的过程,教师不能急于求成,过于看重结果。每次活动后,教师要细心观察,用心感受幼儿的变化,从而对活动的后续进行定位与补位。可以通过个别化教育、环境创设、家园互动等多种方式促进幼儿的习惯养成。例如,上次活动后,我在班级里创设了"抗疫英雄说""我想对你说""我可以做"等多个环境,帮助幼儿回顾在疫情期间发生的点点滴滴,引导幼儿将经验迁移到自身,同时也让幼儿通过自己的方式持续向同伴表达自己的关爱与关心。又如,可以通过家长会、家长开放日、家园联系栏等途径,及时与家长交流幼儿园内的德育主旨,促使家庭教育和幼儿园教育同步、同向,让家园教育形成"1+1>2"的合力,共促幼儿健康、全面地发展。

在为期一年的见习规培中,专家讲座的理论指导、带教导师的言传身教、指导教师的师德传承,让我坚信教师应是辛勤的耕耘者和播种者,把中华传统美德的种子从小就播撒在每个幼儿的心灵深处。一年见习规培的学习,不仅提升了我的专业素养和文化素养,更让我拥有了一颗善于思考的心、一双能够抓住教育契机的眼睛。"以身作则,播种于心,静待花开"这十二字箴言将永远印刻在我的心中,我永远都是教育事业的奋斗者与播种者!

孟懿玉:2016—2017学年上海市见习教师规范化培训学员,基地校为上海市普陀区绿洲幼儿园。二级教师。毕业于上海师范大学学前教育专业,现任上海市实验幼儿园教师。曾荣获上海市中小学(幼儿园)见习教师基本功大赛三等奖、普陀区第一届"新蕾杯"见习教师规范化培训评比一等奖、普陀区中小学(幼儿园)见习教师规范化培训优秀学员、普陀区"教坛新秀"等。

教育感言:以身作则,播种于心,静待花开。

抓住落在身后的点滴微光

上海师范大学第二附属中学　胡云捷

我一直秉持重点挖掘学生特长、培养学生能力、关心学生情绪、引导学生自主管理的德育理念,同时善于运用独特、新颖的方法来管理班级,提出"感恩他人,反思自我"的带班理念。我满怀一腔热血,带领班级向上走、向前冲。我相信,既然选择帮助学生"造梦",便只顾风雨兼程,不去想未来是平坦还是泥泞,只要尚有余力,便去保护心中最美好的东西。

敢于挑战风浪

由于种种原因,2018年10月,我中途接班担起了高一(8)班班主任的重任。作为一名年轻的高中体育教师,我不得不面对各种各样的问题:不在教室进行授课且中途接手班级的班主任该如何快速了解学生?在心理健康教育越发重要的当下,面对一些腼腆不爱说话的学生,应该怎样与他们进行交流?如何唤起"无欲无求"的学生的学习动力?如何有效利用早晨的黄金十分钟?为了得到一张近乎完美的答卷,我每天绞尽脑汁,不放过任何有用的启示。

我记得教育学院杜婉良书记在金山区优青班培训中曾提到,要做"经历风浪,认真刻苦"的青年人,敢于挑战风浪是青年教师传承优秀传统文化、提高道德修养水平的一项准则。作为一名青年教师,面对自己不曾接触过的工作时难免会有所困扰,我是否敢于挑战困难,尝试做德育工作的先行者呢?

微光突然出现

作为一名教龄才两年的青年教师,我在接到担任班主任的任务通知时,虽然有点惊喜、激动，但内心更多的是忐忑不安。班主任需要时刻关注学生的生理和心理状况，保持学生与家长、家长与学校之间的沟通，注重学生的品德教育。面对这突如其来的班主任工作，我该如何做好学生的德育工作？这一问题不断浮现，与我脑海里一次大学期间的兼职经历碰撞出了火花。

回想起珍贵而又充实的大学时光，我为了增加社会工作经验，曾兼职做了两年的商学院职业生涯培训师助理，并在此期间养成了每日反思的习惯，认识到每日反思的重要性。我希望把每日反思的好处和精华带给学生，让他们思考自身的缺陷，思考自身做事的不足，进而确定成长的目标。

寻找微光的身影

有了"每日反思"的想法后，我开始在知网上寻找关于学生情绪释放和行为习惯养成的文献。在详细参考及慎重思考后，我认为感恩是一个非常不错的主题，感恩可以是一种生活态度，可以是一种善于发现美并欣赏美的道德情操。感恩之心犹如玫瑰，需要细心栽培及爱心的滋润。开展感恩教育，可以让学生懂得感谢亲人、感谢朋友、感谢反对者、感谢陌生人、感谢集体、感谢国家、感谢人类、感谢自然；懂得宽容与理解，少一些指责和推诿；懂得真诚与团结，少一些欺骗与涣散。

经过一段时间的仔细斟酌，我认为让学生学会感恩是进行德育建设的一个切入点，应该让学生学会感恩，懂得付出，懂得回报父母的养育之恩，懂得珍视老师的启蒙、教育之恩，懂得回馈社会的保护之恩。尤其对处于成长关键期的高中生而言，感恩显得格外重要。学会感恩，是迈向自我实现价值的重要一步。懂得感恩，学生才能更好地成长，学会自我建设，提升自身的素养，培养自身的品德和情趣。

等待身后的微光

带着"每日反思"和"感恩"的概念，作为新班主任的我进入班级近距离观察学生的一举一动，了解他们的学习状态和心理状况。通过一段时间的观察和相处，我发现早晨交完作业后班级里的噪声严重影响了早自修的学习效果。不仅如此，我还发现现在的学生大多以自我为中心，对老师与学校的传统管理模式产生较大的抵触，很多学生不太愿意当面与老师进行交流。

发现问题后，我开始思考如何将"每日反思"和"感恩"的概念正确地传递给学生。我一次次地写下计划，又一次次地将计划删去，来来回回不停地撰写、修改、否定、再撰写，但始终找不到最优的方式。这时，放在桌上的一本练习本映入眼帘，我像是被打通了任督二脉，灵光乍现，拿起笔筒中的一支铅笔在上面写下：记录、感恩、反思。看着这六个字，我深深地吸了一口气，抬起头，嘴角微微地上扬，露出舒心的笑容，内心满满的成就感。

抓住闪烁的微光

我利用"记录、感恩、反思"这三个基本的主题，慢慢形成了"感恩本"这独一无二的思想教育方式。"感恩本"由三个部分组成：每日任务、每日感恩以及每日反思。

每日任务：让学生写下一天中自己最需要去完成的若干事情。

每日感恩：让学生写下自己与同学之间的友谊、与老师之间的师生情、与父母之间的亲情，抑或是自己与陌生人之间发生的温暖事件，如前天妈妈很早起床给自己做早饭、同学帮自己解决学业上的难题、老师帮助自己提升学习效率等。只要是能够触及内心的，学生认为对自己有过帮助的，都可以写进"感恩本"。记录越多越好，日积月累，学生就会发现身边人的闪光点，少一点看不惯，多一点感恩。

每日反思：让学生对前一天的事情进行回忆，回顾自己每日的生活，写下体悟较深的感想。这可以让学生慢慢学会思考自身的缺陷，思考自身做事的不足，思考是否在实际中践行感恩；可以让学生避免成为"站着说话不腰疼"的经验主义者，从而在"循环"中反思自己的得与失。

"感恩本"还可以为较腼腆、胆小的学生提供一个和老师交换意见、抒发自身情感的平台，改善师生关系，进而帮助教师进一步了解学生的内心想法和烦恼。

学生每天回顾昨天的自己，抓住落在身后的点滴微光，将其记录在"感恩本"上，从而对今天的自己有一个新的认识，学会感恩身边的人，学着多为别人着想，多站在别人的角度思考问题，在自我体悟中成长。"感恩本"得到了学生、家长及其他老师的一致认可。我还在上海师范大学第二附属中学的暑期研讨会上围绕"感恩本"进行了专题交流，并在金山区见习教师动员大会上分享了"感恩本"的做法。

做最好的老师，为学生成长助力

作为一名人民教师，我们在教书育人的同时自己也在成长。"三人行，必有我师焉。"我们向有经验的教师学教学方式，并通过自身的经历加以拓展、运用到自己学生的教学工作中；我们向身边的同行学职业精神，尽职尽责地做好分内的工作，并不断创新和发展；我们向自己的学生学如何拥有蓬勃生机，将热情时刻放在心中。

英国戏剧家萧伯纳曾说过："生活不是一根蜡烛，而是一把火炬。我们要把它点燃，并努力地传递给下一代。因为别人的爱，我们有幸福的生活；因为别人的爱，我们要爱别人；因为别人的爱，我们要懂得感恩；因为别人的爱，我们要承担生活的责任。"学会感恩，学会反思，我们不能一味地向前冲，需要偶尔停下脚步，回过头来，抓住落在身后的点滴微光，将它们聚在一起变成更大的光芒，照亮前方崎岖的路。

在我的成长经历中，我有幸能够参加各种培训及教学大赛，遇到一批满腹经纶的讲课老师、一群才华横溢的师兄师姐。从黄翔洲书记提到的"脚踏实地，仰望星空"，到顾宏伟局长提到的"不仅要潜心教育，更要放眼世界"；从何庆兰教授提到的"能说、能写、能干"，到程艳教授提到的"带头践行社会主义核心价值观"；从周东华老教授提到的"守本心、知本末、有本事"，到刘娥苹教授提到的"不忘初心，牢记使命"……在理论与实践的交替学习中，我认识到了自己身上的不足，并坚定了政治忠诚以及自己作为社会主义核心价值观的传播者和模范建设者的决心。

作为青年教师,我们今后的路还很长,还有很多工作等待我们去做。我们要敢于面对自身的不足,敢于挑战失败,始终坚定理想信念,志存高远,脚踏实地,不断进行自我创新和完善,在巩固学科知识和积累经验的同时加强反思与规划,不断为课堂增添色彩,做最好的老师,为学生成长助力。

胡云捷:2016—2017学年上海市见习教师规范化培训学员,基地校为华东师范大学第三附属中学。二级教师。毕业于华东师范大学体育教育专业,现任上海师范大学第二附属中学团委副书记。曾荣获2020年上海师范大学第二附属中学"师德标兵"称号、2020年金山区"鑫工巧匠"称号、2018年金山区青年五四奖章,以及2018年上海市体育艺术领域大赛一等奖(团体)、2017年上海市中小学(幼儿园)见习教师基本功大赛一等奖。

教育感言:既然选择帮助学生"造梦",便只顾风雨兼程,不去想未来是平坦还是泥泞。

一次点亮心灯的奇妙旅行

上海市延安初级中学　潘悦婷

2017年毕业后,我就在上海市延安初级中学任教。工作的第一年,我参加了上海市见习教师规范化培训。我的基地校也是上海市延安初级中学,带教导师是沈美花老师。这所老牌中学所追求的"老老实实办学,呕心沥血育人"的办学传统在一步步影响着我,促使我不断学习、完善自我,其中对我的成长影响最大的就是那次点亮心灯的奇妙旅行。

在蛛丝马迹中探寻心灵密语

对我而言,与每位学生的相遇就像一场独一无二的旅行。教师只有具有敏锐的观察力和睿智的判断力,才能做到偶尔治愈、常常帮助、时时鼓励,陪伴学生走过人生这段璀璨的青春岁月。

预备年级开学的礼仪主题教育课结束后,小丁仍然低着头,悄无声息地从老师们身边走过,不和老师对视、打招呼。从那时起,我就意识到这名学生可能需要更多的关注。如我所料,没过多久,小丁就主动申请心理老师的帮助,称自己作业忘带了不敢和老师说,一次默写成绩不如意就会在家里撞头。我感到有些不寻常,于是在第一时间联系小丁家长了解情况。同时,我和年级组、心理老师报备了情况,并和带教老师密切沟通起来。

那次之后,小丁的情绪开始间歇性崩溃。他会因为不满意英语考试成绩而大声哭泣,撕坏卷子;在课堂上也会站起来和任课老师说有一门科目没考好,并开始撕卷子;会在午休时哭闹撞墙,甚至会流露出一些自毁的倾向。十月初,他的情绪状况越来越严重,他开始由自我否定转向同伴否定,并且排斥和心理老师聊天,甚至在课堂上出现不愿意到教室外缓和情绪的情况,班级里的其他学生只能等他情绪稳定。每当他情绪崩溃,我都第一时间放下手头的工作去安抚他,并照顾到班里其他学生的情绪。每个学生的生命都是值得万分重视的。

对初次在预备年级当班主任的我来说,这是一个极大的挑战。怎样揣摩学生的心理?怎样平复学生的情绪?怎样建立学生的价值观?怎样争取学生家长的信任?怎样让班里的学生理解小丁的行为并且不受影响?

这一系列问题让作为新手班主任的我陷入焦虑。最终让我冷静面对这一系列突发情况的关键,还是规范化培训中"班级工作与育德体验"板块的系列培训。长宁区师资培训中心聘请了知名专家全程指导,例如付丽旻老师结合班级的实例谈班主任工作的教育智慧,朱震国老师将与学生沟通的方法娓娓道来。情景模拟、小组合作、问题讨论等多种形式的实战演练,提升了我的应变能力,提醒我要注意对学生和成人心理的揣摩,关注教育环境和教育方法的多样性。

在耐心守候中点亮心灵之灯

我多次与家长和学生沟通后,和心理老师一起讨论了导致小丁情绪问题的原因。从宏观来看,疫情之后学生从线上教学恢复到线下的班级授课,部分学生需要一定的适应期;除此之外,小学到初中也需要一个适应期——中学的学科难度较大,进度较快,学科也较多,对部分学生来说是一个阻碍。从微观来看,小丁的母亲正好在这段时间做了手术,小丁内心深处有对母亲的担心和焦虑。一个适应较慢的学生在这么多新因素的影响下确实会心态失衡。

基于此,为了帮助学生发现最真实的自己,唤起他们内心的自信心与幸福感,我从以下几个方面对学生进行了帮助。

第一,用真心体谅学生的家庭情况。我会经常拍摄学生午休、自习、体育活动的照片,并将其编辑成短视频发到班级群里,让家长直观了解孩子在校的情况,同时通过个别交流和集体交流,让家长对学校举办的活动更加关注,提高对班级管理的认同度。对小丁的家庭来说,我不只在小丁情绪激动的时候与其家长联系,还在后续他状态较好的时候持续地关心,与家长保持密切联系。见到他母亲时,我也会主动关心她的身体健康,指导她如何关注孩子的情绪成长,初步赢得了他们的信任。

第二,用倾听缓解学生内心的压力。小丁在交流中的表现就是按照自己的思路一直说,并不能逻辑清晰地根据老师的建议转变思路。后来我发现,其实不打断他,让他发泄情绪也挺好。有时我会牵着他的手,带他去操场散步,用心聆听其中的细节,这才是一种有效的陪伴。

第三,用爱心指导家长开展家庭教育。学生的情绪障碍往往是长期压抑的结果。我和家长不断地沟通,让家长明白心理健康对这个阶段的孩子来说非常重要,要让孩子学会悦纳自我、包容自我。

第四,用同理心塑造班级良好氛围。小丁的情绪问题频发,我担心班里的学生会出现类似情况,因此及时开展了"热爱生命,尊重生命"的主题班会,教育学生尊重生命、尊重他人,学会悦纳自己、控制情绪。同时,我还在班里建立帮扶小组,让同学们一起帮助小丁度过这个适应期。

第五,用细心建立学生的心理档案。针对心理或情绪有障碍的学生,我会及时记录学生的每日情况及采取的相关措施,保存记录,为持续观察学生的状况建立详尽的心理档案,以便更好地配合心理老师进行疏导。

第六,用鼓励达成学生的自我认同。教师对学生的鼓励必不可少,但是大而化之的表扬也是不可取的。小丁虽然学习成绩不够好,但学习态度很好,勤于背默,英语和语文的默写经常得满分。于是,我会经常根据他的表现提出针对性的表扬,以提升他的自信心。

第七,用管理构建学生的社会认同。在班级管理上,我班实行"人人有岗位,人人有职责",让学生在付出的过程中建立自我价值,获得更多的社会认同。小丁认领了班级疫情通风管理员,这让他在集体中多了一份参与感。

经过持续关注,小丁的情绪问题有了很大程度的缓解,他开始主动去心理老师处调节情绪。还在学期末获得了"时间管理之星"的称号。而最让我感动的是,小丁在学期末学生手册里的"自我回顾"中是这样写的:"一次考试考不好也不要发脾气,要分析错误的原因。听懂了老师的话之后,我开始脾气变好了,同时我也想到妈妈的身体,想好好照顾妈妈,帮妈妈做一些力所能及的家务活,这是我进中学以来最大的进步。"看到这段话,我眼含热泪,无比感动。

在反思自我中重启奇妙旅行

费尔曼在《生命哲学》中提出,人是否有能力实现自己生命的价值承诺,是由个体所体验到的个性化道德决定的。所以,个体的自我经验决定了生命的独特性,生命的独特性更决定了生命教育的个性化策略。总之,倾听是最有力的陪伴,能够让我们了解学生成长的需要,从而给予他们更好的帮助。这一次点亮心灯的奇妙旅程,让我看到了一个学生从眼光暗淡到眼中有光、嘴角有笑的全过程。

见习教师规范化培训的引导,让我从懵懂茫然的新手教师变成了遇事不慌、处事得体的合格教师。反思这场体验,我明白了生命的可贵和生命的独特。生命教育的目的是培养一个完整的人,一个悦纳自我且能够产生自我幸福感的人。作为教师,我们要敏感地关注学生的点滴,用耐心和爱心给予他们足够多的生命能量。我更加清楚地认识到,关照生命永远是一个待完成的状态,这也是一名教师一生的课题,我还要不断进德修业、心存敬畏。

潘悦婷: 2017—2018学年上海市见习教师规范化培训学员,基地校为上海市延安初级中学。一级教师。硕士毕业于澳门大学中国文学专业,现任上海市延安初级中学语文教师、班主任。曾荣获上海市中小学(幼儿园)见习教师基本功大赛一等奖、长宁区优秀共青团员、长宁区第三届"教坛新秀"、长宁区理论征文一等奖等。参与多项区级重点课题,发表《新诗创作的教学路径浅析》等多篇文章。

教育感言: 拓展生命的厚度、广度、幸福度。

爱,真不简单

上海市虹口区实验幼儿园 王迦霖

2019年9月,我从辽宁清原来到上海虹口,在这片温暖而又质朴的教育领空中开启了我的教师职业生涯。在参加了为期一年的虹口区见习教师规范化培训后,我提升了职业能力,坚定了职业理想,也有幸在上海市中小学(幼儿园)见习教师基本功大赛中获得一等奖。回顾这段成长历程,我尤其感谢见习规培带给我对"爱孩子"这件事的深刻体悟。

我原以为爱就是陪伴孩子们一起做游戏,午睡时帮每一个孩子盖上被子,每天给所有孩子一个温暖的拥抱,直到经历了见习教师规范化培训中那几件难忘的事,我才发现:爱,真不简单!

为什么不是我?

作为一名刚刚踏上工作岗位的新手教师,我一面带着满腔的爱奔向孩子们,一面又夹杂着种种困惑。记得刚刚开学时,孩子们对我这个新老师还保持着"观察"状态。每次看到师傅霏霏走进教室,孩子们又是拥抱又是给她贴纸的那股热情劲儿,我心中总有那么一点羡慕。在一次不经意的聊天中,我们问孩子们:"你最喜欢哪个老师?"孩子们很迅速地说:"霏霏老师。"我的心中顿感失落,我在反思:"是我哪里做得不够好?我已经很爱宝贝们了,为什么他们喜欢的人里没有我呢?"

我的师傅好像看出了我的小心思,于是她开始每天都问我:"今天有什么感受?对哪个孩子印象比较深刻?观察了哪几个孩子?发现了什么?你觉得还有没有更好的互动方法?"

在师傅的引导下,我开始关注每个孩子的兴趣点,不断寻找能够拉近和孩子们距离的方法:

瞧,我买了逛街时发现的昆虫小模型,一定能让昆虫小博士QQ开怀一乐;

瞧,孩子们超爱的网红歌曲《你笑起来真好看》,我唱得比他们还起劲;

瞧,我学会了抖音上的魔术视频,孩子们一定会大吃一惊。

慢慢地,孩子们开始关注我在不在班级,开始询问我的消息,还时不时地给我送小贴纸,尤其在班外看到我时,他们会开心地主动和我打招呼,让我感到无比骄傲和自豪。我不断将专业理论与实践相结合,反思自己的一日班级工作,这不仅让我能够有的放矢地开展班级工作,还让我更加了解班级中每一个孩子的性格、喜好,并思考与之契合的教育策略,以便在日后的班级工作中更有针对性地开展个性化教育,从而促使每个孩子都得到全面发展。

爱,真不简单!我亲爱的师傅诠释出来的对孩子的爱,是成为他们的玩伴,这不仅是嘴上说说,还要用实际行动主动靠近孩子们。

我真的了解她吗?

我们班有个小朋友叫一一,是一个很容易引起人注意的孩子。每次户外运动结束后,她都会躲在滑滑梯里不肯出来,说:"我还要再玩一会儿。"其他孩子都已经在排队了,我们都在等她,只能说:"一一你快下来,我们要去下一个地方玩啦。"到了吃饭环节,美味的食物也不能吸引她,她总是嘴里说着"我不吃,我还不饿呢",然后便跑到一旁的游戏区里玩起来。看着碗里一动没动的饭,我心里特别着急,我很想让她能够像别的孩子一样把饭吃下去。睡觉时间,一一总是喜欢把被子铺在地上,当别人安静入睡时,她就在小床上哼起歌来,我只能轻轻地提醒她,请她停下来,她却说:"我还没唱完呢,我就是想唱。"

一一连着好几天出现这样的状况,我心里很是着急,就连晚上睡觉的时候都在想:我可以用什么方法让她有一些改变,和其他小朋友一样完成每天要做的事情呢？于是，我开始尝试在运动时用规则重述法，说"时间到了要找到迦霖老师，看看——本领大不大"；吃饭时用奖励的方法，比如一枚贴纸或一颗糖果，吸引——坐到椅子上按时吃饭；睡觉时用故事情境的方法，让——幻想公主要睡觉的情境，快点躺到床上入睡并陪伴她到睡着为止。但是结果不尽如人意，我心里更加着急了。就在这时，区里组织了学习于漪老师精神的培训，让我收获良多。同时，新教师爱生故事会也深深触动了我。

在学生时代的学习中，我就经常听到"师者，所以传道授业解惑也"，当时我单纯地将其理解为是"身正为师，学高为范"的教师职业标准，但于漪老师的一番话瞬间点醒了我。她说："如果只是教书，那么你永远是一个教书匠、知识的二传手。不能忘记教书的目的是育人，这是大目标。每一个教师都要深入儿童世界，还要心入儿童世界，有本事的教师是让每个人的个性鲜活地、生动地发展。"

在新教师的爱生小故事中，同伴们一个接一个动情地讲述着自己的教学经历。有一位同伴描述道："刚入园的班级里，最小的男孩子有分离焦虑且自我中心严重，看见别人手里有好玩的玩具就抢。他的名字被老师喊得最频繁。但老师坚信每个孩子都是生动活泼的艺术品，要了解研究孩子，教学才能有针对性。当老师沉下心愿意去观察和了解他时，就能慢慢开始读懂他。他其实内心很纯洁，很愿意模仿别人，但是因为没有经历过集体生活，所以不知道该怎么做。于是老师耐心引导，努力发现他身上的优点并给予他鼓励。结果证明，所有的耐心、坚持和等待都是有意义的，他有了明显的进步。"每个孩子都是独立的个体，我们要学会尊重并试着读懂孩子，耐心地等待孩子，也许孩子的进步不是那么明显、迅速，但一定处在进步的过程中。

再回想自己的教学现场，作为新教师的我似乎有时还在手忙脚乱地处理着活动环节的连贯性，在教育目标的达成度上，我好像真的只做了一名教书匠……原来，育人过程中更重要的是教师的互动、反思和教育智慧。反复回顾我先前的观察记录，我发现自己似乎帮助——达成了每个环节的教育目标，但是并没有做到心入儿童世界。

回顾——的种种行为,我突然意识到:我真的了解她吗?我走进过她的内心,关注过她的需要吗?她真正需要的是什么呢?……

寻找孩子的真实需要

就这样,我试着慢慢走进——的内心,不是马上追求某种教育期待,而是努力去寻找她真正需要什么。

当我真的沉下心,愿意去了解——真正的需要时,我才明白,她那些看似调皮捣蛋的行为并不是故意为之。——在家里玩游戏,当游戏该停止的时候,她说再玩一会儿,外公外婆就会同意;吃饭时,她说不吃,外公外婆就等到她想吃的时候再让她吃,但爸爸妈妈在身边时,她便不会有这样的要求;睡觉时,她一定要抱着一个凯蒂猫,并且要有睡觉承诺;而拖被子可能是因为她属于班中轻微肥胖的幼儿,很容易发汗,所以喜欢把被子拖到地板上。

当我站在——的角度思考问题时,我意识到——真正需要的是爸爸妈妈的陪伴与关注。但她的爸爸妈妈工作繁忙,陪伴她的时间不长,对她的一些生活习惯也不甚了解。我开始尝试与——的爸爸妈妈沟通,时不时地询问——在家中的情况。

在园时,我也积极做了很多尝试。我和——互相承诺,赋予她一些小特权。比如:睡前让她点一个故事听,故事讲完了就要躺到床上睡觉;如果还是觉得热,可以少盖些被子。同时,我和她约定要遵守一些规则,比如听到音乐响起就说明要起床了。慢慢地,——有了些许变化。

尊重独特,支持成长

于漪老师的精神和同伴们的故事让我明白,做一名好教师,不但要学无止境,而且要把每一个孩子当作宝贝,努力融入他们的内心世界。教育应以情激情,以情传情,教师只表达出喜欢孩子是远远不够的,还要不断地为自己充电,提升自身的专业素养,要运用教育智慧主动出击,了解并走进孩子的内心世界,给他们一个温暖的童年。

爱,真不简单!爱是陪伴孩子在亲历中感受独特,尊重独特,支持成长。回想当初,我毅然决然地选择到上海做幼儿教育者,是源于对孩子的爱,但只有单纯的爱是不够的,只有带有方法的爱才能彰显出教育独特的魅力。见习教师规范化培训给予我专业引领和态度鞭策,令我感触最深的是视角的转变:站在教育视角的爱是有期待的,站在幼儿视角的爱是去理解、去支持。专业的爱就是发现孩子的独特,让每一个孩子在独特的经历中感受成长。

王迦霖: 2019—2020学年上海市见习教师规范化培训学员,基地校为上海市虹口区实验幼儿园。二级教师。毕业于东北师范大学学前教育专业,现任上海市虹口区实验幼儿园教师。曾荣获2020年上海市中小学(幼儿园)见习教师基本功大赛综合奖一等奖、现场课堂教学单项奖一等奖。

教育感言: 爱是教育的根源,更是前行的动力,陪伴孩子们做最好的自己。

谢谢你教我爱孩子

上海市浦东新区天虹幼儿园　密晨旭

在天虹幼儿园规培的这一年里,我经历了从一名学生到一名幼儿园教师的转变——不仅仅是身份角色上从学生变成了教师,更重要的是我的视角也发生了转变。在华东师范大学读书的四年里,我去幼儿园的频率并不低,但每次都是带着课堂上的理论知识去幼儿园寻找对应的现象,带着老师的问题去幼儿园寻找写作业的方向。我在观察时并没有这样的意识:当孩子呈现出这样的状态时,我们应该用怎样的策略去影响孩子?这一方面是因为我的学习尚不全面,另一方面是因为我对自己的身份认同仍然是一个学生,孩子只是我学习的素材、渠道,并没有成为我教育的对象。

大一学前教育概论的课堂上,钱雨老师问了同学们一个问题:"做幼儿园老师最重要的是什么?"大家说出了很多答案,其中最受认同的是"爱"。那个时候的我只知道"什么是爱",知道"为什么爱",但不知道"如何去爱"。而入职天虹幼儿园,并在天虹幼儿园参加规培的一年里,我正是在学习"如何去爱"。

我非常有幸在规培的时候有园长妈妈茅老师做我的学科导师,保教主任沈老师做我的班主任导师,并获得了名师祝晓隽老师的指点。在导师们的指导下,我逐渐了解了如何用我所学的知识去爱孩子,如何理解孩子,如何在学习与游戏中让孩子感受到愉悦。

正视孩子发展情况,以学定教

大四教育实习的时候,带教我的老师就一直向孩子们渗透"物归原处"的意识。老师告诉我,虽然规则意识更多的是对大班孩子的要求,但是某些具体的规则应该在小班开始就让孩子有所感受。来到天虹幼儿园,我接手了中班。开学的时候,我们给每个孩子都配备了一盒水彩笔。于是,我也和孩子们强调,使用水彩笔后要物归原处。我发现,孩子们能够认同物归原处,并且也愿意去做,但是实施的效果却相差甚远。例如,孩子们在整理水彩笔时会关注到每个孔里都要插上水彩笔,但并没有关注到一个盒子里的水彩笔颜色都是不同的,于是整理完就会出现同一盒里有好几支同样颜色的水彩笔。这个结果显然不是理想的。

有一回我和茅老师提起了这个问题。茅老师告诉我:"任何学习都应该'以学定教',中班是孩子秩序敏感的时候,让孩子学着有序摆放水彩笔是很有必要的。但如果只是一味告诉孩子要物归原处,其实孩子不一定理解应该怎样做。李蔚宜老师那里有一个小妙招,我们可以用上,直接把水彩笔发给孩子,让孩子把水彩笔带回去自己做好标签。"

有了茅老师的指导,我马上着手去做这件事了。我把水彩笔发给孩子,人手一盒,然后在家长群里请家长们帮助、引导孩子给自己的水彩笔做好标记,方便孩子自己整理水彩笔。

当孩子们把水彩笔带回幼儿园里的时候,我惊喜地发现,每个人的水彩笔盒上都贴好了名字的标签,水彩笔盒的内部也贴好了颜色标签,孩子们在使用时会快速找到自己做过标签的那盒水彩笔,在给水彩笔归位时也会严格按照盒子内部的颜色标签一一对应。

由于每个孩子的水彩笔标签都是在家长指导下完成的,所以每个人的标签做法都不一样,大小不一、形状各异,非常有辨识度。再加上每个孩子都是亲自参与并被个别指导过,所以孩子们对水彩笔也有了不一样的情感,对整理水彩笔这件事有了更强的意识和更好的方法,他们更愿意去做这件事,也能够把这件事做好。

"以学定教"就是强调孩子学习认识的方法,就是强调孩子不同年龄段的发展要求,中班的孩子到了秩序敏感期,我们正好可以利用这个契机让孩子们通过做标签整理水彩笔来发展有序意识。同时我发现,经过整理水彩笔这件事,孩子们会把自己带来的故事书、玩具也都贴上一个标签,并将自己带来的物品整理好。爱孩子就是要在教育时充分考虑孩子的学情,以此来确定学习的方法和策略,也就是要会看孩子、会读孩子,如此才能让我们的教育行为对孩子产生更多的积极影响。

关注需求,适时搭建脚手架

在规培期间,我经常去沈老师的班级里,印象最深的就是沈老师班里的角色游戏。沈老师告诉我,到了大班,开展角色游戏的时候,班级里可以全部都是空白区,没有任何一块区域规定孩子们在那里必须做什么游戏。所以孩子们想好想要开什么店,就可以从教室里找适宜的物品和空间,和好朋友一起经营了。

在沈老师的班级里,我也确实感受到了孩子们在游戏中的智慧与从容。有一次,一个男孩跟沈老师说,他的手机找不到了。沈老师那里没有新的手机,也来不及做一个,于是沈老师就让男孩自己想想办法。没过多久,我就看到男孩的手里拿着一张手工纸,上面画着一个二维码。男孩告诉我,有了这个二维码,别人扫他的码就可以付钱了,一样可以当小客人。角色游戏中,我看到,地铁站的安检员找了几张报纸,请老师帮他们连在一起粘起来,当作地铁安检的传送带。我看到,幼儿园的小老师把报纸铺在地上,给小朋友当用来午睡的床。我看到,文具店的老板在铅画纸上画出商品海报,告诉客人们限时打折。我看到,幼儿园的门卫在纸盒上画键盘,用来办公……

沈老师班级里孩子的创造性表现让我感到惊叹,于是趁着见习的契机,我特意找沈老师讨教角色游戏的秘诀。沈老师告诉我,对于大班的孩子,教师要为他们提供更多低结构的材料。她在班级的一块区域专门开辟了百宝库,将一些纸盒、纸箱、瓶子、报纸等低结构的材料收入其中,有时教室里一些损坏的玩具的零部件也会随意放在里面。我去沈老师的班级观察了一下,百宝库里确实应有尽有。在我们班,我也为孩子们提供了非常丰富的材料,但孩子们在角色游戏的时候并不会进行充分利用,反而经常来向我寻求帮助。比如,我们班扮演开店老板的孩子就经常问我：他们不来我的店里，怎么办呀？

我从沈老师的班级里学习到，教师不仅要为孩子提供丰富的材料，还要把这些材料推荐、介绍给孩子。孩子经常来寻求老师的帮助，其背后折射出的可能是孩子还不够自信，觉得缺少老师的帮助，事情就不能很好地进行下去。老师应该鼓励孩子们自己尝试。当然也有可能教师已经鼓励他们了，但并没有起到很好的效果，也就是鼓励并不符合孩子的需求。诸多低结构的材料放置在教室里，如果孩子们没有体会到应该如何使用，就需要教师推孩子一把，让孩子们看到教室里一些平常的物品通过动脑筋可以变成很有用的东西。

比如，我向沈老师请教：我们班的孩子在没有小客人的时候会来问我，我作为老师应该怎么办？回想沈老师班里的情况，我发现当时有个孩子在铅画纸上画出限时打折的海报，沈老师在游戏后的分享环节专门用了这个孩子的照片，请他来介绍他画的东西。而那个画二维码来付款的孩子也被重点介绍了。孩子们看到同伴的做法被老师放到屏幕上介绍，其行为被鼓励了，其做法也被推广了。同样地，用报纸做传送带和床的行为也被分享了，沈老师还为孩子们做了一个小总结，就是即便是相同的材料，动动小脑筋也可以替代不同的东西。所以，爱孩子，既要给孩子足够的发挥智慧的空间，也要看到孩子的需求，为他们适时地搭建脚手架。

尊重孩子，以孩子的眼光来观察

我记得，那时候班级里有一个孩子非常喜欢玩水，老师一不注意，他就去盥洗室打开水龙头摸倾泻的水柱。有一回，我跟祝老师讲起了这件事情，祝老师也跟我讲了以前她班级里的一个小故事。

祝老师说，有个孩子经常在小椅子上吐口水，对此保育员阿姨非常苦恼。于是她仔细观察了这个孩子吐口水的样子，并且在放学之后也学他的样子。经过亲身实践，祝老师体会到了这个孩子的"不容易"——要将口水泡吐在椅子上不破，又要大，这非常具有挑战性，而若是泡上叠泡，则更是难得。

我听后觉得有趣，便也去观察我们班的这个孩子，学着他的样子去摸水柱。

他总是先把水龙头开到最大,然后两根手指去触碰水柱的边缘,再慢慢关小水龙头,手指间距也随之缩短,直至水柱变成极细的一条,最后关上水龙头。这个举动让我想起了自己童年的时候喜欢慢慢关冰箱的门,为了看冰箱的灯在门关到什么程度时会灭。放学后我也模仿他这样做,发现一边缓缓地缩小水柱,一边缩小手指间的间距是很有挑战性的,更难的是要把握水龙头尚未全部压下去而水柱已经消失的这个度。这一刻,我没有想要去改变孩子的行为,而是觉得自己和他在精神上产生共鸣了。祝老师的小故事让我明白了,我们爱孩子不仅要充分了解孩子,给予孩子空间,还要将自己置于孩子的位置上,以孩子的眼光来看待事物。我们只有充分尊重孩子,才能够在一些看似不寻常的事情上感受到孩子的深意。

选择学前教育专业的我们无疑都是喜欢孩子的,但是初出茅庐的我们并不明白如何去爱孩子,只知道一味地指导孩子、要求孩子。正是在导师的身边,我知道了,我们要正视孩子的发展情况,以学定教;我知道了,环境是孩子创造的,我们要放手给孩子时间和空间,做孩子发展的推手;我知道了,我们要足够尊重孩子,相信孩子。规培期间,导师们细致地教我爱孩子,以后的路我也会慎思笃行,好好爱孩子。

密晨旭: 2019—2020学年上海市见习教师规范化培训学员,基地校为上海市浦东新区天虹幼儿园。二级教师。毕业于华东师范大学学前教育专业,现任上海市浦东新区天虹幼儿园教师、项目组长。曾在2019学年浦东新区见习教师规范化培训中考核优秀。参与学校"信息技术支持幼儿传统文化绘本阅读的实践研究"等多个市级课题研究。在第二届浦东课程展示周中展示中班教学活动。在"爱,就要大声说"公益讲座中进行了"孩子,你教会了我很多"主题分享。

教育感言: 看孩子,读孩子,爱孩子。

追"道"求"法"的幸福

上海市实验学校东校　方瑶婷

又一个学期结束,六年级的孩子们来到办公室和我道别。看着一张张笑脸,我心中充满幸福,不由得回想起刚成为教师时的情形以及一路的曲折经历……

"教师的最大幸福就是把一群群孩子送往理想的彼岸。"那时的我就是怀揣着这样的追求和使命感,走出校园,站上讲台。记得第一次站上讲台,焦虑不安的我频频出现口误。在下课铃声响起的那一瞬间,原本沉闷的课堂顿时热闹起来。我扪心自问:这样的"处女作"你满意吗?你真的有能力站稳、站好讲台吗?

课后的我陷入了迷茫,有对学科的迷茫,也有对自己的迷茫。对道德与法治学科来说,如果只是告知孩子们一般的大道理,又如何能够激起他们内心的关注呢?我这样的"新手型"教师能不能真正做到传道、授业、解惑?能不能满足孩子们发展的需要?能不能最大限度地帮助孩子们健康成长?能不能从中获得职业幸福感?

我的见习指导老师徐继红老师察觉到了我的不对劲。她面对面地指出我教案中的不足以及上课时存在的缺点,不遗余力地帮助我修改教案。教学经验丰富的她丝毫没有架子,有的只是朋友般的交谈与关怀。

在徐老师的建议下,我立足课程标准研读教材,努力摸索备好一节课的正确方式。在摸索过程中,有这样一本书让我受益匪浅——见习培训基地校推荐的《教师专业发展的4项基本技能:备课、说课、观课、评课》。这本书由方贤忠老师编著,从备课、说课、观课和评课四个角度切入,对课堂进行了分析和阐述。我印象比较深的是"备课"这一节。原本我认为备课仅是备书本知识,从教材中寻找

"知识框架"和"段落中心句",然后通过活动将其串联起来。读了这本书后,我明白备课要"备多用寡"和"薄书厚教"。科学有效的备课应该从理性备课和感性备课两方面着手,而非简单地设计与教学重难点相对应的教学活动。类似后者的教学组织方式容易走向教学的形式化,无法体现新课程倡导的以学生为主体的课堂教学。教师若能感性思考,学会换位理解学生的需求,相信会有事半功倍的效果。

在奋进摸索的过程中,我也听到了一些不同的声音。有几位老师曾对我"好言"相劝:"道德与法治是一门副科,你在备课和批改作业上花费那么多工夫,图啥?"在当时的情况下,我曾想过放弃,但静下心来仔细想想,又觉得教育是对中华民族伟大复兴具有决定性意义的事业,自己首先要对得住良心,如果感情用事,会给学生造成不可估量的损失,因为教育机会不常因"弥补"而再有。

任教的第二学期,突如其来的新冠肺炎疫情迫使各地延迟开学。在这一特殊时期,我的心情喜忧参半,忧的是见不到那群活泼可爱的孩子了,喜的是有了难得的"充电"时间。宅家期间的我并没有懈怠,见习教师分学科的网课培训为我提供了一个宝贵的学习平台,通过线上培训,我对道德与法治学科有了进一步的认识。

围绕主题,给学生具体的学习支架

道德与法治学科以学生逐步拓展的生活为基础,教材编写也遵循生活逻辑和知识逻辑相结合的原则。因此,日常课堂教学只有从"道理"的传授转向"道路"的探寻,也就是需要增强对现实生活的指导性,才能更好地激发学生参与课堂的积极性。课程标准将情感、态度和价值观的目标与能力目标列在知识目标之前,旨在突出道德与法治课的特点是以知识为基础,强调行为能力与情感、态度和价值观的养成。可见,"实践性"在道德与法治课中尤为重要。通过培训,我仿佛在重重迷雾中看到了阳光,虽然苦于疫情,却是"山重水复疑无路,柳暗花明又一村"!

于是,我设想在开学后结合新冠肺炎疫情这一引起广泛关注的重大社会事件,让六年级学生以"新冠肺炎疫情"为主题进行新闻展示,呈现一节与众不同的道德与法治课。

我精心准备,在课前为这一活动筹划了具体的提纲:

(1) 选材。选取一则与"新冠肺炎疫情"这一话题相关的热点新闻。

(2) 搜集资料。在人民网、央视网等权威新闻网站查阅相关的文字、图片及视频资料。搜集到的文字资料必须涵盖新闻六要素。

(3) 制作PPT。与新闻相关的PPT页数不少于6页。需概述新闻,介绍新闻具体内容、新闻背景等,要求图文并茂、文字简洁。PPT最后一页需撰写不少于50字的新闻评论。

(4) 上台播报。以讲为主,声音响亮,播报时间不少于3分钟。

很明显,这样具体的指导方案会让学生眼前一亮。对原本无从下手的六年级学生来说,这将是一个很好的行动方案,有助于他们对后续的学习产生信心。

引导学生成为课堂的主人

课上,大部分学生的前期准备工作都做得很充分,新闻资料详略得当,PPT图文并茂,播报过程也声情并茂。但由于学生对新闻的评论还较为肤浅,因此在发挥学生主体性方面,我成了一名积极的引导者。

例如,有学生谈到疫情的发生和野生动物有关,我们不该再吃野生动物,以防病毒传播,但他的思考在这里陷入了瓶颈,难以走向深入。于是我立刻补充道:"其实这对人类来说是一种警醒——违背了自然规律,就可能打破生态平衡。人类破坏病毒的寄宿方式,导致病毒感染人类、危害人类生命的事件时有发生,因此我们需要尊重自然,遵循自然规律,如此才能做到人与自然和谐共生。"

当学生调侃那些家长因辅导孩子而崩溃、心酸的视频,或教师上网课的种种尴尬时,我抓住机会引导学生学会感恩,让他们感受到来自老师和家长的良苦用心,意识到学习的重要性,树立终身学习的理念。

当学生成为学习的主动者时,他们的身姿是挺拔的;当教师成为课堂的引导者时,他们的眼睛是明亮的。

在平等对话的氛围中传道授业解惑

平等对话,才能激发学生在既有生活体验中的认知冲突;平等对话,才能促进师生之间思维的碰撞与发展;平等对话,才能引出纵深教育的绝佳契机。

有学生问:"人感染了新型冠状病毒后会出现种种症状甚至死亡,这难道不会让人产生'生命如此脆弱'的无奈感吗?"我引导他们:"从感染病毒的主要症状可以看出,在灾害面前,生命是脆弱的、艰难的,所以我们对生命要有敬畏心。我们更应做到,不漠视自己的生命,也不漠视他人的生命。"于是有学生很快想到,在党的领导下,地方政府沉着应对,采取封城措施,短期内限制人口流动。还有学生想到钟南山院士、李文亮医生抗击新冠肺炎的英雄事迹。进而他们又联想到,生命的价值在于奉献,应该要向榜样学习。由此,学生便能够理解"病毒无情、人间有情"的意义。

通过平等对话,我们意识到,当人们万众一心为挽救生命而努力、为守护生命而拼搏时,生命是坚强的、有力量的。

也有学生开玩笑说,还可以通过食补抵抗病毒,比如囤点双黄连口服液。这个问题引发了学生们的热烈讨论,一些不和谐的声音也产生了。我迅速理清思路,组织学生分组讨论,开展合作教学。果然,通过讨论,学生意识到面对灾害应该增强自我保护意识,掌握一些基本的自救自护方法,同时要学会辨析信息,不盲目跟风,努力做到不信谣、不传谣,做一名负责任的公民。

这堂课融入了鲜活的时政内容,让学生做了课堂的主人。上课时,学生情绪高涨,兴趣盎然,再加上教师的启发、引导,课堂自然就高效了。

兴奋之余,我对这节课进行了反思,发现正是因为自己对学科有了更深入的认识,对课堂教学有了更扎实的理解,所以才能够有意识地将新冠肺炎疫情与生命教育、生态教育、法治教育等重要的教育内容有机结合。在这节课上,学生成了一个生活在社会历史和现实中的人——有法治精神和道德良知的公民,有理性的爱国情怀、健全的政治意识和是非判断能力的公民。我突然意识到,这样的收获不正是缘于见习教师规范化培训吗？

这次教学实践的成功，使我有了信心——在见习教师规范化培训中学到的种种理论和技能，在实践中被证明的确是行之有效的。于是，我按照自己对学科本质和教学本质的认识，扎实地一步一步前行。通过一段时间的教学实践，我能感受到学生的进步，他们的语言组织能力、信息处理能力、书本联系实际能力等都有了明显的提高。这些点滴进步不仅反映在他们的学业成绩上，也反映在他们对道德与法治学科不断提升的兴趣与钻研精神上。

看着学生的笑脸，我觉得先前的付出都是值得的，自己的热爱没有被辜负，我的价值也在工作中不断得到升华。作为一名教师，这不就是最大的幸福吗？

回顾这一段成长经历，作为一名年轻的见习教师，我从四顾茫然到豁然开朗，从无所适从到信心满满，我始终在追"道"求"法"的道路上不断前行。正是因为找到了正确的方向，现在我已经从见习教师走向了职业生涯的新阶段。我的见习教师培训已经告一段落，但学习和探索的路仍在脚下，我会踏实地不断前行，寻找属于道德与法治教师的诗和远方。

学科之道，教学之法，路漫漫其修远兮，吾辈定当上下而求索。这正是一名教师追寻的幸福之路。

方瑶婷：2019—2020学年上海市见习教师规范化培训学员，基地校为上海市实验学校东校。二级教师。毕业于上海师范大学思想政治教育（团队工作）专业，现任上海市实验学校东校道德与法治教师。以立德树人为目标，注重对学生思想与精神成长的引领，力求实现德育无痕、润物无声。参加了心愿活动课程建设、道德与法治学科德育研究一体化、跨学科教学等研究工作。

教育感言：我以理解默默耕耘，我以胸怀点点收藏。

Ⅴ 以研促教，以教促学

反思意识与反思能力是教师必备的素养。教师的反思属于实践（行为）反思，对于教师的教育教学实践能力、研究和其他方面专业水平的提升具有重要意义。只有经过反思，教师的经验才能上升到一定高度，对后继行为产生影响。

新教师在态度和意识上，要能够坚持真理、勇于探索，实事求是、严谨治学，发扬民主、通力协作，虚心好学、勇于创新；在专业素质方面，要具备教育科学研究的基本知识和能力，不仅要能够不断自我反思、查找和发现自身教育教学当中的问题，还要能够通过自身努力抑或教研团队合作，寻找到适当的研究与攻克的方法。这些研究知识和技能的获得，能够为新教师铺设一条入职之后顺利实现专业发展的便捷之径。

上海市见习教师规范化培训，非常注重对见习教师反思意识和反思能力的养育，新教师在培训中开展了各种方式的"研而教，齐而进"的专业发展实践学习。见习教师在职业初期获得的这种反思意识与反思能力，始终推动着自我教师专业的发展。

用"童话"来陪伴童真的孩子、从"教的设计"走向"教与学的融合设计"、从"手把手"到"放手"……这些反思里既有集体的反思共享、师徒的反思互动，也有见习教师的个体反思，使得见习教师在反思的基础上不断提升自身的教育教学实践能力。

扫码获取更多资源

开启新入职教师教学研究成长之路的"三个锦囊"

上海市长宁区教育学院　刘忆婷

我踏上教师岗位至今已有十个年头,先后承担了区教育学院师训部课程研发工作,以及区教研室初中物理、小学自然、小学科学与技术、初中科学多门学科的教研工作。回顾一路走来的点点滴滴,为我开辟教学研究成长之路、打下坚实基础的是见习教师规范化培训中导师带教的"三个锦囊"。这"三个锦囊"促使我生成、发展与蜕变,我不仅在见习期收获了成长的锦囊妙计,而且之后在不同的岗位、不同学科的教学研究中也能独当一面,创新教研模式,初步尝试树立教研风格。

锦囊一:实实在在压担子——实践中反思行为

到基地校的第一天,初次见到导师,他没有多余的问候,而是直接出了三道物理题摆在我面前。导师批改完后还是没有和我交流,而是指着黑板说:"写几个字看看,就写你的名字吧。"我写完导师点点头,开始询问我的教学实习经历。

我想到自己曾参加过两次教学实习,本科大四时的两个月以及研究生时的两个学期分别在一所市重点高中实习,研究生期间有一个学期还在一所初中上课且承担了整个年级的物理学科教学工作,算得上是一个"有一点经验"的新教师,于是略带骄傲地一一罗列起来。导师安静地听着,并未多言,我不由得心凉了半截。接着,他又简单地问了一些问题,最后给出一个结论:"可以。"我未曾想到参加见习规范化培训还要面试,不由得对基地校和导师肃然起敬,同时初步感受到要成为一名教师,实践是第一位的。

这次面试后,见习教师规范化培训正式开始了,导师拿出了第一个锦囊——

"实实在在压担子"。担任学科教研组长的导师给我分配了作为一名物理教师的满额教学工作量任务——上三个班级的物理课和学校的选修课,出卷子,学生的晚自习、家长会等也都要参加。导师坦言当时"面试"的目的不是为难我,而是检验我是否有能力适应全方位、浸润式的实践培训;他还告诉我,只有实践培训才能促使教学反思行为的发生,帮助我更好地成长。考虑到我的工作单位是区教育学院,并没有学生,导师特地嘱咐我应当珍惜见习教师规范化培训的机会,实实在在地给自己压一些担子。

听了导师的话,我十分感动,于是打起十二分的精神,调整好自己的工作状态,在保证完成单位师训部工作的同时,珍惜在基地校培训的机会,将一名物理教师所需要承担的满额工作做好,常态化、全方位地实践学科教学和班级管理,深入学生日常的在校生活。经过一段时间的实践,一些问题自然而然会"自我发现",如在课堂提问和引发学生思考上,我的问题设计能力有待加强,有些问题所指向的内容很随意,有些问题与教学目标关联性不强或无法获得来自学生的有效反馈,属于无效问题,等等。就这样,在充分的实践与训练、自我发现与更正、导师的悉心观察与指导的"三位一体"、滚动推进的实践培训模式下,我真正感受到了"实践出真知"的道理。

锦囊二:真真切切放手试——前进中创新方法

看到我的积极努力和点滴进步后,导师抛出了第二个锦囊——"真真切切放手试"。

第一个"放手试"落在课堂教学的广度与难度上。导师有事必须外出的时候,他会毫不犹豫地将自己的班级交给我,让我有机会接触到非平行班的学生。导师还把物理竞赛班交给我,让我直面新环境、新挑战。导师的做法看似增加了我的工作量,实则是对我的信任与培养。如果我各种课型都能上,不熟悉的班级学生都能应对,平行班、非平行班、竞赛班等不同班级的教学内容和教学要求都能胜任,我将大大提升教学能力,收获深层次的职业感悟,实现更快更稳的成长,向蜕变、转型迈出扎实的一步。

第二个"放手试"落在教学方法的吸纳与开放上。导师的带教风格是"外松内紧"，是开放、多元的。他还鼓励我多听组内其他老师的课，如果遇到有老师不情愿被听课等阻碍，他也会设法帮我做工作。因此，物理组内老师的课堂也都向我开放了，给予了我更多的听课机会。在广泛听课的过程中，我感受到了老师们不同的教学风格与方法。尤其对于相同的教学内容，我在横向比较下习得了不少教学方法，也萌发了一些自己的思考。

第三个"放手试"落在教学实践的尝试与创新上。导师见我有了教授各种课型、为不同对象授课的实践基础和关于教学方法的思考，便鼓励我将思考付诸行动。这时的我经过一个学期的见习教师规范化培训，对教育教学不再自以为是。但经历了学生对任课教师打分、在家长会等场合与家长深入交流，我知道对一所市重点高中而言，学生的升学、家长的监督等都是无形的压力，尝试新的教学方法有时是一种冒险行为。见我有些胆怯，导师进一步鼓励我，说有他把关，即便效果不佳，只要课后能及时弥补改正，问题就不大；他会在听课后及时与我交流，给予反馈，帮助我一起把控调整。

有了导师的定心丸，我开始小心翼翼地"小步伐"前进。先从试卷讲评课开始尝试，我将设计的"课前—课中—课后"三阶段进程进行试点实施，把学生分成小组作为试卷讲评分析的主体，课前关注学生小组的分析与准备，课中把课堂放手给学生，仅在必要时以及最后进行指导点拨，课后回归常规，学生进行试卷的订正。导师听课后对此作出评价，说我这样的做法激发了学生自我学习的动力，锻炼了学生的思维能力，在学生讲评过程中还能较为全面地诊断与发现学生的潜在问题，有助于推进课堂教学。导师分析完后，笑着说他以后也要试着这样去做，之后真的也付诸行动。导师真真切切地放手让我试，极大地激发了我对教学研究的热忱与勇气，我变得愿意去研究、去创新、去实践。

锦囊三：循序渐进迎挑战——研究中树立风格

为期一个学年的见习教师规范化培训接近尾声，相较之前，我从简单机械地关注教学渐渐转变为较为系统地关注教育，对为人师也有了更多的体会，导师为此感到很欣慰。对于未来的发展之路，导师认为教学研究是我的主要方向，我应该发挥并放大自己的研究热情与研究能力，逐步尝试树立自己的研究风格。基于这些期望，导师奉献了第三个锦囊——"循序渐进迎挑战"，带领我正式迈向基于实践的教学研究成长之路。

在导师和我的努力下，第一届见习教师规范化培训结束之时，我拿着结业证书及优秀学员证书，迎来了第二个学年的规范化培训。我继续区教育学院师训部工作和基地校物理教师工作双肩挑，又度过了整整一个学年。在第二学年的规范化培训中，教学实践仍是基础，但发展重心落在了教学研究上。导师循序渐进地强化我的研究能力，力求促使我巩固研究行为并初步尝试树立自我的研究风格。

从学科日常教学起步，导师细致入微地关注着我的思考，鼓励我将观察与发现进行归纳、转化、总结、提炼与运用。在他的指导下，我逐渐有了一些进步，在如何聚焦学生、获取有效教学反馈上有了基于学情的问题链设计等实际操作方法的提炼与转化。在学科知识的逻辑联系上，有了展现知识序，展现教学思维的逻辑关系，与学生的思维同步、产生共鸣等初步研究。

从项目到课题研究，导师循序渐进地将实质性的研究任务交付于我，鼓励我基于对日常教学初步的研究尝试，运用研究生期间习得的研究方法，开展理论与实践研究。导师解析物理组的项目研究任务，让我实质性承担研究工作，开启了有关"DIY学生'四小'实验"的设计，让我围绕此项研究进行理论研究和实践推进。我以此为研究起点，在有了初步的研究结果时，导师推荐我进入学校的研究队伍，参与以学生创新能力培养为核心进行"DIY学生'四小'实验"课程螺旋式培养模式与方法的构建、学校物理创新实验平台三阶段课程的建设，以及区级课题"开发和应用高中物理'四小创新包'的策略研究"。在循序渐进、不断迎接挑战的过程中，我初步巩固研究行为，习得研究方法，并初步尝试树立自己的研究风格。

导师的"三个锦囊"以及三个阶段的指导，引领我迈向教学研究成长之路。我意识到新教师的专业成长不是一蹴而就的，一次次的挑战、顿悟、积累才会引发成长,指引未来漫漫教学研究生涯。

　　经历了为期两个学年的见习教师规范化培训的我,在迈向教学研究成长之路的开端,能些许弥补教学实践中的短板,无疑是非常幸运的。之后,当我开发区域"三级六层"教师培训课程时,规范化培训的经历促使我能够像导师带教我那样,分层分类地站在不同教师的角度去思考与规划。面对多门学科错综复杂的教研工作,规范化培训中养成的敢于创新的勇气、付诸行动的底气成为支撑我独当一面的力量,帮助我逐步创新教研模式,初步尝试树立自己的教研风格。

　　近几年,我扎根小学自然学科、小学科学与技术学科的教学研究,参与了多项市级教学研究,参与制定了多项市级课程文本。规范化培训期间,在课堂教学、项目推进、课题研究等方面积累的挑战经验,成了我向前的动力,引领我努力提升自己的研究能力、努力开展深度教学研究。见习教师规范化培训开启了我的教学研究成长之路,为我之后的教研工作打下了坚实的基础。

刘忆婷: 2011—2012学年上海市见习教师规范化培训学员,基地校为上海市延安中学。高级教师。毕业于上海师范大学课程与教学论专业,现任上海市长宁区教育学院教研员。曾荣获教育部"国培计划(2015)——一线教师培训技能提升研修项目"优秀学员、上海市基础教育教研员专业发展评选"教研设计优秀奖"、2015学年度长宁区教育学院优秀教研员。参与《上海市小学自然学科基于课程标准的评价指南》《上海市小学自然学科一年级、五年级教学基本要求》《小学科学与技术学科德育教学指导意见》《小学科学与技术单元教学设计指南》等的编写。在《上海课程教学研究》等期刊上发表十余篇文章,其中一篇论文为人大复印资料全文转载。

教育感言: 用心教学,用爱来对待学生,用责任心来完成工作。

跨越"楚河汉界"的第一次尝试

上海市长宁区教育学院　张　萌

2011年博士研究生毕业后,我进入上海市长宁区教育学院教科室工作。工作第一年,我参加了上海市见习教师规范化培训,被分配到延安中学进行实战演练式学习。延安中学是上海市第一批实验性示范性高中,当时正承担着一项教育部重点课题——"探究学科思想,改善教学方式"。见习期间,我有幸参与这项课题研究,第一次尝试跨越个人研究与团队作战的"楚河汉界",吕洪波老师、戴向明老师、严重威老师是帮助我这个小卒过河的导师。

一个人研究

到延安中学的第一天,戴向明老师就向我介绍了"探究学科思想,改善教学方式"这个课题。这是学校的一项龙头课题,要求在教师的教学经验和思考的基础上凝练各学科思想,再在学科思想的指导下改善课堂教学。课题共涉及语文、数学、英语等十三门学科,当时课题已进入研究的后半程。

听完介绍,我脱口而出:"先得知道学科思想是什么。我觉得学科思想一方面要有学科的逻辑,也就是学科的知识、思维等;另一方面要有学生的逻辑,也就是高中阶段的学生要从这个学科中学习什么。"虽然我没有开展教育实践课题研究的经验,但因为专业对口,再加上刚完成博士毕业论文不久,所以心里总有一种"初生牛犊不怕虎"的冲劲。当时的我热情高涨,跃跃欲试,觉得自己完全能够协助学校完成这项工作。

我的想法得到了戴向明老师和严重威老师的肯定。两位前辈表示,老师们在研究过程中确实出现了对学科思想理解不一致的问题。他们对学科思想有想法、有感觉，但又觉得没办法用准确的语言说清楚。如果我能先界定学科思想的关键内涵，相信会对老师们的探索大有帮助。

说干就干！接下来的几天，我查辞典、查文章，做了厚厚一沓文献摘录。在我的认识里，通过文献研究和逻辑推演，就能合理地界定学科思想。而将学科思想的定义与各学科老师的研究成果拼接在一起，就可以顺利结题了！这一阶段，我虽然非常投入，对学科思想有了一定的认识，但说到底还是"一个人研究"，不仅没有与其他老师沟通，更没有看到课题研究是一个整体，因此也就不可能对课题研究工作进行整体规划。

1＋N 个人研究

几天过去了，我兴冲冲地将自己对学科思想的认识向戴向明老师和严重威老师做了汇报。他们基本认可我的观点，并决定召开一次课题组会议，让我向各学科老师汇报"什么是学科思想"。

听到这个任务，我先是非常兴奋，希望尽快和其他老师讨论、分享我的心得体会，但紧接着又有点担心——没有现成的界定，我又是刚刚进入这个领域，还涉及这么多各有特点的学科，能行吗？有这样的顾虑，说明我终于开始意识到，这不是我一个人的研究，而是要联合很多老师一起进行研究。这份压力让我跳出了"一个人研究"的局限，开始进入"1＋N 个人研究"的阶段。我的研究是"1"，主要进行理论阐述，合理界定一般意义上的学科思想，并通过沟通与交流获得老师们的理解；老师们的实践探索是"N"，即在"1"的研究成果的统领下，将学科思想落实到各学科的实践探索，进而指导各自的教学。

汇报的日子如期而至。虽然经过精心的准备，但一下子面对十几位优秀的高中教师（其中很多都是教研组长），我还是非常心虚。我把"1"看得太重要了，怕自己无法担当起引领老师们进行研究的重任。"各位老师，我查阅了很多文献，认为学科思想既包括某学科探究世界的视角、方式和核心结论，也包括它在学生知识能力、思维方法和情感、态度和价值观培养方面的意义。比如,有研究者认为,历史学科思想是指……"我尽量客观地向参会的老师们汇报。

"嗯,能听出来,张老师做了很多工作。有了学科思想的统一定义,接下来我们就要看看自己的学科该培养学生什么样的知识、思维和价值观了。""我们历史学科是这样的……"在场的老师都特别包容,不仅没有提出尖锐的问题,其中几位还帮我打圆场,有的讲自己对学科思想的理解,有的讲本学科的思想……但汇报的效果还是不太好,大多数老师都沉默不语,没有我想象中的讨论互动。

课题组会议就这样草草地结束了。沮丧之余,我也有了新的发现:虽然发言的老师不多,但老师们对本学科的研究之深刻,对汇总信息的理解之深入,甚至口头表达之准确都让我赞叹不已。看来,他们并非没有听懂我汇报的内容,只是觉得对各自学科思想的探索帮助不大。在"1＋N 个人研究"的认知模式下,我认为自己没有做好这个"1",更不知道如何才能做好。往大了说,如何跨越理论和实践的鸿沟,往小了说,如何融入这个研究团队,是我当时最大的困惑。

N＋1 个人研究

戴向明老师看出了我的困惑。为了照顾我的面子,她轻描淡写地说:"对老师们来说,你描述的学科思想是全新的,又很抽象,他们没有立即回应非常正常。将一般意义上的学科思想具体化为每一学科的思想,本来就是我们的研究重点之一,等研究结束才能彻底解决这个问题。有了这项课题成果的积累,届时再去讲学科思想,内容会更丰富,案例会更多,讲起来也就更生动了。"我琢磨着她的话,似懂非懂。

吕洪波老师也多次参加课题研讨。有一次,她概括了课题研究的整体思路:"这个课题要运用归纳和演绎两条思路。归纳即从实践中来,总结老师们的教学经验;演绎即从理论或从总结的经验中抽取有效成分,进而指导实践、丰富实践。"这席话让我醍醐灌顶。戴向明老师表达的也是这个意思！原来,一线老师的课题研究要这样进行！我要做的,不仅是在前方引领,更是在背后助推,要在整个研究推进的节点和经验总结的过程中默默辅助。

这时,严重威老师雪中送炭。他率先总结了生命科学的学科思想,并创造性地用关系图和语言阐述相结合的方式,简明扼要地将其呈现出来。他的总结正好对应学科思想中探究世界的视角、方式和核心结论三大内容,大大丰富了我对学科思想的理解,让人拍案叫绝。严老师的案例成为一个标杆,引领着其他老师相继投入本学科思想的思考和研究中。我也沉下心来,阅读并思考老师们对本学科思想的阐述和相关教学案例,从中提炼学科思想的探索路径、各学科的思想,以及基于学科思想的教学方式。研究期间,学校多次搭设平台,供不同学科老师相互借鉴,我也根据老师们研究的成果与他们深入沟通,在理解他们想法的基础上提出进行补充探索的意见。

经过这样的研究过程,我更加深刻地认识到老师们的思考力、创造力和行动力。"N+1个人研究"的研究推进模式逐渐走进我的意识。"N"个老师的研究是主体,承担着在实践中探索未知、创造新知的任务。"1"代表少数人所进行的统整性研究,是老师们实践研究的助推者、服务者。在这个模式中,我将自己定位于在教师实践探索之后,从老师们的实践经验中汲取营养,不断丰富自己的认知;同时加强与老师们的深入交流,适时提供建议,丰富他们的实践探索。

在大家的共同努力下,"探究学科思想,改善教学方式"真正成了以一线教师为主体开展的教育实践研究。这一研究有两条路线:一是用演绎的方法,先从学科的逻辑出发,查阅大量文献,参考学科专家对学科本质特点的论述,总结出一些学科思想,然后以这些思想为指导,探讨教学的开展,并根据教学的效果再讨论、再总结;二是用归纳的方法,先从日常教学出发,组织各层面的课堂观摩、案例交流等活动,就教学经验的感性认识进行头脑风暴,对现有的认识进行抽象、总结,并以这样的方式归纳出若干学科思想,然后将其置于整个学科的框架中审视,并根据学科的逻辑再讨论、再调试。这种上下贯通的研究路径使学科思想不仅具有从知识本身生发出的科学性,还具备从教学一线生长出的现实感;使教学一方面依据学科思想得到了改善,另一方面为传统的优秀经验找到了学科思想上的依据。最后,课题顺利结题,并被评为上海市教育科研成果一等奖、全国教育科研成果三等奖。

见习期间参与"探究学科思想,改善教学方式"课题研究的经历,让我从"一个人研究"过渡到"1+N个人研究",最终形成了"N+1个人研究"的团队作战模式。这不仅是从个人研究到团队研究的跨越,更是从上学时的教育理论研究到工作中的教育实践研究的跨越。我越来越认识到,一线教师的实践研究具有更重视实践经验总结的鲜明特点,利用文献研究搭建框架是为了辅助实践,为了更系统地思考。因此,要与老师们建立平等、密切的沟通关系,充分地相信他们、依赖他们。在此后的日子里,我边学边做,不断尝试调整与老师交流的方式,以及为老师的研究提供帮助的策略,最终提出了教育科研的"对话式指导",并以此作为我专业发展的追求。

张萌: 2012—2013学年上海市见习教师规范化培训学员,基地校为上海市延安中学。毕业于华东师范大学教育学系,现任上海市长宁区教育学院科研员、高级教师。曾荣获上海市"园丁奖"、长三角地区"教育科研优秀个人"、上海市"优秀教育科研员"。在《教育发展研究》等期刊上发表《破解同学段集团化办学动力难题的上海实践》等多篇文章,著有《示范性高中办学国际化研究》。

教育感言: 困顿中有坚守,挫折中有期待。

引航·远航

上海市嘉定区教育学院　张馨月

青春的历程,往往要在不断搏击后才能谱写出壮丽的篇章。2012年毕业踏上教育工作岗位后,我有幸成为上海市首届见习教师规范化培训的一名学员。嘉定区教育学院为我们见习教师搭建了良好的学习平台,我所在的见习基地校为嘉定区实验小学。学校组织我们开展浸润式学习、跟岗培训、教学实践等多种方式相结合的培训,让作为新教师的我在职业生涯的起步阶段接受了规范的职业培训。我在平凡的工作岗位上勤勤恳恳,求实创新,不断提高自己的教育教学水平,较快地成长为一名合格的教师。

明确目标,夯实专业基础

毕业后,我所任教的学校为嘉定区德富路小学,踏上工作岗位后,我深刻感受到从区级层面到学校层面对新教师的重视。对于初出茅庐、教学经历为零的新教师来说,见习教师规范化培训极大地缩短了我们成长为合格教师的周期。在学校的支持下,每周我们都有1—2次的机会前往基地校嘉定区实验小学进行系统化培训。从课堂教学的指导,到学生心理的把握,再到教师的师德素养等,见习基地校都对我们有严格的要求。

基地校为我们这些见习教师精心设计了"目标引领—多维互动—综合实践"的专业成长路径,让我们明确发展方向;通过教师行为准则讲座、学科专项培训、小组说课评比等活动,引领我们从理论学习到参与实践,在实践中主动思考,促进自我专业发展;通过每周"个人见习档案袋"的撰写,把我们参加见习活动的情况存档,这是我们见习期经历的重要见证,确保每位见习教师的成长有引领、有成效。

立足讲台,提升专业素养

基地校为我们配备了专业的学科带教师傅,每周前往基地校,我们都会跟随师傅的课堂不断学习,从中丰富自己的课堂教学智慧。课堂纪律的掌控、学习氛围的营造、教学方法的适切性、学生专注力的把握……这些对新教师来说都是很大的挑战。

记得在一节实践课中,歌曲学唱结束后,我请学生拿出课堂小乐器"三角铁"一起为歌曲伴奏,目的是让学生学习小乐器的演奏方法,同时丰富学生的音乐体验。这个想法是美好的,但是实施起来却没有那么顺利。我当时以为只要讲解清楚演奏过程,学生就可以顺利完成了,我没有考虑到低年级学生的心理特征——课堂中出现"新伙伴",他们的兴奋度往往会大于对教师讲解过程的专注度。可想而知,最后的效果不甚理想:一是学生的演奏姿势和方法五花八门,存在各种问题;二是伴奏过程中大部分学生跟不上音乐的速度与节拍;三是全体学生一起演奏的声音太大,直接盖过了伴奏音响,几乎无法通过小乐器伴奏来丰富对音乐美感的体验。

对于以上问题,师傅带领我一起作了细致的分析,并且为我提供了精准的教学指导:在教学中需要关注学生的认知心理特征,面向低年级学生的教学要注意语言简洁、逐层递进、控制语速,比如在上面的教学中要注意讲解清楚小乐器的演奏方式。同时,音乐是聆听的艺术,在教学过程中老师可以通过手势、简洁的语言等方式时刻提醒学生关注听音乐,这样学生才有可能在学会之后又进一步表现音乐,实现从"由外而内"到"由内而外"。全体学生使用小乐器伴奏对表现音乐美感来说难度较高,可以调整为让部分节奏感较好的学生演奏小乐器,其他学生"拿出心中的小乐器",模仿演奏方式一起伴奏,过程中还可以将小乐器传递给表现好的同学,这样的方式既可以激发学生学习的积极性,又可以丰富学生对音乐美感的体验。

还记得有一次,师傅在示范小乐器演奏的过程中不小心将小乐器掉在了地上,她马上捡起小乐器并轻轻抚摸着它说:"对不起三角铁,是我没将你拿稳,让你摔疼了,下次我一定轻拿轻放,好好保护你。"师傅的教育智慧体现在这短短的几秒钟里。润物细无声,师傅的小小举动可以让学生认识到校园中的一草一木都是我们的好伙伴,要好好保护它们。这也让我明白了,教师应当将德育渗透在课堂中的点点滴滴。

规范化培训中的一次次课堂实践、带教师傅一次次耐心又专业的指导、学员间良好的学习氛围……这些都促使我快速成长,让我迅速站稳了讲台。见习期间,我还在区教研员刘婧老师的指导下开设了区级公开课,为区青年见习教师做了课堂示范。

求实创新,促进专业精进

音乐是一门表现性、创造性都非常强的学科,传统的"教师讲、学生听"的教学模式并不适用于整节音乐课的教学。作为新教师的我们,需要不断摸索学习,创新教学模式,在教学中突出学生的主体地位。

比如,因为音乐带给人的感受不是具象的,所以音乐教学需要更多的想象和感悟,这对音乐欣赏课来说尤为重要。对低年级的学生来说,欣赏课的要求较高,学生需要在教师的引导下运用已有学习经历,结合新的知识来感悟,课堂中需要教师结合多门学科的知识进行引导。

《雷鸣电闪波尔卡》是一首大型管弦乐曲,对二年级的学生来说,欣赏该作品的难度较高。在我分析该作品的总谱时,师傅提醒我一定要依据课标要求和学生的认知特点进行教学设计,要用学生能听懂的方式启发他们。在师傅的指导下,我反复思考,查阅相关资料,发现生动的奥尔夫节奏训练图谱可以为学生提供学习操作的条件,活跃学生的音乐思维。所以,我决定采用视频引导示范的形式,用"图形谱"这一教学资源引导学生用听、唱、动、奏等方式体会音乐学习的乐趣,让学生在与老师、同伴的合作表演中享受音乐的美妙,并且通过此作品开拓学生的音乐欣赏视野。

在教学中,我首先运用"随乐画谱"让学生初步认识什么是"图形谱",并让他们在了解"图形谱"与音乐的紧密联系的基础上初步体验模仿"随谱舞动"。生动形象的"图形谱"引导着学生做舞会邀请的动作,让学生在舞蹈的过程中潜移默化地学习和理解乐段的音乐要素。然后,我运用"图形谱"引导学生在了解、感知图形谱的基础上尝试"随谱奏乐",让学生运用身边的小乐器随谱演奏,帮助学生在认知的基础上进一步亲身感受。"图形谱"的出现让学生在动、奏的过程中同时做到听、看、思。最后,我让学生在"图形谱"的引导下"随谱唱乐",学生在"图形谱"的引导下随着图谱的高低走向准确、有弹性地演唱旋律,从中体会到可以运用多种不同的形式来体验和学习音乐。

在上面的教学中,学习"图形谱"不是目的,而是将其作为一种音乐资源、一种了解音乐的手段,利用它直观、有趣的特性,让学生逐渐由低层次的听觉欣赏向高层次的情感欣赏发展。

喜获成果,助力成长共赢

见习教师规范化培训虽然只有短短一年的时间,但是其规范、优质的培训让我们受益至今。在后来的工作中,区级层面和学校层面继续以多种培训结合的方式为我们年轻教师搭建学习平台。比如我工作之初所在的嘉定区德富路小学有校青年教师专业基本功评比、课堂评比等针对年轻教师的各类培训。

多层级的培训引领,让我在课堂教学方面快速成长。区中心组成员、区骨干教师、"一师一优课"部级优课、区"教学新秀"评比一等奖、区中青年教师教学评优一等奖……一项项荣誉鼓舞着我,也让我在自身发展的同时带领身边的青年教师共同进步。我带教的徒弟中,也有人荣获"一师一优课"部级优课、区"教学新秀"评比一等奖等多类奖项。

"路漫漫其修远兮,吾将上下而求索",见习教师规范化培训使我在教育的道路上受益良多。在这条道路上,我要走的路还很长,我将继续以高标准严格要求自己,以师德楷模为榜样,加强自身学习。也许一个人能走得很快,但是一群人才能走得更远。我将在锤炼自己的同时,引领嘉定区的小学音乐教师共同发展。

都说教师是一份神圣而又光荣的职业,但它更是一份事业。在新时代下,我们要遵循立德树人的教育目标,不断学习,更新教育理念,推动学生审美能力的提升,促进学生全面发展、树立文化自信、提升综合素养。

张馨月:2012—2013年上海市见习教师规范化培训学员,基地校为上海市嘉定区实验小学。一级教师。毕业于华中师范大学音乐学系,现任上海市嘉定区教育学院小学音乐教研员。曾荣获第七届嘉定区骨干教师、教育部"一师一优课、一课一名师"活动部级优课、嘉定区中青年教师教学评优一等奖等。在《中国基础教育》等期刊上发表《创设情景 以情感人——〈萤火虫〉音乐教学案例》等多篇文章。

教育感言:用心做事,传道解惑,用情育人,润物无声。

抓单元，思学情，课堂焕新颜

上海市青浦区凤溪小学　张海峰

我从教已有八年，有过苦累，有过迷茫，但更多的是辛勤付出后带来的豁然开朗。初为人师时的点点滴滴，我犹记于心。

记得规范化培训即将结束时，作为优秀学员的我，要开展一次汇报展示课。

"小张，这次规培项目的展示阶段，学校推荐你作为优秀学员上一节汇报展示课。"师傅将我叫到身旁说道。

"这可怎么办？如何才能出色地完成这次展示课？"一种迷茫无措感瞬间向我袭来。

"看得出来，你肯定很紧张，也很担心。"师傅关切地说道。

"是啊，师傅您看出来了，这个汇报展示课，我……"

"小张，公开课就是经历各种磨砺，渡过重重难关，相信你一定会显露锋芒，勇敢地去面对它吧。"师傅鼓励着我。

我知道这是对我的一种历练和挑战，也是我成长的一次宝贵机会。顿时，我的心中燃起了斗志。就此，我的"磨砺"正式开始了。

教学设计破难题

本次展示课的内容为牛津英语三年级第一学期的 Module 4 Unit 2 Insects。"昆虫"这个主题对学生来说是熟悉的，他们在自然课中有接触，对此颇有兴趣，但我却毫无思绪。

"还记得英语教学设计要关注什么？想想看。"师傅点拨我。

"单元！我怎么把这个给忘了呢！"我瞬间领悟。

于是师傅带着我以"单元"的视角开始研读标准和教材。

"看看本课时的主题是什么？"师傅问道。

"是昆虫。"我回答。

"既然是昆虫，那我们就得围绕昆虫设计话题。再看看目标设计，还是抓单元，从单元目标入手，整体考虑，再设计分课时目标。要有核心内容的复现、能力的递增。"师傅说道。

我回想起之前参加的"如何有效进行教学设计"的专题培训中专家反复提到的"单元整体设计"，于是翻开了那本我记录着培训内容的笔记本：

小学英语教学设计以"单元规划、内容整合、语境带动、语用体验"十六字为导向，将教材自然单元视为整体，不能割裂，从分析教材和学情入手确定教学依据，在明确教学要求的前提下对单元进行合理的整体规划，最后才能对单课的教学进行有效设计。

这时，"单元设计路径图"赫然映入我的脑海，思路也终于理顺，展示课的设计逐渐进入正轨。

文本设计难变易

文本是教学的"半条命"，没有文本，教学就是干瘪的。我细读本单元的教材内容后，发现教材中所提供的语言量少，情感与文化体验也较为匮乏，在前两课时学习的基础上，学生能将书本的语言内容流利地朗读说出。

那就再"提高"一点吧。于是，我在前两课时语言量的基础上进行了适当的拓展，初定主文本如下：

Look at the butterfly. It has a small long body. It has two black feelers. They are thin and long. It can use feelers to smell. It has four big wings. They are colourful. It can use wings to fly and keep warm. It has six long legs. They are black and thin. It can use legs to stand and taste.

我兴冲冲地跑去师傅那里,她看着我的文本,直接迸出三个字:"太难了。"

我的脑袋一下子蒙了。她接着说:"你设计的文本,看似结构清晰、篇幅不长,但是你细看一下,核心内容抓住了吗?对于学生来说难不难?学生能不能说得出来?"这三连问犹如三盆冷水,将我浇醒。

确实,这样的内容设计并没有基于学情,没有贴合学生的认知能力和生活经验。接着,在师傅的帮助下,我开始进行内容的修改:

首先,将"It has a thin long body."这样的长难句修改为学生易于理解的简单句"It has a body. It is thin and long."。

其次,将"It can use …"等本单元非核心的且为拓展的内容变为辅助文本让学生进行体验,使学生对蝴蝶的感受更深,从而更好地达成本课的情感目标。

最终文本修改为:

Look at the insect. It's a butterfly. It is big.

Look! It has a body. It's small and long. It has two feelers. They are thin and long. It has four wings. They are colourful. It has six legs. They are thin and short.

It can dance in the flowers. How beautiful!

前后对比下来,后面的文本结构更清晰,难度更合理,也更易于学生理解。我终于有所感悟,其实备课很大一部分是"备学生",要充分做好学情分析,没有学情分析的内容往往是一盘散沙,是教师的"自我陶醉",那样的教学无法走进学生的心灵,最终会变成失败的教学。

初次试教受打击

在完善其他教学设计要素后,我又设计了教学语境——昆虫节,还设计了"百科全书"的形式以增加课堂趣味性;通过任务——制作小百科,贯穿整节课,旨在让学生"用英语做事,在做中学、学中做"。理想是美好的,但现实往往是残酷的。

课前,我按照四人一组发放小书本(小百科),旨在让学生完成书籍的制作。

我：The butterfly is very beautiful. Do you know what parts they have? Look! What is it? What are they? Here is a minibook. Turn to page 1. Listen to the passage and number them. Work in group of 4.（播放整体文本录音1遍）

我：Have you finished?（大部分学生还在填写，仿佛没有听到我的口令）

我：Let's check the answer together.（让学生核对蝴蝶身体部位名称的填写情况）

这时，有的学生还在翻阅书本，我示意他们停下。当我让学生基于编号进行蝴蝶身体部位的介绍时，却只有几个人能够回答出来，并且还支支吾吾。我也不管学生的情况，直接进入下一个环节——探寻蝴蝶部位的特征。在随后的环节中，只要一翻阅书本，学生们就会杂乱无章，完全不顾老师的口令。最后的输出环节，学生也根本不知从何说起。

课堂结束，我备受打击，正式展示就在眼前，我该怎么办？这时，师傅给了我莫大的鼓励和帮助。

"看得出，你很想让学生自主探索，你已经有了很多思考，但是如何让学生理解你的用意呢？归根到底，还是你的心里要装着学生，不能只顾自己，要多和学生对话，慢慢引导他们，这样才能走近学生。"师傅语重心长地说，"你再看看学生的小册子。"师傅递给我学生们完成的小百科。我翻看学生的小册子，大部分都是未完成品，只有一本是完成的，原来，如此"热闹"的课堂却只给一组孩子上了。

"再看一下你的课堂语言，这么难，三年级的学生如何接受？况且，你留给学生思考的时间和空间也不多，这样'走流程'的教学会有效吗？"

我回头一想，每个教学活动的设计和推进、问题设计、过渡语言等都要基于学生，学生的能力决定了整体设计。看来，我得重新开始，以"以学生为中心"为基准进行思考。

课堂面貌焕新颜

在进一步的思考和师傅的指导下，我考虑到让学生制作小百科难度过大，超出了他们的年龄层次,所以将制作小百科变为阅读小百科,以阅读为载体帮助学生提炼信息,并在教学环节中增加与学生的互动。最后的输出环节则降低要求,分层选择介绍"蝴蝶的身体部位和特征"或"蝴蝶身体部位和特征及其功能"。师傅还就如何利用好板书凸显语用功能、如何基于学情选用适切的教学策略等方面对我的设计做了一一指导和修改,课堂面貌最终焕然一新。

从引入话题到语境,都是采用和学生互动的方式逐一呈现,接着便是小百科的呈现,旨在帮助学生理解小百科的具体内容。

我: What does the butterfly have? What is it? What are they?(通过课件呈现并配合图示,帮助学生理解蝴蝶的身体部位)

我: Turn to page 1. Now read the passage and number the body parts.(学生四人一组开始阅读,互相指点帮助,迅速填写完成)

我: Now let's check.(与学生互动,呈现部位名称,进行教学)

接着,我便引导学生进行介绍练习,从示范到上台展示,环节清晰,整节课井然有序,学生能说、爱说、会说,这节课也得到了听课教师的高度肯定。整堂课的每一个环节都是在充分考虑学生接受能力的前提下,在生生互动中把难点一一攻破。

这焕然一新的课堂,让我明白了设计适合学生的教学活动和易于学生接受的教学语言是如此重要,同时也教会了我在教学活动推进过程中,需要不断关注学生的反应,而不是"背教案"。我充分理解了"每一个活动都是为了学生而设计"这句话,课堂教学不能成为教师的"苍白独唱",而应是教师与学生共同完成的"精彩合唱"。我真正学会了如何站在学生的角度思考教学。基于学情的教学设计要从教学的每一个方面着手,大到单元目标、分课时目标,小到教学环节设计,课堂中的每一分钟都要心里装着学生。找到自己的学生远比上多少内容更重要,内容天花乱坠只会造成学生思维混乱,造成学生无话可说,这对学生的培养是极其不利的。基于学生,以学生为本,关注每一个学生的成长,也正是"青浦实验"的核心理念的重要体现。

有所顿悟新起航

规培汇报展示课画上了句号,但是对我来说,这是从教生涯的一个逗号,是帮助我站稳讲台的重要一笔。这次磨砺让我亲身体会到"以学生为中心",让我深刻感悟到"基于学情"。我开始真正理解英语教学,也更加坚定了英语教学之路。

作为青年教师的我,还存在理论知识不扎实、实战经验不足、教学策略运用不到位等问题,自己的所想还无法很好地付诸课堂实践,以科研促教研的意识也有待加强。因此,我要勤思考、多实践、勤反思、多积累,及时更新自己的理论储备,认真踏实地做好每一天的教学常规,珍惜每一次磨砺的机会,随时为露出"锋芒"做好准备,将这些磨砺铺成我从教生涯的基石,不断走在英语教学这条路上,迎难而上。我坚信,"磨砺"之后方能见"锋芒",这次的经历将成为我教育生涯的新起航,开启我教学生涯更加精彩的时刻。

张海峰: 2012—2013学年上海市见习教师规范化培训学员,基地校为上海市青浦区庆华小学。一级教师。毕业于华东理工大学工业设计(产品造型方向)专业,现任上海市青浦区凤溪小学英语学科分管。曾荣获上海市小学英语课堂教学与教师发展观摩研讨活动教学展评一等奖、上海市中小学(幼儿园)见习教师规范化培训"优秀指导教师"称号。主持市级研究项目"GPS式课程:提升小学英语青年教师专业成长的实践与研究"、区级课题"精细化课堂教学评价:提升小学英语课堂质效的实践与研究"等。

教育感言: 让每一位孩子体会成功的喜悦。

童真的孩子，用"童话"来陪伴

上海市崇明区莺莺幼儿园　张　怡

2012年的8月，我正式进入莺莺幼儿园成为一名幼儿园教师。非师范专业的我对"幼师"这一职业的认知懵懵懂懂，一度认为幼儿园教师只要陪好孩子即可。直到参加了见习教师规范化培训，我才意识到"陪好孩子"并不是一件容易的事情。我应该如何陪好这些孩子呢？感谢基地校给我配备了带教导师，一个教龄近20年的优秀教研组长。在跟随她学习的过程中，我摸索着寻找"如何陪伴好孩子"的答案，一路上遇见的诸多前辈，也在促使我不断成长。

发现"童话"

2012年11月，我开始独立带班。那日，我早早来到学校，准备好当天活动的教具及材料，满心欢喜地站在教室门口，准备迎接一个个宝贝的到来。孩子们陆陆续续来园，并都热情地向我问好，那一刻的幸福温暖又美好。等孩子们都到齐了，我便让这群小班的孩子围坐在我身旁，开始点名。

我问："A，来了吗？"A压根就没看我，正和旁边的小伙伴聊得欢天喜地。我慢慢走到她身边，蹲在她的眼前，再次询问："A，来了吗？"A甜甜地笑着回答："我来了！"于是，我又回到椅子上继续点名："B，来了吗？"B睁大眼睛看着我，一声不吭。我再次提醒他："B，来了吗？"他还是看着我，不说话。我朝他微笑以示鼓励，几秒后，他慢吞吞地站起来，悠悠地说："我来了。"但其他孩子的声音掩盖了B的回答，我压根听不见。我只好站起来说："孩子们，你们能听见其他小朋友的回答吗？我们要做有礼貌的小朋友，对不对？"全班响亮地回答"对"。"有礼貌的小朋友要安静听别人说话哦。我们现在要点名,看看我们的好朋友是不是都来了,你们愿意吗?"孩子们又是齐刷刷地回答"愿意"。我笑了笑,继续点名。"B,来了吗?"B看着我,没有说话。安静了几秒后,B还是没有声音,于是其他孩子便又开始聊了起来。这群小可爱叽叽喳喳,就像树上的知了,没有片刻安静。我又一次站起来说:"你们听见我点到谁了吗?"全班安静下来。"B,来了吗?"B看着我小声说:"来了。"……一场点名持续了近5分钟。

这时,操场上已经开始播放小班的运动音乐,孩子们听到音乐纷纷向室外张望,跃跃欲试。我理完点名单,随口说了一句:"好了,出去运动吧。"没想到,这群孩子一窝蜂地跑向门口,眼看着他们挤来挤去,我急忙跑到门口拦下他们,气急败坏地喊道:"排好队!一个一个走。"孩子们被我喝住了,乖乖排好队出门。师傅路过门口,问道:"怎么了?这么大声!"我也不禁问自己:"就短短两个环节,这是怎么了呢?"

学习活动时间到了,我去观摩师傅的语言活动。在活动中,孩子们也是七嘴八舌地说话,师傅请个别幼儿回答时,往往声音轻轻的,根本听不清楚。师傅并没有站起来,而是一直坐在椅子上,微笑着回应孩子们。一会儿,师傅说话的语调变了,她用很轻很轻的声音说道:"孩子们,他说的什么呀?"孩子们一下子安静了。师傅用较轻的声音又问了一遍:"孩子们,他说了什么呀?"几个孩子举手,她微笑着请他们回答……整个活动,孩子们认真地听着老师的故事。虽然偶尔还是有些许聊天的声音,但师傅都没有停下来,而是用她的轻声轻语很快把孩子们带回故事里。

午休的时候,师傅问我:"你对他们大声,他们听吗?"我想了想说:"暂时吧。"师傅又说:"我对他们没有大声,他们听了吗?"我想了想说:"听了。"师傅说道:"那我们为什么要大声呢?"师傅的话让我若有所思。师傅又说道:"小班的孩子是最可爱的。他们很容易被其他事物吸引。你'咦'一下,他们就会被你吸引,会好奇——怎么了呀?发生了什么呀?"那一刻,我也被师傅深深吸引着。

童真的孩子,就要用"童话"来教育。此后,孩子们在教室里吵吵闹闹,我会俏皮地说:"哎哟,哎哟哟,我——看见有人皱眉头了。哎哟,他又捂住耳朵了……"

也会说:"什么声音呀?你们听到了吗?我听到外面风爷爷的声音了,他在说什么呀?"不用站起来,不用大声,但能留一份童心在幼儿园的每个日常里。

创造"童话"

2019年,我开始尝试第一次原创活动。当时,我回到家里翻箱倒柜,把自己身边的工具书都拿了出来,甚至把给女儿买的全套奥尔夫音乐也找了出来,就为了找一些适合班级幼儿且能让他们感兴趣的素材。

我找到奥尔夫音乐《鞋匠舞》之后,立刻翻看音乐领域的相关书籍,研读学科教学知识(PCK)的相关理论,想要将素材与艺术目标相联系,确定一次小班的韵律活动。我将小班的教学目标设定为:能跟随音乐做简单的模仿动作(如穿线、敲钉子……),并捕捉音乐中的速度变化。我一次次地调整活动设计,寻找幼儿感兴趣的音乐游戏。我还与同事彼此试教,然后一起讨论并进行调整。最终,在学校的骨干评比中,我将这节活动课展示给评审专家。

评审专家王老师在点评活动时直接脱口而出"这是'ABB'的结构曲式",一下子让我瞪大了眼睛。随后她说到对这个曲式结构的理解、对这个乐曲背后故事的理解,并说起活动用的不同感受形式。我这才认识到,对素材的解读不仅是对目标的匹配,还有对素材本身的理解。在解读素材独有的特性之下,捕捉素材的音乐架构是最重要的,然后才能去考虑与目标的匹配,并且活动的目标设计要将素材与知识点联系,将素材与幼儿的生活联系。之后,我又有幸得到了方老师的评点,她也提到了素材的生活经验,强调了"为幼儿生活所服务"的价值追求。

从这些学习中,我意识到活动教学要对每一个素材点进行分析,每一个目标的设计都要指向幼儿切实的生活需求,每一个活动,无论是音乐还是语言活动,都要做到真心、真讲、真表现。我秉着这份"童真",持续提高自身的专业能力,不仅仅有向师傅学到的"轻轻说",更有故事语言的节奏感、情绪感,问题语言的清晰、明确,小结语言的提升归纳,等等。在培养孩子真心、真做、真表达的过程中,我也一次次得到提升,我将继续践行"让幼儿兴趣服务于幼儿,让活动服务于生活"。

工作九年,我从一名普通的见习教师成长为如今的教研组长,参与过课题撰写、课堂评比、活动竞赛等,这些都离不开见习规培时练就的扎实基本功和丰富的理论积累。我深切体会到见习规培对新教师的重要性,尤其对我这样非师范专业的新教师而言,见习教师规范化培训更是为我们打下了重要的基础。

见习规培给我的是最切实的培训,让我在简单的一个午睡环节中,学会如何指导幼儿穿脱衣物、如何随时关注幼儿的睡眠情况、如何关注室内的通风……基础的一日生活管理、各类教育教学培训、名师分享的专题讲座,都让我更加了解自己的职责和追求,让我能够做好班级管理,更为我之后的教育教学研究打下了坚实的基础。当然,我的这些成长离不开带教师傅的帮助,在跟随她学习的时光里,我学会了如何与孩子们交流才能让自己的心和孩子们的心离得更近,学会了如何了解孩子们喜欢什么、需要什么,从她身上我更加清楚了自己要成为什么样的幼儿园教师——一名能带着童心走近孩子,秉持童真教育孩子的教师。

见习规培之后,我又陆陆续续参加了很多培训,有了这些知识和经验的积累,我在各类平台展示、各项活动评比中,都能更好地发挥自己的特长,获得越来越多的成长,并且不断学习和实践"如何陪伴好孩子"这一重要命题。

张怡:2012—2013学年上海市见习教师规范化培训学员,基地校为上海市崇明区莺莺幼儿园。一级教师。毕业于上海体育学院舞蹈编导专业,现任上海市莺莺幼儿园教师、教研组长。曾荣获上海市青年教师教育教学研究课题评审活动三等奖、上海市崇明区"新蕾"教育科研奖三等奖、2018年上海市幼儿园音乐情景剧艺术展演一等奖。在《崇明教育》上发表文章《戏剧里的"我"》。参与课题研究"借助'儿童自由剧'提升幼儿共情能力的行动研究"。

教育感言:用微笑抚慰幼小的心灵,用真情浇灌未来的希望。

源头活水哪里来？

上海市闵行区浦江汇秀小学　李海凤

2013年大学毕业后，我满怀对教育事业的期待，投入到见习教师规范化培训中。在暑期开展的理论集中培训系统而丰富，包括教师职业观念和师德修养、课堂与教学实践经历、班级德育工作、教学研究与专业发展等。我一边认真做着笔记，一边开始思考自己今后的教师职业发展方向。这时，"科研教育行动研究是中小学教育科研的主要方式，是促进优秀教师自主成长的重要途径"这句话浮现在我的脑海中。回想自己读书期间不仅学习了很多教育理论，还学习了很多研究学习的方法，这些刚好可以应用在我的教育教学实践中。在一线教学中我慢慢发现，我们中小学教师的研究和理论研究有一个很大的不同：我们面对的是学生，学生的发展问题是我们研究的源头活水。

遇僵局萌发新观念，从关注教师的教到关注学生的学

一次数学课上，我满怀期待地讲完课，希望学生给予我积极的回应，可是学生们却出奇地安静。一位优秀的学生小洛也在随意翻着书，压根儿没有仔细听讲，我当时很生气。课后，我第一时间找到他，问他为什么出现这种行为，刚开始他保持沉默，过了一会儿，他终于说出了原因："今天讲的内容我没有听懂，而且也比较没意思……"我愣住了，难道我连小学一年级的知识都讲不好吗？难道我不适合做老师？基地校的带教师傅洪老师见我如此苦恼，便问我是不是工作上遇到了不开心的事情。我点点头，并将事情原原本本地告诉了她。她微笑着告诉我："其实自己会和给学生讲明白是不同的，特别是小学低年级的学生，他们的思维和成人

的思维有很多不同，你要多站在儿童的视角，以他们能接受的方式给他们讲。"

第二天，我找到小洛，又给他讲了一遍"长度比较"一课，并且一边讲一边和他交流哪里没听懂。我出示铅笔、记号笔、刀片、弯曲的绳子等物品，让他用手比画出他们的长度，并和他说："比如从铅笔的这一端到另一端之间的距离就是这支铅笔的长度，听懂了吗？"小洛摇摇头说："老师，这句话太长了，我记不住。"当我让小洛拿着铅笔，并让他指出铅笔的长度，他很开心地说："老师，是从这里到那里的长吗？"我问他："这次怎么懂了？"他开心地说："因为我手上有铅笔可以动手操作，就好记了。"

我回去后查了很多关于儿童学习的资料，原来小学低年级学生是以形象思维为主，他们的抽象思维尚在发展中，所以可以通过操作活动帮助他们理解比较抽象的概念。经过后续调整，我在教学中设计了很多动手操作活动，并在这些活动中有意识地让学生指出长度，还借助多媒体抽象出"线段"这一概念，将物体的长度用"从这一点到另一点之间的长"来简单描述，让学生体会到比较物体的长短就是在比较两条线段的长短，潜移默化地渗透了长度的概念。

立课题萃取新经验，从关注教法到关注学生的学法指导

在实践中，我发现自己对操作活动经验的了解不够透彻，需要继续研究，为此我以"小学低年级数学课堂教学中积累基本数学活动经验的策略"为题，申请了闵行区第六届区级小课题。我在教学实践的基础上，提出了帮助学生积累数学活动的教学策略：统整单元资源，确定活动目标；创设活动情境，提升数学思维；开展有效活动，促进经验积累；利用多种途径，及时总结经验。

通过一年的实践研究，学生对积累数学活动的兴趣大大提高。以前的教学活动，学生由于缺乏数学活动经验，常常会感到单调和枯燥；通过积累数学活动经验的策略，学生充满了兴奋和期待，注意力更能被吸引，学习兴趣也能被充分调动起来。学生在主动参与学习的过程中，获得了基本的数学活动经验，提高了数学学习的有效性，培养了数学素养，从而提高了数学教学活动的效度。后来，这个课题

获得了闵行区第六届小课题一等奖。

"关注促进学生发展的教学"是新课程理念的本源,但只在教学设计上关注学生是不够的,因为学生的发展还必须建立在一定的基础之上。学生在正式接触知识之前,已经对日常生活中的一些数学概念有所感知,并逐渐形成了一套属于他们自己的、用来解释他们所认识的客观世界的理解和看法,这会对学生更高层次的学习产生影响。为此,我以"基于'相异构想'提高小学低年级数学学业效能的策略研究"为题,申请了闵行区第七届小课题。对于课题的研究,除了在实践的过程中积累研究的案例外,我也在努力查找相关的研究论文、课题资料、文献等,这个过程使我在实践中提升了数学理论。

在了解学生想法的基础上,我发现对学生进行学法指导、提升学生的学习能力也很重要。为此,我以"提升小学低年级数学应用题教学中问题表征能力的策略研究"为题,申请了上海市青年课题。我通过文献法与学生问卷调查、个别访谈,结合课堂教学,积累典型课例,提炼出提升小学低年级数学问题解决中问题表征能力的策略,并通过典型案例的个案跟踪,开展针对学习困难学生的问题表征能力提升的案例研究。

这次研究无论对我还是对学生都有很大的帮助,我能感觉到学生在问题表征能力上的巨大进步。比如,他们能够主动找出关键词,喜欢用画图的方法来表征题目并且喜欢交流自己的思考过程。本课题也获得了2019年上海市青年教师教育教学研究课题二等奖。

换角色打开新思路,从关注学法指导到关注学生学习品质的培育

2017年,我开始担任学校的科研负责人。我之前是在自己的课堂教学中开展小小的教育改革试验,现在作为学校科研的领头雁,就得要带领团队一起做研究。作为一名只有四年工作经验的年轻教师,面对这样任重而道远的岗位,我有些不知所措。

怎样选择一个龙头课题成为摆在我面前的第一个问题。回想自己前几年的

研究，从关注教学设计到关注学生再到关注学生学习方法的指导，一直都是指向学生的发展。我们学校当时是新建学校，学生以低年级为主，教师以青年教师居多，面对这样的学情、校情，我在思考：在这样一个零起点阶段应该关注学生的什么？苦思冥想后，我发现良好的学习品质对人的发展至关重要，所以我认为，激发学生的学习兴趣、培养学生的学习习惯、提升学生的学习能力是我校迫切需要解决的问题。

2018年，汇秀小学与上海市学习科学研究所一起合作申报了以"小学生学习品质培育的实践研究"为主题的上海市城乡学校成长互助项目，同时我校申报了"基于证据的小学生学习品质的实践研究"区级重点课题。在项目实施之初，想要"自上而下"建构起一套完整的体系，先要学校顶层设计构建一套学习品质培育的模式，然后各条线逐步分解，最后由教师在课堂教学中实践。但是我们将学习品质分解为学习兴趣、学习习惯和学习能力后，却构建不出学习品质的培育模式。既然"自上而下"的模式行不通，那就试试"自下而上"的模式。

于是，我组织学校教师一起开展学习品质的理论学习，让教师以五人小组的形式，畅谈自己的学习感受，还请擅长信息技术的教师对学生的数据调研进行分析讲解。几位教师争论着如何让学生学习品质中存在的问题更加可视化，集思广益，就这样，教师们研究学生学习品质的热情被充分调动了起来。通过学习品质任务单，教师们主动认领自己感兴趣的学习品质研究点；我们还邀请实践卓有成效的教师给大家做案例分享，同时邀请专家指导教师进行案例的撰写。

在学情调研以及教师充分进行课堂实践改进的基础上，我们形成了学习品质案例集、学习品质论文集、学习品质教案集。通过分析提炼，我们最终总结出了我校"CTAF"的学习品质培育模式：以课程开发为路径搭建学习品质培育平台，以课堂教学为主阵地探索学习品质提升策略，以学生参与性学习活动为抓手促进学校品质的发展，以家校合作为纽带共育学生良好学习品质。

2020年，城乡学校成长互助项目被评为A级，同时本课题也获得了2020年闵行区教育科学研究课题优秀等第。2020年10月，经历三年的历练后，我也由学校科研负责人顺利晋升为科研室主任。

美国心理学家波斯纳提出了教师成长的公式:成长＝经验＋反思。教书育人的过程也是教师成长的过程,作为年轻教师,我们需要主动学习积累,夯实学科基本功,修炼教学方法,在研究反思中不断成长,同时牢记学生的成长是我们研究反思的源头活水。让我们在反思中关注学生的成长,让我们在反思中不断成长。

李海凤: 2013—2014学年上海市见习教师规范化培训学员,基地校为上海市闵行区莘庄镇小学。一级教师。毕业于华东师范大学教育史专业,现任上海市闵行区浦江汇秀小学自然教师、科研室主任。曾荣获2019年上海市青年教师教育教学研究课题评选二等奖(一等奖空缺)、闵行区第六届小课题一等奖、2018年闵行区"闵教杯·文献综述"征文一等奖等。在《学习报》上发表《小学低年级学生应用题中审题能力培养策略》。

教育感言: 学生的发展是教师反思成长的源头活水。

从"教的设计"走向"教与学的融合设计"

上海市黄浦区第一中心小学　刘剑东

从牵手到支持

怀揣着教育理想,走上三尺讲台,实现从学生到教师的角色转变,在第一年,许多新教师往往不能一帆风顺。为此,参加见习教师规范化培训成了许多教师职初生涯的第一课。规培制度就像一个老师傅,牵着一群小青年们的手,带领他们从入门迈向入行。

对于职初生涯的课堂,许多人一定会和我有同样的感受:不管事先准备得多么充分,实践起来却还是状况百出,出现的"特殊学生"更是让人难以招架。工作伊始,调皮好动的小朱就是班上表现较为突出的学生,在我的课上,他插嘴、敲桌、踢凳,似乎是在想方设法用一切手段来干扰我的教学,影响我的教学进度。在我还没品尝到教师身份带来的骄傲和成就时,家长们就对我这个年轻教师的业务能力表现出了不信任。

就在此时,见习教师规范化培训如约而至,从聘任校的一对一带教到基地校安排的多位带教导师,"导师团"为我的日常工作提供了有针对性的帮助,这些内容涵盖了从教学组织到课堂管理等的方方面面。

小朱的屡教不改,让我对他所在的班级也产生了排斥心理,我的愁眉苦脸很快就被带教导师发现了。了解情况后,基地校黄浦区卢湾二中心小学的带教导师施颖琼老师问我:"听了你的叙述,有三个问题你需要自己思考——作为任课老师,你是不是真的了解这位同学?你有没有全方位去分析他的学情基础?究竟是什么原因让他无法投入有效的学习中?"施老师的三连问重重地击打在我的心上。面对困难,我只是一味地抱怨和逃避,从没有想方设法去了解学生;我只关心课堂中自己的教学任务是否完成,却忘了关心学生的学习状态和学习效果。在接下去的教育教学工作中,我始终带着一个小本子,上面记录着每日课堂中学生的学习情况,我将课堂中出现的学习兴趣不佳、投入程度不高、互动覆盖面不广等问题一一记录下来,然后努力寻求更专业的帮助和支持。

经过一段时间的思考与分析,我发现课堂中两极分化的情况很严重,虽然我的课堂氛围比较轻松,但课堂上的互动几乎都只发生在与尖子生或中等偏上的学生之间,一些学力稍弱的学生在课堂中几乎得不到有效的帮助和支持。小朱作为班里基础比较薄弱的学生,数学基本功欠佳,学习习惯养成也不够好。我意识到,我的教学设计正是因为缺乏对这类学生的关注,才导致以小朱为代表的这些学生无法投入学习,思维游离在课堂外,这是小朱产生偏差行为的根本原因。

带着对成因的思考,我很快便想到了相应的对策。一开始我的对策其实很简单,就是多倾听学生的发言,允许课堂中出现"有效错误"。小朱可能也很奇怪,因为在课堂上我请他发言的次数变多了,对于他无法作出正确回答的表现,我非但不批评他,反而还鼓励他多表达。这种"反其道而行之"的方法让小朱的表现有所收敛。小朱的些许转变,让我开始反思我的教学理念并逐步改进我的教学设计。

通过与小朱的磨合,我在教育的起点感受到了自己的不足。牵手规范化培训,让我在迷惘时有了底气,感受到一堂好课应该兼顾教与学。在教师的专业发展道路上,见习教师规范化培训无疑发挥了重要的支持作用。

从牵手到助力

在对课堂教学实践不断优化的过程中,规范化培训开始显现出越来越重要的作用。在与小朱一开始的相处中,规培像父母的角色一般,在我最困惑时给予了我最大的支持,渐渐地,我发现规培是一个真正的引路人,不断推动着我专业能力的发展。

我开始明白，用一些小策略让中等或学力偏下的学生投入课堂只是权宜之计。比如小朱，要让他真正实现有效的课堂学习，光多请他发言是远远不够的，只有建构面向所有学生的优质课堂，用精湛的业务能力征服学生才是根本之道。就在这个时候，公开课的教学任务来了。对青年教师来说，第一次公开执教的压力不言而喻，但我丝毫没有畏惧，因为我始终能在规范化培训中得到满满的干货。

规培中除了能在基地校进行浸润式学习外，我们还能得到黄浦区教育学院专家的指导。比如，在"导师工作坊"中，我们获得了与专业教研员面对面交流的机会，数学教研员俞靖老师得知我有公开教学的任务，便参与了我备课的全过程。"我想上'小数应用'这一课，因为这节课的学习素材是水、电、天然气的账单，贴近学生生活。"我对俞老师说了我的想法。她接着追问我："你的想法真不错，那你准备用什么顺序呈现这三张账单呢？""当然是按照教材的顺序了，就是……"我几乎是不假思索地脱口而出。俞老师赶忙打断我："你先别急，无论你按什么顺序呈现，你首先要对教材进行有针对性的分析，我们要做到用教材，而不是教教材。"

带着这句"用教材"，之后的几天里我开始分析教材中的学习素材，包括其中蕴含的知识点以及知识点编排的用意。"我明白了，电费账单涉及分时计价，水费账单则有排水费用，每张账单都有不同的计价方式。"我说道，几日的思考让我胸有成竹多了。俞老师满意地笑了："你的分析很到位，只有对备课内容有深度的了解，你才能用最合适的方式把内容呈现给学生，这样各层次的学生就都能学有所得。"

就是在这样的助力下，我反复琢磨设计，多次修改，最终设置了具有坡度的环节。我从能力偏弱学生的角度来导入这节课，再通过不同层次的练习来满足所有学生持续学习的需求。公开执教前，我进行了微课堂模拟，其间我需要选择几个不同层次的学生进行课堂问答。让我惊喜的是，小朱竟然毛遂自荐，主动提出想参与其中。模拟时，小朱专注的眼神和投入的身影，让我看到他早已不是昔日那个"捣蛋鬼"了。

此时我已不再害怕走进小朱的班级。我知道，只有从学生出发，筛选、重组教学素材,才能设计出最合适的教与学的资源。牵手规范化培训,做到"眼中有学生、心中有教材",规培的优质资源助推了青年教师的教书育人工作。

从牵手到放手

规范化培训结束后通常会有一场教学比武,当时我面临一个艰难的选择——要不要放开手,安排大量的动手操作环节。虽然小朱已经有了可喜的变化,但这毕竟是一场教学比武,万一顽皮的小朱搞出一些古怪的状况,我怎么招架得住?牵手规范化培训,小朱是陪伴我由胆怯到自信的人,是我一路成长的见证人,最终我选择相信他。

教学比武当天,基地校的施老师和聘任校的导师王华老师相约来为我打气。不知不觉中,这两位来自不同学校、昔日里鲜有往来的老师,在规培的牵线下,竟因为我成了密友。在两种不同教研文化的熏陶下,我不再闭门造车,而是不断拓宽思路与眼界,努力集各家所长。为了帮助各层次的学生建立直观表象,从具体到抽象,我在教学中安排了丰富的动手操作环节,以此作为课堂中的学习支架。在这些精心设计下,课堂上展现出了温暖的师生互动氛围,合作讨论环节也碰撞出了高品质的思维火花。小朱也用实际行动证明,我的选择没有错。课上,他表现突出,举手积极。正是因为我有效关注了每一个学生,最终我在教学比武中收获佳绩。

不久后,小朱的毕业季如期而至,这个我起始教学生涯中最特别的孩子送给了我最好的礼物——对学科浓厚的兴趣。现在,小朱已是读高中的年纪了,但我仍记得他,是他让我在教与学的设计上找到了方向,让我懂得了从学生的视角不断审视课堂、激发所有学生的学习热情才是帮助"特殊学生"的最佳方案。

工作的这些年里,无论是代表上海数学教师前往英国执教,还是在教育教学课题研究的过程中,我始终未把目光从学生身上移开,比如:借鉴中英学习的长处,开发一些可视化的思维支架帮助学生学习数学;关注学生的学习通用素养,用项目化学习的方式进行驱动性问题的设计,从而帮助学生产生深度的思考和持久的学习。牵手规范化培训,让我知道在教与学设计融合的这条路上,我还有许多需要学习的事。

如果现实在此岸,那么梦想就在彼岸,中间是条叫作成长的河流,见习教师规范化培训是这条河上的第一座桥,让我站在更高的位置上收获更专业的经验。虽然规培结束已有许多年了,但这股神奇的力量从未消失,它敦促着我在追梦的路上不断前行。如何让学习在课堂中真正发生?面对这份有趣而富有挑战的工作,我从不彷徨,因为我拥有教师专业发展指导的丰富资源,始终有"我们"相伴。

刘剑东: 2014—2015学年上海市见习教师规范化培训学员,基地校为上海市黄浦区卢湾二中心小学。一级教师。毕业于上海师范大学投资与保险专业,现任上海市黄浦区第一中心小学数学教师、教研组长。黄浦区"虞怡玲名师工作室"学员。曾荣获黄浦区"青年岗位能手"称号。主持上海市青年教师课题"中英交流背景下数学可视化工具的开发"。

教育感言: 师以教之研新,教而知者明心。以德馨之基石,通达求索。

一句教诲如陈酒

上海市徐汇区第一中心小学　严裔翔

一句教诲带来的疑惑

2014年,初入职场的我参加了见习教师规范化培训,有幸加入基地校上海市徐汇区爱菊小学。时至今日,已经六年多过去了,有两件事情我仍记忆深刻:第一件是爱菊小学美味的早餐,第二件就是当时的带教老师张老师对我说的一句话。

那是一个普通的周二,我照常来到爱菊小学,聆听张老师的随堂课。完成听课笔记后,我来到张老师的电脑桌前,正准备问她一些问题,却发现她在专心致志地打字。我被她正在输入的内容所吸引,她告诉我她在撰写一篇数学教学案例。当时的我对这些工作还比较陌生,就在旁边驻足观看了一会儿。张老师打了一段文字,趁着喝完水休息的功夫,对我说:"小严啊,你要知道,当老师不仅仅要教书育人,还要搞好理论积累,要想当好老师,教科研是一定要好好弄的;可以先从平时做起,学别人的,以后再做点自己的成果出来。"

当时的我,对这句话的感受是疑惑。刚刚毕业的我,脑海中只有一个想法:我一个当老师的,还搞什么教科研? 我又不是教育学家。现在回想起来,尽管这个想法幼稚至极,但若当时没有这样的想法,恐怕张老师的这句教诲我马上就忘记了。我想职初的新教师很可能都会对自己的工作内容有所疑惑,张老师能够直白地对我讲明,虽然当时的我无法理解,但却由此种下了一颗种子;或者说是留下了一桶新酿之酒,马上去品,自然酸涩至极,但之后的味道犹未可知。

一年的见习规培结束后,我带着满满的收获回到了任职的一中心小学,在跌跌跌撞撞中开展了一次又一次的实践教学。见习教师规范化培训让我能够快速全面地了解教学工作的基本流程与规范，帮助我在职初期更好地应对工作中的大小事务。它就像风筝线一样，看似细小，却时刻引导着我们，不让我们横冲直撞。

一句教诲带来的冲击

到2016年，我在一中心小学已经执教了两年，在这期间有幸获得学校的大力支持，开展了多次公开课教学，甚至还包括两节区公开课。除此之外，在评审我校能否成为新的见习教师培训基地时，我还代表学校执教了展示课。说实话，当时的我有些"膨胀"，自认为能力很强，还向大学同学炫耀自己的公开课经验。拿着公开课证明的我，自觉是"世界上最牛的新教师"。这种不合适的心态自然影响到了我平时的工作。

校领导的观察是敏锐的，他们察觉到我的心态后，主动找我谈心。第一个问题就是："小严，你觉得你的优势在哪儿，不足又在哪儿？"当时的我没能及时明白校领导的意思，只将我自认为的优势说了个遍，不足却没说出点什么。校领导微微一笑，对我说："我觉得你现在最大的不足，是缺乏学术积累，如果实践经验留不住的话，你上的这些课，可能上了也白上。"当时的我愣住了，回过神之后，又突然回想起埋藏在我心中的张老师的那句教诲："小严啊，你要知道，当老师不仅仅要教书育人，还要搞好理论积累，要想当好老师，教科研是一定要好好弄的；可以先从平时做起，学别人的，以后再做点自己的成果出来。"

再次考量这句话，我的感受是饱受冲击。那一刻，我的整个职业观都有所震动。我反复回味张老师的话，"当老师不仅仅要教书育人（太对了！），还要搞好理论积累（和校领导说的一样！）"。要做一名好教师，开再多的课看来都是不够的。如果没能将实践的好经验写下来变为成果，那我的公开课岂不是像烟火一样，璀璨一刻又转瞬即逝？

张老师的那句话，犹如陈酒透露出的微微酒香，让我略微了解到我应该做什么、怎么做。从平时做起！这就是张老师给我的办法。自我反思之后，我认为平时上课就得多写教学反思,找出自己哪里做得可以、哪里还有疏漏、疏漏要如何补足等。要努力从日常的教学中寻找提高的契机,这样我的教学水平才能更上一个台阶。

几天后,我主动找校领导"确认"了一下,领导也肯定了我的想法。当我开始认真地进行教学反思时,我发现教育教学的道路是那么宽那么长,一眼望不到尽头,原先不切实际的心态也随着我的理解深入慢慢化解了。

作为新教师,难免会出现类似的情况。新教师从最初的适应期进入正常的教学工作之后,自信心可能会上升到一个不恰当的高度。实际上,此时的新教师只是接触到了一部分常规工作,并且这部分常规工作很可能也是有疏漏的。此时,来自资深教师的经验之谈就显得尤为重要,也许仅仅是一句话,就有可能成为青年教师跨过这道坎的关键。而见习教师规范化培训中的"初体验",就成了青年教师前进的"宝库",每每重新进入这个"宝库",都会有新的发现。

一句教诲带来的感触

2018年,我慢慢接触到更多工作,开始执教STEM课程,参加各类培训,同时参加了学校项目化学习小组。这些新理论、新思想,犹如漫天大雨一般,浸润了学校教科研的各个角落。作为第一批"淋到雨"的人,我也身先士卒,执教了一节以项目化学习探索为背景的STEM公开课。

这节公开课的准备工作,比我预想的困难许多。第一次试教后,专家给我提了很多建议,最主要的是贯彻项目化学习的各类理论基础,避免这节课仅仅是形式符合却缺少项目化学习的真正内核。

最终,在多位专家的帮助下,我顺利执教了这节课。这节课让我深刻感受到,我的理论基础还过于薄弱,以致在教学设计中根本无法达到相关要求,只能在大家的帮扶下完成一节课的执教。我感到前所未有的茫然。面对新的浪潮,我该怎么做才能当个"冲浪手",而不是沉入海底呢?

此时,那句话又隐隐约约出现在我的脑海中:"小严啊,你要知道,当老师不仅仅要教书育人，还要搞好理论积累，要想当好老师，教科研是一定要好好弄的；可以先从平时做起，学别人的，以后再做点自己的成果出来。"是啊，把视角仅仅放在自己身上，再怎么做也只是闭门造车。不如去多看看别人的项目化学习是怎么开展的，别的学校在项目化学习背景下的课是怎么上的。各种想法一下子涌上我的心头。

之后的一年，我不仅多次参与本校其他教师项目化学习的探索，还一次不落地参加了全区范围内的各种项目化学习培训。通过不断的备课、听课、参与研讨、学习交流等，我取得了前所未有的收获。

张老师的这句教诲再一次帮助了我，更给我指明了前行的道路：我要做出一点自己的成果！

2019年，学校向教师们推荐了由上海市师资培训中心组织的"青年教师课题"项目。我觉得这正是磨炼自己的最佳机会，我学习了这么久，是时候做点属于自己的科研成果了。"青年教师课题"项目，就像是专门为我准备的一样，为我们这些有想法的青年教师提供了成长的摇篮。

我和几位志同道合的青年教师一起开展了"利用跨学科练习提高小学生学习素养的实践研究"。尽管过程是曲折的，任务是繁重的，并且还遇上了抗击疫情线上教学的特殊时期，但在上海市师资培训中心高老师等专家的指导下，课题组克服了各项困难，通过线上与学生互动的方式开展各项实践，同时也通过线上会议的方式开展研讨和反思，最终我们在2020年7月顺利结题。

我有一些自己的成果吗？有一些。但我的探索就到此为止了吗？当然不是！这次课题研究的体验又一次开阔了我的视野，让我明白教科研之路道阻且长。离开"青年教师课题"的摇篮后，还会有更多机遇和挑战等待着我们这些蓄势待发的青年教师。

课题研究结束后，我再细细品味张老师对我的那句教诲，那滋味就如醍醐灌顶般浓烈。短短一句教诲，竟是那么神奇。也许每个青年教师在成长的过程中，都会遇到各种各样的契机，这些契机很可能仅仅是一个非常小的细节、非常简单的一句话,却饱含着巨大的力量。作为青年教师,要利用好这些契机、这些细节,让这些力量推动着自己不断前行。

一句教诲带来的传承

2020年末,我有幸参与自己学校的见习教师规范化培训。此时,我的身份已经不再是一位学员,而是作为青年教师代表,向初入职场的新教师们传授我的经验。我讲述的内容是教学五项流程,这是最基础的内容。看着他们仔细聆听的样子,我仿佛又回到了六年前,看到了我开始从教的样子。在与他们交流的过程中,这六年的经历也缓缓浮现在我眼前。我想,我的路还很长,也许张老师的那句教诲仍然会继续发挥作用。

交流的最后,我补充了一句话:"各位新老师,你们要知道,当老师不仅仅要教书育人,还要搞好理论积累,要想当好老师,教科研是一定要好好弄的;先从平时做起,学别人的,以后再做点自己的成果出来。"

严裔翔:2014—2015学年上海市见习教师规范化培训学员,基地校为上海市徐汇区爱菊小学。一级教师。毕业于上海师范大学小学教育专业,现任徐汇区第一中心小学数学教师、STEM教师、大队辅导员、项目化学习探究组成员。曾参与第四届中英教师交流项目。作为负责人完成上海市青年课题"利用跨学科练习提升小学生学习素养的实践研究"。

教育感言:教师是一个永远在学习的职业,自己不断成长,才能帮助学生不断成长。

我的教育认知提升的三重境界

上海市曹杨中学　蔡真逸

2014年从教以来,在见习规培及与学生的相处过程中,我对学科育人的理解不断深入,感悟到教师肩负着塑造灵魂、塑造生命、塑造人的时代重任。我有幸接受了新时代最好的教师教育。回顾教育教学的点点滴滴,下面基于数学学科的特点呈现我的教育认知提升的三重境界。

由唯分数论转变为方法论,关注学生主体学习

2014年9月,我正式参加工作,担任高一年级的数学教师。在当时的认知中,我感觉判断好教师的标准就是所教学生分数的高低、判断好学生的标准就是他们成绩的高低。于是,我采取了诸如课后抓订正、午间去教室讲题等一系列措施。虽然取得了一定的成绩,但我总觉得缺了点什么。直至学生的一句话,我才发现自己的问题所在,于是教育认知发生了第一次改变。

那是在高一第一学期期末评讲考卷时,我分析完一道与之前练习题相似的考题后,调侃道:"你们之前不是做过类似的题目吗?怎么换了一个问法就不认识了呀?"我预设的效果是让学生反思自己的学习习惯,重视自己的订正效果。然而,有个不同的声音划破这短暂的平静:"老师,我们是做过类似的题目,但没有做过完全相同的题啊!"这是多么坚定却又让人哭笑不得的回答。我开始对此进行反思。

课后,我与学生进行交流,了解到我抓订正的做法会使他们觉得只是在重复操练同一道题,所以在复习时他们会将做过的题目的解法背下来,以此去应付考

试。遇到简单的试题,成绩还算理想;一旦遇到较灵活的试题,学生就会不知所措。从长远看,这对数学学习是不利的。

之后,在与基地校带教老师的交流中,我意识到自己之前的做法的出发点是自己而不是学生。换句话说,我并没有做到以学生为本,没有站在他们的角度思考和判断问题。我以为他们在订正过程中会像我以前上学时一样,再经历一遍问题思考的过程;以为他们在订正过程中会不断抓住问题的本质属性。但实际上,他们只是在订正过程中囫囵吞枣地背诵相关解题过程。同时,又因为我是以成绩来判断他们的学习程度的,所以学生会更加拼命地记忆相关问题,希望考试时能考到,从而完全忽略了问题的本质属性。

认识到这些问题后,我将教育的出发点和落脚点都放在学生身上。结合数学学科的特点,在概念探究和习题讲解中,我更侧重让学生自我暴露出问题思考的过程,并在解决问题后进行反思,说出想到此方法的理由以及有没有改进的方法等,努力做到将思考的时间还给学生,将提问的权力还给学生。这些反思的过程与举措被我整理、撰写成文,经带教老师的指导与修改,变成《"老师,你没有讲过相同的题"——简析数学中的变与不变》一文。

这一转变使我从以教师为主的立场转变为以学生为主的立场,从冷冰冰的唯分数论的观点转变为灵动的方法论的观点。我在教学中,不断与学生一同探究问题的本质和联系;在订正时,让学生自己说出思考的过程,感悟到数学学习是知识探索以及自我加工的过程,帮助学生不断获得数学学习的体验感和自主性。

由方法论提升为核心素养论,关注学生持续发展

2016 年 9 月,我担任高三年级的数学教师。由于学生总会来询问我学习数学的意义,所以我也开始思考这一问题。那时恰逢数学学科课程标准改革,我多次参加了市、区组织的新课标规培活动,教育认知进入了第二重境界。

新修订的《普通高中数学课程标准(2017)》中指出,"数学学科核心素养是数学课程目标的集中体现",高度概括总结了学生在数学学习过程中所需提升的必

备素养和必备能力，这些素养和能力能够帮助学生从高中走向大学并走向社会，促进学生可持续发展。

我深深感受到教育工作者身上的重担——不仅要为学生的现在负责，更要为学生的未来负责。数学作为一门基础性学科，它的作用不仅是让学生记忆很多公式和定理，更重要的是让学生学习如何去理性分析所遇到的问题、如何去寻找解决问题的方法。因此，教育的目光须从学生的现在放远至学生的未来，课堂教学应围绕学生的当下学情及学力发展进行设计，不断培养学生的数学核心素养。

2017年，我参加了"一师一优课、一课一名师"评选活动。在区教研员和基地校带教老师的指导下，我逐步理解了如何在日常教学中培养学生的数学核心素养。

课前，我仔细分析教学内容，发现"多面体的直观图"这节课是一节操作课，整个作图过程符合培养学生的直观想象素养的要求。对学生而言，作多面体的截面可以与切割木块、切割蛋糕等"切割实物观察剖面"这一实际问题相联系。针对这一特点，我认为本节课的重点应主要放在培养学生的直观想象素养上。那么应该如何实施呢？与指导老师交流后，我想到了以运动与变化的观点来统领课堂，以核心问题"平面截正方体所得的截面有哪些形状"为线索，串起课堂上所有的探究问题。具体而言，我以现实切割物体入手，通过改变切割的方向，让学生亲自探究由此带来的截面形状的变化，从中提炼出不变的操作步骤和作图原理，边学边做边思考。

课后，我与学生交流，他们普遍反映："原来切割物体还蕴含着这么多数学问题和数学原理。""用平面去截多面体都有这么多道理，那么用平面去截旋转体呢？用曲面如球面去截几何体呢？"这些反馈说明学生开始以数学的眼光看待世界、探索以数学的思维分析问题、尝试以数学的语言表达问题，而这正是数学核心素养培养的真正目的。

后来，这节课有幸在2016—2017年度"一师一优课、一课一名师"活动中被评为上海市级和国家教育部级"优课"，并被"学习强国"平台收录。

这一次教育认知的转变使我发现教育的终点不是高考。教育是伴随学生一生的,基础教育应服务于学生的可持续发展,帮助学生构建解决问题的思路与方法,提升学生的学习关键能力。因此在教学设计中,教师须着重思考如何借助教学内容提升学生的综合素养,如何在素养培育中让学生通过数学学习,学会理性分析现在以及未来所遇到的疑惑和困难。

核心素养论融合立德树人论,彰显学科育人价值

2017年至今,已毕业的学生陆续回校交流,在感谢学校和老师之余谈到了他们能很好地适应大学的学习。他们中有些人还要学很多数学知识,有些不再需要,但数学中去伪存真的理性精神一直鼓励着他们脚踏实地。

学生的话语不禁使我想起在见习规培中一位专家所说的话——"课堂即育人场"。在与毕业生的交谈中,我逐步感悟到这句话的内涵,教育认知的境界悄然迎来了第三次提升。

在日常教学中,我们会过多地思考如何进行学科教学,但每位学生的学习基础是不同的,他们所能达到的核心素养的层次也是不同的,教师不可能用固定不变的标尺去要求每一位学生。那教师在课堂上真正需要给每一位学生带来的是什么呢?

《普通高中数学课程标准(2017)》明确指出数学学科学习的指导思想是立德树人,也就是说,数学学科教育的基本要求和最终目标是将学生培育成完整的人,让学生具有健全的世界观、价值观、人生观等,拥有健全的人格。这也正是教育的最终目的,即思考培养什么样的人。

基于此,我撰写了《数学教学中如何体现课程结构的价值取向》《例谈数学学科德育落实途径》等多篇论文,提出在学科育人的视角下,教师需要在理解每个知识背后的核心素养要求的基础上,充分挖掘其蕴含的育人价值。比如:在解析几何教学中,核心素养是数学运算,其育人价值是在运算中培养坚韧不拔和勇往直前的品质;在算法教学中,核心素养是数学抽象,其育人价值

是了解中国古代数学思想的特点与优势,激发民族自信心;等等。

在立德树人视角下进行教学,会使我们教师的视野一下子开阔起来,指导我们如何对待数学、如何对待学生、如何对待教学。学生经历数学学习,不但要体会学科核心素养在知识技能上的体现,更要感悟其育人价值,这对学生的个体成长和人格养成有着促进作用。我们无法要求每一位学生都考入名校,但是可以通过教育将每一位学生培养成健康的人,成事成人。

这一次的认知提升,让我从关注学生学科成长上升为关注学科育人价值,认识到数学学科教育不但要关注学生今后的数学发展,而且要关注学生作为一个人的成长历程,要思考如何通过数学教学帮助学生拥有健全的人格,达成育人目的。

在这个时代做教师是幸运的,见习教师规范化培训不仅教会了我们如何成为一个合格的教师,也为我们日后的自我成长埋下了伏笔。

在一次次学习和实践中,我的教育认知境界不断提升:从关注教师的教转为关注学生的学,从关注学生的现实学情提升为着眼学生的未来发展,从关注学生的学科发展上升为关注学生的成长。我相信,每一个人来到这个世界都被赋予了任务,都能或多或少为这个世界带来一些改变,而我的努力就是让学生成为一个好人,成为一个健康、善良、可爱的人。

蔡真逸:2014—2015学年上海市见习教师规范化培训学员,基地校为上海市曹杨第二中学。一级教师。毕业于华东师范大学数学系,现任上海市曹杨中学数学教师、数学备课组组长。曾荣获第五轮普陀区教育系统"教坛新秀"称号、2021年普陀区"园丁奖"等。参与录制上海市"空中课堂"。在《数学教学》《中小学数学(高中版)》等期刊上发表《侧重学习体验,关注多元评价,培育学科素养》等多篇文章。

教育感言:心怀赤子,教真书、培素养、育善人。

健体补钙淬新芽　强筋壮骨炼繁花

上海市罗店中学　于佳萍

时光飞逝，还记得刚迈出大学校门时，我梦想着做教师是一份轻松而简单的工作，我带着大学里学到的理论知识，踌躇满志地走上讲台。可是经过"真枪实弹"的教育实践后，我的心情却变得沉重了。初为人师，我站在经验值为零的起跑线上，真的有点不知所措。庆幸的是，见习教师规范化培训为我这只"菜鸟"养成规范的教育教学能力起到了保驾护航的作用。

见习教师规范化培训内容丰富，形式多样，通过教师专业发展基地学校的浸润式培训、学科导师团队的专业引领培训、区教育学院的专业讲座等培训制度，为我的专业成长"补钙""强筋""壮骨"，在这个大家庭的呵护引领下，我逐渐成长。回首团队生活，我收获良多，感恩团队的引领，让我在三尺讲台上充满自信。

"补钙"——基地校浸润式培训，初探结构化教学

为加强对青年教师的培养，基地校采用师徒结对的形式，充分发挥资深教师"传帮带"的作用。很荣幸也很感恩学校安排了生物高级教师晏老师作为我的导师。晏老师学识渊博，待人诚挚，每次向她讨教，她都能准确地指出我需要改进的方向，并毫无保留地向我传授她对教学的理解和处理教材知识时采用的方法。通过深入晏老师的课堂听课取经，我的教育教学实践从无从下手、束手无策到胸有成竹、得心应手。

依然记得见习期的各项公开课展示活动，晏老师总是不厌其烦地听我一遍又一遍地试讲，帮我磨课，鼓励我大胆尝试。在见习教师课堂教学比赛中，第一版的教

学设计我采用了传统的讲授法,板书设计也普遍采用罗列式,没有激起学生思维的火花。课后,晏老师问我:"你希望学生对你的课的记忆保持多久?"这个问题让我的心头一震,其实我并没有从学生的角度来考虑问题,这种罗列式的呈现也不利于学生的长时记忆。

正当我愁眉苦脸时,晏老师对我温柔一笑,让我试试"结构化教学",用结构化的思路呈现细胞膜的发现史,并用结构化的板书呈现知识间的联系。晏老师的点拨让我豁然开朗,第二版的教学设计,我以科学家的探究历程为主线,以结构与功能相适应为突破点,设计了一堂基于结构化的"细胞膜的结构与功能"教学设计,促进学生在理解生物学概念的基础上形成生命观念。

比赛开课前,晏老师轻拍我的背叮嘱道:"记得上课时要有微笑哦。"这个暖心的细节,使我紧张的心放松下来。课堂上,学生们跟随结构与功能相适应的结构化思路一步步开展探索,得出结论。教研员曾老师临走时反馈说:"你的结构化教学设计是我想要的课。"比赛结束,我获得了宝山区见习教师课堂教学比赛一等奖,结构化教学的理念也深深地印在了我的脑海中。

数次磨课的过程让我充分意识到导师引领对一个新手教师成长的促进作用,见习教师规范化培训不仅让我收获了良师益友,也使我在教育教学的道路上,迷茫时有"灯",跌倒时有"拐",乏力时有"油"。

"强筋"——学科团队理论引领,试水情境化教学

作为新手教师,我们处于理论知识与教学实践的"磨合期",教学理念的更新是教师发展的着力点。生物学科核心素养要求教师注重培养学生在解决真实情境的实际问题时所应具备的价值观念、必备品格与关键能力。宝山区生物研究团队开展了"生物学核心素养本位的靶向情境教学与测评一致性研究",作为团队的成员,我参与了理论研究小组对国内外文献的整理工作,这让我初次意识到通过情境创设服务教学的重要性。为此,如何创设情境化的教学环境成为我每节课前要思考的重要问题。

作为团队成员，我参加了上海市中小学作业、试卷案例评比活动。在活动中，我们以"靶向情境"测评项目为指导，进行光合作用专题的作业和试卷的案例开发，获得一等奖。我负责的"叶绿体中色素的提取和分离"模块作业设计，以秋天的银杏叶为背景情境，分设"解释银杏叶变黄的原因""分析银杏叶中色素提取实验结果""创新银杏色素提取实验装置"等有梯度的情境化问题。这次尝试让我尝到了情境化设计的甜头，也坚定了我继续探索情境化教学的信心。

应华东师范大学开放教育学院的邀请，我参与了对口支援云南迪庆州的教育活动，负责展示同课异构活动，主题是"实验专题复习"。以往的教学思路侧重对课本实验的分类总结，虽然能够突出知识的系统性，但对学生而言只是单纯的记忆，无法激发学生主动分析问题的积极性。因此，我选择了情境化的实验教学理念，从近年来气候变暖引起云南雪山遭遇危机的大情境出发，通过文献搜索，以一篇博士论文的研究为依托，引出思维分析主题：在气候变暖的背景下，温度对高原湿地优势植物光合作用的影响。情境中涉及的植物种类皆存在于学生的生活环境中，探究场所纳帕海、拉市海和滇池实验区也是学生熟悉的地方。我以实验中最重要的数据分析环节为教学重点，引导学生学会基于单一变量原则进行数据分析。生活化的情境设计极大地激发了当地学生的学习欲望。我与当地学生配合默契，学生思维活动丰富，课堂气氛活跃，情境化的教学理念也受到当地教师的一致好评。

通过学科团队的专业引领，我自己的教学理念得到了提升。我将这一理念应用于我的日常教学中，改变了我的课堂教学氛围：学生们从被动地学习知识转变成主动地探索、分析、解决问题，学习从而变得更有意义。同时，我有幸参与跨地域教学交流活动，将这一理念与同行分享，大家共同学习，我的教学也变得更有意义。

"壮骨"——教育学院专业讲座，初探问题化教学

见习教师规范化培训活动涵盖学科教学指导，还有不同类型的教学形式分享，为我的教学方式改革拓宽了视野。令我印象最深的是王老师的"问题化教学"

讲座,讲座中介绍了教师鼓励学生自主提问、提炼核心问题、建构问题系统的方法和策略,这一方法使我如获至宝。

虽然培训已经结束,但培训中的收获成为我成长的原动力,助推我继续向前。比如,在参加上海市中小学中青年教师教学评选活动中,我以王老师的问题化教学为灵感,从"教师希望学生探究什么"向"学生自己想要探究什么"转变。在设计"植物生长素的发现史"时,我以一株窗台上久未移动的植物的向光弯曲生长状态为情境,课前征集学生想要探究的问题,课上从学生的角度出发,将多数学生想探究的问题提炼成核心问题,并将学生提出的能解决核心问题的相关小问题串联起来,与三位科学家的研究相融合,构架课堂教学的主线。这样既解决了学生想要研究的问题,又通过科学家的研究成果解答了学生的疑惑,使学生意识到自己的问题也是科学家的疑惑所在。学生感受到,每位科学家只前进了一小步,众多的一小步汇聚在一起成就了科学探究的一大步,正如每位学生只想到一个小问题,众多的小问题汇聚在一起就解决了核心问题,进而提高了探究的信心。同时,我在解决问题的过程中发展了学生的思维,让学生体验到科学设计的严谨性,促进教学目标的达成。

通过见习教师规范化培训中基地校导师的引领、学科团队的指导和教育学院的专业讲座,我收获了结构化教学、情境化教学、问题化教学三大法宝。这三个法宝表面看上去是孤立的,实则可有机融合于任何一节课。在后续的教学中,我通过情境创设,挖掘有梯度的教师或学生问题,并以结构化的形式整理核心概念,突破重难点,实现教学目标,我的课堂教学也实现了从"骨软筋酥"到"丰筋多力"的蜕变。

规范化培训使新手教师少走弯路,快速成长。培训已结束,但教学研究却不能停止。我们不能一味被动地等待他人的研究成果送上门来,而应以研究者的眼光审视和分析教学实践中的各种问题,教师不是教书匠,而应是教育教学的研究者。

规范化培训中,老师们对教学研究的深入性和专业性给予了我极大的榜样引领。参与团队学习之余,我也积极参加学校组织的各项教学研究活动,如结合学校的教学主题,我开展了基于"大数据分析"和"翻转课堂"的生物试卷讲评校级展示课,而且针对这节课撰写的论文在"爱满天下杯"第十八届全国教师教育论文大赛中获全国三等奖。

随着信息化时代的到来,信息化教学是教师必须掌握的一门技术。我通过希沃投屏软件等技术探索在课堂上即时展现学生的学习动态,在宝山区"信息技术与教学深度融合"教学比赛中获区二等奖。工作之余,我也积极参与教学研究,在核心期刊《生物学教学》中发表文章1篇,《中学生物教学》发表文章1篇,《中学生物学》发表文章2篇,《上海教育》发表文章2篇。

规范化培训的目的是让入职教师的第一步迈稳、走正,如果没有外力的引领和帮助,仅凭盲目探求,我们的专业发展很难顺利进行。感谢规培,使我从对教学工作陌生而又迷茫的状态渐渐成长成熟。在规培中获得的帮助,犹如一双翅膀,助推我在教学的天空尽情翱翔。

成绩的取得是对过去努力的肯定,感恩团队的栽培,让我从"菜鸟"教师转变成"种子教师"。我深深明白只有不断地自主学习、增进自己,才能飞得更高、更远,才能不辜负团队的期望。

于佳萍:2014—2015学年上海市见习教师规范化培训学员,基地校为上海市罗店中学。一级教师。毕业于华东师范大学课程与教学论(生命科学)专业,现任罗店中学生命科学教师。见习期获"课堂教学评比"一等奖、"优秀见习教师"称号。被评为2021—2023年宝山区"教学能手"。荣获上海市中小学中青年教师教学评选活动二等奖,上海市中小学优秀作业、试卷案例征集评选团体一等奖,华东地区教学设计二等奖。发表论文七篇。

教育感言:树人树己,与学生共同成长。

"一亩三分地"的诗和远方

上海市闵行区梅陇中学　冯　灵

时光荏苒,转眼间已是我来到上海市闵行区梅陇中学的第七个年头。在梅中,我从一名懵懂青涩的大学生渐渐蜕变成长为一名成熟干练的骨干教师。一路走来,虽有诸多不易,但我始终心怀感恩:每一个足迹、每一滴汗水、每一分收获,都离不开见习教师规范化培训的针对性指导,离不开带教师傅的悉心督导,离不开学生们的热情与包容。他们见证了我的成长,也为我带来了幸运。

第一份幸运

2014年7月,我来到闵行区梅陇中学,正式加入教师队伍。同年8月,在闵行区教育学院的组织下,我参加了为期一年的见习教师规范化培训,培训内容主要涉及师德修养、学科教学、班主任工作等方面。通过专题讲座、师徒带教等形式,我在不断丰富理论知识、汲取优秀教师经验的同时,将所学及时实践,不断反思,寻求进步。

作为见习规培基地,闵行区梅陇中学结合学校的科技特色以及我自身的教育技术学专业背景,为我安排了带教师傅丁志康老师。2000年,丁老师创办了"为乐"科技社团,经过多年的成长,社团已建设有三门相对成熟的课程——电子技术、单片机以及机器人。在丁老师的指导和帮助下,我作为学校科技社团的指导教师之一,开始接触科技类特色课程的教学。

梅陇中学作为闵行区科技特色示范校,为了丰富科技特色课程,在2014年7月引进了英国的Design & Technology(D&T)项目。我虽然在读书期间了解过相关理论知识，但要将这些内容融入具体教学实践实属不易。于是，下定决心要攻坚克难的我重拾学生身份，利用暑假的时间与社团的学生们一起学习三维建模。经过一段时间的努力，我能熟练使用 Inventor 软件了，接着我便开始指导学生设计作品，引导他们尝试通过个人或团队协作来创造性地解决实际问题。在项目公司的帮助下，我们与英国的学生建立了联系。通过几次视频交流，学生们不仅增进了友谊，还拓宽了视野，我们对英国的 D&T 课程也有了更为清晰的认识。

在进一步的课程实施中，我发现两国之间存在文化差异，学生的技术基础也不尽相同，这导致原有的教材并不完全适合本校学生，因此"校本化改造"势在必行：以 D&T 课程中的"设计 U 盘"项目为例，教材并没有对 U 盘的内部结构进行明确阐述。为了帮助学生更好地理解 U 盘的构造，我们为每名学生配备了一个可以拆卸的 U 盘，便于他们观察 U 盘的内部结构。项目开展过程中，恰逢闵行区优质校本课程评选落幕，受区中学拓展型课程、研究型课程研训员马丽敏老师的委托，社团学生为 50 门优质课程分别设计制作了一个个性 U 盘，将其作为纪念品赠予获奖老师。为了按时完成任务，那段时间我和社团的学生每个周末都待在活动室忙碌，最终形态各异又颇具特色的 U 盘得到了获奖老师们的赞扬，学生们在设计中也加深了对"尺寸"和"个性化设计"的理解。这一次的成功也激励着我今后对课程进行更深入的开发。

第二份幸运

在丁老师的鼓励下，我开始尝试面向全体六年级学生开设"3D 启蒙"课程，让每一个学生都可以体验三维建模的过程并对三维设计有初步的了解。六年级的学生还未学习三维空间和三视图的基础知识，直接教授三维建模软件（Inventor 软件）难度过高，他们会很难适应旋转的软件界面。我意识到社团的教学内容无法面向全体学生开展。在迷茫之际，师傅建议我静下心来梳理前期在社团实施的三维设计教学内容。在这期间，规培基地校鼓励见习教师编写有自己学科特色的校本读本，于是我将编写读本与整理前期教学内容合二为一，尝试编写与三维设计有关的读本。第一稿编写完成后,师傅和我一起探讨其中还需要改进的内容,我们发现面向全体六年级学生开设这门课程时,不仅要降低建模难度,还要在教授软件之前加入一些相关的理论知识作为铺垫。为了提高读本的使用率,我们决定将读本的适用对象改为初次接触三维设计的学生或教师。通过反复修订,我们将读本正式命名为《三维设计与智能制作》,与其相配的学校科技课程也随之诞生。

随着课程的实施,我发现学生由于不了解 3D 打印机的构造和工作原理,导致在建模过程中出现不合理的结构设计,便萌生出让学生自己搭建 3D 打印机的想法,让学生通过组装 3D 打印机、观察打印过程,深刻理解从模型转变为实物的过程。这一想法得到师傅的认可后,我们社团的师生便开始一起设计用于组装 3D 打印机的配件草图。经过反复修改,确定最终定稿后,师傅便开始利用自己的校外资源制作配件,由此产生了"模块化 3D 打印机"。这台由我们社团师生共同研发的"模块化 3D 打印机",在第 31 届上海市青少年科技创新大赛中获得"科技创新成果"一等奖和"数字长宁"专项奖,并获得了国家实用性发明专利。

第三份幸运

为了给学生们搭建展示学习成果的舞台,从 2014 年 12 月开始,我就带领他们参加"明日科技之星"、青少年科技创新大赛、"未来工程师"等多项与三维设计有关的比赛。在 2015 年的上海未来工程师大赛——"3D 设计项目"中,社团中一位七年级的学生获得了全市第一名的优异成绩。得知喜讯后,他第一时间找到我,发自肺腑地说:"谢谢你,冯老师。"简简单单的六个字,让我觉得自己所有的付出都是值得的。

2016 年 4 月,在校领导的推荐和帮助下,我参加了 2016 中国教育电视优秀教学课例评比活动。在没有任何彩排的情况下,我和社团的学生们成功完成了参赛课堂视频的录制。也正是这节课,让我发现经过一年多的相处与磨合,我与他们之间早已形成无言的默契。台上的学生展示作品时,台下的同学会适时发表自己的见解，不同的作品激发出不同的思想碰撞，学生们都很享受这种自由开放的交流过程。是他们让我沉浸于生动有趣的课堂中，全然忘记了周围的摄像机。最终，在此次评选活动中，我们获得了全国二等奖的好成绩。

此次活动为我打开了各类教学比赛的大门，让我对这门课程、对社团的学生们、对自己都充满了信心。2017年4月，我报名参加了2017年闵行区中学拓展型课程中青年教师评优活动。在师傅和校领导的帮助下，我一路过关斩将，同年10月代表闵行区初中拓展型课程参加2017年度上海市中小学中青年教师教学评选活动。赛前，马丽敏老师指导我完成了"三维设计与智能制作"科目纲要的编写，还请来往届的参赛老师为我传授经验。在他们的帮助下，这门课最终取得了市级一等奖的优异成绩。评委对这门特色课给予了高度评价：

这是一个类似作坊的科目，修习的学生跨越三个年级，混龄组成，既有"老师傅"也有"新学徒"，教师并不一板一眼地教授3D打印的基础知识与基础技术，而是为学生提供自学教程，"新学徒"请教"老师傅"，让学生在做中学、学中做、做中创。

冯老师在课堂上请羞涩的"新学徒"展示自己的作品，提出设计、制作中的困惑与难题，不需要教师解答，在这个科目研修了两年的"老师傅"们立刻探讨、争论起来，一来二去，技术瓶颈得以解决，教师则从个案引导学生总结出通行经验。看似教师无为而治，不多的言语却四两拨千斤。热络的讨论让人感受到学生对这个科目的喜爱与钻研。

能够获得这种认可，不仅得益于课堂上孩子们的默契配合，更离不开过程中前辈们的支持与帮助。

三份幸运，三份感动。第一份幸运来自见习教师规范化培训，正是它让我有了观念的革新、理论的提高、知识的积淀和教学技艺的增长，同时还让我有幸结识了一路帮助我、教导我、支持我的带教师傅——丁志康老师。第二份幸运正是丁老师给予我的，在跟随他学习的过程中，我不仅学到了许多新知识，更被他无私奉献的精神所感动：一位年近七十的老教师仍旧坚守在自己的教学岗位上，只因有一群同样热爱科技的学生围绕在他身边。而带给我第三份幸运的就是这群学生,在社团的活动中,我和他们一同学习一同成长,带着他们参加各类创新比赛,走南闯北。从最初的想赢怕输,到最后的相互鼓励,学生们逐渐成长,我又何尝不是呢?

我曾以为生活就是那么现实,有的只是眼前的苟且;我曾以为生活从来没有那么多诗意与田野,有的只是让你疲惫不堪却又不得不背负的责任;我曾以为自己的人生只能得过且过;我曾以为梦想的重量并非我所能承受的……感谢你们,正是因为有你们的帮助与支持,如此幸运的我才能在梅中这"一亩三分地"里幸福成长,畅想诗和远方。

冯灵: 2014—2015学年上海市见习教师规范化培训学员,基地校为上海市闵行区梅陇中学。一级教师。毕业于上海师范大学现代教育技术专业,现任上海市闵行区梅陇中学信息科技教师、拓展组教研组长。曾荣获2016中国教育电视优秀教学课例评选活动二等奖、2017年上海市中小学中青年教师教学评选活动拓展型课程一等奖、闵行区首届特色骨干、闵行区第六届"希望之星"等。多次获区级行政记功和嘉奖。

教育感言: 用真诚的微笑面对天真的笑脸。

念念不忘　必有回响

上海市民办宏星小学　肖彩虹

2014年,我欣喜地进入上海市民办宏星小学工作,担任小学科学与技术学科教师。然而,初为人师的我,除了一份热情外,内心还是空荡荡的。怎样才能成为一名受学生欢迎、家长信任的教师,是一直困扰我的难题。幸运的是,第二年我参加了上海市见习教师规范化培训,被分配到上海市虹口区第四中心小学(以下简称"四中心")进行理论与实践相结合的"浸润式"培训,这让我不安的心逐渐平静下来。

作为虹口区首批素质教育实验校,四中心一直以科学研究为先导,以课堂教学改革为重点。见习期间,我有幸得到了基地校带教导师许金金老师和区教研员朱钰老师的指导与帮助,从而在教学生涯的开端就对教学研究念念不忘,并由此走上正途。

满怀激情　大胆尝试

在培训的第二个学期,基地校要求我们将学习到的理论和经验化作课堂教学中的实际行动。也许是因为"初生牛犊不怕虎",我信心满满地准备一展身手,很快就选择了二年级的"平面镜"一课。说干就干,接下来的几天,我根据教材内容认真做好课件,准备开始上课。

可是,第一次试教下来,效果很不理想。许金金老师安慰我说:"你这一节课还是比较完整的,只是对教材研究不够,对学生也不够了解,教学环节之间还没有体现出明显的梯度,我们一起把它改改。"其实我知道,在备课过程中,虽然我满怀激情地投入,非常认真地准备,但我并没有深入地研究教材和解读学生。因此,我的课是浮在表面的,整节课也没有清晰的思路。说到底,我只是空有一腔热情,却还不知道应该怎样做教学研究。

后来,许金金老师手把手地带我一起分析教材和学情,她耐心地讲解道:"'镜子与镜片'单元的主要内容是让学生在玩镜子、透镜的过程中发现不同种类的镜子、透镜的特点,在此基础上将其延伸至生活并学会应用。而'平面镜'是这个单元的第一课时,要通过观察、游戏和体验等活动让学生初步了解平面镜成像的基本特点:像与实物大小相同、上下一致、左右相反,且像到镜面的距离与实物到镜面的距离相等。平面镜是学生生活中常见的东西,他们可能天天都在使用,但容易忽视其中的一些科学道理,比如平面镜中的像与物体本身有什么相同和不同。所以可以借助游戏和体验来开展教学,激发学生关注生活现象的兴趣,引导学生从平常的生活中学习科学知识。"

教研员朱钰老师更是几次到四中心,专门帮我备课,带着我仔细推敲教学中的许多细节问题,教我如何做好预设,还指导我怎样处理课堂的生成问题等。经过不懈的努力,我在区级平台进行公开课展示时得到了同行们的一致肯定。在这次磨课的过程中,许金金老师和朱钰老师耐心细致的指导为我今后开展教学研究工作打下了坚实的基础。而且,这次的成功经验,再次激发起我读研究生时的钻研热情,促使我坚定了对教学研究的信心,就这样我很快便走上了教学研究的道路。

把握机遇　直面挑战

2017年底,虹口区举行中小幼教师课堂教学单项技能评比,我主动报了名。虽然培训让我有了上课的底气,但比赛毕竟是高手过招,我还是感觉到了压力与挑战。

俗话说,不管做什么事情,善于发现问题、分析问题、找出规律、总结方法的人才能脱颖而出。因此,我平常会注意观察一些教学现象。通过两三年的教学积累,我发现科学与技术学科比较偏重科学知识的教学,容易忽视技能操作的教学。因此我想努力实现知识与技能的融合,但我并不知道该怎么做。

偶然的一次机会,我看到课间休息时几个孩子在一起玩折纸游戏,一张张普通的平整的小纸片在学生手里折成了一个个小游戏道具,他们玩得不亦乐乎。突然,我灵光一闪:既然孩子们那么喜欢折纸,那我能不能将折纸也融入课堂教学中呢?我一直记得区教研员朱钰老师在为我们培训时曾经说过:"老师要想方设法地抓住学生的兴趣点,激发学生的兴趣,促使学生主动参与到教学中来,这样才能真正提高课堂教学效率。"于是,在"不倒翁"这一单元的教学中,我将手工折纸技术引入课堂,让学生利用折纸的不同厚度来体验物体的稳定性。课堂上,学生玩起了"纸盒翻滚游戏",从一个纸盒的翻滚延伸到一排纸盒的翻滚,达到"多米诺骨牌"的翻滚效果,现场气氛热烈,教学效果良好。这个将科学与技术融合的教学尝试得到了虹口区教研室和同行们的一致肯定,最终我荣获2017年虹口区中小幼教师课堂教学单项技能评比一等奖。

尝到甜头的我,深刻体会到只有准确地理解教材,把握好知识序和能力序的契合点,才能充分调动学生的学习积极性,达到预设的教学目标,这也坚定了我在教学研究的道路上继续前行的决心。

创新实践　永无止境

近年来,STEM教育理念开始备受关注,我所在的学校——上海市民办宏星小学,也逐步形成了"跨学科融合"项目化学习特色,开展"STEM＋创客"课程。在学校科研课题的引领下,我了解到STEM项目学习对培养学生的科学探究能力很有帮助。于是,我积极报名参加理论学习,顺利通过了"STEM＋项目"教师专业发展培训,获得上海市史坦默国际科学教育研究中心颁发的合格证书。有了一定的理论基础后,我马上开始进行实践探索。可是,如何开发好的STEM项目呢?这是摆在我面前的第一个问题。

正当我绞尽脑汁四处寻觅时,学生课后的一个问题点醒了我。我按照教材上完"小喷泉"一课后,发现学生非常喜爱小喷泉,下课后仍然迟迟不肯离开实验室,还有几个学生跑来问我:"怎样才能使小喷泉喷得更高?"这提示我可以根据学生的兴趣进行拓展研究,于是一个"超级小喷泉"的项目设想开始萌芽。

然而,刚开始项目进展得并不顺利。不管是将烧瓶放入热水中引起喷水,还是将热水直接浇在烧瓶上引起喷水,这种利用热胀冷缩原理制造的小喷泉的喷水高度非常有限。于是,我有意引导孩子们继续开展调查,其中有一个可乐喷泉的实验让他们惊叹不已。可惜,我们买来可乐、小苏打、薄荷糖、盐、柠檬酸和泡腾片等进行实验时,效果仍然不理想。但是孩子们并没有轻易放弃,他们有的说可以多加几颗薄荷糖,有的说要换大瓶装的可乐,也有的说要换其他种类的可乐。一个探寻更高喷射效果的超级小喷泉的制作方法在学生的热烈讨论和不断尝试中初具雏形。最后,经过反复实践、不断改进,孩子们终于制作出了高喷射效果的"超级小喷泉",它的喷水高度达三米多!

在这个 STEM 项目的研究过程中,孩子们主动上网查找资料,认真做调查,从不叫苦。他们合作动手做实验,失败了就再来,从不气馁。他们有时瞪大眼睛仔细观察,有时抓耳挠腮找问题,有时出谋划策想办法,有时欢呼雀跃,一起体验成功的快乐。我想这不就是我们一直努力追求的真正的科学探究吗?

通过这一系列探究活动,学生了解了 STEM 项目研究的意义,加强了工程实践和工程操作,也培养了自己运用 STEM 理念解决真实生活问题的能力。经过这次项目研究,我相信学生以后在生活或学习中再遇到问题或困难时,在无邪的童真中会多一些科学的理性,从多个角度思考问题,找出解决问题的最佳方法,找出别人不易发觉的真相。这才是教育的真正意义。

"超级小喷泉"项目研究是一次创新性的实践,其过程虽然艰辛,但成果也是丰厚的。2018 年 4 月,"超级小喷泉"被作为 STEM 样本案例在市级教研活动中进行分享和交流,得到了市级教研员、专家和同行们的一致好评。2018 年 12 月,这个项目还荣获上海市小学科学长周期探究优秀项目评比一等奖,我受邀参加了上海市课改三十年的小学科学长周期探究的师生展演活动,并向全国直播,取得了圆满成功。此后,相关论文《"超级小喷泉"STEM项目的形成与实施》也发表于《上海课程教学研究》杂志。

苏霍姆林斯基曾经说过:"学生眼里的教师应当是一位聪明、博学、善于思考、热爱知识的人,教育教学工作反思,是为了使学生获得一点知识的亮光,教师应吸进整个光的海洋。"有了以上这些小课题研究的积累,我获得虹口区第十二届"教育科研工作先进个人"的荣誉称号。我越来越清楚地认识到教学研究永远在路上,只要坚持走好眼前的每一步,不放弃追求,念念不忘,必有回响!2020年,我成功申报了市级课题,我将继续在教学研究的路上积极探索、求实创新,让学习成为一件自然而快乐的事。

肖彩虹: 2015—2016学年上海市见习教师规范化培训学员,基地校为上海市虹口区第四中心小学。一级教师。硕士毕业于云南师范大学生物化学与分子生物学专业,现任上海市民办宏星小学科学与技术教师。曾荣获上海市小学科学长周期探究一等奖、虹口区骨干教师、虹口区课堂教学单项技能评比一等奖、虹口区教育科研工作先进个人等。撰写的多篇论文荣获全国和市、区级奖项。圆满完成"空中课堂"两个单元的教学录制工作。

教育感言: 让学习成为一件自然而快乐的事。

从"手把手"到"放手"

上海市鞍山实验中学　王颖婷

2015年是我人生出现关键转折的一年。这一年,我从学生变为老师,从一个校园跨入另一个校园,从一个"一心只读圣贤书"的学子转变成迈入社会打拼的青年教师。我很庆幸能在职初期就参加了上海市见习教师规范化培训,这个培训不仅重视教育理念、教育方法等理论知识的培训,还将我们这些初出茅庐的见习教师分配到各基地校,让我们跟随带教老师开展教育教学实践,在实践中不断反思提升。得益于见习教师规范化培训,我们这些毫无经验的年轻人在学校和师傅的"手把手"带领下成长,少走了许多弯路,并在市级、区级、校级平台上通过自己的努力,在合作与竞争中不断提升自我。

基地校学习——"手把手"打基础

在鞍山实验中学见习期间,我非常有幸能够跟随胡然老师和盛丽华老师听课学习,参与语文组的各项教研活动和备课活动,同时也有幸聆听了很多市级公开课。每次听完课,带教老师都会询问我对这堂课的理解,并不是要听我的夸赞之词,而是需要我说出这堂课的亮点是什么、哪里理解起来有难度、哪里还没有完全讲透以及学生在课堂中的反应等。即便我每一堂课都认真听讲且仔细记笔记,有时竟也答不上来。

于是,带教老师会从备课的教案开始带我逐一分析本堂课的教学目标、教学重难点、教学环节设计的意图等,如果有课堂上没有解决的问题,带教老师会给我提供机会进入课堂向学生再次讲解,甚至进行个别答疑。就在这样近乎"手把手"

的言传身教中,学生口中的"小王老师"渐渐变成了一声声带着尊敬的"王老师",我也尝到了初为人师的不易与甘甜。

第一堂公开课——"放手"是为了更好地成长

令我印象特别深刻的是我的第一堂公开课,同时也是我的考评课——"你,温暖了我的视线"。这是一堂作文教学课,同时也是语文组正在着力研究的课题,面对如此重大而艰巨的任务,第一次上公开课的我,紧张之情不言而喻。同时,我发现从我定下课题开始备课起,我的师傅并没有像以往一样从教学目标开始巨细靡遗地为我分析,甚至可以说是"一反常态",由着我自己定教学目标,结合学情分析教学重难点、设计教学环节等。失去最强后援的我只能硬着头皮孤军奋战,但仍旧心里没底。

第一次试讲时我才发现,不仅我的师傅胡然老师,而且同备课组的夏育妃老师、组长陈华华老师和教研组其他老师也都纷纷到场,他们面带微笑,带着鼓励的目光看着我,让我在紧张之余不由得多了几分信心。在课堂中,他们时而会就我的教学环节、措辞、教姿教态等进行小声讨论;评课时,他们指出我的不足和亮点,却并不强硬地让我修改,我最常听到的问题是:"你自己是怎么认为的呢?"这时,我才明白师傅对我的"放手",并不是不管不顾,真正的见习教师培训不是让你成为和带教老师一模一样的老师,而是成为一个真正有独立思考能力,能够独立教学、独立反思,能扛住压力的、各项素养兼备的职初教师。

就这样,在将近一年的正式接班授课中,我从教学心里没底到现在课堂上成竹在胸,从对授课一知半解到现在每堂课前精心准备……我这一年的改变离不开带教老师们的指导。身为一名教师,除了对学科业务精益求精外,还要研究如何将知识传授给学生并调动他们共同思考、学习,如何处理课堂上的突发事件……这些都值得下功夫认真探究,我会在这条道路上不断尝试,努力上好每一堂课、育好每一位学生。

"师傅领进门,修行在个人"——在阅读教学中树立个人教学风格

在见习期的学习中,除了日常教学外,我还有幸跟随师傅胡然老师开展了极具特色的阅读教学尝试。我至今都认为,这些阅读教学的不断尝试、反思、调整和坚持,是对我作为职初教师的教育理念和教育水平提升的最大帮助之一。

◆ "手把手"跨入"新世界"——开启线上"新"阅读

从2016年的暑假开始,我跟随胡然老师一起开展了线上阅读活动。我们结合学生的阅读兴趣和年龄特点,选择了不同类型、不同主题的书籍,开出一份"阅读书目",并在班级里创设了阅读分享群——"魔法阅读"。我们放弃了自己假期的休息时间,每天都作为主持组织中心发言和话题讨论,在一本书完结之后还有专家分享的环节;我们还将每天阅读分享的内容进行精选,并通过班级公众号推送,将学生的智慧火花保存下来。

阅读,成了学生津津乐道的话题。在微信中交流,创设了一种让人畅所欲言的"魔法空间",学生的阅读能力和阅读兴趣被无限激发。在对阅读教学的研究中,我与胡然老师常常一同整理阅读讨论的问题,争取让学生每读一本书都有所收获。

◆ 自主"修行"——开展阅读教学实践

跟随师傅初步尝试了半个学期后,我踏出了自己的第一步。师傅的再一次"放手",又让我内心充满了对未知的惶恐。建立了两个班级的学生、家长的微信线上阅读分享交流群后,我挑选了《钢铁是怎样炼成的》这部小说,我不仅希望这本书能带给学生更多的思考,也期冀自己在体验历练中成为"钢铁"。

建群伊始,我将制定好的线上分享规则对学生作了说明。规则和奖励制度一公布,学生参与的积极性很高,而且他们对这种新鲜的"线上交流"模式也很有兴趣。但毕竟是两个班级第一次在线上交流,当天晚上七点,我带着忐忑和一丝兴奋,在阅读群里说了一句:"各位(1)班、(2)班的同学晚上好,我们第一次的阅读分享马上就要开始了,请已经到了的同学发一个表情哦。"随即,我的手机屏幕迅速

被一堆表情刷屏，我似乎能够感受到孩子们专注又略显兴奋的脸，我的心安定了不少。

在六期的线上阅读活动中，惊喜越来越多。首先是学生的参与度，从第一期两个班级共 41 名学生积极参与（两班总人数共 59 人），到最后一期学生人数增长至 50 人。其次，学生发言的质量也在逐步提升。

还记得有一天晚上，两个平时调皮的男生在参与完讨论后并没有获得作业"免做权"，于是他们私下来向我"证明清白"，我通过截图告诉他们，虽然他们有发言，但是数量很少且质量也不高。不过我还是大力肯定了他们参与的积极性，并对他们说："你们很有想法，老师期待听到你们更精彩的发言哦。"之后，他们果然更积极地参与讨论，发言质量与之前相比也有了明显提升。我想这一定是他们更加细致地阅读文本，并且更认真地准备自己的发言的成果。

通过阅读教学的研究与实践以及与学生共同成长的经历，我对阅读、对教育有了一些思考：

第一，潜移默化的教育好过"苦口婆心"。对学生的教育，我认为更应当给予他们自我发现、自我成长的契机。每个学生都是独立的个体，他们既有共性的想法，也有自己的个性，因此在教育过程中，体验永远重于说教，因为学生唯有体验过，才会理解、表达、认同，进而反躬自省，有所成长。那如何才能实现潜移默化的教育呢？我身为语文教师，学科优势比较明显，我认为要善于结合教学资源，思考适合学生且能服务于不同层次学生的教学方式，让学生体验到语文学科的人文性，并且让语文学习帮助他们对生活有所思考和感悟。

第二，建立习惯需要规范，也需要空间。在习惯的养成过程中，教师首先自己要明确一定的要求和规范，不能只空谈要学生如何，而应当给予他们一定的抓手和操作方法。但是，也要注意"规范"不能过紧，时间也不能太过压缩，应当给予学生自觉自制、自我管理的时间。尤其对中学生而言，奖励的效果好于惩戒，教师应该多给予学生正向、有效的鼓励，这样产生的效果好过批评。

第三，教学相长，教师在教育过程中也有成长。在《钢铁是怎样炼成的》阅读分享过程中,我不仅就书中的内容进行讨论,还经常结合时事与学生展开交流思考。学生感动于书中保尔等人面对种种磨难仍然坚持理想,在精神上永远憧憬着光明与希望,我也感动于学生们在课堂之外竟有如此多的"个性",且愿意与老师、同学交流分享,他们更让我明白了要肩负起自己应当肩负的责任。教学相长的力量不容忽视,通过与学生的互动学习,我真正理解了终身学习的意义,终身学习并非只是学习文化知识,我认为更重要的是不断思考、不断在是非之间坚定立场。

◆ "放手"出师——坚持在教学相长中精进

2016—2019年,我带领学生在两年多的阅读分享中阅读了古今中外大大小小的名著共37部,如《万历十五年》《我与地坛》《少年派的奇幻漂流》《说唐》《边城》《从文自传》《西线无战事》等。学生在阅读分享微信群中发表自己的读书心得,针对问题展开讨论。假期期间,我们两天一次分享,开学期间则一周一次。这个活动能够坚持下来确实不易,在这两年多的阅读分享中,学生们的阅读更为精细,分享更为深入,身为教师的我也对阅读这件事情更能静得下心,同时慢慢地体验到"构建适合的教育"这一教育理念的正确性。真正的教育不能只着眼于眼前的成绩,而应当重视如何引导每个孩子发现自我、完善自我。阅读教学不仅能使学生平心静气,获取更多底蕴,而且能让学生在课堂外实现自我教育。

将阅读作为教学特色并坚持了四年后,借着市级青年教师项目申报的机会,我的青年教师个人项目"基于思维导图的初中生小说类文本整本书阅读单元教学策略研究"有幸被评为市级优秀项目,这是对我作为职初教师个人成长的一种肯定。

回首见习岁月,匆匆一晃已过五年。我要感谢在我成长伊始就参与了见习教师规范化培训,遇见了如此优秀的学校、带教老师和同行前辈,这些让我在职初期就打下了坚实的基础。也正因为如此,我才能在2021年有幸晋升为一级教师。身为一名在从"手把手"到"放手"过程中成长起来的幸运的职初教师,我将永不满足于现状,秉持终身学习的理念,"一辈子做教师,一辈子学做教师",继续在这条漫漫的教育之路上求索不止。

王颖婷: 2015—2016学年上海市见习教师规范化培训学员,基地校为上海市鞍山实验中学。一级教师。毕业于华东师范大学汉语言文学专业,现任上海市鞍山实验中学语文教师。曾荣获上海市中小学(幼儿园)见习教师规范化培训展示活动一等奖、杨浦区教育教学新秀、"小荷杯"语文教学比赛二等奖、"百花杯"语文教学比赛三等奖、杨浦区班主任主题教育课大赛一等奖。负责的课题"基于思维导图的初中生小说类文本整本书阅读单元教学策略研究"获上海市中小学(幼儿园)青年教师(2—5年)实践研究优秀项目。

教育感言: 路漫漫其修远兮,吾将上下而求索。

突破桎梏　重铸新我

华东师范大学第一附属中学　卫佳琪

距离我成为一名教师已经过去了近四年。从初登讲台时的茫然无措，到现在能够游刃有余地开展教学，整个过程值得细细品味。我通过一次次锻炼，冲破了职初教师的困境，修炼了个人素养，也解决了专业成长的困惑，从而不断遇见更好的自己。

从"模仿"到"变通"

在第一次见习教师规范化培训时，我就认识到听课对职初教师的重要性。因此，作为新教师的我不断旁听其他老师的课，努力向他们学习。比如"辛亥革命"一课，我一共聆听了七八位老师的教学课堂，不仅有自己学校的老师，还有外校的名师，诸如聂幼犁教授、李惠军老师等名师都开过该课的公开课，甚至市教研室组织的市公开课也是围绕"辛亥革命"的同课异构。

当时，我想到的最佳学习途径就是模仿复制。因此，听完老师们的课后，我依样画葫芦，将老师们在课堂中的巧妙设计以及精彩的过渡语完整地记录下来，整理成一本本"语录"，进而在自己的课堂中呈现，希望也能取得一样精彩的效果。但这毕竟是"复制"的课堂，尽管我事先在家预演了很多遍，但等到真正上讲台时还是会有许多意外发生。比如，一时紧张忘记了提问的过渡词，致使在分析辛亥革命爆发的原因时完全是自己满堂灌；又如，在出示南北和谈的照片时，面对学生"为什么照片中会有英国商人？"的提问，我一时语塞。明明是同样的内容，为何我的课堂如此晦涩，其他老师的课堂却如此生动呢？

我将烦恼向我的带教师傅黄群老师倾诉。她听后笑了笑,说道:"每个老师的课都是不一样的,即便是同样的史料,大家处理的方式也会不同,完全复制模仿并不可取,反而会遮盖自己的亮点。吸取并消化才是最关键的。"说完,她还安慰我道:"我第一次听你的课时,觉得你的台风很好,设计也能体现自己的个性,你要做自己。"我听完后似懂非懂。如何将各个优秀设计里的精华凝聚在一起而不显得突兀呢?如何在这样的设计中展现个人风采呢?种种问题困扰着我。

而后,我继续参加见习教师规范化培训,在培训的过程中了解到如何根据课程标准制定教学设计、如何通过把握单元主旨来拟定单课内容主旨、如何确定每课的重难点以及教学目标等。这些给我打开了新天地的大门。如果说之前我更多是停留在表面的理解,那么经过培训后,我开始学会变通处理,营造自己的课堂。

于是,我决定重新构思设计"辛亥革命"一课。该课是很受欢迎的公开课选题,有关的教学佳作层出不穷。在已有的"辛亥革命"教学设计中,有的以"追求民主"为立意来串联课堂,有的通过"叙史见人"以"孙中山革命历程"为立意来组织教学。面对众多优秀设计,单纯复制模仿显然不可取,只有在借鉴成熟的设计的基础上另辟蹊径。

我参考了诸多名师的课件,同时还翻阅了相关书籍,做了若干读书笔记,想要从中寻找到课堂的新意。从这节课的题目来看,一是要紧扣"革命",辛亥革命是一个历史发展过程,也是基于当时中国社会内部矛盾共同作用的结果;二是要凸显"民国",这场革命不仅是一场起义,更翻开了历史新篇章,建立了亚洲第一个资产阶级共和国;三是要围绕"建立",即民国是如何建立的,革命是建立民国的形式,更是不得不做的抉择。

从"文本"到"人本"

在见习规培中,我了解到历史课堂的"脚手架"更需要史料的铺陈。因此,在明确了教学立意后,我将自己收集到的史料一一分类,根据史料内容和思路,最终形成教学设计。我从"宝善里的意外爆炸"导入来激发学生的好奇心,以故事的形式讲述革命的爆发和民国的建立,同时补充丰富的历史细节:革命党人的坚持不懈、立宪派的伺机而动、北洋系的待价而沽以及清政府在最后关头的放手退位等。在课堂上,学生被生动的细节所吸引,听得津津有味。第一次试讲后,听课的老师提出了各种意见,并建议我去询问学生对这节课的印象,以此来思考未来教学改进的方向。我便在课后问了几位学生:这节课令你印象最深刻的地方是什么?这个与本课题目之间有何关联?学生的回答五花八门,但大多停留在知识层面,这让我不得不重新审视自己的课堂。虽说教学环节围绕"革命"与"民国建立"顺利展开,但在提升学生思维方面始终差了一口气。这节课还能再进一步改进吗?

在见习教师规范化培训时的分享交流环节,我将自己对这节课的困惑与其他老师、区教研员进行了沟通。教研员阮清老师提醒我,在课堂教学中除了要注意到历史人物的"人"以外,更要关注学生,一切教学活动应该围绕学生展开。以人为本,不仅仅是以学生为本,历史教学首先是养成学生历史能力素养的教学。能否在课堂中通过教学环节培养学生自主探索的研究能力,也是教学的目标指向。阮老师建议我一定要基于课标和学科核心素养来构建课堂,不仅仅是关注史料的文本内容,更要通过"文本"培养学生的核心素养,走向"人本"。

于是,我再次埋头苦读,深入研读史学成果,强化对教材文本的纵深理解,通过研磨、润色重构课堂。如何从"文本"走向"人本"?如何才能实现对学生高阶思维的培养?这些问题的关键不在于学生,而在于教师。教师对思维的认识和教师自身思维能力的高低,影响着其能否机智地捕捉到引导学生的良机,所以源头还在于教师对历史本身的厚积、沉思、体味和感悟。多番思考后,我将目光投向了中国的国家记忆,引导学生追溯这场革命的源头。学生在微观视野中感受各派历史人物在危机中的理性与务实,在宏观格局中感悟各方博弈下催生的"中华民国"。辛亥革命中各个方面的力量,都有值得被理解和尊重的地方。这样做可以让学生在人与景、时与空、今与昔的交错中,在叩问与深思下,动心动情,感受政治智慧。

几经修改,这节课相较之前成熟了不少。见习教师规范化培训结束后不久,我便代表虹口区高中见习教师参加了 2018 年上海市中小学(幼儿园)见习教师基本功大赛,比赛中的一项内容是选取四节课进行模拟课堂教学。我将这节课作为其中的一节参赛课。

故事说到这里,似乎已经结束了。其实不然,2019 年 9 月,高中三科统编教材正式使用。对我而言,参加新统编教材的教学案例评选以及学科德育精品课的拍摄既是机会,更是挑战。新教材中的这一课增加了许多内容,包括清末新政、民国建立后的社会政局等。在这里我又遇到了瓶颈,我的教学设计还能再完善吗?

从"固本"到"新构"

原来的课堂已经非常饱和,对学生历史核心素养的培养也在各个环节中有所体现,似乎已经达成了"固本"课堂的效果。但是,这样的内容设计显然不适合新统编教材的体系。

一时间,我有些手足无措。有一次,我碰巧翻到了参加见习教师规范化培训时记录的讲座笔记。不少专家的讲座中都提到教学研究对提升课堂教学的有效性,于是这次的修改,我想试试借助教学科研的力量。

我有幸加入了复旦大学附属中学李峻老师的"凸显'判断力'养成高中历史语境建设的实践研究"课题组中。在课题组的研究学习中,我有了新的感悟,便重新设计了"辛亥革命"这一课的作业,绘制了两张评价测量表格。在教学过程中,师生围绕"同盟会中的女会员"展开讨论,学生在提取史料信息的过程中最大限度地实现对历史事实的"重现",教师在进行历史阅读教学的过程中不断提升学生基于历史语境的"判断力"。在教学实践中,我的教育理念也得到了重构:教育的目的不是让学生学会知识,而是让他们学习一种思维方式,从而在生活中时刻保持清醒的自我意识。

在开展教育科研的过程中,培养学生的历史学科核心素养启发我重塑教学的内容主旨,升华教学立意:从民国的建立过程中,领悟政治利益博弈中坚持原则与善于妥协的辩证关系;认识民主的完善成熟需要一个发展的过程,更需要经过不断的斗争和争取。这对学生审视当前中国的民主进程有很重要的启示作用和现实意义。通过重新构思设计,我最终顺利完成了学科德育精品课的拍摄。

在这几年的时间里,仅"辛亥革命"一课,我就撰写了若干版本的教学设计,在推翻重构的过程中修改了数十次。突破原有较为成熟的教学设计,舍弃多余的史料与问题,这是一个说起来容易做起来却极为痛苦的过程。删减颇为自得的语句与细节,从不同角度思考、诠释原有史料……屡次的修改经历让我领悟到,除了有形的历史训练外,培养学生的历史思维还需要教师在课堂中借助教学环节进行无形的熏陶。百炼才能成钢,厚积才能薄发,有精心筛选与反复锤炼才会有教学的出彩,也才能实现从"固本"课堂到"新构"课堂的跨越。

再次回看自己的这节课时,我还是发现了不少问题:环节设置层次性不突出、史料过多……教学总是充满挑战,也会留下遗憾。一次次的历练不仅让我学会了如何应对各种课堂"意外",也让我学会了从自己和别人的成败中发现问题、汲取经验。每一次修改都是一次厚实的积淀,为我开启一扇扇学术之窗,让我不禁想到孙中山先生当年赴美后的感慨——"今日始见沧海之阔!"

卫佳琪:2017—2018学年上海市见习教师规范化培训学员,基地校为华东师范大学第一附属中学。一级教师。毕业于南京大学世界史专业,现任华东师范大学第一附属中学历史教师。曾荣获2018年上海市中小学(幼儿园)见习教师基本功大赛二等奖。参与市级课题1项,区级课题2项。参与编写《高中历史阅读与写作概论》,教学案例被收入《中学历史学科核心素养教学实践研究》。曾在《现代教学》等期刊发表论文。

教育感言:乐于闻史,勤于思史,让教中有研,让研中有学。

任务,青年教师专业成长的助推器

上海财经大学附属初级中学 袁 瑜

我很喜欢纪录片《一百年很长吗》里的一句话:"人投入情感的东西是没有办法去计算性价比的。"选择教师这个职业,就等于选择了热爱,选择了坚守。在电脑前思考的每一个日子,在夜灯下翻阅的每一本书籍,在校园里邂逅的每一位学生,都将成为我教师职业发展道路上熠熠闪耀的沉淀和积累。三年的职初生活悄然而逝,回首过往,我从模仿开始,逐渐转变为任务驱动下的自主研究,"思行合一"是我实现专业成长的方式。成长故事对自己是自省和激励,对他人或许会有些许借鉴和思考的价值。诸君若不嫌弃,且听我慢慢道来。

任务一:尝试公开课,初探教学之"术"

工作第一年,我有幸参加了上海市中小学(幼儿园)见习教师基本功大赛。荣获名次后,区教研员便给了我这个初出茅庐的新老师一次上区级公开课的机会。领到任务时的我,与其说紧张,不如说是惶恐。虽然参加过市级比赛,在市级专家面前上过20分钟的模拟课堂,但那毕竟是我的"自导自演"。而这一次,在全区语文教师面前,面对真实的情境、真实的学生,我该如何上好课?接受了这令人又爱又怕的任务后,我便开始了如下准备。

首先将执教篇目放在整个单元的视角下思考:小说类文本应怎样教?教学设计应如何定位?明确问题后,我开始阅读理论书籍和文献资料。华东师范大学张心科教授在《重回"三要素":小说教学的问题与对策》一文中重新阐述了情节、人物、环境之间的关系,他的理念引领我对小说教学有了新的理解。过去的小说教学常常将三要素割裂开来分析,教师很少认识到三要素之间相互联系、相互影响的关系,而小说教学需要根据三要素之间的有机联系来建构教学过程。

在此基础上,我以统编版语文六年级上册的《桥》一文为例,引导学生初步建构一条小说类文本的阅读路径。这既使教学过程变得自然顺畅,也契合学生的认知心理过程,避免了因各要素割裂而导致教学过程变得生硬,进而阻碍学生理解。完成教学设计后,我便开始试教与磨课。面对学生,我发现教师只有"心中有文,眼中有人",方能在课堂上表现得游刃有余。

公开课的亮相虽然只有短短40分钟,但开课前的准备却是一段难忘的经历,充实了我的教学理论。上课时的师生对答、临场应变、板书书写等都是对我教学素养的考验。这节区级展示课,使我这个新手"演员"深感"台前幕后"的不易。

任务二:研究新课题,摸索育人之"道"

见习期结束后,得益于规培期间的积累,我以教龄最短的学员的身份,有幸加入由正高级教师王白云老师领衔的白云语文工作室。工作室的研修主题是"自主导向力"。在一次学习活动中,白云导师播放了一段颇具震撼力的视频,向我们呈现了一个信息大爆炸的时代景象,在这个时代中,知识不再稀缺,稀缺的是人的学习能力。我不禁联想到自己的教学,今天的学生面对海量的、唾手可得的学习资源,他们需要什么?作为教师的我又能教给他们什么?在这样的困境面前,我开始自觉地反思过往的教学方式,试图重构教学过程。

这时,我重新翻出了一年前的那堂区级展示课,思考如何以小说阅读为依托,尝试培育学生的自主学习力。首先,我广泛阅读理论书籍,吸收国内外学者对"自主学习"的概念阐述。"自主学习"强调学生在学习中对"学什么"和"怎样学"的反思与自觉,教师通过设置"精而活"的学习活动,引导学生自主学习、思考。其次,学生在我的引导下开展了一次以"我们如何读小说"为主题的项目活动,通过制定学习目标、细化学习任务、组织学习资源、设计评价,形成综合的项目学习过程。在整个活动中,学生真正成为学习的主人,我则由教授者转变为协助者。最后,学生以小组为单位,通过微论坛和微授课的方式,展现了自主学习的成果。

经过这次项目活动设计,我发现开展自主学习的教学模式需要很大的勇气,它要求教师放弃一种根深蒂固的观点,即通过自己的努力就能确保学生获得成功。完成这次活动后,我意识到教师应该大胆地信任学生。采用传统讲解式教学模式的教师往往承担着学生学习的所有重担,而我们之所以要培养学生的自主学习能力,其中一个主要原因就是让学生分担这份重担。

任务三:创建公众号,激发写作之"趣"

我执教初中语文的这几年来,看到过太多苦于写作的孩子,批阅过太多胡编乱造的作文,我总想让我的学生在写作这条路上少一些痛苦,多一些快乐。

2017年9月,作为见习教师的我迎来了预备新生。我在开学第一课上问孩子们:你会用什么颜色定义过去五年的语文学习?收到的回答往往是"苦乐相伴"。不出所料,我布置的第一篇随笔,学生写得很糟糕,看来写作已成为学生心中的痛。

于是,从起始年级起,促使阅读与写作相贯通的念头再一次在我的脑海里萌生。经过小初衔接的过渡阶段后,我便开始与学生一起做专题阅读与写作。我们所涉及的话题有生命中的遇见、生命中的痛、文学中的家园、建立空间意识等。有的选题看似对预备班的学生有一定难度,但没想到效果还不错。学生们从自己有限的生活经验与经历出发,讲述自己的理解,其中有很多令人难忘的故事,留在了文稿纸上,也留在了师生的心间。

在执教初期,我似乎一直在学习并教授学生写作技巧,这可能也是很多新教师的教学初衷。在过去几年尝试开展读写贯通、话题式写作的过程中,我欣喜地看到不爱写作的学生开始频繁地主动上交随笔,苦于写作的学生们开始尝试写作。这时,我深切地感受到,教写作应该从启发兴趣开始。在我看来,写作实则是每个人对自我、世界、存在的意义的观察、体验与表达。

我一直深信,学习的过程重在培育学生的内驱力,而内驱力的关键在于兴趣。还记得,公众号的第一篇推文来自班级里一个语文成绩平平的男孩。他的语言表达能力其实很弱,我选择他的作文,不是因为它被修改得有多好,而是他那颗蠢蠢欲动、想要写作的心已然被激发。那是2018年最后一天的晚上,我在和朋友跨年回家的路上收到了一位家长发来的微信,原来是班里一个男孩的作文。犹记得,这个男孩两个月前还在"生命中的痛"话题写作时告诉我,他认为写作就是他生命中的"痛"。没曾想,在寒冬岁末之际,一个不那么擅长写作的孩子,伏案记录了这些日子里他的所思所想,这十分令人动容。于是,我答应男孩,无论如何,班级公众号的第一篇文章由他执笔。我想这个学生对写作的兴趣已经萌生了,而我首先要做的就是呵护它。

古语云:"靡不有初,鲜克有终。"未来的路还很长,我希望自己在过去经验的基础上更上一层楼。我将继续在教育实践中尝试培育学生的自主学习力。随着教学经验的增加,我开始给自己加压:要有一些新的、更高层次的事情进入自己的视野;要勇于挑战自己;要确立自我,不随波逐流;要开始坚持自己的一些东西,涵养自己的个性特长。这些恐怕都是青年教师需要逐渐习得的能力。

思多久,方为远见;行多久,方为执着。在职业初期,我以任务驱动自己迎难而上,在尝试公开课、研究新课题、创建公众号的过程中,不断提升、激励、磨炼自己,这或许是一种别样的幸福。最后我想说:专业成长不仅仅是个人的事情,成长需要来自外部的助推,而我,以见习规培为起点,收获了至关重要的成长契机,这或许是最大的幸运!带着感恩之心,我将继续披荆斩棘,无怨无悔。

袁瑜:2017—2018学年上海市见习教师规范化培训学员,基地校为上海市辽阳中学。二级教师。毕业于上海商学院日语专业,现任上海财经大学附属初级中学语文教师。曾荣获上海市中小学(幼儿园)见习教师基本功大赛一等奖、杨浦区见习教师基本功大赛一等奖、杨浦区见习教师规范化培训优秀学员、2019年杨浦区第二十届"小荷杯"教学比赛三等奖。系第四期"上海市普教系统名校长名师培养工程"白云语文工作室第三期成员。

教育感言:激发兴趣,以心契心。

从科研到课堂的蜕变

上海市松江第二中学　郑方方

古语云:"师者,所以传道授业解惑也。"教师最重要的任务就是将知识和道理以学生喜闻乐见的形式,因材施教地传授给学生。虽然我之前已经历了将近十年的科研生涯,但是作为新入职的一线生物教师,如何提高自己的课堂教学水平、如何实现科学研究向课堂教学的转变是入职前最令我担忧的事情。

成为优秀教师要先从"学生"做起

于漪老师曾经说过:"一辈子做教师,一辈子学做教师。"在博士及博士后研究期间,我经常带领上海市重点高中国际部的部分学生开展科创活动,每个项目我都会指导学生设计实验、实施实验、分析实验数据以及撰写实验报告等,帮助他们培养科学研究中的基本素养。所以,入职前我想当然地认为教师只需要将自己所掌握的知识传授给学生就可以。

直到正式成为一名高中教师后,我才发现理想和现实之间存在着巨大的差距。一个班里,学生的能力往往是参差不齐的:有的学生学习能力比较强,老师讲一遍就能灵活应用;有的学生接受能力比较弱,可能需要老师强调好几遍,才后知后觉。刚入职时,我总是以自我为中心,经常一个人从头讲到尾,忽略了学生们的感受,到头来不仅自己很辛苦,有一些学生还跟不上进度。

我认为每一株小草都有属于自己的春天,因此我从未放弃过任何一位学生。发现问题后,我首先从自身找原因,正如于漪老师经常讲到的"两把尺子",一把量别人的长处,一把量自己的不足,只有看到自己的缺点,自身才有驱动力。正是于漪老师对教师职业的深刻解读，让我懂得了如何学做一名优秀的人民教师。

此后，学校优秀教师的课堂上总会出现一位认真听课的"学生"——我。听课的过程中，我会寻找每个老师的闪光点，学习他们的教学思路和育人方式。除了向老师学习外，我还会向学生学习。学生是课堂的主体，他们的心理活动是教师最应该了解的。让我记忆犹新的是，一位课代表在分享学习经验时曾经讲到可以将课本上抽象的知识类比成生活中常见的具体事物，将抽象知识具体化，然后再加以记忆，从而提高对抽象知识的理解能力。这个学生分享的经验让我茅塞顿开。

在之后的教学中，我经常会在课堂上利用生活中的情景来解释课本中比较抽象的理论知识。比如，在学习自然选择与生物变异之间的关系时，很多学生会误以为是自然选择诱导了生物的变异。于是，我将这一抽象的理论类比成高一学生刚刚经历过的中考：每个初中都有能力参差不齐的学生，中考作为一种选拔性考试就类似于自然选择，但是我们不能说是中考导致了学生能力的参差不齐。这样的解释既能让学生加深对抽象知识的理解，又能吸引学生的注意力，活跃课堂的学习氛围，不仅学生学得轻松，老师也教得开心。

默默耕耘，静待花开

不经历风雨怎能见彩虹，因为"累累创伤，是生命给你最好的东西"。选择了教师这一职业就等于选择了高尚，教师应该不断学习，不断挑战自我。

2017年10月，上海市政府教育督导室和区教育学院等专家对我们学校进行了专项督导。该活动十年一次，是我入职以来参与的最重大的一次活动。学校对本次督导高度重视，要求每个年级段的每个科目至少要呈现一节公开课。我们高一年级由另一位和我一起入职的新老师负责公开课展示，教学内容是"光合作用的过程"。该节课属于B级教学内容，是高一阶段教学的重点和难点。

为了帮我们磨课，不论是学校生物组的教研组长还是区生物教研员，都多次来听课，并提出了大量宝贵的意见和建议。作为教学"小白"的我深深意识到自己在教学上的不足，于是把所有人的建议认真地汇总起来，特别是在板书的设计上，我将其他教师好的经验充分融入自己的教学风格。

旁观者的视角让我能更清晰地理解自己教学中存在的问题，每一次磨课后，我都会在自己的班级尝试利用新的教学方法和教学思路提高自己，并在课后认真撰写教学反思。虽然有的人认为又不是开公开课，不用太过认真，但我觉得这是一次难得的提高自己的机会。

常言道，"机会总是留给有准备的人"，在督导期间，我的课有幸被市督导组随机选中，成了"推门课"。因为前期进行了充分的准备，公开课上我利用之前磨课过程中积累的经验，在课堂上通过黑板的移动实现了光合作用中"光反应"与"暗反应"的有机融合，将知识框架以整体的形式呈现给学生，让学生成为课堂的主体，我的课也获得了专家们的一致好评。在课后交流的过程中，专家了解到我的研究背景及教学能力后，还推荐我进入沪教版新教材的编写组。我最终有幸成为教材编写组的成员之一，参与编写沪教版生物选择性必修一相关章节的内容。

这次公开课对我的影响很大，我深刻体会到自己在这一过程中取得的进步，公开课中师傅的帮助和指导是我实现科研岗位到教师岗位转变的重要保障。

现实中，一些教师特别是新教师不太愿意开公开课，认为公开课是流于形式的一种表演，而且会影响正常课时。但是有了这次经历后，我意识到教师开公开课是很有必要的，因为在整个开课的过程中，不论是对教材及相关资料的认真研读，还是前期的磨课，都能使自己的课堂教学得到质的提升。

作为新教师的我们，更应该勇于挑战自我。新教师往往对教材内容及学生的具体情况都缺乏了解，通过磨课可以更充分地融入学生，以学生的角度来分析问题、解决问题。学生视角非常重要，因为教师只有真正做到因材施教，才能激发学生的学习积极性，让学生真正成为课堂教学的主体。

教学相长，善于总结

我认为"教"与"学"是相互促进的。正如每一株小草都有属于自己的春天，每一个学生也都有自己的闪光点。教师在日常的教育教学中要充分挖掘学生的闪光点，与学生共同学习、成长，努力实现教学相长。

从 2017 年入职以来，我认为自己既是一名向学生传递知识的教师，也是一名向其他教师学习经验的学生。我会时刻提醒自己要学会和学生沟通交流，也要虚心地向师傅学习。比如，在撰写论文时，我发现科研论文和教学论文无论是在格式上还是内容上都存在较大差异，我以前只发表过科研相关的论文，对教学期刊缺乏充分的了解。因此在我撰写了一篇单元教学设计并准备投稿时，我认真咨询了区教研员和校带教师傅。他们对我的文章给予了充分肯定，同时提出了宝贵的修改建议。虽然修改之后，部分内容的呈现形式与科研论文有较大出入，但在对比相关的教科研论文之后，我发现前辈们提出的意见都非常专业且有深度。

第一次投稿教学类的文章也让我明白，我以前所从事的科学研究和现在的教学研究存在较大差异。科学研究主要是从实验数据、实验结果中获得实验结论，而教学研究应以学生、教材为主体。比如，在单元设计的教学研究中，应该充分考虑如何利用学生熟悉的情景去开展课堂教学，为教师的课堂教学提供一种思路，而并非用一种教学思路来束缚课堂教学。正所谓教无定法，教学最重要的是传道授业解惑，而不是用一种风格把学生训练成学习的机器。

人们常说，成功的秘诀就是在合适的时间用恰当的方式做正确的事情。教师是一个高尚的职业，是一个可以充分实现人生价值的职业。对我而言，能够成为上海市松江二中的一名教师是一种幸福，能够带领学生畅游在知识的海洋中，并与学生共同成长、共同进步，更是一种幸福！

郑方方：2017—2018学年上海市见习教师规范化培训学员，基地校为上海市松江第二中学。一级教师。毕业于中科院植物生理生态研究所植物学专业（2017年6月博士后出站），现任上海市松江第二中学生物教师。曾参与编写沪教版生物教材及配套用书。多次参与市级命题工作。多次指导学生获得上海市青少年科创大赛一等奖、优秀小研究等荣誉。发表教科研论文两篇。

教育感言：每一位学生都有属于自己的春天！

发扬"工匠精神"，提高课堂品质

上海市青浦区东湖中学　沈　颖

一年的见习教师规范化培训匆匆而过，在一系列精巧又意义非凡的培训活动中，我对教师的职业精神和青浦区的教研文化有了更深入的了解，也在立足课堂、打造优质课堂方面积累了不少实战经验，感悟到对"工匠精神"的尊重与坚守是一名优秀教师必不可少的品质。

"工匠精神"的内涵有：严谨细致、精益求精、耐心专注、不断创新、不断重复……这些正是见习教师规范化培训想要培养我们的品质——让我们认识到教师要在日常教学中用极致的态度对待学生、对待课堂，将"工匠精神"真正落实在教学的点点滴滴中，提高课堂品质，在教学实践中传承和发扬这种精神。

于"三关注、两反思"的"行动教育"中成长

好课都是在课堂中"挣扎"出来的，"不断内化同行的实践智慧"和"有全过程专业引领的实践反思"是获得专业进步的成功方法。为此，青浦教育创生了以课例为载体、以"三关注、两反思"为特征的教师"行动教育"，通过扎根课堂和合作的力量帮助教师突破困境，在专业领域获得成长。

在一年的见习培训中，我有幸得到了基地校、聘任校和区学科研修基地三方指导老师的专业指导，围绕"等比数列"的第二课时"等比数列的判断与性质"践行了一次"行动教育"。为了打造优质课堂，老师们给予了我严谨细致、耐心专注的指导，促使我不断修改教学设计中，做到精益求精。这一过程让我看到了"工匠精神"的传承，也切实感受到了"三关注、两反思"的"行动教育"对提高课堂品质和教

师成长的巨大帮助。

◆ 第一次实践——缺乏主线，教师主导

"等比数列的判断与性质"在教材中较为精简，我从自身经验出发，完成了教学设计与初次课堂实践。实践结束后，研修团队的老师提出了这样一个问题："你的教学主线是什么？"这个问题令我哑口无言。确实，本次实践最大的问题就是没有明确的教学主线将知识点串联起来，教学显得散乱无章，与优质课堂还相差甚远。在老师们的点拨下，我意识到等比数列与之前的等差数列之间存在类比关系，因此可以将类比思想作为主线，用旧知类比新知，帮助学生自主归纳建构。

此外，老师们又指出另一个问题：课堂没有体现出以学生为主体的思想。对此我进行了深刻的反思，在教学过程中我总是希望能将更多的知识与例题展示给学生，却忘了学生认知发展规律的灌输式教学已经被时代淘汰，要想培养优秀的学生，打造优质的课堂，就必须将课堂还给学生，充分发挥学生的主观能动性。

经过反思，我对教学内容作了修改，整个教学设计的思路为：通过对等比数列概念的复习，引出要学习的新内容——等比数列的判断与性质，在每一个新内容中穿插从等差数列到等比数列的类比思想，由学生自主推导归纳，最终得到类比规律。这样一来，类比思想得以体现，整堂课的重点突出，且由学生自主归纳，体现了"以学生为主体"的思想。

◆ 第二次实践——主线初现，教师为辅

第二次的教学实践较第一次有了显著的进步，整堂课脉络清晰，课堂讨论较为积极活跃，在我看来已经是一节较为成功的课了。但是研修团队的老师们本着严谨细致、精益求精的"工匠精神"，还是提出了不少问题，其中最关键的问题是：学生活动效果不佳。由学生自主归纳建构等比数列的判断与性质时，虽然讨论热烈，但归纳结果却不尽如人意，还需要教师在一旁提点辅助才能得出结论。对此，指导老师们进行了探讨，最后得出结论：根本原因还是类比主线不够显性，课堂没有落实序进原理。

例如，在探究等比数列的性质时，我直接给出了等差数列的性质，以此类比等比数列的性质。这里性质的猜想和证明对学生而言是一个难点,在没有事先给出类比规律的前提下,学生有点茫然,不知道该从哪个角度来猜想结论,所以直接抛给学生解决是不现实的。

老师们向我指出,虽然我试图将类比思想作为主线,但并没有成功地用这条主线串联起整堂课。主线把握不到位,导致在教学过程中出现学生难以解决的问题——教师引导性提问范围过大,学生思考方向不明确,效率不高。实际上,类比的数学思想在高中是非常重要的。区教研员倪老师给出建议,不妨在课堂的一开始就通过对等差数列和等比数列的复习,归纳总结出类比规律,在接下来的课堂里就带着这样一种思想去研究等比数列的判断和性质。经过思考,我认为这一方法是可行的。

此外,我为了调动学生的积极性,总是刚抛出一个问题就急匆匆地给他们提示,因此整堂课的难点并非由学生自主突破,而是在我的大力"帮助"下突破的。这样虽然能够达成教学目标,但对学生自主思考能力和探究能力的培养几乎没有起到积极作用。基地校的老师告诉我:"这可能是新教师的通病,总想拽着学生往前走,规避一切可能出现的错误,但是对学生而言,犯错也是成长的一种途径。"教师应当允许学生试错,让他们自己意识到这样的方法可能行不通,而不是一开始就将正确的思路告知学生,这样的教学会抹杀学生的创新意识,阻碍学生探究能力的发展。

这一次教学实践令我深受启发,我也意识到自己对教学的理解过于浅薄。想要提高课堂品质、打造优质课堂看来还需要进一步磨砺,为此我以极大的耐心与专注投入新一轮的反思与修改中。

◆ 第三次实践——突出主线,学生为本

第三次试教之前,我经过深思熟虑,结合研修团队老师们的建议和自我反思,有针对性地选取了其中的几个点,对原有的教学设计进行修改与重构。具体有两个大的改变。

第一,类比思想从隐性到显性的转变。原有的引入是单纯的知识点复习,修改后我将类比思想这条主线放到显性位置,在引入部分就引导学生对从等差数列到等比数列的类比规律进行总结。修改以后,本节课的脉络更加清晰,学生了解了从等差数列到等比数列的类比规律,有效地完成了接下来的学习。

第二,从接受学习到探究学习的转变。在上一节课中,我一发现学生使用原有知识解决问题就会马上制止。而在这一次实践中,我没有在一开始就急匆匆地给学生提示,而是在学生遇到问题后稍加点拨。多了试错的环节后,学生对为什么要用新知识解决问题有了更深的认同感,印象也更深了。

此外,在前两次教学实践中,教师讲课时间远远大于学生活动时间,课堂中留给学生的思考时间过少。而在第三次教学实践中,我减少了讲课时间,留给学生活动的时间大幅增加,完成了教学方法从讲授式到探究式的转变,真正体现了青浦新课堂实验"把学生学习放在课堂研究的核心地位"的理念。

我的第三次教学实践得到了研修团队老师们的一致认可,虽然不能说尽善尽美,但是可以看出整堂课脉络清晰,教学环节设置合理,学生活动积极有效,课堂有亮点且有深度。

通过"三关注、两反思"的"行动教育",我意识到提高课堂品质固然离不开青浦新课堂实验成熟的教研范式和优秀团队的专业引领,但也和教师自身坚持不懈、扎根于课堂的努力以及对"工匠精神"的尊重与执着分不开。良好的教学能力并非一朝一夕就能培养而成的,需要我们严谨细致、精益求精,在课堂上、在实践中成长,发扬"工匠精神",不断磨砺自我。

用"工匠精神"磨砺课堂

在一年的见习规培中,改变的是我愈发成熟的课堂风格,不变的是我将"工匠精神"贯彻在每一次教学中的决心。

严谨细致是我们作为教师对待知识的必备态度;精益求精则让我们重视课堂上的每一个环节、每一个细节,不断提高课堂品质;不断创新要求我们不能拘泥于传统课堂,要紧跟潮流,尽可能地发挥出学生的主观能动性⋯⋯每一次课堂的打磨都是"工匠精神"的闪耀,教师在看似重复的过程中,独创性地运用精巧的心思,提高每一节课的品质。

因为"工匠精神",我用极致的态度对待自己的学生,在专业领域精雕细琢、精益求精、追求完美。于漪老师的"一辈子做教师,一辈子学做教师"是"工匠精神"的最好体现;在《给教师的一百条建议》中,"对每一节课,都是用终身的时间来备课"的历史老师也是"工匠精神"的一种体现。

"工匠精神"具有很多内涵,但不论是精益求精、追求极致,还是耐心专注、严谨细致,都需要我们从教者拥有一颗虔诚坚定的心,"十年磨一剑",为呈现出优质的课堂而不断实践与反思,反复揣摩教学的每一个环节,专注地投入每一处细节的修改与完善中,努力创新,将教学做到极致。

见习教师规范化培训是短暂的,但是带给我的成长是一生的——背靠着青浦新课程实验这棵大树,我将把"工匠精神"融入自己的每一次教学实践,践行"行动教育",用精益求精的态度不断打磨课堂,提高课堂品质,将"工匠精神"发扬光大。

沈颖:2017—2018学年上海市见习教师规范化培训学员,基地校为上海市青浦高级中学。二级教师。毕业于华东师范大学数学与应用数学专业,现任青浦区东湖中学数学教师。曾荣获上海市中小学(幼儿园)见习教师基本功大赛一等奖、高中青年教师课例展示活动三等奖,以及青浦区见习教师规范化培训案例评选一等奖、中学数学教师说课评比活动一等奖、数学论坛交流活动二等奖等。

教育感言:用"工匠精神"对待每一个课堂,用"人文情怀"爱护每一位学生。

摘掉"有色眼镜",用科研的方法做教师

上海市虹口区西街幼儿园 於煦楹

2018年,刚刚结束大学四年学习的我,踏上了幼儿教师的岗位。虽然工作与我的师范专业相一致,但是从"重理论研究"的学校迈向"重实践经历"的工作岗位,我同大多数应届毕业生一样,感到有些不知所措;同时,从学生、研究者到教师、班主任这一系列的身份转换,也让我有些应接不暇。

这时,我参加了见习教师规范化培训,基地校的系统培训与指导教师的耐心指导,为当时的我解答了许多实践上的困惑,也让我更快地适应了幼儿园的工作。如今再回首,见习规培对我的成长帮助远不止这些。

现在,我作为一名在读研究生,正在开展硕士论文的研究;同时,我作为课程组的成员,参与了我园的课程领导力研究以及若干青年教师课题的研究。作为一名研究型教师,在开展教育科研的过程中,我发现教师的科研能力不是一蹴而就的。回头看,正是见习规培给予了我一个教学研究能力不断成长的平台,让我将观察、调查、个案研究等科研方法运用于日常的带班工作中,摘掉"看'科研'='写论文'"的"有色眼镜",让科研融入我日常的工作和生活中。

观察——用眼睛发现问题

随着教师教育与学前专业领域的发展,越来越多的教师意识到,必须由传统的经验型教师向研究型教师转变。只有乐于学习、善于反思的教师,才能对幼儿教育现象保持高度的敏感,继而鼓励幼儿分析问题和自主解决问题。

成为一名研究型教师的第一步,便是学会观察,因为善于观察的教师能够发

现别人忽视的问题。在科学研究中,观察法是非常常见的研究方法。

还记得参加见习教师规范化培训时,有一次我进班实践,在开展中班角色游戏时,孩子们都在自己的区域里非常有序地进行着游戏,我也就这里看看,那里看看。这时,我的师傅孙老师叫住了我,对我指指离我们最远的"娃娃家",说:"你看那里,娃娃家的两个'妈妈'遇到问题了。"我一看,果然两位"妈妈"正在为什么事情而"争吵"。

正当我准备上前询问时,孙老师对我说:"因为只有一把扫帚,两位'妈妈'都想要打扫卫生,所以她们在争扫帚呢。"我仔细一看,果然两位"妈妈"旁边只放着一把扫帚。看孙老师并没有上前的打算,我便问:"那我们要去帮帮她们吗?"孙老师说:"我们先再观察一下,她们还在商量呢。"于是,我和孙老师就这样远远地观察着两位"妈妈"。让我不可思议的是,中班的两位孩子没有打架,没有哭闹,她们决定轮流使用扫帚——问题解决了!

事后,我又请教了孙老师:"孙老师,万一她们解决不了问题怎么办呀?"孙老师笑了笑说:"那就等她们没有办法时我们再介入,如果我们一发现她们的矛盾就介入,不就让她们失去了一次自己解决问题的机会吗?这样的矛盾不常见,所以有时我们还要给孩子创造矛盾呢。"顿时,我觉得原来观察也不是那么容易。

作为新教师的我们,往往认为能观察到孩子的问题,我们就学会了观察,但见习规培中的指导老师用言传身教告诉我,观察也是一门学问。首先,发现问题所在是基础;其次,教师的观察方式很重要,之所以有时远远的观察更能观察到完整的事件,是因为这样的非参与式观察更能排除孩子对老师的依赖;最后,教师的观察并不仅仅是看,在观察中识别和回应也是教师智慧的体现。见习规培让我在观察中成长。

调查——用数据说明问题

教学研究的另一种方法是调查法,在发现问题的基础上,必须用数据来说明问题,才能增加研究的可信度,从而说服他人。同时,调查法得出的数据,通常会促使我们更有目的性地进行观察,从而让研究变得更有效率。

回头看见习规培,其中的调研报告正是我向研究型教师发展的第一步。

还记得在见习规培手册中,要求每位学员填写《幼儿卫生习惯培养调研报告》。这是我毕业后第一次在幼儿园接触到调研的内容,虽然这一形式在大学的学习中并不陌生,但将其放到自己的班级中,我还是感到将信将疑。首先,在带班的过程中,我可以观察到每一位孩子吗?其次,了解孩子们的卫生习惯,不是靠日常的观察就可以了吗?作为班主任,我认为自己还是比较了解班里的孩子的。

虽然带有这样的疑惑,但我还是依照调研报告的要求去做了。在开始调研的第一周,我特意找了半天空班的时间,专门记录孩子们的卫生习惯,包括用脏手揉眼睛、饭后漱口、用洗手液按照七步法洗手、女孩子如厕后的擦拭方式等情况,以及各种情况对应的人数。

调查后我发现,班中大部分孩子虽然经过入园初的卫生习惯培养后都养成了不错的卫生习惯,但仍然有很多需要加强的地方(由于需要调查数据,我比平时更为仔细地对幼儿的情况进行了观察并记录了人数)。调查结果显示:18%的孩子有揉眼睛的习惯;42%的孩子在洗手时比较马虎,没有洗干净……一系列数据清楚直观地呈现了我班幼儿的卫生习惯情况。

因此,为了培养幼儿的卫生习惯,我采取了一系列措施:针对"健康小卫士"开展系列主题教育,如通过阅读绘本《了不起的棉花糖泡泡》,让孩子们了解手上有很多细菌,不可以用脏手揉眼睛;通过洗手的巧虎动画,让孩子们了解洗手的重要性,同时用朗朗上口的儿歌帮助他们记忆。两周后,我再一次用相同的方法对孩子们的卫生习惯进行观察记录,调查数据显示,孩子们明显进步了。

作为一线教师兼班主任,我们往往认为自己对班中的孩子比较了解,但是通过调查法的数据呈现与对比,我们可以更加直观地了解到孩子们的情况乃至家长的情况,从而在今后的观察中更加细致、更加客观。

现在,我常常会用调查的方法来记录孩子们的习惯。见习规培中的调研报告是我实践调研的第一步,也为我之后的教学研究提供了调查的开阔视野和有效方法。

教学研究——用对策解决问题

研究型教师是什么？可能大部分人认为会做课题的教师才能被称为研究型教师。其实，教学研究也是教育科研的一部分，即基于教学实践，对自己或他人的教学进行研究。对一般教师而言，我们首先是教师，其次才是研究者，且研究也是为了更好地教学。

在整理见习规培教研记录的过程中，我发现我们基地园的 12 名学员及指导教师在两个学期里集中对整整 61 个活动开展过教研。见习规培期间的这些教研活动令我至今印象深刻。

还记得我第一次组织开放活动后，大家就我的活动展开了教研。

作为一名新教师，当时的我非常忐忑，而且与我同是学员的很多教师都已有了好几年教学经验，这让我更加紧张。在教研活动中，学员和指导老师都说了各自的观点和意见。大家最多的是鼓励，同时夸奖我前期准备工作做得很细致，让我备受鼓舞。当然，大家既提出了这个活动的优点，也指出了活动中我的不足，比如环节的小结不是很清晰，建议我可以通过提炼关键词的方式让小结更加简洁明了。这让我从他人的视角中找到了进步的方向。

我们的教研氛围温暖而严肃，每次教研活动时，大家都会非常踊跃地表达自己的观点，不仅说优点，还会指出不足并提出修改建议。教研活动对我这样的新教师来说非常有用，让我对之后的教育教学明确了努力的方向。这样的教研活动成了我们每个人成长的平台，虽然我们常常会"超时"，但大家都在这个平台中收获颇丰。

见习规培中的教研活动很可能是新教师第一次接触教研。见习规培中的教研，会从各个方面研讨教学活动的优点与不足，目的是帮助参与教师提升自己或他人的教学能力。不管是学员的活动还是指导教师的活动，我们都从中得到启发，并真诚地提出自己的意见。正是见习规培期间的教研活动，让我收获了"研"的方法与精神。

如今我已顺利完成见习教师规范化培训,并获得了优秀学员的荣誉称号。见习规培带给我们的,不仅仅是作为一名教师职业能力上的提高,更是思维方法的开拓与引导。见习规培让我们摘掉看待科研的"有色眼镜",用教学研究的眼光来看待问题、解决问题,用科研的方法提升自己作为一名教师的能力,这也是我最大的收获。

於煦楹:2018—2019学年上海市见习教师规范化培训学员,基地校为上海市虹口区西街幼儿园。二级教师。毕业于华东师范大学学前教育专业,现任上海市虹口区西街幼儿园教师、课程组成员。曾在虹口区见习教师规范化培训专刊《虹口教育》上发表文章《以幼儿发展为本,构建整合开放的课程内容》。参与多项市、区级课题。

教育感言:观察生活中的细节,能发现每个孩子独特的闪光点。

在教学中渗透科研

上海市奉贤中学　沈龚妍

我于2018年踏上教育教学工作岗位,进入上海市见习教师规范化培训基地校之一——上海市奉贤中学。规培讲座第一讲的主题是"在教学中渗透科研",教科研工作室的负责人告诉我们:要想成为一个好老师,不能只停留于教学生什么,还要思考如何教得更好;需要在学习中修炼自身,在实践中研究探索,带着研究性思维教学,让科研助力专业成长。

这次讲座在我心中埋下了教科研的种子。在短短一年的见习期内,我不断思考何为"在教学中渗透科研"。在带教老师的帮助下,我从起初不知如何将教学与科研相结合,到在课堂教学中反思积累,然后将理论学习与教学实践相结合,最后总结归纳形成教学范式,我对"渗透"的理解逐渐加深。

教学反思的积淀

第一次规培讲座后,我对教科研充满了憧憬。恰好我的学科带教老师是学校教科研杂志《教研新圃》的主编,我经常协助她校对教科研文章。我目睹着前辈们对于教育教学的心得体会,崇敬之余又蠢蠢欲动。当时,我看的语文学科教科研文章侧重对教材的文本分析,这对我这个每月写一篇读书报告的中文系毕业生而言又有何难?

然而,"初生牛犊不怕虎"的我在上班第一周便碰了钉子。初入职场就肩负两个班语文教学重任的我,面对如此繁忙陌生的工作手足无措。一方面,我每天都在"明天的课要怎么上"的焦头烂额中度过,几乎无暇思考教科研一事;另一方面,看着一篇篇文本,我内心纵有千种想法却始终找不到一个研究入口。为何前辈们能想到新颖的研究方向,我却想不出呢?我陷入了迷茫。

带教老师敏锐地发现了我的困惑,赠给我正高级教师顾秋凤的《守望自己的麦田》,书中的文章是作者十几年来教学案例的汇编。而后她提点我道:"新手老师有教科研意识是好事,但不可操之过急。撰写教学案例一方面需要积累一定的教学量,另一方面也需要平时养成多阅读理论、多观摩课堂、多自主思考的习惯。许多教学案例和课题的切入口是从日积月累的教学反思中择取的。经典篇目要想出合乎文本又富有新意的解读比较困难,但你的课堂是独一无二的。"

我恍然大悟,原来教科研是不能和教学实践脱节的。教科研论文的素材可以来源于文本解读,而教师的文本解读正是为教学服务的。同时,教科研论文也可以是课堂教学过程的产物。所谓"渗透",就是带着研究性思维去教学,在教学实践中发现问题,解决问题,改进教学啊!

自愧于当前的操之过急,在之后的三个多月,我每次备完课都会认真观摩带教老师的课堂,择取她课上的亮点模仿学习,并根据我班的学情加以改进。遇到课堂进展不顺利的环节,我会有意识地记录下来,然后课后思考解决方式并在另一个班实施,有时还会设计两种不同的教学思路进行比较。一晃眼,我积累了60多篇教学反思。

当时,"科研"这个词对职初教师的我而言还太过遥远。凭那时的能力,我只能做到"自主备课—模仿上课—反思教学",但这种勤学多思、静心积累的习惯为我之后的科研成长奠定了良好的基础。

教学理论的助推

2018年末,基地校大力宣传"项目化学习设计"这一教学理念,并将"学科项目化学习设计研究"作为学校的三年行动计划。恰逢2017年版高中语文课程标准施行,每周的教研组活动中都有专家解读语文课程改革的精神。我如饥似渴地研读《普通高中语文课程标准(2017版)》,学习夏雪梅博士《项目化学习设计——学习素养视角下的国际与本土实践》这一专著,还订阅了《语文学习》《语文教学通讯》等核心期刊浏览学习前沿信息。渐渐地,我产生了探究欲——我发现高中语文新课标中"以任务为导向,以学习项目为载体"的学习任务群与"对真实学习情境进行探究实践"的项目化学习理念有着异曲同工之妙,或许"项目化学习"的课堂是实现新课标理念的一种途径。

之前积累的两篇教学反思浮现于我的脑海——郁达夫的《故都的秋》和老舍的《想北平》有相似之处,两位作者均以极为真挚细腻的笔触抒写对北平的爱,两篇文章均涉及"乡愁"这一文学命题。何不尝试基于新课标核心素养,将这两篇文章体现的"乡愁"母题进行项目化学习设计呢?

我激动地将想法告诉了带教老师,她的大力支持让我跃跃欲试。

于是,我设计了以"文学中的'乡愁'"为主题的项目化学习,整个教学流程分三个课时。第一课时比较不同教材中《想北平》选文的不同用词,解决"乡愁是什么"的问题;第二课时对老舍的《想北平》及郁达夫的《故都的秋》进行比较阅读,解决"为何产生独特乡愁"的问题;第三课时是以"乡愁"为文学命题的主题阅读,解决"如何表达乡愁"的问题。

对项目化学习和语文新课标等相关理论的学习打开了我的视野,将我零散的教学反思串联起来,让我豁然开朗,以前课堂教学中的一些迷惑我能解释清楚了,今后的教学设计也有了依据和指引。在理论的助推下,我迅速找到了研究的切入点。原来,研究性思维的"渗透"还需要通过学习教学理论来支撑现有的教学经验,我对教学研究的认识上升了一个高度。

当我沾沾自喜地将教学设计和论文初稿交给带教老师时,她简短地评论道:"从教师的预设而言,这样的设计既有理论支撑,又有'是什么—为什么—怎么做'的逻辑性。但是逻辑思路的自洽并非教学思路的自洽,你有没有思考过学情呢?"

我似懂非懂,琢磨着她的话。

教学实践的强化

2019年上半年的见习规培考核要求见习教师上一堂展示课,主题要迎合"学科项目化学习设计",于是我决定将自己的教学设计付诸实践。试教时,第一课时开展得很顺利,但第二、第三课时都磕磕绊绊。探讨"乡愁"不同的成因时,在分析特定意象对"乡愁"情感表达的异同这一环节,我期望学生能够从乡愁的时代性、个体性的角度来考虑,发现两位作者的乡愁呈现出"文人趣味"和"平民趣味"的不同。遗憾的是,学生不明白我的意图,他们茫然的眼神让我不知所措。第三课时,我让学生以建国70周年为背景,以海外游子的身份抒写个性化的乡愁,但这次效果更差,因为这些离学生已有的语文知识和经验太遥远,学生没有体会。

第二、第三课时不断"卡壳",我不免有些泄气。这时再思考带教老师"逻辑思路的自洽并非教学思路的自洽"的观点,我似乎明白了。我的驱动性问题是"乡愁是何?为何?如何?",虽然逻辑清晰,但如此理性的教学思路恰恰削弱了学生对"乡愁"这个充满感情色彩的话题的情感体会,导致很多学生没有真情实感的乡愁,无法参与到课堂中。

一线教师的教学研究不同于学术研究,绝不能单纯停留于理论层面,因为教学不是"老师的教"而是"学生的学",没了学生的参与,再自洽的理论研究终究只是"纸上谈兵"。"在教学中渗透科研"固然需要教学理论的支撑,但理论终究只是理论,如何真正有效地将其运用于教学,还需要我在不断的实践探索中强化对理论的理解。

于是,我调整策略,将作文题目改为"结合自身经历谈具有奉贤特色的城镇化背景下的乡愁"。我先分享了自己家的拆迁经历,以调动学生的素材库,学生的写作热情就此激发,课堂开展顺利了许多。

教学范式的归纳

这堂见习期展示课引起了奉贤区教育学会负责人的注意,她认为我的这次尝试对语文主题阅读及导写课的项目化学习设计有很强的借鉴意义。她建议我总结经验,归纳范式,写成论文。在带教老师的指导下,我进一步反思当时还停留于理论层面的论文初稿,再结合实际上课经验,不断尝试其他文学命题阅读的项目化学习课程,归纳出由一次挑战、两类成果、三个阶段、四次介入构成的语文主题阅读及导写项目化学习课程教学范式。最终,《基于新课标核心素养的高中语文项目化学习设计研究——以老舍〈想北平〉为例》这篇论文在奉贤区教育学会论文评比中获一等奖,并被编入奉贤区教育学会优秀论文集。

在一次次的上课尝试和论文修改中,我对"在教学中渗透科研"的认识进一步提升。"渗透"是教学理论和教学实践双向交流的过程。教学研究可以采取两种路径:第一种是先从课堂经验中寻找研究的切入点,再通过理论的学习给予教学经验支撑;第二种是先学习理论知识,再通过教学实践验证改进,最后提炼出范式层面的归纳。只有教学理论和教学实践相互促进,才能让教师养成良好的教科研思维,助推教师的专业成长。

结　语

我很荣幸在见习期就参与到基地校的"学科项目化学习设计"的研究中,也很庆幸能遇到许多拥有丰富教科研经验的前辈,这一切让我萌发了教科研的意识,初步感知了逐步推进教科研的过程,并取得了小小的成果。愿自己永葆探索研究的热忱,树立终身学习的思想,把学习变成一种生活,把思考变成一种习惯,在教学中渗透科研,做一名善于思考、勤于研究的教师。

沈龚妍:2018—2019学年上海市见习教师规范化培训学员,基地校为上海市奉贤中学。二级教师。毕业于华东师范大学汉语言文学专业,现任奉贤中学语文教师。曾荣获2019年上海市中小学(幼儿园)见习教师基本功大赛一等奖、上海市2020年"非常时期非常课"评比一等奖、奉贤区中小学"班主任专业成长"案例一等奖等。在《上海德育信息》《奉贤教育科研》上发表论文。《基于新课标核心素养的高中语文项目化学习设计研究以老舍〈想北平〉为例》入选2020年奉贤区教育学会优秀论文集。

教育感言:在迷茫中反思,在实践中探究。

Ⅵ 心有光芒，本立道生

千里之行，始于足下；不积跬步，无以至千里。新入职教师走好职业生涯的"第一步"至关重要。新教师大部分刚刚正式走出大学校园，初出茅庐的青涩尚未褪尽，面对纷繁复杂的教育教学任务往往会手足无措。上海市见习教师规范化培训通过实践浸润的方式，帮助见习教师建立教学规范，形成一定的教育观念，引导见习教师将教育观念与教学实践对应，并将教育观念转化为解决实践问题的行为，进而提升教育教学品质。见习规培让新教师在专业发展的"起点"形成良好的教育教学行为规范，强化其教育教学实践能力，帮助他们尽快成长为合格的职初教师。

见习教师的培训是基于标准的基础的规范性培训，为新教师提供了坚实的专业发展框架，从模仿鲜活经验到独立实践，让新教师学会在每一具体内容领域如何实现自己的发展，为新教师自主发展意识与能力的培育奠定了坚实的基础，帮助新教师掌握"专业发展之径"。

青年教师是最富有朝气的一群人，他们无畏风雨，乘风破浪。见习规培中的每个人、每件事都影响着这些新教师们，在见习规培中的所学、所悟，为他们拨开成长之路上的层层迷雾，在他们成长的道路上点亮一盏盏指路明灯，鼓励他们不断去探索教育教学的更高峰。似水流年砥砺行，风华正茂正当时，新教师们不断汲取力量，蓄力绽放光芒。

扫码获取更多资源

薪尽火传　笃行致远

上海市黄浦区教育学院附属中山学校　孙唯宸

不知不觉中,我已经度过了教育教学生涯的第九个年头,与八年前刚入职时相比,如今的我少了工作时的浮躁,多了对教学的"挑剔"。这些年,我取得了一定的荣誉,还获得了市教学比赛一等奖的好成绩。回首这些荣誉的取得,我最要感谢的是带教导师李卫红老师,是她为我点燃教育的初心,是她为我指点教学的迷津。说来也是一份幸运,因为带教导师与自己是同事,我与导师接触的机会比同辈更多,导师能时不时地提点我,给我极好的改进意见和建议。她不厌其烦地为我提供教学指导,最弥足珍贵的是,她让我懂得厚积才能薄发,学习分享胜于埋头苦干。

凡是过往　皆为序章

九年的教学经历说长不长,说短也不短,我一路走来也并非一帆风顺。工作第二年,教研员成老师为年轻教师提供了很多平台,以推动更多年轻教师快速成长。他当时给了我一个非常好的展示机会:区级公开课。我既惊喜又紧张,惊喜的是,能上区级公开课非常难得,是很多教师梦寐以求的;紧张的是,这才是我工作的第二年、踏上初三讲台的第一年,而我要上的是初三的一节课——串联电路动态分析方法。

从拿到课题到正式展示之前,我几乎天天都向带教师傅和组里的老师讨教经验,主动与教研员们探讨课程环节的安排以及优化分析的方法,他们给了我许多优秀的设计方案。我就这样不断地试讲、改课、磨课,经历了长达一个半月的准备……然而，在大家的期盼中，我失败了，而且是惨败。失败的原因当然有很多：第一次面对教师比学生还多的情况，因而感到紧张；面对学生的课堂反馈不在自己预设之内，我感到手足无措；因为没有把握好各个环节的时间，导致中后段课程节奏混乱……众多细节我都没有处理好。无疑，我的首秀失败了。依稀记得评课环节，我的脸涨得通红，不敢看每一位点评的老师——尽管他们对年轻教师非常体恤，能在糟粕中找到些许精华来鼓励我。愧疚与羞耻感更让我不敢直视我的师傅和教研员，我知道自己辜负了他们的努力与期待。

这件事对我的打击很大，在那之后我消沉了一段时间，同时清醒地意识到了自己的不扎实、缺打磨、欠火候。知耻而后勇，说的就是我，之后，我不放过任何一次学习和反思的机会，更不放过任何一次展示的机会。

工作第六年，教研员成老师推荐我参加区级教师技能大赛，这让我有了"一雪前耻"的机会。师傅更是鼓励我一定要用这节课好好地展示自己努力的成果。最终我收获了成功。工作第七年，因为前一年在区级教师技能大赛中的优秀表现，我代表初中组的教师在教学年会上进行教学展示。台上的学生已经入座，踏上台阶前，我的呼吸甚至有些急促。走上舞台，面对台下的市、区级教育专家们，面对同样优秀的中青年教师们，我明显感觉到自己发出的第一个声音是颤抖的。但是，我很快就渐入佳境。忽然，一位学生提出的问题让我的心"咯噔"一下——超出预设了。但十多次的试讲、上百次对着空气的演练、几个月昼夜不分地改稿磨课，以及这七年的积累，都给了我足够的信心。我略作思忖，从容应对，最终不仅巧妙化解了学生的问题，还带动学生的思考进入下一个环节。除此之外，我还在教学中很好地利用现代科技，顺利地完成了这次展示任务。

不断积累，每一节课都用心准备，用心去上、去反思，我切实感受到"下功夫"带来的信心和快乐。

心中有光　素履以往

只要心中有目标，有什么可顾虑的呢？即使是光着脚，也要奔赴未来。我珍惜教师这份光荣，执着于教书育人。教师要站稳讲台，不光要课前认真准备、熟悉教材、设计教学活动、安排教学环节、反复演练，还需要有课堂上随机应变的能力。教师面对的不是工业化流水线上的零件，学生不会"安静地躺在传送带上任由教师处置"，每一个学生都是鲜活的、独立的个体。加上现代通信技术日益发达，当代学生的知识储备和信息来源已经大大超越了我们这代人，这也使得他们的个性数倍放大。

工作的前几年，我一有机会就会去听李老师上课，不只是听她的活动环节设计，还向她学习如何应对学生。无论是不善表达的学生，还是课堂上非常亢奋、急切想表达观点或提出问题的学生，李老师都能稳妥应对。听李老师的课是一种享受，学生喜欢李老师，认可李老师是他们的朋友，同时又对李老师充满了崇拜。要想与学生沟通交流，教师自身的底蕴与教育智慧缺一不可，这是每一位优秀教师经过长期积累和锻炼才能获得的能力。在耳濡目染下，我觉得自己的教学风格正在向李老师靠拢。

我不愿做一个严苛的、一味追求分数的教书匠，只想做牵起学生的手，让他们享受物理乐趣的引路人。学科的特殊性使我一直在八、九年级奋斗，至今已经送走了九届学生，最早的一批学生已经踏上工作岗位。我和每一届学生至今都还维持着联系，他们会与我说一说现在的生活和见闻，我知道自己在他们心里还是那个可以聊天的朋友。大学里的物理学起来很艰涩，有些学生会选择其他更能发挥自身特长的专业，但当看到一些有趣的物理现象、文章、视频时，他们仍会饶有兴致地来找我探讨，想知道神奇现象背后的科学原理。

我知道我成功了。这种成功不一定马上能看到结果，但在学生们心中埋下了一颗喜欢物理、喜欢探究的种子，甚至也许将来他们会用自己的方式让他们的孩子也喜欢上物理。这难道不就是成功吗？我想，我会继续积累这份授课的经验，把教学风格内化成最适合自己的样子，如果可以的话，我希望有一天它能进化成属于我自己的授课艺术。

学到老，活到老，生有涯，知无涯。个人专业领域的知识当然是学得越多越好、越深越好，而我说的不停学习，是指看上去与本专业无关的知识与技能，只要感兴趣的都应该去尝试接触、尝试掌握，也许在将来的某一天，向其他领域延伸的枝杈会带来惊喜。

我所了解的科学家们的生平以及读过的科学家传记，在我的课堂上变成了一个个有趣的小故事，使学生在课堂上能够更饶有兴致地去学习相关物理知识，从故事中体验科学家们发现物理规律的过程。我曾经粗浅地学习过一些焊接与机械传动的结构，工作第三年，我作为指导教师带领学生设计的机械传导感应装置获得了黄浦区青少年创新大赛的一等奖、指导教师奖。

受一些广告设计师演讲的启发，我了解到一个优秀的 PPT 需要下许多功夫去调整，哪怕是留白的比例、字体的大小等都值得反复尝试和调整，更不用说那些用 PPT 就能实现的抓人眼球的视觉效果，现在的我能快速地做出优质课件，这也为我的市级和区级展示课、比赛课等加分不少，学生们甚至会对我每节课所做的 PPT 按喜爱程度进行排名。数字化时代，为了让自己拍下的影像变得更加好看、耐看，我还去各门户网站自学了 PR 与 AE 两个主流视频制作软件，这份积累让我在 2020 年参与"空中课堂"录制的工作中能够更高效自主地调整自己的课程录像内容。也许和其他参与录制的老师相比，我的课程内容不是最优秀的，但在视频的制作与呈现的效果上，我充满自信。不拘泥于自己的专业领域，也许不久后我会发现一个"冷门"技能让我把握住更多机会。

凡是未来　皆为初心

我所在的黄浦区教育学院附属中山学校很讲究团队合作，因为分享可以让我们更优秀。各行各业都有一个词叫作"偷师"，每个师傅都有一手独门绝技。有些师傅想"藏"，让自己总能高徒弟一等，以保持自己的师道尊严。也有些师傅希望徒弟来"偷"，想让徒弟保持好学的精神，我的师傅就是这样无私的人。她总是毫无保留地将自己的教学方法、教学资源分享给我。在她看来，教书人的知识储备越丰满，授课能力越纯熟，对学生就愈发有益。除师傅外，我还享受着其他前辈的分享,有手把手的教学,有文字、视频等参考资料,也有区级、市级的比赛,更有没见过面的前辈在"空中课堂"展示其独有想法和创新思路,以及网络媒体中"一师一优课"的优秀教学设计。

分享实质上是一个给予他人和提高自己的双赢过程。分享的过程从不是单向的,我们分享自己的知识和技能时,同行们的反馈也能帮助我们更好地了解自己的不足之处,从而促进自己的进步。"空中课堂"录制期间,我经常与本区同样参加录制工作的老师互相分享新想法、新设计,有的设计直接会被否定,有的设计值得探讨,我们也会不断地迭代,直到得出最优解。学生的分享时常也会带来一些惊喜,他们的灵光一现可能会提供不少巧思,能让他人更简单有效地理解一个知识点或解决一类问题。比如,我给学生们讲解如何高正确率地完成电路连线的方法,就是从一位学生提供的解题方法里优化得来的。

我的师傅还在不断地进步,期望自己成为更优秀的教师;我受师傅的影响,也不断地磨砺自己,要求自己接好教育事业的这一棒。教育薪火,代代相传。我相信,将来"我"和"我们"会变得有足够的实力,还会有更多有实力的"他"和"他们"加入到教师队伍中来。教育将更有希望,优质教育的火炬将不断燃烧发光,不断传承发扬。

孙唯宸:2012—2013 学年上海市见习教师规范化培训学员,基地校为上海市黄浦区教育学院附属中山学校。一级教师。毕业于上海师范大学物理学专业,现任上海市黄浦区教育学院附属中山学校物理教师。曾荣获 2018 年上海市中小学中青年教师教学评选一等奖、2018 年上海唐君远教育基金会"优秀教师君远奖"、2017 年黄浦区中小学教师教学评选一等奖等。发表、交流文章数篇。

教育感言:无趣无实验的物理课堂是没有灵魂的。

从"工科女"到"劳技人"的蜕变

上海市松江区中小学劳动技术教育中心　徐　婉

2011年,即将研究生毕业的我,面临着找工作的困境,当时我还在上海一家自动化仪器仪表公司实习。正常情况下,我毕业后会进入公司从事研发工作。但是,我从小心中就有一个教师梦,甚至在大学期间就考好了教师资格证。可能是因为有了这颗执着的心,我无意间参加了长三角教师招聘会。经过层层筛选,2012年9月,我顺利入职上海市松江区中小学劳动技术教育中心,成为一名劳动技术教师,教授高中电子控制技术。

我硕士研究生的专业是控制理论与控制工程,而我现在是一名站在讲台上的教师。我深感自身的不足,如何从一个工科毕业生顺利过渡到一名合格的劳技教师,是我从业初期最大的难题。

指导教师团队,促我快速成长

就在深感困惑时,我参加了为新教师们统一准备的为期一年的规范化培训。我很珍惜这次机会,踏实认真地完成了区教育学院、基地校、聘任校布置的每一个作业和每一个任务。我知道这些都是对我的历练。只有这样,我才能实现自身的目标,成为一名对学生有帮助、对社会有益的人民教师。

在培训过程中,校级教学指导老师戴老师、校级教育指导老师丁老师,手把手地指导我,一次次听课、一次次评课、一次次交流,她们的"严厉"让我感受到了教师这一职业的社会责任。翻开她们的带教记录,每一页上都密密麻麻地记录着和我的交流点滴:新教师如何控班?怎么调动学生的积极性?怎么设计教案?怎么提高课堂的有效性？……这些话题都是在我的教学实践中让我感到束手无策的老大难。戴老师和丁老师每一次都能心平气和地指导我，鼓励我面对问题时冷静处理，用爱心和智慧感染学生。一次次讨论，拨开了我初为人师时面临的重重迷雾，及时帮助我找到了解决问题的方法，让我走出烦躁与不安，更加从容地面对课堂。

我的培训基地校是松江区第六中学，指导老师是具有丰富教学经验的钱老师。令我感动的是，当时带毕业班的她特意跑到我工作的学校听课、指导。她常常奔波于松江六中和区劳技中心，投入的时间和精力是不言而喻的，但她从没有一句抱怨。她按照培训要求不折不扣地完成带教任务，每次听完我的课都对我进行详细的点评，包括教学目标是否达成、教学重难点是否解决，就连上课时的教态，如一个手势、一句话，她都会做细致的点评。这些点评对我起到了很大的作用，使我的劳技教学越来越顺利、越来越出色。

在此过程中，她们不仅注重培养我的教育教学实践能力，让我形成良好的教育教学行为规范，还注重规范我的学习思路和努力方向，比如写读书心得、制订个人规划和参培计划书、写职业生涯体验随笔、制订个人三年专业发展计划等。身边有了这些手把手扶着我行走的指导老师，我对教育教学更加自信、从容了。

言传身教，让我提高课堂教学能力

针对自身的不足和问题，我积极地向师傅们汲取经验，不断提升自身的理论基础，并且在理论的指引下，在教学中不断实践、整改，形成自己的风格。同时，随着教育教学改革的深入，对教师个人综合素质的要求越来越高。刚刚走上工作岗位的我既紧张又兴奋，兴奋的是我能够从事这么有意义的工作，紧张的是我肩上的责任重之又重。

还记得见习期间我上了一节公开课，在"光电循迹小车的制作"一课中的"导线与直流电动机接线柱的焊接"环节，直流电动机的接线柱与学生之前遇到的不同，并没有焊盘，这为焊接带来了一定困难，而这个环节正是小车能否动起来的关键。

当时，我上课的一个教学片段是这样的：

师：这个焊接有点难度，有导线、烙铁、焊锡丝三样材料，都不固定，应该怎么办？

生：请同桌帮忙。

师：我们还可以通过焊接的方法来解决，比如带锡焊和点锡焊。

生：对啊，用带锡焊就容易多了。

师：如果想办法把导线固定在接线柱上，是不是就可以用点锡焊了？

生：把铜芯线勾到接线柱，再用点锡焊！

指导老师与我交流，说上面的片段看似是教师通过设问引导学生回答，但教师在每一句提问中都向学生明示了解决的方法，也限制了学生思维的方向。这时，师生对话就成了一种形式，与教师直接讲解无本质区别。她建议我可以将提问片段修改如下：

师：焊接时有导线、烙铁、焊锡丝三样材料，如何做才能方便焊接？

生：想办法只用拿两样材料，例如请同桌帮忙。

师：对，这是一种解决方法。再想想，常见的焊接方法有哪两种？

生：带锡焊和点锡焊。

生：通过带锡焊的方法，可以左手握导线、右手握电烙铁进行操作。

师：对，这是第二种解决方法。如果用点锡焊又怎么操作呢？

生：可以将导线的绝缘层剥除，多露出一些铜芯线，将铜芯线固定在接线柱上，这样就方便焊接了。

师：非常好！同学们，可以选择这三种方法中的任意一种来操作。

指导老师告诉我，可以通过这样的提问，引导学生思考解决问题的方法，而不是直接告知学生如何方便焊接，限制学生思维的发展。知识不是智慧，解决问题的方法才是智慧。作为劳技教师，应该引导学生发现技术问题、融入技术世界，增强学生手脑并用和技术创新的能力，提升学生的技术思维，并促使学生对技术产生新的认识。

"道而弗牵，强而弗抑，开而弗达。"有效的课堂提问应该做到弗牵、弗抑、弗达。指导老师通过一个小小的教学片段，让我明白应该如何巧设提问、激发创新，进而提高学生的技术思维和创新思维。这也让我对课堂教学有了更深的思考，劳技课堂应从培养以"学会"为目标的"高分型学生"转变为培养以"会学"为目标的"智慧型学生"，重点培养学生的想象力、创造力和实践操作能力。

成长的陪伴，让我不断发展

从 2012 年 9 月入职至今，我在劳技教育的道路上不断成长，这离不开市级、区级、校级层面为我提供的各种学习平台。

入职第一年，电子控制技术课程正在进行内容改革，具有工科背景的我刚好可以好好历练一下。指导老师不仅带领我编写校本教材，还指导我参加劳技教学领域的一项大活动——上海市中学劳动技术学科竞赛。这些都为我后面在竞赛领域取得优异成绩打下了牢固的基础。2013 年以前，我区"电子控制技术"项目的成绩一直都不尽如人意，虽然偶有学生获奖，但三等奖是常态。2014 年，我作为教龄两年的新教师，勇挑重担，顶着巨大压力担任了"电子控制技术"项目竞赛的负责人，同备课组教师一起顺利完成了区竞赛学生选拔、市竞赛辅导等工作。之后，连续多年我都作为项目负责人，带领同组教师共同努力，竞赛成绩逐年提升，多次有学生获得市一等奖的好成绩。

虽然一年的见习期很快过去了，但是前辈们对我的指导并没有停止。之后，在他们的指导下，我在校级和区级教师评比中脱颖而出，连续参加了 2015、2019 两届上海市中小学中青年教师教学评选活动，分获一等奖和二等奖。后来，我参加市中小学劳动技术学科教师实践技能比赛、说课比赛，又被选拔去参加全国说课比赛，都离不开他们一次次的悉心指导。

见习规培时，区教育学院给每位教师发的第一本书是《致青年教师》，还记得读到里面《不要急》这一篇时，书中的每一个字都像一位长者坐在你的面前，清楚地知道你心里的困惑,并告知你应该如何去应对。那时我就想着,希望通过交流和学习不断提升自己的业务水平,让自己更早地成为一名"四有"青年教师。

见习规范化培训中的每个人、每件事都影响着我。那是认真学习、刻苦钻研、快速提高自己的一年,是用奋斗的汗水换来的一年。这充实的一年,不仅让我快速适应了教师岗位,有了做教师的底气,有了敢于争取好成绩的决心,也让我在教师这条道路上稳步成长,更让我从一个初出茅庐的"工科女"顺利蜕变成一名有担当的"劳技人"!

徐婉:2012—2013学年上海市见习教师规范化培训学员,基地校为上海市松江区第六中学。一级教师。毕业于太原理工大学控制理论与控制工程专业,现任上海市松江区中小学劳动技术教育中心电子技术组教研组长。2014年起连续三届被聘为上海市教育委员会教学研究室劳动技术学科中心组成员。参加2015、2019上海市中小学中青年教师教学评选活动,分获一等奖、二等奖,多次获上海市中学劳动技术学科竞赛指导教师一等奖,2020年获上海市中小学劳动技术学科教师实践技能比赛二等奖、说课活动一等奖。被评为2020年度全国中小学实验教学能手。

教育感言:教育,让我们变得更美好!

一位"门外汉"的成长记

上海市松江区实验小学 汪竹君

"下面,请荣获2019年上海市中小学中青年教师教学评比(小学自然学科)一等奖的老师上台领奖……"

舞台上璀璨的灯光照得我睁不开眼,台下热烈的掌声让我一瞬间恍惚得不知所以,周围的一切仿佛都被定格了。我的思绪飘至七年前……

揣着格格不入的医学生简历,抱着渺茫的希望,我第一次迈进上海师范大学的校门,参加一年一度的中小学教师招聘。没错,由于种种原因,我这名医学生想改行成为人民教师!机缘巧合下,松江区实验小学接纳了我,愿意聘任我担任自然学科教师。终于,我如愿踏上了教师岗位,可那时的我既无理论学识也无实践经验,对怎样上好一堂学生喜爱的自然课完全没概念。

所幸,上海市为培养成长有特色、专业有发展的青年教师,2011年以来一直都在开展中小学(幼儿园)见习教师规范化培训。作为新上岗的见习教师,我得以参加松江区教育学院组织的新教师培训,并在我的基地培训学校松江区岳阳小学结识了我的教学师傅——小学自然学科名师何春郁老师。自此,我开启了一名教学"门外汉"的成长历程。

在多维培训中入门

松江区教育学院开设的培训课程是我教学入门的催化剂。印象中,教育学院围绕课程改革,采用专家讲座、合作研讨、案例教学、行动研究、教学反思等专题培训模式,引导见习教师学习职业规划、备课上课、听课评课、班级管理、读书教研等。基地校岳阳小学则以"入格"培养为目标，充分利用身边的优秀资源，为新教师们建设了"入格"培训课程，通过"传、帮、带"提高见习教师的整体素质。

师傅何老师真的是手把手领我进入小学自然学科教学的大门。犹记得，第一次去师傅的学校听课，一无所知的我望着何老师，问她："究竟如何才能上好一堂小朋友喜闻乐见的自然课？一堂完整的自然课又该包含哪些内容？"何老师看着茫然的我，一边递给我一本自然教材，一边说："今天早上我正好有三节课，你有空的话就留在这里听一下吧。"我欣喜地应允了。于是，那个上午我留在岳阳小学的自然实验室里，观摩了师傅的三堂家常课。我就像一块海绵，如饥似渴地吸收着每一个课堂细节：如何带班安静地进实验室入座，如何设疑激发学生的探究兴趣，如何组织学生以小组为单位有序开展实验，如何引导学生边实验边记录……当时的我还不能明确罗列出每一个问题的答案，但这些问题已深深地刻在我的脑海里，等待我在日后的实践中总结归纳出行之有效的方法。

基地培训学校不仅督促师傅传、帮、带徒弟，还组织见习教师观摩学习其他学科教师的精彩课堂。在美术课堂中，我知道了一幅美丽的作品是分层分步完成教学的；在体育课堂中，我了解到教师可以通过创设情境来激发儿童的实践欲；在语文课堂中，我感悟到教师的评价应该具体、及时且多样化，"你的课外知识真丰富""你回答问题的声音真响亮""你能帮助你的同学一起完成操作"等指向明确的评价远比"你真棒"更有激励性……不同学科的课堂让我深切感悟到教学的共通性。

一切都在摸索中慢慢清晰起来。我虽然步履蹒跚，但也总算迈出了教学之路的第一步。

在实践探索中修行

课堂是教师展示知识能力、发挥专业影响力的基本场所，当教师的能力在课堂上得到较好的发挥时，教师的专业水平才能在课堂中实现其价值。参加评比课、承担公开课成了我专业成长的重要途径之一。

工作第二年，我参加了松江区组织的1—5年教师教学评比。接到这个任务时,我既兴奋又紧张。教学评比是展示自己的良好平台,一年来,自己的教学能力在全区同学科教师中处于何种水平、教学中又有哪些漏洞需要弥补,都能在这次评比中初见端倪。对于这次评比,我暗暗决定要全力以赴。

初赛说课的题目是五年级第一学期"空气中的水蒸气"一课。看着课题,我疑问四起:学生如何能知道空气中含有水蒸气?要怎样才能抓到这看不见摸不着的水蒸气呢?一系列科学常识问题难倒了我这个"门外汉"。我立即找来五年级自然课本,仔细阅读后终于找到了教学线索:我可以通过空气中的水蒸气遇冷凝结成小水珠这一特性,带领学生模拟"露"和"霜"的形成过程,进而让学生了解天气变化与水循环之间密不可分的关系。所以,关键在于设计实验现象清晰、操作过程简便的模拟实验。在查阅大量资料后,我选择把铝制易拉罐、冰块、盐和温度计作为实验材料。实际操作后我却发现,花花绿绿的易拉罐阻碍了露和霜的辨识度。

虽然此时我已经不是见习教师,但每当遇到专业问题时,我仍会想到求助于曾经的带教师傅何老师。她借助自己的教学经验,热情地向我提出建议:可以用油画棒将易拉罐刷成黑色,以提高露和霜的辨识度。她还建议我用观察湿度与降雨量图表的形式代替口头解说"湿度越高越容易形成雨"的常识,以此来丰富学生的体验感,增强自然学科教学的科学性。仔细斟酌,师傅提的建议不正是自然课倡导的"选用特点鲜明的观察对象""引导学生通过实验数据发现问题、解释现象"嘛!最终,在师傅的耐心指点下,我获得了评比的一等奖。这让我尝到了倾心付出终获硕果的甜头,也为后续在更大更广阔的平台展现自我储备了信心。

之后,我相继在区级层面开设"温度计""磁铁可以推开和拉近""人的感觉"等公开课,每一堂课都需要反复研究教材、完善单元设计、精磨探究过程。此外,我还潜心钻研,撰写了相应的案例文章,并在一些期刊上发表。这一切使我深切体会到"十年磨一剑"的含义。我这个"门外汉"也在实践探索中渐渐找到了教学的门道。

在磨砺创新中攀升

记得魏巍老师说过一句话:"人长久处于同一环境中,思想敏锐度会逐渐被磨平,往往会不思进取、安于现状,变得懈怠,一旦走出去,才知道外面天地的宽广和能人的繁多,才能发生思想的碰撞。"我珍惜每一次听课学习的机会。在信息技术突飞猛进的今天,怎样将信息技术融入自然课堂,促进学生深度学习,一直是我区自然教师执着探索的课题。每逢公开课,总能看到教师们在解决此难题上的锐意创新,特别是市区部分学校的先进实验设备,令人大叹神奇,直呼精彩。

正所谓"绝知此事要躬行",2019年我如愿代表松江区参加上海市中青年教师教学评比。这次,我的参赛课题是三年级第一学期的"纸桥梁"。此时,我的智囊团已经不局限于我的带教师傅,还包括区自然学科研训员王稚老师和戴慧霞、张海英老师领衔的自然学科骨干教师。他们集体为我出谋划策:如何利用改良过的力传感器测量、比较不同形状纸桥的承重能力?有的建议在铁架台上贴标尺,有的建议观察桥面的变形程度,而张海英老师提议的"直接观察力传感器显示的最大数值即该桥的最大承重"令我茅塞顿开,如此不仅可以减少该实验的辅助材料,还能使实验变得更为直观,实验数据的获得更为简便。这成为此实验环节的不二之选。但是,由于我和学生利用平板电脑收集实验数据的技术不够成熟,最后还是未能实现信息化实验和数据的采集分析。虽然本节课获2019年市中青年教师教学评比一等奖,但我心中仍留有一丝遗憾。师傅安慰我说,课堂就是带有残缺的艺术,留下的遗憾会激励我们在下一堂课中持续探索、趋于完美。

2020年,新冠肺炎疫情突然暴发,上海市教委当即组建骨干教师录制"空中课堂",以实际行动帮助学生实现居家线上学习。我也有幸参与了秋季"空中课堂"的录制。整整一个暑期的昼夜备课,虽然过程艰苦难熬,但最终收获满满。我在专业技能与信息技术能力突飞猛进的同时,也不由得思考,纵然科学常识亘古不变,教学应与时俱进,教师应持续充实自我、发展创新,以求在瞬息万变的时代紧跟步伐、日日维新。

成长，是一个过程，如果不能让脚步飞扬，那就该让思想插上翅膀。实践与反思是成长路上的基石，垫高我们迈向前方的脚。当我们把"为什么"变成惊叹号，当我们无畏地闯入大自然的怀抱，成长的轨迹便会向未来伸展成有力的形状。

至此，我这个原本对教学一无所知的"门外汉"已正式入门，并收获了可喜的成果。不过，教师的专业发展之路永无止境。"雄关漫道真如铁，而今迈步从头越。"在今后的教学之路上，我愿以一颗赤诚之心，守护孩子们对自然科学的热爱，为祖国培养善于发现、乐于探究的"小创客"。

汪竹君：2013—2014学年上海市见习教师规范化培训学员，基地校为上海市松江区岳阳小学。一级教师。毕业于上海中医药大学中医学专业，现任上海市松江区实验小学自然教师。曾荣获上海市中小学中青年教师教学评选一等奖、上海市小学科学课堂教学研究与优质课评选一等奖、上海市中小学健康教育示范课三等奖、上海市小学科学教师优秀教学设计评比二等奖。疫情期间参与了上海市"空中课堂"的录制。

教育感言：有时去启迪，常常去引导，总是去关怀。

讲台，站稳不容易

上海市敬业中学　邵家豪

学得好就一定能教得好吗？好学生一定会是好老师吗？我想，这两个问题的答案都是：未必。对刚走出大学、即将踏上讲台的见习教师来说，在从学生向教师身份的转变过程中，学会上课、站稳讲台大概是第一个也是最重要的门槛。从见习教师规范化培训到市、区的各类活动，都为我们青年教师学会上课、完成蜕变提供了重要的平台和帮助。

见习铸地基

入职后，我就被通知要参加见习教师规范化培训。9月正式开学后，我在见习基地校上海市光明中学见到了我的带教导师徐明山老师。徐老师是一名经验丰富的高中历史教师，在见习的过程中，我每周都要随堂观摩徐老师的三到四节课，他也会时常安排我进行教学实践。

无论是我观摩完徐老师的课，还是徐老师听完我的课，我们都会进行充分的交流。徐老师总是非常细致地为我讲解他的教学设计，包括分析内容主旨、如何设立教学目标、如何从教学目标出发安排教学环节、如何根据学生的反馈及互动的效果调整教学。徐老师还会从这些角度对我的教学进行点评，并提出许多可实践、可操作的改进建议。这对我来说既是一种压力，也是一种督促。正是在这种压力和督促下，我逐渐养成了认真备好每一节课、不断进行反思的习惯，这些习惯让我获益至今。

此外，我还积极参加了由区教育学院组织的观课活动，观摩刚经历规培的前辈们各有特色的成果展示。特级教师李惠军老师的一次课后点评对我的触动最大。李老师从很高的立意和角度谈了历史教学设计，言语中展现出的极高的史学素养与教学水平令我叹为观止。结合李老师的点评反思自己的教学后，我获益良多。更重要的是，我得以一窥专家前辈们的风采，从此更加坚定了自己要成为这样优秀的教师的信念。

除了区级层面安排的规范化培训外，我所就职的上海市敬业中学也为我的专业成长提供了诸多助力。就职后，学校就非常信任地交给我高一、高二两个年级八个班的教学任务，每周近二十个课时，给予我充分进行教学实践的机会，让我得以根据实际效果不断调整自己的教学设计。有时，同一节课周一上和周四上会完全不同。正是在这样的过程中，我逐渐意识到教师要根据每个班学生不同的特点灵活调整教学设计和教学策略，这样才能取得良好的教学效果。

学校还安排了经验丰富的高级教师顾晓谷老师做我的带教导师。同时，已经退休的特级教师钱君端老师也经常不辞辛苦地来学校观摩我的课堂教学，并提出了宝贵的意见。作为久负盛名的特级教师，钱老师并没有因为我是一名新入职的青年教师而看轻我，反而非常注重鼓励我，每次评课时都对我的可取之处进行充分的表扬，例如"小邵，你的教学语言非常清晰""唯物史观是高中历史的基础，你抓住了这一点进行分析，非常好"。这些鼓励对帮助一名青年教师树立自己的教学信心有着无法估量的价值。因此，我对钱老师感佩至今。

这些指导老师都对我个人的专业成长有着很大的帮助，他们认真的态度、扎实的素养也为我学着如何走上讲台树立了榜样。

磨砺助成长

2015年，我参加了"萌芽杯"见习教师教学评比活动。可能是受学生时代专业训练的影响，我在课中喜欢大量运用史料，从专业角度来看这或许可称为"严谨"，但从学生认知的角度来看这其实忽视了学生的主体地位。此外，我制作课件的水平也有限，无论是条理性还是美观程度都有很大欠缺。正是因为这些原因，我最初的教学设计在实践中的效果并不理想。后来,在诸位指导教师的帮助下,我逐渐改变自己的风格,减少大段的文字史料,增添图片、图表等不同类型的素材,使课件的形式和色彩更加多元化,教学效果果然有了明显的提升,但在教学环节和活动设计上依旧有许多不足。虽然我最终入围了决赛,却也只获得了三等奖。

这一次经历给我带来了很大的触动。我开始反思:在那么多位教师的指导下,我反复修改且很有信心的一节课为什么没有得到评委们的认可呢?看来一节课好不好,不仅要看教师设计得好不好,还要看教师上得好不好,更要看学生的反应如何以及能从中学到多少,这也是我对"以学生为中心"的教育理念的理解。

2018年,我有幸加入黄浦区第二期历史名师工作室。当时恰逢新一轮课改在全国逐步推广,新课标、新教材投入使用,工作室的两位导师——特级教师邵清老师和郎宇飞老师组织了各类听课、观课、阅读活动,组织我们共同进行课题研究。这一切推动我迅速展开对新课标、新教材的学习和使用,名师工作室也因此成为我专业成长的又一个重要平台。

新教材中,每课的容量都比较大,一课相当于过去的三四课,由此造成了每课的核心主旨更加难以把握。教师如何在有限的教学时间内完成数倍于以往的教学内容?如何在庞杂的内容和纷乱的焦点里找到一条清晰的主线?如何在教学中真正落实核心素养?这些都成为我们思考的重点,也是新教材使用过程中的难点。我原本认为需要在长期的教学中逐渐寻找这些问题的答案,但2019年我报名参加了黄浦区青年教师教学大奖赛,这迫使我在短时间内努力寻找行之有效的解决办法,将自己在过去几年的所思所学化为实践。

在两位导师的指导下,我结合自己对新课标、新教材的理解,吸取此前的经验教训,调整自己的教学设计。从学生的角度出发,我认为历史人物和历史故事是一节历史课中最能吸引学生兴趣的地方。因此,我确立了以历史人物为叙事主线的教学策略。在"国家出路的探索与列强侵略的加剧"一课的教学设计中,我选取了洪秀全和李鸿章两位历史人物,以这两人为核心构建教学设计。在反复磨课和修改的过程中,我不时想起见习期间各位老师对我的建议,时刻提醒自己要改正过去的缺点,在课堂教学中不断观察学生的反应,并随时进行调整。最终,我获得区一等奖。

2020年,我又参加了上海市中小学中青年教师教学评选活动。这一次,我选择了"辽夏金元的统治"一课。工作室的两位导师和区教研员任俐老师一同为我出谋划策,还请来了李惠军老师对我进行指导。李老师亲自为我做了示范和剖析,还提醒我除了从一节课的角度思考如何上好这节课以外,还可以从更高的"单元界面"的角度进行设计,这样才能有更高的立意、更深的思考和更准确的把握。见习时仰望的前辈专家的亲自指点给我带来了信心。

在各位老师的指导下,我逐渐形成了对这节课,也是对新教材如何开展教学的再思考。深入研究课标指向和教材文本,在淬炼单元内容主旨的基础上,选择最具代表性的概念、人物、材料等进行教学设计,不失为一种有效途径,可以突破新教材在体例上给教学留下的诸多难点。我认为,作为历史活动主体的"人"是激发作为历史学习主体的"人"的关键元素,也是创设真实历史情境、实现学生深度学习的可靠支点。

因此,我延续了"叙史见人"的教学策略,在"辽夏金元的统治"这一课中围绕一个贯穿了辽夏金元时期的独特家族——耶律楚材家族进行教学设计。之所以做这个选择,不是因为这个家族多有名,而是因为他们的经历在当时具有典型性和代表性,学生可以从这一家族的沉浮中看到这一时期的历史特征。之后,我以这种想法为核心,加上各位老师的指导,重构了整节课的设计,虽然反复打磨的过程很痛苦,但令我欣慰的是我最终获得了市一等奖的好成绩。

不忘教育初心

见习培训已经过去许多年了,经过这些年的磨砺,我认为自己勉强算得上"站稳讲台"了。在这一过程中,见习规培为我的专业成长打下了坚实的基础,区名师工作室、市级和区级的各类教学评比为我的进一步发展提供了良好的平台,是督促我专业发展的重要动力,让我始终不忘做教师的初心——求历史之道,解学生之惑。

我的成长也离不开许多优秀前辈、专家对我的悉心指导和言传身教。他们不仅让我知道了什么是"学高",更让我感悟到什么叫"身正"。他们的无私教导为我的成长拨开了重重迷雾,是我成长道路上的一盏盏指路明灯,鼓励我沿着他们的脚步去探索教学的更高峰。

邵家豪: 2014—2015学年上海市见习教师规范化培训学员,基地校为上海市光明中学。二级教师。毕业于华东师范大学历史系,现任上海市敬业中学历史教师。曾荣获上海市中小学中青年教师教学评选活动一等奖、黄浦区中小学教师教学评选一等奖。案例《嬗变·英国工业革命》获上海市中小学优秀作业、试卷案例评选活动一等奖。

教育感言: 学高身正,求实创新。

向下扎根，向上生长

上海师范大学附属中学　叶　婷

朱永新先生说：“成长是人生最好的姿态。”回顾这几年的从教生涯，我庆幸自己一直在成长。这几年间，我有过迷茫和失落，但从不曾怀疑，有过挫折和艰辛，但从不曾放弃；我相信每一分历练、每一分收获都是精彩，每一次磨砺、每一次突围都是成长。回顾过往，原来我悄悄地在心里播下了四颗种子：初生、磨砺、突围、理想。每一颗种子从萌芽到长成小树，向下扎根，向上生长。

初生的种子：美丽遇见，引领传承

第一颗是初生的种子——一场场美丽的遇见，也是一个个使命的传承。规范化培训，一场美丽的邂逅；我的导师们，一场注定的缘分；我的同行者，一些知己的相遇。

七年前初入职场，一切对我来说都是新的，我有想要施展才华的冲劲，却因缺乏经验而处处碰壁。正当我处于迷茫摸索的状态时，上海市见习教师规范化培训的到来如同一盏明灯，照亮我的前行之路。此次培训让我茅塞顿开、豁然开朗，不仅学到了知识，增长了技能，也开阔了眼界。还记得每一周的专家讲座，聆听前辈的谆谆教诲，总能令人受益匪浅；还记得每一次的任务作业，任务驱动型成长也是一种提升和进步；还记得阶段性考评，接受专家的监督，对成果进行检验；还记得"新苗杯"、基本功大赛等，这些都是对教学能力的检测。直到今天，我发现规范化培训给我带来的影响早已深深地扎根心田。

每个人的成长都离不开老师的教导，尤其当自己做了老师之后，专业上的成长更离不开导师的引领。我很庆幸遇到了我的导师们，他们是我成长路上的明灯。

我的学科导师汤老师，是一位谦逊、有学识又善解人意的老师，每当我遇到困难，他总是第一时间无私地指导我，帮助我走出困惑和瓶颈。犹记得那年高三一模考试，学生没考好，加上当时是我第一年带教高三，我的失落之情无以言表，汤老师不断安慰我、鼓励我，帮我分析原因，同时想办法、提对策。在他的指导和帮助下，我重振精神，及时调整心情和教学，最终班级学生在高考中取得佳绩。

聘任单位也十分注重青年教师的成长，作为教研组长的杨老师也是我的导师。在我们教学成长的路上，他总是亲力亲为，特别是一系列公开课期间，他组织组内教师一起听课、磨课，在这个过程中我的课堂教学能力大大提升。

2019年3月，我有幸加入区学科工作坊，遇到我的工作坊导师刘老师——一位学富五车、才识过人、有主见有想法的老师，在学界有着一定的声誉。"只要你保持每年开一节公开课，读一本专业书，有一定的思考，那文章定能信手拈来。"这是她经常教导我们的话语，而她也以实际行动为我们树立榜样，带领着我们前进。

有缘跟着导师们学习，是我人生的幸运。另外，教学的道路上也离不开同行者的相互督促与陪伴。我和教研组的同仁、工作坊的同伴一起成长，一起进步，一起走向未来。

这些美丽的遇见，充实着我的大脑，丰富着我的心灵，打磨着我的教学，让我在教学路上多了一分睿智，少了一分懵懂，多了一分坚守，少了一分孤独，在引领传承下渐入佳境，越走越稳。

磨砺的种子：站稳课堂，踏实前行

第二颗是磨砺的种子——必须站稳课堂，踏实前行。课堂是教师的主阵地，是教师生命成长的舞台。一节好课，从选课题、备课、找资料、试讲、磨课，到反思、修改，再磨课、再反思、再修改……循序渐进，每一步都需要踏踏实实做到位。

七年前，我上了人生中的第一堂公开课。作为一名刚刚站上讲台的新教师，面对一堂比赛性质的公开课，我心中的紧张和焦虑可想而知。在准备的过程中，我需要思考诸多问题：如何选定课题；选定课题后，如何好好研读教材，把握教学目标和重难点；如何备课——备课不仅需要备课本上的知识和内容，更要通过多种途径寻求更多资源信息，以支撑课本上的观点和知识，正所谓"教师需要的不仅仅是一缸水，而是一缸活水"；如何在试讲中找到自身的缺点并改正；如何进行再次试讲——第二次试讲需要在前一次试讲的基础上不断调整；如何在反思中磨课——磨课的过程是一个不断矫正、充实的成长过程……

最后我将课题内容确定为"第三产业"，此次公开课得到了师傅的指点，从备课到试讲、修改、再试讲，一共经历了三个过程：第一，教学内容本身由繁至简；第二，教学主体由教师转向学生；第三，讨论议题由宏观转向生活化。

磨课过程是艰辛乃至痛苦的，但最终的结果是让人喜悦的。我想，这便是磨课的魅力所在。"路漫漫其修远兮，吾将上下而求索"，在磨课的过程中，我明白了世上没有完美的课堂、没有完美的教学方式，唯有不断探索和学习，才能更好地开展教学。有了第一次的磨课经历，我更加意识到站稳讲台的重要性，教师必须抓好课堂这个主阵地。之后，无论是家常课还是公开课，我向导师探讨求教成了家常便饭。一次次教学内容的探讨、一次次思维火花的碰撞，让我慢慢立足课堂，上出了属于自己风格的课。在导师的鼓励下，至今为止我仍保持着至少每年开展一节校公开课、每两年开展一节区级公开课的频率，同时积极参加大大小小的市级、区级比赛。我认为获得荣誉是次要的，从中获得历练和成长才最关键。在课堂磨砺的征途中，我是喜悦而幸福的，我一步一个脚印，踏实前行。

突围的种子：科研助力，快速成长

第三颗是突围的种子——依托科研，快速成长。如果说教育科研是教师成长的一种方式，那教育写作就是对自己的教育行为追问、审视、批判、肯定的过程。一旦养成教育写作的习惯，很多想法和观点就会在不知不觉中变成教育思想。

还记得在规范化培训的某次讲座中，导师提出了"做研究型教师"的要求，也正是从那天起，我明白了研究的重要性。然而，在实践中我遇到了诸多困惑：什么是研究？研究什么？怎么研究？一系列现实问题不断涌现。于是我向导师讨教，得到的回答是:"每节课后写反思。"

我开始尝试在每节课后拿起手中的笔,把自己的思考记录下来,有时是课后的反思,有时是与学生间的故事,从一开始只有几句话,到后来能写满整整一页纸,甚至更多。经过日积月累,我的反思越多,文字成果也越多。在我写作反思的过程中,还会不时出现一些小惊喜,比如在上完入职的第一节公开课"走进第三产业"后,我的反思总结成文后发表在核心期刊《思想政治课教学》上,这对我而言是一次极大的鼓励和启发——原来日常的反思总结可以变成教育科研。这也让我更加坚定了自己前进的方向,在实践中改进,在反思中进步,写作也是为了反思、提升和研究教育实践,是一种升华教育实践的研究。

就这样,在成为研究型教师的路上,我扎扎实实,一步步向前走。自从发表了第一篇科研论文后,我不仅坚持写作,记录思考的点点滴滴,还坚持研究,将实践和理论相结合并转化为成果。我先后在《思想政治课教学》《思想政治课研究》《现代教学》等期刊发表数篇论文,这些是对自己的肯定,更是对自己的激励。我坚信,只有不断学习新的教育理论和思想,坚持对教学实践进行理性的思考,才能真正成为一名成熟的研究型教师。

理想的种子:坚守信仰,预见未来

第四颗是理想的种子——如果坚守信仰,必将预见未来。在教学这条路上,我一直没有忘记自己为了什么而出发。规范化培训的第一份作业便是制定三年职业规划,回头看,我已基本实现了自己当初的规划。如今我默默许下一个心愿:我想成为一名有信仰、有思想、有情怀、有担当、有魅力的教师。

所谓信仰,即坚定的马克思主义信仰,作为青少年的思想引路人和信仰铸魂者,思政课教师首先自己要有坚定的信仰;所谓思想,即先进的教育理念,教育应与时俱进,教师要不断更新自己的教育理念和思想,与时代共进;所谓情怀,即对教育事业的一种深沉、持久、难以割舍的情感,它包含塑造人、培养人的使命感;所谓担当,即责任,教师应对学生、学校、教育、时代负责,立足本职,要对得起"人民教师"的称号;所谓魅力,即具备人格魅力、学识魅力和教学魅力。教书育人,我乐在其中,不忘自己的教育理想,不忘自己的初心使命,引导学生扣好人生的第一粒扣子,找到人生的正确方向。

默默许下心愿的同时,我需要时刻鞭策自己,在工作上保持勤奋与上进,在专业上不断深耕与发展,这样才能真正预见未来。我坚守住内心,抵挡住诱惑,始终记得来时的路,对自己的志业怀揣着理想,永葆着希望,在未来一定可以成就一个更好的自己。

感恩规培,一场美丽的遇见,在我的心田播种下第一颗种子,之后才会有第二颗、第三颗……这一颗颗种子已然在我的心里生根发芽,长成一棵棵树苗,并继续慢慢长大。在这些年的教育教学工作中,我就像一棵茁壮生长的小树,根植教育这方沃土,以知识为雨露,以课堂为阳光,以科研为养分,茁壮根基,日渐繁茂。我愿像小树一样,向下扎根,向上生长,不为风雨所惧,不为平凡所忧,一如既往地努力扩展根系,不断汲取养分,最终长成参天大树。

叶婷:2014—2015学年上海市见习教师规范化培训学员,基地校为上海师范大学附属中学。二级教师。毕业于上海师范大学课程与教学论专业,现任上海师范大学附属中学思想政治教师。曾荣获上海师范大学年度评优表彰记功、上海市中小学时事课堂教学展示评优三等奖、浦东新区"园丁奖"、浦东新区见习教师规范化培训优秀学员、新冠肺炎疫情防控工作"先进个人"称号、校青年教师"蓓蕾奖"决赛一等奖等。在《思想政治课教学》等核心期刊发表《议题·问题·活动》等文章近10篇。

教育感言:在学习中沉淀,在实践中成长,以爱执教,用心育人。

心有光芒，必有远方

上海市静安区彭浦新村幼儿园　王雯蕾

如果说教师是一束束迸发希望的光芒，那么见习教师规范化培训则是点燃的火种。作为静安区的一名职初教师，我曾在见习教师规范化培训中不断汲取力量，蓄力绽放光芒。

光芒初起——见习规培初体验

见习教师规范化培训，不仅包括在教育学院集体的理论学习，还配备了相应的基地校让新教师"绝知此事要躬行"。很幸运，我的基地校正是今后的工作单位——上海市静安区彭浦新村幼儿园（以下简称"彭幼"）。从见习期开始，我便与彭幼结缘，实现了自己的教师梦。

见习基地校与工作单位一致，无论是在师徒带教上，还是在教育教研上，都令我事半功倍。在培训期间，我深入基地园的各类教育研讨活动。刚开始，我非常拘谨，毕竟我才刚刚加入这个团队。在参与的过程中，我发现各位老师都敢说、愿讲，能够大胆表达自己的想法。渐渐地在轻松、愉悦的教研氛围中，我不再因一名见习教师的身份约束自己，开始大胆表达自己的想法，向各位老师虚心求教、学习经验，最终收获满满。这样的研讨氛围、这样的师资团队，让我深深爱上了这里，我与彭幼结下的不解之缘，点燃了心中想要成为一名优秀教师的第一束微光。

在一次次的讲座学习和观摩培训中，我收获了很多无法从书本上学到的知识，也更明确了自己的角色定位。我在彭幼的团队中规划着自己近期的职业生涯，在规范化培训中历练，在历练中成长。

启程远方——引航明灯伴我成长

基地校的培训不是一个简单的形式，它构建的是一个团队、一种文化。见习教师规范化培训和骨干教师带教犹如一朵双生花，在彭幼绽放吐艳。曾有老师说过："期盼带教教师不忘初心、攻坚克难，希望见习教师潜心学习、浸润成长。"我的成长离不开带教师傅和团队给予的无私助力，他们就像一盏盏引航明灯，拨开我心中的迷雾，不断激发我心中的微光。

彭幼是一所艺术特色幼儿园，三大艺术工作坊研讨是园所的一大亮点，每个工作坊都有自身的艺术韵味。规培期间，我有幸进入这三个工作坊体验。出于自身的兴趣爱好，我对文学工作坊的活动尤为感兴趣。

每一次文学工作坊活动，教师们将自己平日里看到的好的绘本故事拿到工作坊中一起探讨，共同寻找适合幼儿语言活动的教学点与教学形式。在研课的过程中，教师们各抒己见，你来我往中擦出诸多火花。教师们打破绘本固有的教学模式，不断尝试新的教学形式。每一次试教，工作坊里所有的教师都会加入进来，一起交流建议，力求将活动打磨得更加成熟。在一次次的参与和学习中，看着最初简简单单的一个绘本故事，经过教师共同研讨、试教，最后成为一节成熟的活动展示在大家面前时，我被深深地打动了。

在文学工作坊学习期间，我最深的一次体会是见习期的局务会议教学展示。这是我作为一名见习教师首次展示学习成果，展示的内容是大班绘本活动"收集东收集西"。对我而言，这不仅是一次机遇、一次挑战，更是一场磨炼、一份收获；同时我又怕自己出现失误，怕让领导和工作坊的老师们失望，因为当时的我只是一个缺乏经验、初出茅庐的见习教师。幸好领导的信任和工作坊老师们的支持，给了我战胜自我的信心。

有挑战才有进步，有磨炼才有收获。整个准备过程，我的带教师傅和文学工作坊的老师们都共同参与，我们针对该绘本教学活动进行了多次研课与试教。对于教案中每一个活动环节的设计，我们都一同探讨，反复推敲，并通过试教不断完善。甚至信息部的老师也参与进来,与我共同修改课件,力求使活动展现更为精彩。在大家的帮助下,我对绘本的理解、对活动环节的设计、对幼儿的回应等都有了进一步提升,对绘本教学也有了更多的体会和感悟。

事后,我仍记得带教师傅笑着对我说:"怎么样?有了这样的经历,以后再开课是不是就不那么紧张了?"现在想来,我觉得自己其实还是会紧张,只不过比之前多了一份勇气、一份自信、一份坦然。正因为这段与文学工作坊的故事,我找到了自身的教学特长,于是向文学工作坊提出申请,开启了语言教学的旅程。不知不觉间,我已历练成长为文学工作坊的坊主,心中的光芒照亮我继续砥砺前行。

乘风破浪——把握契机砥砺前行

日积月累,积土成山,平日里一点一滴的经验积累,会慢慢融入实践,成为提升自身教学水平的基石。我非常庆幸有一个帮助我不断成长的规范化学习平台,有一批富有经验并且愿意悉心教导我的前辈老师,以及一个热情团结、互帮互助的师资团队,使我在这样一段自我发展的旅程中备感温暖和快乐。

2016年5月,我参加了上海市静安区教育系统"新苗奖"的评比以及见习教师规范化培训展示评比活动。本届活动在形式和内容上有很大的变化,对教师的临场应变、现场回应、教育教学能力、思维逻辑能力等都是很大的考验。此次比赛与展示的内容不再局限于一节学习活动,而是分为以下四个内容:课堂教学能力展示、"三笔字"展示、教育智慧呈现、演讲。课堂教学能力展示又分为三个部分:教案设计、模拟课堂教学、教育案例分析。这对教师的临场应变和语言表达能力都有较高的要求。最终,我获得了上海市一等奖的佳绩,并受邀参加了上海教育电视台录播的《青春出发——上海市中小学(幼儿园)见习教师规范化培训成果展示》。

正是因为有了见习教师规范化培训的学习平台、局务会议教学展示的历练、文学工作坊研课的经验积累等,我在思维、语言及表达上获得了很大提升,变得敢讲、敢做、敢于表现。这些也为我提供了面向区级、市级的更多的锻炼和成长的契机。

2017年，我带着规培期间收获的成长经历与经验，再次大胆挑战自我。我成功入选区骨干教师中心组、区"菁英教师"队伍及"种子计划"温剑青老师的实训基地，同时成了区教研员张敏老师"问题驱动下高结构研究"组中的一员。在这些优秀的团队中，我不断提升教育教学能力及个人修养，从中收获颇多。

在区骨干教师中心组，我跟随张敏老师和中心组的成员们一起学习和研讨。我们共同开展有关集体教学活动发展趋势的理论学习，观摩"快乐洗衣""美味的披萨""画的世界不一样"等集体教学活动，并开展现场研讨。在这个过程中，我们感受到了音乐、美术领域核心经验的体现与价值，加强了对艺术领域核心内容的把握，提高了自身的研讨与实践能力。在区骨干中心组的平台，我公开展示了小班科学"吹泡泡"、大班语言"小房子"等教学活动。

张敏老师时常会到幼儿园对我进行教育教学上的指导，与我共同制定教师发展规划，并研讨区青年课题的撰写。在张老师的帮助下，我的教研能力有了很大的进步。

在"菁英教师"队伍及"种子计划"的发展平台，我和各位幼教同仁共同学习，共同思研。我们采取了线上线下共同开展的模式进行研学，先后举办了多场专题讲座，有陈青老师的"基于PCK建构理念的数学游戏观察与互动"、吴佳瑛老师的"集体教学中的班级文化"、《上海托幼》王编辑的"从讲故事到写故事"、肖艳萍教研员的"教学设计与评价"……

线上线下相结合的培训，内容充实、丰富多彩。在这个大家庭中，我向各位专家老师学到了许多，同时也收获了各位幼教同仁的有益经验，这些都值得我细细品味。在大家庭的帮助下，我切实地提升了自己的专业素养。

规培中的成长收获，以及区级、市级平台的学习与积累，令我心中的光芒逐渐闪耀。这光芒点燃了我的职业生涯，照亮了我的孩子们，同时也向园内辐射。2017年我竞聘担任教研组长一职，希望能够点燃更多心中留有微光的教师。

作为一名青年教研组长，我在工作中始终保持着规培期间努力研学的初心，虚心求教，及时反思：通过研读教材，加深对课程板块及主题核心经验的认识,推进课程实施的研究;带领级组教师围绕"集体教学活动主题方案制定""《指南》背景下基于中班核心价值的集体活动有效设计"等内容开展研究,并带领大家结合班级保教工作的开展,重新审视集体教学活动的设计;以幼儿感兴趣、符合幼儿年龄特点及主题核心经验的内容为选材,通过活动设计、教案批注、经验总结等途径提升教师自我设计活动、修改活动、展示活动的能力。教师们的交流互动形成了教学相长的良性循环,大家提升了设计活动和执行活动的水平。

心有光芒,必有远方。即使在旅途中会遇到暴风骤雨,我也依旧要乘风破浪,把握契机,砥砺前行。因为我知道,旅途中的阻碍终会成为一颗颗燃烧的火种,给予我前行的勇气与力量。

最后,我想对心中有微光的见习教师说:作为职初教师的我们虽然还很稚嫩,没有太多经验,没有很多理论支撑,但见习教师规范化培训这个平台有许多和我们怀揣着同样梦想的同仁,有优秀的师资团队,只要我们愿意深入地学习、努力地反思,用积极的心态去克服前进路上的困难,终会"心有光芒,必有远方"!

王雯蕾:2015—2016学年上海市见习教师规范化培训学员,基地校为上海市静安区彭浦新村幼儿园。二级教师。毕业于上海师范大学学前教育专业,现任彭浦新村幼儿园教师、教研组长、文学工作坊坊主。曾荣获2016年上海市中小学(幼儿园)见习教师规范化培训展示活动一等奖、静安区见习教师"新苗奖"一等奖等。

教育感言:*心有光芒,必有远方。*

乘风破浪的"小周老师"

上海市杨浦区本溪路幼儿园　周元旻

2015年底,我代表园所参加了上海市中小学(幼儿园)见习教师规范化培训交流展示活动的筛选,经过几轮评比,最终我与另外两名幼儿园见习教师代表杨浦区参加市级评比。2016年是中小学(幼儿园)见习教师规范化培训交流展示活动(以下简称"展示活动")举办的第一年,我们这批参加的见习教师摸着石头过河,在不断的尝试中交出自己的答卷。也正是因为这一次活动,参加评比的我们都取得了长足的进步,成为"第一个吃螃蟹的人",虽苦亦甜。

职初教师初面风浪

面对活动中多领域、多方向、多要求的评比项目,我们在准备期遇到了诸多困难。

展示活动包括三个环节,首先是园级申报,然后是区级评比,最后是市级评比,一共历时六个月。其中,从确定区代表教师到最终的交流展示,只有两个月左右的间隔,在这两个月中,参赛教师既要完成日常的教育教学工作,还要参加各级培训。准备时间短,评比项目多,是我们当时面对的最大困难。

第一届的展示活动项目庞杂、新颖,让我们这些见习教师在准备初期找不到方向。有的项目是与日常教学活动有关的,例如课堂教学呈现、教育智慧展示、教案设计等;有的项目则是第一次出现,例如教育主题演讲、"三笔字"等。这些项目不仅涵盖见习教师日常工作中的各个方面,还会考量教师自身的素养和底蕴,对我们来说是一大挑战。

虽然我们在大学学习期间大都进过录播室开展无幼儿的课堂模拟，但是将模拟课堂作为一个评比项目，不只我们这些见习教师感到新奇，许多带教师傅也称自己是第一次遇见。在日常的教育教学活动中，教师往往会通过幼儿的反馈、幼儿与课堂内容的互动来推进课程，进而达成教学目标；模拟课堂则是在没有幼儿的情况下实施教育活动，"如何上好这节课"是摆在大家面前的难题。

各方助力，披荆斩棘

尽管有诸多困难，但是在个人的努力和各层级团队的帮助下，准备工作还是有条不紊地进行着。与此同时，我也摸索出了一些经验，来应对上面提到的难题。

◆ 以教代练，将备战融于工作

由于备战时间紧迫，备战工作量又很大，因此如何平衡好活动准备和日常的教育教学工作成了我要解决的第一个问题。"教案设计……案例分析……"我一想到评比项目就发愁，"这周还要写月周备课，完成幼儿个案和教研专题案例……"想到学校的工作任务，我感到自己的负担又重了几分。但当我将这两者放在一起考虑的时候，我似乎找到了解决困难的好办法，那就是将准备工作和日常教育教学融合起来，通过班级备课、幼儿个案、专题案例等园所文案资料来提升自己的教案设计能力和案例分析撰写能力，通过对日常带班教学中的突发情况的应对策略梳理来提升自己的临场教育智慧。找到方法后，我制定了日程表，将每部分的进度结合各项培训安排妥当，并在每个阶段完成后向带教师傅请教如何改进和提升。有了合适的策略，备战工作不再是日常教育教学之外的负担，反而成了我反思自身日常工作的助推器。

◆ 师徒带教，攻克课堂模拟

在准备工作中，园所主要协助我进行教育教学项目的练习，其中的"模拟课堂"是最大的难题。一开始进行模拟课堂教学时，面对台下没有幼儿却坐了一排成人的情况，我始终找不到开展教学活动的状态。台下的老师也觉得我的课上得没有激情，味同嚼蜡，认为我只是在背教案和播放多媒体。正当我苦恼时，我的带教师傅李天虹老师、徐岚老师和教研组长洪晓园老师与我一起制定了几条"备战策略"。首先,在各个班级中将准备的四节活动进行实地教学,在实践中磨炼课堂感觉,理清实施思路。同时,通过实地教学,收集幼儿在活动各环节的反馈,包括每一次教师提问后幼儿的回答、每一次操作中幼儿出现的问题、每一次交流分享中幼儿表达的点等。虽然模拟课堂没有真实的幼儿,但是我可以把真实的幼儿表现出来,通过和"孩子们"的互动反映教育教学的巧设计和教师教学的巧心思。以精练的活动架构为骨,以幼儿的趣味反馈为肉,我的模拟课堂项目表现日益进步,但感觉似乎还缺少了"魂",没有幼儿在台下,课堂上的我总没有教学激情。针对这一情况,师傅们想了一个十分巧妙的办法,找了一个矿泉水瓶,对我说:"你上课的时候把这个瓶子当孩子,眼神就不会飘了。"果不其然,有了视觉焦点,我终于找到了模拟课堂的感觉。

◆ 专家引领,区级团队合力

在学校帮助我准备教育教学类评比项目的同时,区教育学院也对我们的个人素养类项目进行了指导。在所有的评比项目中,"三笔字"是我最没有把握的。区教育学院特地邀请书法教研员吴敏老师搭建专业的培训师资团队,为参赛见习教师进行有针对性的指导。基于我的情况,吴老师以"攻其全面不如击其一点"的方针,鼓励我选择毛笔字作为参赛项目,并对我进行了专业的辅导。通过每天的回家练习和每周两次的集中培训,我的书写功力慢慢积累。尽管在最后的评比活动中,考核内容出乎我的意料,但是这一段时间对毛笔字的关注和练习,也让我重拾对书法的兴趣,找到一种在工作之余静下心来的好办法。关于教育主题演讲这一评比项目,教育学院也请到了名师王晓燕老师对我们进行辅导。王老师基于她多年普通话考试评委的专业水平以及多场大会现场播音或主持的丰富经验,为我们梳理了可能遇到的题目,并介绍了许多做好前期准备的方法,让我们收获颇丰。

风雨之后有彩虹

在最终的展示活动中,我获得市二等奖的成绩。这份荣誉,是对我个人努力的肯定,更离不开园所、区教育学院等各层级领导和同仁对我的帮助。而对我来说,我在这次评比活动中收获的远不止一个奖项。

◆ 梳理备战经验,促进教育教学

我在展示活动中提升幅度最大的就是教育教学能力。在备战过程中,由于对四节模拟课堂活动进行了反复的试教、研课、改进,我在设计活动、实施活动以及开展师幼互动方面有了长足的进步,甚至可以说是突飞猛进。同时,备战过程中各层次教师、各领域专家对我的指导,也拓宽了我的教育思路,加深了我对幼儿教育的认识。在日常活动中对教育智慧的思考和梳理,让我对幼儿有了更为细致的观察,从而了解每个幼儿,使他们与我更加亲近,对我更加信任,我的班务工作处理起来渐渐游刃有余。专业能力的提升配合对幼儿的日益了解,家长工作的开展也变得简单起来,我对幼儿的细致观察和对问题的专业指导都让家长对我更加信任。可以说,展示活动对我的提升,是从理念到实践的,是一场从内到外的洗礼。

◆ 反思自身不足,提升教学科研

展示活动一方面提升了我的日常教学实践能力,另一方面也反映出我的不足。在准备教育主题演讲的过程中,我发现自己的归纳、总结能力较弱,虽然能够在日常教学中找到特别之处,但是没有将实践转化成理论的能力,这其实就是因为我教育科研水平不足。看着其他老师在演讲中能够很好地结合实践案例和理论知识,以案例为依托畅谈自己的教育理念,我认识到自己的薄弱之处。在之后的工作中,我始终关注这个部分的自我提升,认真对待每一次教育科研活动,积极参加校、区、市级的科研项目申报,最终也取得了一些成绩。

◆ 结识各校精英,拓展教育视野

在备战过程中,我有一项意料之外的收获,那就是认识了区内其他学校的精英教师。面对同一个目标,我们共同努力,在辛苦备战中相互鼓励。面对各项评比项目,我们在研讨中各抒己见,碰撞出思维的火花。大家一起分享经验,分享资料,分享疲惫和心酸,也分享收获和喜悦。尽管评比活动早已结束,但是我们之间的情谊还在继续。我们依旧会一起讨论工作、生活中遇到的事件和问题,在集体的探讨中，我也对不同学段的学情有了进一步了解，我不再拘泥于自己学段的内容，而是能够从更加宏观的视角去看待幼儿的成长和变化，去思考教育的发展和变革。

展示活动对我的提升还有很多方面，最核心的是让我更迅速地进入"幼儿教师"这个身份，开始思考如何成为一名好教师。

成为一名教师不难，考一个教师资格证、上岗证，花费一定的时间和精力就可以。而成为一名好教师很难，需要的不仅仅是时间和精力，更多的是心力，是把幼儿放在心尖上的耐心与恒心。

踏上三尺讲台容易，凡是具有一定教学能力的教师都能做到。然而，站稳三尺讲台不易，如何在数年、数十年的教师生涯中不断砥砺前行，为学生提供更好的教育，是每个教师的终身命题。

做孩子们的"小周老师"很简单，只要是我带的班级，孩子们每天都会叫上好几遍。可是，要做让孩子们记住的"小周老师"却不简单。若干年后，当孩子们回想起幼儿园这一求学生涯的开端时，还能够想起曾经有一名小周老师，带着他们度过了几年快乐的时光，这便是对自己的鞭策，也是我一直努力的方向。

周元旻：2015—2016学年上海市见习教师规范化培训学员，基地校为上海市杨浦区本溪路幼儿园。一级教师。毕业于华东师范大学学前教育专业，在职研究生，现任上海市杨浦区本溪路幼儿园教师。曾荣获2016年上海市中小学（幼儿园）见习教师规范化培训展示活动二等奖、杨浦区幼儿教师第十一届"小荷杯"评比活动二等奖、第五届杨浦区教育教学新秀等。参与多项市级课题研究，2020年主持2020—2021上海市青年教师实践研究项目。

教育感言：我愿做一棵大树，为孩子们遮风挡雨，看他们笑闹悲喜。

送你三朵小红花

上海市奉贤区青青草幼儿园　闻亦兰

2015年,我从上海师范大学学前教育专业毕业,怀着对未来的期盼、憧憬、忐忑和不安,进入青青草幼儿园,翻开了人生的新篇章。那时的我在教师这条路上就像一个孩子,而见习教师规范化培训就像老师一样引领我一步步成长,为我送上一朵朵小红花。时至今日,我的怀里依旧揣着规培送给我的三朵小红花……

送你一朵专业之花

我曾经不止一次被问道:"为什么选择学前教育这个专业?"我常说:"因为喜欢孩子啊!"当时的我纯粹是出于对孩子的喜爱才选择了这个专业。我觉得做教师只要爱自己的学生就够了。真正踏上工作岗位后,我才发现只有盲目的爱是远远不够的。孩子就像花朵,我们必须知道怎样去灌溉他们、让他们成长。做一名教师,不仅要心中有爱,更要有专业性。

而我的专业性,便是从参加见习教师规范化培训开始逐步养成的。职业感悟与师德修养、活动设计与保教实践、班级工作与育儿体验、教学研究与专业发展……规范化培训从各个方面带领我迅速成长:师德讲座,各类计划小结的撰写指导,每周的见习教师职业生涯体验随笔,每月的观察困惑梳理,撰写见习案例并进行自我测评,职初教师各类技能比赛(绘画、儿童舞、弹唱),各区域个别化材料的交流(益智区、语言区、科常区、美工区、音乐区等),尝试独立带班并听取师傅的建议,职初教师公开课,中心组公开课,每天半日活动的撰写……

大学里的我学到了理论,学到了技能,规范化培训则让我近距离地认识、了解幼儿教师的工作内容，让我由一个"理论家"逐步转变为"实干家"，也让我意识到幼儿教师的专业性不仅体现在理论、技能上，更体现在一日活动组织中、环境创设中、家长工作中、教学活动设计与实施中……

规培中的日常跟岗是我学习的最好时机。我跟着师傅，每天都能学到很多东西。记得有一次，我们组织孩子们去奉贤博物馆参观，孩子们拿了些宣传本，回到教室后便将其扔在一旁。师傅捡起这些被孩子们"遗忘"的宣传本布置了一块版面，她剪下宣传本中各座奉贤古桥的图片张贴在版面上。古桥的出现引发了孩子们的讨论。师傅又请孩子们将自己在博物馆中发现的古桥记录下来，同样贴在版面上。于是这块版面瞬间"活"了起来，既有孩子们自己的回忆，又能继续丰富孩子们关于"贤文化"的经验，还能引发孩子们的互动交流。

我恍然大悟，只有从孩子们的视角出发，才能对他们开展真正有益的教育。这一瞬间的领悟令我回味至今。从那时起，做任何工作前，我都会先问问自己：这是孩子们真正喜欢的吗？他们是否会感兴趣？在这样的自问自答中，我收获了越来越强的专业性。

送你一朵自信之花

2016年，我有幸参加了上海市见习教师规范化培训展示活动。那一年模拟课堂、教案设计、教育案例分析、教育智慧呈现、即兴演讲和"三笔字"展示六项比赛内容，从写、说、演等多个维度为我们提供专业展示的机会。

区里同样按这六项内容的要求对新教师们进行选拔。一开始我是焦虑不安的，尤其是模拟课堂环节，这是我从未接触过的。犹记得我第一次在见习基地校江海幼儿园模拟课堂演练，那情形着实令人忍俊不禁。虽说是模拟课堂，没有孩子，但是我的每一个提问、回应、预设小结都应该从孩子的角度来进行设计。我深知要想有出彩的模拟课堂，就必须有真实的试教。于是我一次次地进行试教，记录下孩子们的回答和我当下的回应，在试教结束后又一句一句、一个环节一个环节地进行反思，并根据试教的效果对教学手段和教学方式进行调整。

在反复的磨炼中，我在教学技巧、有效回应、师幼互动等各方面都有了极大的提升。更让我欣喜的是，我切切实实地感受到了自己的点滴进步，内心从刚接到参赛通知时的"我能行吗？"渐渐变成"我能行！"。规培展示活动需要准备四节模拟课堂，当我无从下手、不知所措时，青青草幼儿园、江海幼儿园以及区教育学院的教研员们不厌其烦地帮我找方案、改方案，观摩我的模拟课堂演练。一点点分析、一次次研讨、一步步磨炼，出谋划策、集思广益，是他们支撑起了我的自信。当我压力大到快要崩溃时，团队的一声声安慰温暖了我的心："兰兰，你做得真的很棒。""兰兰，别担心，有问题找我们。""兰兰，你很优秀，相信自己哦！"……是他们给予了我自信。最终，我在上海市见习教师规范化培训展示活动中取得了一等奖的好成绩。

在规培中，我不断地实践操作，不断地收获感悟，发现了自己的潜能，看到了自己的优势与不足。我发现自己原来还可以这样努力、这样优秀、这样自信。

送你一朵初心之花

幼儿教师的专业性不仅体现在课堂教学、活动组织和班级环境上，也体现在技能上。2017年，区里开展了公民办幼儿园教师专业技能展评活动，从弹唱、舞蹈、讲故事三个方面对区内三到五年教龄的幼儿园教师进行专业评审。

弹唱、舞蹈、讲故事的能力对幼儿教师来说是必不可少的，也是我们专业性的体现。弹唱——不仅仅是边弹边唱，眼神更要追随幼儿，因为课堂上我们在弹唱时常常要关注孩子们的表现；舞蹈——不仅仅是动作到位，表情、情绪的感染也很重要，因为课堂上我们要带给孩子们最极致的美感享受；讲故事——不仅仅是讲和孩子之间发生的趣事，更要有自己的思考和感悟。专业性就体现在细节中，在三项活动内容的准备过程中，我不断地学习提升，力求成为更专业的教师。

在准备师幼小故事时，我想起见习规培期间遇见的一个孩子。他性格有一些古怪，常常自言自语，这也许和他的家庭有关，听说他并不和父母住在一起，平日里总是由爷爷带着。他很少午睡，有天中午他依旧没有睡着，在小床上翻来覆去，快起床的时候他突然望着天花板笑着说："我妈妈给我挠痒痒。"我暗暗猜想，或许暑假的时候他有机会和自己的爸爸妈妈在一起，他的妈妈会给他挠背、哄他入睡。第二天中午，他还是睡不安稳，我走到他身边坐下，在他背上轻轻地挠着，慢慢地，他安静了下来,最后睡着了。

说实话,看到他熟睡的样子,我是很有成就感的,但更多的是怜惜。那一瞬间,我深深感受到教师这份职业的不简单。知道学生会不会唱一首歌、会不会做一道题很容易,但是要了解他们的内心感受着实不易,这需要教师细致的观察与全身心的付出,需要教师以一颗爱人之心来育人。那一瞬间,我也对教师这份职业产生了敬畏,我发现教育是一股潜移默化的力量,影响着一批又一批孩子,而这股力量源于教师本身,教师一个小小的举动或许就会改变一个孩子的一生。

师幼小故事的讲述让我重温了规培时的我对教师这份职业的理解,更让我决定了要继续坚守这份初心。最终,我在区公民办幼儿园教师专业技能展评活动中取得综合一等奖的成绩。

伴着规范化培训带给我的三朵小红花,我在一线岗位上持续发光发热,并不断地学习、反思、成长。几年来,市、区也不断为新教师提供各种平台,助力我们的成长:上海市职初班、奉贤区新招聘教师集中培训、奉贤区五年期幼儿教师基础素质"回炉提升"培训、奉贤区卓越教师培养工程……感恩这些明灯在我的幼教之路上指引我始终朝着正确的方向前进,促使我不断获得专业上的成长。感激心头开放的那一朵朵小红花,将我的成长之路装点得更加绚烂。

闻亦兰:2015—2016学年上海市见习教师规范化培训学员,基地校为上海市奉贤区江海幼儿园。一级教师。毕业于上海师范大学学前教育专业,现任上海市奉贤区青青草幼儿园教师、教研组长。曾荣获2016年上海市中小学(幼儿园)见习教师规范化培训展示活动一等奖、2018年奉贤区"优秀青年教师"称号。撰写的《指南引领下的观察、解读与支持》荣获第五届中国幼儿教师优秀论文评选一等奖。

教育感言:让每一个孩子都发光。

乘风破浪　立桅扬帆

上海市金山区漕泾幼儿园　冯丹剑

幼师群体中女性居多,是历史留下的传统印记。幼儿园阶段是幼儿性格、气质养成和心理情感发展的重要时期,相比女教师,男教师在培养幼儿阳刚的气质和独立、自信、勇敢等品质上有着天然的优势。因此,有越来越多的男教师正在加入幼师这一庞大的队伍中。

来自漕泾幼儿园的"哥哥老师"冯老师,自踏入幼儿园的大门之日起,就备受幼儿的喜爱。游戏时间,孩子们争相和他一起玩耍;自由活动时间,孩子们围在他身边嘻嘻哈哈;运动时间,孩子们在他鼓励的眼神和强壮的臂膀下爬得更高,玩得更"疯"了。草地上和孩子们一起打滚的是他,探索区和孩子们一起探究的是他,舞台上和孩子们一起欢笑的也是他。

四年的幼教生涯中,他也像个大孩子一样,成了孩子们的大哥哥和好老师,用陪伴向孩子们传递他最深情的告白。

懵懵懂懂,浅尝幼教之味

四年前,懵懂的他踏上了幼教岗位,虽所学专业为学前教育,理论知识较为丰富,但是由于缺少实践,他还是遇到了不少困难:教学活动设计的目标不够明确,活动的重点把握得不够到位,不太善于和家长沟通交流,等等。这些问题让浅尝幼教之味的他心头掠起一丝苦涩。

"越是困难越要勇敢面对",他珍惜见习教师规范化培训的机会,带着问题到基地园参培,同时积极在聘任园里学习活动设计技巧、回应幼儿的方法策略、教师的重点提问等。他有问题会及时向其他教师请教,在一次次思维碰撞中,他打开新思路,为接下来的方案设计奠定了良好的基础。他摆正自身位置,转变角色观念,虚心请教和学习,在不断探索中做一名善于观察、勇于反思和提升自己的探索型教师。在家长工作方面,起初,他不善于与家长沟通,在家园共育方面出现了一些尴尬的事情,对很多家长提出的问题也不知道该如何应答。对此,他开始观察其他教师与家长沟通的方法。他不断地学习,将一些沟通方法和技巧内化于心,并为自己实践所用。慢慢地,他开始学着站在家长的角度,用心跟他们沟通,家长的信任换来了他脸上洋溢的笑容,家长的肯定换来了他前进的动力。

乘风破浪,迎战困难之巅

2018年9月,金山区教育局发布了第五届中小学(幼儿园)"新苗杯"青年教师教学基本功评比的通知。他抓住这个锻炼机会,第一时间向园方报了名。经过园内激烈的评比,最终他入选了,高兴的他全身心地投入比赛中,心底默念:乘风破浪,迎战困难之巅,绝不辜负园部的期待,更不辜负当初入行时的初心。

一轮初赛后,他果然入围了,接下来迎接他的是复赛——教学活动展示。但他却遇到了复赛的第一个难题——选课。如何选择适合幼儿年龄特点和男教师教学风格的活动呢?他反复思量,难以抉择。在一次户外运动活动中,他偶然发现很多幼儿从高处往下跳的姿势不正确,很容易受伤。那一刻,他感觉自己找到了集体运动的价值点,勾起了心底设计集体教学活动的想法。

为了让幼儿掌握基本的安全知识,培养一定的安全意识,他仔细研读了《3—6岁儿童学习与发展指南》以及教师参考用书《运动(3—6岁)》。但是经验的薄弱让他这个新教师在材料的选取和目标的制定上再次遇到了难题,他反复运用不同的运动器械,却总觉得不太合适。于是,他又向指导教师和其他有经验的教师请教,也联系了男教师们,最后终于将器材选定为轮胎,并设计了大班集体活动"轮胎跳跳跳"。为了更加精确地制定教学目标,他又跑去请教在运动方面有丰富经验的教师。经过一系列讨论,他决定把从高处往下跳的正确落地姿势加入到这个活动中,让幼儿在游戏中通过一定的练习,掌握正确的起跳姿势和落地姿势。这样一方面可以保护幼儿的双脚,另一方面可以培养幼儿的安全意识。

精益求精,打磨完美之课

园领导很重视这次活动,在他设计好活动教案后,园内就组织了试教活动,邀请各年级组长和骨干教师一起参与研讨。在这次试教中,他发现了自己的许多问题,比如语言不够简洁、重点不够突出、活动效果不够理想。在研讨过程中,年级组长和骨干教师也给了他一些建设性的意见,比如在规则的提出上要言简意赅,这样幼儿才能更清楚地理解要求。于是,他在反思的基础上又认真修改了自己的教案,逐字逐句斟酌每一句引导语、过渡语、小结语,把语言改得更规范、更精简,同时还调整了一些内容,使重点更为突出。

试教研磨了几次活动后,金山区男教师工作坊的教师们也主动帮助他研课。试教结束后,男教师工作坊的教师们就试教的效果、活动的流程、教师的语言和回应等方面进行了研讨。研讨后,他把教师们当成幼儿,又进行了一次试教。试教后,在大家的集思广益下,他再一次修改活动内容,提高语言的精简性,终于完成了最终的教案。那天凌晨一点多,他拖着疲惫的身体,带着欣喜的心情回到了家。

立桅扬帆,斩获佳绩之喜

2018年12月,检验成效的时候终于到了。整个展示过程,他紧张但又充满自信地展示着新教师的风采,虽然没有发挥到最好,却让评委们看到了他实实在在的努力。2019年1月,公布比赛结果的那一刻,他惊喜地发现自己竟然斩获了第一名。瞬间,他心头五味杂陈,经历的辛苦、成长的磨砺、多方的帮助指导,换来了今日的欣喜,一切都是值得的。

对于初次接触幼教工作、事事都感到迷茫的他来说,规培就像一盏明灯、一位引路人,为他指引了前行的方向,给了他前进的勇气,助推他不断地成长,让他在今后的工作道路上明确了自己的定位,增强了自信,坚定了要做一名优秀教师的信念。

他犹如含苞待放的花蕾,在幼儿园这片沃土中不断汲取着养分。无论是基地园还是聘任园,都在为他的成长输送各种优质教育资源,比如安排市、区骨干教师作为他的带教导师,他们根据他的特点制订了翔实的带教计划,并以问题为导向实施带教任务。经过一年的见习教师规范化培训,他适应了幼教岗位,并为自己制定了五年专业发展规划。同时,看着同行的前辈们在幼教这条道路上发光发亮,他也更明确了自己的发展目标。作为一名幼教工作者,对孩子负责就是最大的事情,因为幼儿教师是孩子在人生起点上很重要的专业引路人。而见习教师规范化培训给予了他做好专业引路人的机会。

金山区"新苗杯"教师基本功评选是为新教师展示风采创设的平台,而他也在"新苗杯"中又一次见证了自己的成长。他发现见习教师规范化培训已经悄无声息地把他引向了专业化,同时意识到成长的道路不仅需要自己百分百的努力,还需要周围人的帮助。他学会了自主学习,比如:在比赛期间,他仔细翻阅《3—6岁儿童学习与发展指南》和教师参考用书,从而更加清楚地了解了各年龄段幼儿的发展目标和水平,知道了怎样更有效地开展接下来的教育教学工作,以适应各年龄段幼儿的发展;在一次次的磨课中,在一次次的思维碰撞中,他吸收和内化其他教师与专家的意见,为今后的活动设计打开了思路。

"一分耕耘,一分收获",只要有付出,就会有收获。付出一种心态,收获一种思想;付出一种习惯,收获一种人生。

每一位幼儿教师在成长的路上都付出过不少努力和汗水,在这四年时间里,他全身心投入幼儿教育中,用无限热情、无限希望、无限的爱追逐着"幼儿教师"这一理想。在这个过程中,他经历了初为人师的蜕变,经历了专业成长的喜悦……每天听到孩子们"哥哥老师"的呼唤声,每当看到孩子们眼睛弯成月牙般的笑容,他都会感到无比幸福。

行走在幼教的路上,一路荆棘,一路收获,经历风雨之后终见彩虹。在接下的幼教生涯中,他将依旧乘风破浪,立桅扬帆,和孩子们一起成长。因为这是他的责任与使命,因为陪伴是他对孩子们最真情的告白。

冯丹剑:2015—2016学年上海市见习教师规范化培训学员,基地校为上海市金山区亭林幼儿园。二级教师。毕业于上海师范大学天华学院艺术教育专业(学前方向),现任上海市金山区漕泾幼儿园教师。曾荣获金山区第五届"新苗杯"青年教师教学基本功大赛一等奖、2015年金山区见习教师规范化培训优秀学员、金山区教育系统教职工朗诵比赛二等奖等。

教育感言:陪伴是我对孩子们最深情的告白,孩子们的笑声是对我最大的肯定。

从"0"到"1",从"1"到"∞"

上海市普陀区中山北路第一小学 邱晓嵩

2015年我成为一名人民教师,工作第一年我就参加了上海市见习教师规范化培训,在此次培训中我受益匪浅。从站上讲台到站稳讲台,再从站稳讲台到站好讲台,我经历了一次次磨砺与成长;从"0"到"1"(从无到有),再从"1"到"∞"(从有到优),我经历了一次次机遇与发展。

从"0"到"1"

我从开始的两眼一抹黑,到渐渐树立角色、转换意识,这个过程中,我的带教师傅朱老师功不可没。一对一的师徒结对、影子式的规范化培训,让我从"小白"渐渐"入门",站上了讲台。

朱老师告诉我:"自己学跟教所担负的责任完全不同,学是对自己负责,而教需要对全体学生负责。"因此,我努力在课前做好备课工作。朱老师会耐心地告诉我如何理解课程标准,细心地教导我如何把握教学内容的重难点,用心地建议我如何进行教学活动设计……俗话说,"手中有粮,心里不慌",有了课前的一系列准备,授课时我不再感到慌乱无措。

虽然我在上学时已经学到许多理论知识,但是如何将学到的理论知识运用于教学实践呢?作为一名新教师,我迫切需要提高教学能力,而这些光靠纸上谈兵是不够的。见习期间,朱老师为我提供了很多听课机会,他让我每天都进他的课堂听课,下课后还会仔细地和我讲解怎样实施教学活动的各个环节。听了朱老师的指导,我再自我消化和反思,努力将朱老师的建议融入课堂。朱老师会认真地听我的每一节课,并记录我的教态、教学过渡语、教学环节等。课后,他还会不辞辛劳地和我进行一天教学的反馈与交流。通过这种双向听课的模式,我从一开始关注课堂时间的把控,到关注每个教学环节的有序开展,再到关注集体性教学活动中的师生互动,慢慢地掌握了基本的教学流程。

就这样,连续两周后,我对教学中应有的教学环节有了较深的印象,对学生的行为也有了新的意识。站在讲台上,我渐渐有了一名教师的"教态"。

我开始积极探索,主动参与教学实践。在上课、作业、辅导、评价等环节,我尝试将自己在研究生课程中学到的英语教学原理、教育学理论等与实践经验相结合,并将其应用于课堂中,以提高课堂效率。教学中,我注重因材施教,积极引导学生主动探究,及时挖掘学生的思维潜力,让学生成为学习的主人,培养学生的学习兴趣;课堂练习中,我会根据不同学生的情况加强习题训练的有效性和针对性,通过分层练习来提高教学效率;课后,除了常规作业外,我发现学生的口语与表达也是教学中的重要环节,因此我建立了班级微信群,让学生线上录制语音,然后对学生进行评价,力求线上线下相结合,提高教学的效益。

在朱老师一对一的培训中,我积极观摩,不断思考,独立实践,主动探索,勤于改进,最终作为一名"主动参与教学的实践者"成功站上了讲台。

此外,在带教团队的引领、指导、关怀与辐射下,我不断地探索和反思学生的学习发展、自身教学活动的有效性等,形成了自己的教学风格,站稳了讲台。

还记得在我准备牛津英语三年级的一节区级公开课"A birthday party on the farm"时,学校英语团队的老师们不辞辛苦,下班后仍帮助我一起备课。在备课过程中,他们耐心地帮我厘清教学目标,为我提供多元的教学思路;在圆桌讨论中,大家你一言我一语,进行头脑风暴和思维碰撞;在试教过程中,他们对我进行了指导和点拨,给我带来了无限启发。

对于教学环节,有老师提议我要更多关注学生的真切体验,激发学生的兴趣。比如,在教授单词 cat 的过程中要结合媒体资源,让学生身临其境地了解 cat 的习性与特征；在教授单词cat与cats两者发音的区别时，可以增加趣味性的儿歌与肢体语言，以此来集中学生的注意力，激发学生的兴趣。对于教学评价，有老师说可以设计一个与农场话题相关的评价图，设定好评价标准，再用不同的农场动物贴纸来进行评价，最终获得最多农场动物贴纸的小组获胜，这种将过程性评价和终结性评价相结合的做法可以激发学生的学习积极性。

团队中，不同老师具有不同的教学理念、教学特长和教学方法等，他们给予我的智慧与建议是多样化的，这使我的学习不断优化。在团队评课中，有针对教材的点评，也有针对教法的点评，帮助我在新课程标准中落实自我专业成长的新理念；团队里的互助学习，使团队的教学设想和教学经验成为我专业成长的资源；团队里的群体研讨，关注的"点"更多，提供的经验也更多，有效地促进了我的专业发展。这些都促使我逐渐形成自我的教学风格。

每位教师都有自己的教学智慧，众人拾柴火焰高，我情不自禁地感慨"1＋1"的力量真大！

基于团队老师的建议，我不囿于单一的教学理念和教学方法，而是结合自身的理解去思考、加工、揉捏和创造，取其精华，融会贯通，在专业成长的路上形成自己的教学特色。每一次试教，我都会对自己的课堂教学进行反思与分析，思考哪些教学方式改进做得好，哪些还需要修正调整。每一次磨课亦是一个不断反思、不断总结、不断成长的教学历程。最终，我的区级公开课获得了大家的一致好评。

一个人可以走得更快，但是一群人可以走得更远。在我校英语带教团队中，我深深感受到了团队的凝聚力、向心力与战斗力；在英语团队的智慧中，我逐步形成了个人的教学风格，站稳了讲台；在英语团队的协作中，我体验到了团队合作带给我的归属感和职业幸福感，实现了从"0"到"1"的突破。

从"1"到"∞"

从"1"到"∞"意味着教学发展的漫漫道路。面临机会和挑战，我要学会站好讲台。见习教师规范化培训是一个传道、授业、解惑的过程，同时也是一个自我反思、自我挑战和自我超越的过程。我一直保持着对英语教学的探索与钻研热情，坚持要求每学期公开教学促成长，每学年开展科研促发展。

在教学方面，我一直严格要求自己，实时更新教学理念，时常观摩优质课堂，及时进行教学反思。2020年，我勇敢地承担起了第四届"普陀杯"第三轮教师专业能力评优活动的任务。备课前，我的案头早已备好课程标准和单元教学指南；设计教学时，我通过借鉴观摩课的教学环节，取其精华，融合自身的教学实际进行教案设计；试教后，我反思总结，不断自我超越。经过多次磨课，我最终取得了一等奖的好成绩。

教而不研则浅，研而不教则空。在教研方面，我一直关注课堂活动，不断进行自我反思，围绕平时课堂上遇到的问题开展课题探究。其中一个课题在2019年获得区级课题立项。

我运用问卷调查的定量研究与课堂观察的定性研究进行分析，然后自我总结，不断修改教案。多次借班试教后，我最终得出了优化课堂教学活动的一些特色案例。结题时，这个项目不仅被评为优秀课题，还获得了2020年上海市中小学幼儿园运用调查研究法一等奖。

踏上三尺讲台以来，我有过困惑，有过迷茫，是见习教师规范化培训给予了我成长的机会和平台。通过规范化的浸润式培训，我在为期一年的见习期中获得了专业的指导，拥有了丰富的机会，提高了自身的专业素养。

从"0"到"1"，是一个学习与发展的过程；而从"1"到"∞"，更多的是一种坚持，是坚持调整自己、挑战自己。在未来的专业发展道路上，我应当不断更新教学理念，不断学习新理论，不断研究教学新方法，不断提高专业能力。我将通过深度学习、深度探究、深度思考，将理论与实践相结合，探索出新的教学方法，从中获取教育智慧，不忘初心，笃行致远。

邱晓嚚： 2015—2016学年上海市见习教师规范化培训学员，基地校为上海市浦东新区上南实验小学。一级教师。毕业于华东师范大学教育学（学科英语）专业，现任上海市普陀区中山北路第一小学英语教师、大队辅导员。曾荣获上海  市第十五届"乐学杯"教学评比活动二等奖、上海市第四届"普陀杯"第三轮教师专业能力评优活动一等奖、上海市中小学幼儿园运用调查研究法一等奖。在《普陀区职初教师培养成果集》《现代教育》《普陀教育》《家长社会》《校园英语》等书刊上发表多篇论文。

教育感言： *每个孩子都有不同的成长花期，让我们倾心教育，静待花开。*

数学课堂变形记

上海南汇中学　张倩文

那是一个夏日的午后，放假后的教室空荡荡的，只见大大的黑板前有个小小的身影。小女孩踮着脚，在黑板上一笔一画地写下阿拉伯数字，转头看向身后的爷爷，一板一眼地开始了数字教学。爷爷配合着小女孩的游戏，笑着说："囡囡教得真好，长大后要和爷爷一样做老师啊！"这句话犹如一颗种子，落入小女孩的心田，慢慢生根发芽……这个小女孩就是我，这个画面也是我对课堂最初的想象。

2015年，我从华东师范大学毕业，正式成为一名人民教师，那个深藏心底的梦想终于实现了。身为一名人民教师，我感受到了这份光荣职业所承载的分量。如何站稳讲台、如何上好每一节数学课，是我教育生涯中需要不断探索的问题。一次次砥砺前行、一次次突破自我，使我对教育的理解日益深入、对学生与学科的理解不断丰富，也使我的数学课堂不断变化。

数学课堂 1.0：传道、授业、解惑

"师者，所以传道授业解惑也。"这是我对课堂最初的理解，于是我想尽可能多地将知识教给学生。2015年9月1日上午，我将上教学生涯中的第一节课。上课前，身为教学"小白"的我心里万分忐忑。俗话说，"良好的开端是成功的一半"，我告诉自己第一节课必须开个好头。可是怎样才能上好这重要的第一节课呢？我这个毫无实战经验的"小白"又陷入了迷茫。

我想到了网络，于是我开始在网上寻找各种关于"集合"的教案，然后结合书本认真备课。为了首秀的成功，我恨不得把每个教案的精彩部分都呈现在我的课

堂上,教案写了又改,改了又推翻,最后我终于完成了一份集百家之长的"完美"教案。开课时,我带上精心准备的教案,在预备铃响时准点踏入教室,开启了我的教学首秀。由于前期准备充分,除了课堂引入有点紧张外,后续都按照计划一步步地顺利实施着,学生们的热情反馈给了我很大的信心。正当我感觉渐入佳境时,下课铃声从耳畔飘来——"等等,这节课的内容我才上了一半,怎么就下课了?第一节课的教学任务都没完成?"我的心一下子就凉了。下课后,我三步并作两步奔回办公室。后来在同事们的帮助下,我为这节课来了个"大瘦身",总算在第二个班上了一节比较满意的课。

这就是我最初的数学课堂。那时的我和大多数新手教师一样,认为一节好的数学课就是要把这节课的本体知识讲清楚、讲透彻,却忘记了教学不应该只有教师的"教",还要有学生的"学"。比起如何讲清重难点,如何让学生在课堂上主动突破重难点更值得教师探究。

在几周跌跌撞撞的教学摸索后,我终于迎来了浦东新区见习教师规范化培训,并获得了师傅陈广前老师的指导。在培训过程中,区级层面的各项培训使我意识到教学语言、教姿教态等教学基本功的重要性。导师们在日常教学中的精心指导帮助我在短时间内提升了教学能力。有了导师的指导,我犹如大海中航行的小船看到了灯塔,在教学之路上少了很多迷茫,多了几分踏实。

数学课堂 2.0:专业修炼的舞台

教学是一门艺术,课堂是教师不断进行专业修炼的舞台。这是我参加见习教师规范化培训的重要收获之一。通过培训,我的课堂不断变化:板书有了设计感,重点突出;语言加强了规范性,言简意赅;站立的角度有了讲究,不遮挡黑板;等等。一个个细微的改变都提升了我的课堂质量。经过几个月的培训,我们接到了要上考评课的任务。怎么才能上出让听课教师认可的好课呢?这真是一个艰巨的任务,但这次,我不是一个人在战斗!

和导师沟通后,我确定了计划讲的课"幂函数的图像与性质"。通过一段时间的培训，我的备课方式有了一些不同。不变的是，我依旧善于借助网络资源，博采众长，查找有关的论文和优质教案，以寻找灵感；变化的是，我会结合本班学生的实际情况，合理借鉴，定制一份适合他们的教学设计。在导师的悉心指导下，我不仅了解了一份合格的教案要具备哪些要素，更明白了教学目标不应该直接照教参上的内容一抄了事，教师要结合学生的实际学情细化目标，制定独特的教学目标。

完成初步的教学设计和课件制作后，我开始了熬人的磨课过程。第一次试讲完，我根据导师团的建议将教学内容进行了一定程度的精简，优化了课堂设计，重新设计了教学环节：通过小组讨论等各项课堂活动，减少教师讲解的比重，提高学生的课堂参与度。第二次试讲完，我根据学生的课堂教学反应，将幂函数的几类图像用几何画板呈现出来，利用现代技术增强学生的直观感受能力，从而帮助学生实现对幂函数性质的归纳。第三次试讲完，导师们对我的课又有了新的建议，他们认为如果在本节课中加入幂函数性质的深入研究，会导致课堂容量太大，有上不完的风险，建议删去。但是这次我陷入了纠结，经过多次修改，我非常喜欢这一部分的设计，虽然费时，但可以提高学生的思维能力，让课堂层次更加丰富。可是，导师们的建议非常专业，而且第一次课堂的"噩梦"仍历历在目，到底是坚持还是做出改变呢？我犹豫不决。导师看到我陷入两难，问了我一句："你相信自己的设计吗？"我点了点头。"那就按照这个设计上。你可以的。"获得了导师认可的我，犹如吃了定心丸一般，继续安心准备，迎接考验。第四次便是考评课了，我怀着紧张的心情，带着导师的鼓励，顺利完成了考评，并获得了听课教师的一致好评。

这是我第一次上公开课，第一次经历磨课，第一次深刻感受到一节好的数学课一定需要反复雕琢，不断权衡取舍。我更加明白了，教学是一种修炼。在导师们的帮助下，我对一节好课的认识有了明显的变化。一节好的数学课不仅要注重对知识的剖析，更要注重设计有效的学生活动、合理利用多媒体技术、优化教法，要让每个学生都参与课堂，让他们在教师的引导下主动攻克重难点，实现深度学习，做课堂的主人。

考评课的结束只是给一个阶段画上了一个句号，我的教学之旅才刚刚启程。

平时,学生总是很乐意与我这个年轻老师交流学习和生活上的点点滴滴。"老师,你为什么学数学?感觉数学就是算啊算,很枯燥啊。"这是学生不经意间问我的一个问题,这个问题让我对数学教学有了新的思考。于漪老师说过:"做老师,首先是传承优秀的中华文化,不管教什么学科,这都很重要。"于是,我开始思考:数学课堂上能否也添加一些元素,涵养学生的文化底蕴,展现出新的面貌?

数学课堂3.0:轻叩文化之门

教学的本质是师生互动,学科的本质是文化传承,课堂中最重要的是培养学生基于数学文化的核心素养。这是我从一次研修活动中悟到的。

2016年,我参加了由上海市名师基地中学数学三组、奉贤区青年骨干教师研修班以及浦东新区陈双双、王海平数学教师培训基地联合举办的同课异构教学活动。同一个课题,如何上出特色?如何让学生喜欢数学课?如何提升课堂的广度和深度?带着这些问题,我开始了一次新的尝试。

数学文化是我大学时期非常喜欢的一门课程,因为它有趣、有料。如果在数学课堂中加入数学文化的元素,学生们是不是就会感觉更有趣?于是,我开始挖掘"反正弦函数的图像和性质"一课中蕴含的数学文化,并进行教学设计:用古代数学问题引发解三角形中通过三角比求角的重要性,拉近学生和数学的距离感,让学生感受到数学在生活中的重要性;从反三角函数符号的发展史来介绍"arc"名称的由来,让学生了解数学符号的背景,感知数学文化的魅力。数学文化的融入,既可以增加学生学习的热情,又可以从历史重构角度帮助学生理解新符号的意义,还可以突破本节课的一个难点,可谓一举多得。

在试讲的过程中,我常常关注学生的学习状态,并根据教学效果及时调整,如添加学案、为坐标轴加上刻度等内容,每一次改变的目的都是为学生搭建合适的学习阶梯,让学生顺着合理的梯度自然生成知识。

在导师的帮助下,这节融入数学史的课得到了听课老师们的一致好评,也受到了学生们的喜爱。通过这次尝试,我明白了一堂好的数学课不仅能够传播知识,更能传递文化和价值观,实现对学生核心素养的培养。这样可以引导学生踏着前人的认知轨迹学习数学知识,了解他们面对挫折时不屈不挠的精神,感知数学与生活之间密不可分的关系,感受数学课堂不一样的精彩。

对学生核心素养的培养,除了可以在课堂中融入数学文化等元素外,还可以尝试新的教学方案。2018年,学校组织教师学习了学历案。通过阅读相关的书籍和论文,我对学历案在教学中的应用产生了兴趣。我开始模仿相关文献编写学历案,不断反思,不断修改,从无到有。从2019年开始,我尝试将学历案应用于数学教学中,从新授课到复习课,从高一到高三年级,通过与学生的访谈了解现有学历案的不足,然后结合学生的反馈修改学历案的各个环节及使用方法,实现从有到精。直到现在,我对学历案的探究还在继续,我希望能以学历案为载体,让学生实现深度学习,培养学生的核心素养,让数学课堂焕发出独特的魅力。

我已从教六年,感谢见习教师规范化培训,为我的从教之路打下扎实的基础。在未来的日子里,我要继续深入学习专业知识,探究更适合学生的教学方法和方案,架起数学与文化的桥梁,在数学课堂上培养学生的核心素养。当年那个只会在黑板上写数字的女孩将继续努力,不忘初心,不停探究如何上好数学课,尝试数学课堂的N.0版本,在这一米见宽的讲台做出百米深的教育!

张倩文:2015—2016学年上海市见习教师规范化培训学员,基地校为上海南汇中学。二级教师。毕业于华东师范大学数学与应用数学专业,现任上海南汇中学数学教师。曾荣获上海市中小学优秀单元作业、试卷案例征集评选活动三等奖,浦东新区中小学优秀单元作业、试卷案例征集评选活动特等奖,浦东新区"生命、责任、家园"主题班会教案竞赛二等奖,浦东新区第二年教龄"教学基本功跟踪考评"二等奖,浦东新区见习教师规范化培训优秀学员等。

教育感言:用心用爱,尽情尽力。

一只鸟儿飞翔的轨迹

上海市第六十中学　赵　翀

2015年,我硕士毕业进入上海市第六十中学担任语文教师,开始了我的教师职业生涯。不知不觉中,今年已经是我踏上教师岗位的第六个年头。转眼间,我即将完成自己教学生涯的两轮大循环,我所带的第二届学生即将参加高考,去兑现自己对青春的承诺,而我也从青涩、稚嫩逐渐变得成熟、稳重。

回顾这六年,有很多重要的阶段让我印象深刻,有太多精彩的时刻令我难以忘怀,其中最值得回味的还是我参加见习教师规范化培训的情景。如果把自己比作一只欲飞的鸟儿,那么为期一年的规范化培训就记录了我这只鸟儿在空中飞翔的轨迹。

飞翔的起点——合格教师的规范养成

《说文解字》这样解释"教"字的含义:"从攴从孝",即"上所施,下所效也",也就是"在上的操作,在下的效仿"。由此,我认为可以从以下两方面理解教师这个职业。第一,"上所施"中的"上"说明了教师的地位,处在高位则必须以更高的标准要求自己,将高德行、高素养、高水平作为自己的追求。第二,"施"与"效"之间的关系说明了教师的重要作用:所效皆由所施,就知识技能的传授而言,教师必须业务精湛,传道解惑,教授准确;就德行而言,教师的一言一行对学生影响深远,故责任重大。

很庆幸有见习教师规范化培训这样一个项目,让我在入职的第一年能尽快地进入正确的轨道,适应自己的角色,从而顺利完成一项项任务。那时我任教两个班级,平日的工作量已经不少,每周还要定时去参加规范化培训。和我同行的还有三位我校的青年教师。说实话,那时的日程安排很紧凑,但是我们并没有感到疲惫不堪,相反,我们都认为每一次培训都是我们逐渐成长的台阶,所以每次培训结束后我们都会积极讨论收获并反思。

在那一段记忆中,不可缺席的还有那本红色的《见习教师规范化培训手册》。拿到手册的那一刻,我心中充满焦虑:"这么大一本,都要填满吗?"但当结业时,手中再握着那本充满分量的手册,我感慨万千,它成为我教学生涯起始的全部见证。

手册中的"读书心得"以及"生涯感悟随笔"对我影响最大,我可能就是从那时起养成了定期写教学感悟的习惯。

先说说"读书心得"的影响。首先,我认为它促使我在思考中学习。"学而不思则罔,思而不学则殆",对青年教师而言,浩如烟海的书籍如无尽的宝藏,掌握读书的方法就是打开这宝藏之门的钥匙;书籍提供了学习的资源,读书心得则促成了思考的深入。写读书心得的过程中,我仿佛是在跟书中的作者对话,如果有些问题没有理解,我就再读一遍,所以可能一本书要读几遍、读很久,所谓"读书百遍,其义自见",慢慢地这些问题就会迎刃而解。其次,它促使我学会精读,即在有限的时间内尽量让所读之书为我所用。所谓"博学之,审问之,慎思之,明辨之,笃行之",最终的目的是要"知行合一"。所以,在阅读的过程中,我会有意识地挑选、整合能够在教学中用到的知识资源,和学生交流分享我的心得,希望学生能和我一起将所学转化为实践。

"生涯感悟随笔"更像是我的见习日记,不管是课后跟学生交流产生的感悟,还是在教学中遇到的困惑,抑或是对课堂中某个环节的反思,我都会记录下来。现在拿出来看,我会觉得自己那时的有些想法和做法不成熟,但这种不成熟恰恰证明了我现在的进步。

规范化培训首先让我清楚了一名合格的教师应该具备哪些素质,这为我日后的发展奠定了坚实的基础。一只鸟儿从此开始了它的飞翔。

飞翔的方向——卓越教师的专业指导

"接天莲叶无穷碧,映日荷花别样红。我愿意做那片绿叶,见证你的绽放。"这是在我获得静安区"新苗奖"一等奖之后,带教师傅给我发来的祝贺短信。看到这则短信,我心里除了感恩,更多的是深感幸运,感谢见习教师规范化培训能够牵线搭桥,成就这一段师徒缘分。

我的带教师傅是上海市市北中学语文教研组长、区学科带头人王志斌老师,他儒雅随和,幽默风趣,听他的课是一种享受。他总是能在不经意间启发学生思考,毫无刻意雕琢之感,却能抵达文本精髓。

"《跨越百年的美丽》这篇课文,我不同阶段有不同的上法,初次上时我把重点放在'美丽'这个词上,后来我觉得应该凸显'百年'这个词,最近我重读后,认为'跨越'才是这篇文章的内核啊。"

"在《最后的常春藤叶》中,为什么作者要让老贝尔曼去画这片叶子,让琼珊的画家朋友苏艾去画不是更符合逻辑吗?"

"如果时光可以倒流,你觉得《项链》中的玛蒂尔德是否依然还会参加那场舞会?"

精彩,巧妙,王老师在课堂上总是能够四两拨千斤。很多老师的语文课堂会直接给学生结论,王老师却总能通过问题的设计让学生自己说出来。他这种功力自然与平日的勤思善思密不可分。更可贵的是,我在他身上看到了一个语文研究者的气质,在他不断的玩味和品读中,语文课堂的生命力得以显现。

王老师对自己的课一直是高标准,对徒弟的课自然也是严要求。前两年,我请王老师来听我的公开课。在试讲过两遍之后,我自认为已经没什么问题,可课后王老师单独跟我交流时,直言不讳地指出我这堂课上得没什么特点,最多只能打个及格分。"你的台风看起来更老练了,这是熟能生巧的事,可是我似乎看不到当年那个青年教师钻研文本、试图突破创新的那股劲头了,这说明你对语文思考得少了。"

这段话既是批评,也是警醒,我不由得想起第一次见到王老师的情景。简单的介绍和问候之后,他就跟我说:"语文课要上出语文的味道,青年教师要把握住讲台,多上公开课,多展现自己。一年上个几十次甚至上百次公开课,你就会成长了。"后来,我听说王老师年轻时就曾经完成过这一开课壮举。说来惭愧,直到今天我也没能完成几十次公开课的目标,更别说上百次了。现在每次开课前,我还是会邀请王老师听我试讲,只要有他替我把关,我就会感觉很安心。

我至今仍然记得,那一次我开"雪落在中国的土地上"这节公开课,有多位老师认为我其中的一个教学环节——对诗人角色与身份的探讨是多余的,浪费了太多时间,是没有价值的环节。可是他们不知道,这个部分是我精心设计的,没有得到前辈们的认可,我非常沮丧。这时,王老师站出来说:"这个环节是我在其他公开课上没有听到过的,是赵翀的独创。应该说,一个青年教师能够设计这样一个环节,是需要勇气的,而且这个环节恰恰是对这首诗理解的一个升华,诗人的角色与身份就是他写这首诗的出发点啊,也是这首诗情感的爆发来源,这是本堂课最有价值的环节。"当时的我就像一个随风飘荡的气球突然找到了方向,感谢王老师能在我迷茫之时给予我鼓励和认可。我当然知道这堂课有很多瑕疵,但是这种鼓励就像是在我即将跌倒之时有一双手撑住了我,让我能够在以后的课堂中更加大胆地创新设计。

王老师的批评,会时常把我从舒适圈中拉出来,鞭策我不能满足于现状,必须朝着更高的目标迈进。至今,我们师徒仍保持着非常密切的联系,我们依然会像以往一样讨论教学中遇到的问题。而王老师始终以身作则,用一言一行告诉我对语文课堂不可有丝毫懈怠。

飞翔的动力——不断跨越的层层阶梯

对青年教师而言,站稳讲台是我们立足教师岗位的第一步,如何将教学设计最完美地展现在课堂上,需要千锤万击、打磨雕刻。入职以来,我一直积极参加各类教育教学评比。在静安区第一届"新苗奖"的评比中,我荣获一等奖。我还被推选到市里参加见习教师规范化培训展示评比,我记得这个评比有现场教学设计、说课、教学智慧展示、即兴演讲等环节,这些环节全部要在一天内完成,从早上 9 点开始到下午

5点多结束。接近一天的角逐,是对基本功、临场反应、知识储备、专业素养甚至是体力耐力的综合考验。那次评比令我终生难忘,最终我获得了二等奖。得知结果后,我第一时间在微信上告知王老师,王老师很快回复:"教学是门遗憾的艺术,我依然为你感到骄傲!"是的,结果已经不那么重要了,享受过程才是最重要的。

那两张奖状现在还放在我家里书柜最显眼的位置,不是为了炫耀,只是觉得它们是对我见习期最好的总结,有遗憾,更有收获。同时,它们也是我教师生涯起点的见证,提醒我要在更高的平台上一步一个脚印,不断跨越一层层阶梯。

最近几年,我依然尝试着在不同的平台不断实现自我的突破,这个过程中有挫折,也有成长。还记得评职称之前的准备,我从意气风发到被不断捶打,从自我怀疑到重整旗鼓,一次次地备课、一次次地试讲、一遍遍地修改,有几次,我在梦里依然还絮叨着上课的内容,直到把自己说醒。我想这就是对教育的一种态度,一种坚持不懈、永不放弃的韧劲。

感谢见习教师规范化培训使我明确了成长的方向,给我提供了成长的动力。我的名字叫赵翀,"翀"字的含义是鸟向上直飞,相信未来我能够有机会飞得更高更远。

赵翀:2015—2016学年上海市见习教师规范化培训学员,基地校为上海市市北中学。一级教师。硕士毕业于上海师范大学中国现当代文学专业,现任上海市第六十中学语文教师、课程与教学处副主任。曾荣获2016年上海市中小学  (幼儿园)见习教师规范化培训展示活动二等奖、上海市诗词讲解比赛二等奖、上海市"中华经典诵读"教案评比三等奖、静安区见习教师"新苗奖"一等奖、静安区青年教师课题成果一等奖等。在《现代教学》《文学教育》《电影评介》等期刊发表多篇文章。参与《三问教学法:深度学习的聚焦》一书的撰写。

教育感言:以真心关爱学生,以人格感染学生,以真知教育学生。

星光不负追梦人

华东师范大学第三附属中学　丁蓓蓓

2018年5月31日,历时近五个月的"中文自修杯"上海市第十一届"语文大讲堂"活动落下帷幕。我作为一名入职不到二年的青年教师,与各区选送的其他九位十年教龄以下的优秀青年教师同台竞技,最终荣获"十大语文教学之星"的称号。当晚,我在朋友圈写道:"结局很圆满,但过程中看到了自身的不足,继续加油,越努力越幸运。"

小小"青椒"　仰望星空

2015年9月,我走上了华东师范大学第三附属中学的讲台,成为一名语文教师。我立志以匠心筑梦,用点点星光照亮学生们的前行之路。

当时的我还未褪去大学生的青涩,急需前辈为我传道、授业、解惑,我的心中有太多的忐忑。好在区里安排了集中的见习教师规范化培训,还为新教师们配备了基地校和师傅。在长达一年的培训中,我不但吸收了前沿的教育理论,更新了语文教学专业知识,了解了实用的师生沟通技巧,规范了"三笔字"书写和教姿教态,还在跟随师傅李书慧老师学习的过程中,在如沐春风的一次次谈心中,进一步坚定了教书育人的初心和终身从教的决心。见习期满后,我还代表金山区参加了市见习教师规范化培训展示活动,荣获上海市二等奖。

2017年12月,"中文自修杯"上海市第十一届"语文大讲堂"活动拉开帷幕。作为由上海市教育委员会教学研究室、华东师范大学语文教育研究中心和《中文自修》编辑部联合主办的赛事,"语文大讲堂"活动拥有非常高的民间地位,可以说是对青年教师的一次"检阅"。这次,这个机会降临到了我的身上。经过区级的选拔,我成功入选市级的比赛。

惊喜之后,是忐忑不安。此赛有两"难":一是环节多,包括教学录像、论文撰写、教案设计、板书设计、作文批改、现场作答等,前后历时近五个月;二是对手强,其他区县选送的都是拥有丰富教学经验的、已经迈入成长快速期的青年教师,而我还只是初出茅庐的"小青椒"。在教研员和其他同事的鼓励下,我第一时间调整好心态,在校尽力提高工作效率,晚上回家后心无旁骛地备赛。

眼里有光　脚下有路

这次比赛,以"赛"促"学",以"赛"促"教",使我的专业素养和教学能力都上升到一个新的台阶。为了完成比赛的论文《语文学习任务的设计与达成》,我花了大量时间翻阅文献,研究语文课程标准,从教育理论中找依据,并结合自身的教学实践,以《蒹葭》一课为案例讨论核心素养导向下如何更合理地设计学习任务。在录制课堂录像的过程中,通过反复的试讲和磨课,我纠正了提问过多过碎的不足,逐渐提高了对学生的关注,使教学设计真正从学生的学习经历出发;逐渐注重对课堂问题链的关注,使课堂成为一个有机的整体。在作业设计上,我突破了单课作业的局限,提高了对单元学习任务的关注,作业设计一改以往的传统低效……

备赛的过程中难免会遭遇挫折。当熬夜写成的教学设计没有收到预期的效果,当课堂的氛围远没有想象中的高涨,当教学录像中的语言表达出现失误,我不禁泄了气,对自身的实力也产生了怀疑。此时,我想到了李书慧老师。李老师当时任教高三,工作繁忙,但在收到我的求助后,当晚就反复研究我的教案,并给出了一系列建议,这些建议令我茅塞顿开。李老师不仅帮助我顺利完成教学设计,还用真诚的鼓励让我重拾了备赛的勇气。

勇气让我更加努力,也使我有了底气。因此,当5月31日下午站在百人大会场,面对台下的专家、同行侃侃而谈进行现场展示时,我反而是淡定从容的。最终,综合各项环节的成绩,我以总分第七名的成绩荣获"十大语文教学之星"的称号。这个成绩并非最优秀,但对入职不到三年的我而言,对为此奋战了近五个月的我而言,是一颗来之不易的"糖果"。一切尘埃落定后,我又回归到平淡又充实的教学工作中,因为我深知成绩属于过去,而教师成长是一辈子的事情,教育要永远面向未来。

令我感动的是,一个学生把我参加比赛的故事写进了自己的随笔中,并写道:"当你的努力达到一定程度时,量变就会引起质变。"这篇随笔比那本荣誉证书更让我惊喜,我深切地感受到,一名教师能够给学生带来多么大的影响。教育的精髓,不正是用这些细节丰盈学生的灵魂吗?

逐梦前行　星光灿烂

如今,我已经步入工作的第六个年头。几年来,我见证了国家教育硬件资源的优化,以我的学校为例,校舍搬至钟灵毓秀的张堰古镇,新校园拥有一流的教育设施和育人环境,供学生格物致知,修身立志;我见证了教育信息化的突飞猛进,学校的"智慧课堂"系统实现了更真实的学习情境、更具交互性的课堂互动、更具个性化的教学评价,使学生在积极的实践活动中获得核心素养的全面提升……

当然,几年的光阴也见证着我的成长,我更加清楚地知道教师必须自觉担负自己的社会责任、历史使命,用自身的正气激发学生身上的正能量,将"立德树人"真正落实到教育教学工作中,不忘自己的教育初心。在日常教育教学工作中,教师应注重引导和激发,而不是灌输知识;应注重发展理性,而不是讲授道理;应注重丰盈灵魂,而不是掌握技艺;应注重点亮人生,而不是预知未来。

几年来,我在教研、德育、行政等方面均衡发展。在专业发展方面,我不仅在2020年末顺利完成中级职称评审,所开设的多节区级、校级公开课也获得一致好评;通过参加市、区各平台的教科研活动和项目,我积极更新自己的教育理念和教育理论知识。在德育方面,我坚持"以爱育人"的教育宗旨,曾获区班主任培训"优秀学员"、校"十佳班主任"称号等。在行政方面,现任校团委书记的我始终带领全校团员深化思想引领,强化组织建设,创新志愿服务,激励岗位建功……我将一直努力,因为与学生为伍就是与希望同在,与学生为伍就是与未来同行。

褪去一身稚气的我不再是那个走上讲台便会脸红的"小青椒"。回首走过来的一路,我有太多的感悟和收获。首先,课堂是教师安身立命之本。正如于漪老师所说,"教课是用生命歌唱的过程",于漪老师就是这样始终钻研教学,使学生"学有兴趣,学有所得,学有追求,学有方向"。作为青年教师,我们更应该静下心来,着眼学生,钻研教学,怀揣一颗教书育人的初心,陪伴学生成长,必然也能见证自己的成长。其次,青年教师在成长道路上难免会遇到艰难、坎坷,除了自己适应和调整外,也要学会借助"外力"。区里和学校配备的指导教师、教研组或备课组里经验丰富的老教师,以及学科教研员,都是我们成长路上的引路人,是我们获取专业经验的"宝藏"。作为青年教师,我们可以在模仿中找到力量和安全感。当然,一味地复制经验并非长久之计,关键是将经验内化于心,使其成为自己的"成长财富"。

李大钊先生有言:"青年之字典,无'困难'之字;青年之口头,无'障碍'之语;惟知跃进,惟知雄飞……以创造环境,征服历史。"我们作为青年教师,是最富有朝气的一群人,理应无畏风雨,乘风破浪,相信星光定不负追梦人。

丁蓓蓓:2015—2016学年上海市见习教师规范化培训学员,基地校为上海市金山中学。一级教师。毕业于华东师范大学汉语言文学专业,现任华东师范大学第三附属中学语文教师、团委书记。曾荣获第十一届上海市语文大讲堂"语文教学之星"、上海市见习教师规范化培训展示活动二等奖、金山区第五届"新苗杯"青年教师教学基本功评比二等奖等。

教育感言:教育是丰盈灵魂,而不是掌握技艺;是点亮人生,而不是预知未来。

教坛"小菜菇",暗室里的明媚生长

上海市宝山区实验小学 陈思雁

"蘑菇期"的定义,源自20世纪70年代的一批电脑程序员。时至今日,许多初出茅庐的职场新人依然逃不过"蘑菇"经历。在见习教师的"蘑菇堆"里,形形色色的"小蘑菇"们各自有着不同的成长故事。以下便是我——一枚跌跌撞撞的教坛"小菜菇",在名为"见习期"的"暗室"里努力汲取营养,变身"小香菇"的成长故事。

"小菜菇"的梦想启航

那一年,我十八岁,填写高考志愿时,我坚定了要成为一名教师的梦想。在见习教师规范化培训"我的教育梦想"主题演讲时,我娓娓道来的第一句话真实而真诚——"十八岁,我梦想成为一名小学语文教师"。

我毕业于小学教育专业,学习成绩优异,大学四年中学生会、社团、山区支教、海外交流等"辉煌"经历让我对未来踏上三尺讲台满怀信心。可是,初为人师,心高气傲的我遇到了种种意外:授课时的青涩紧张、站上舞台时浑身颤抖的胆怯、面临棘手的家校问题时的恐惧、面对教育科研实践时的有心无力……我成了名副其实的职场"小菜菇"——眼高手低,而实际工作能力很"菜"的"蘑菇"。

幸运的是,我生长于宝山区实验小学这片上海市见习教师规范化培训基地的沃土,并参加了见习教师规范化培训。培训的四大模块、十九个要点仿佛为我量身定制,使我从中得到启发。这一年,就犹如练习少林马步功一样,目的是帮助新教师锻炼好教育教学基本功。在理论和实践相结合的真实情境下,在导师组团引领和艺友结伴的氛围中,在一次次挑战与历练中,我不断积累经验，并以此为基础建构新的经验，找到适合自己的方式主动学习，更快速、顺利地走向职业适应。

这一年的"暗室生长"，为我搭建了一个全方位展示自我的平台，我以"成为一名优秀小学语文教师"的梦想为引领，一步步向专业发展之路迈进。如果我不是有幸遇到规培，也许会错失许多自我成长、自我发现和自我反思的机会，我绝不会那么快地积累起成长经验，也绝无可能那么快就被看见、被认可。从基地校内的"三评两选"，到区级平台的各项评比，再到经过层层选拔后站上市级见习教师基本功大赛一等奖的领奖台，虽然只有短短一年的时间，却为我日后的教学生涯积累了受用一生的财富。

见习规培给予了我这棵"小菜菇"无比的勇气，我决心要在"暗室"里明媚生长。在接踵而至的挑战中，我要一次次展示自己的力量和闪光。

"小菜菇"翻身——属于我的舞台

对一棵"小菜菇"而言，抓住机会破土而出是非常重要的。这不，机会来了——我从宝山区见习教师基本功大赛中脱颖而出，参加了市级决赛，终于迎来了属于自己的成长与进步。我很努力，也很幸运，从默默无闻的教坛"小菜菇"变身为从土壤中冒芽的"小香菇"。

课堂教学评比这一板块的比赛过程，我至今历历在目，因为它让我亲历了一份好的教案所需要的千百次打磨锤炼的过程，感受到一个精彩的课堂需要声情并茂地反复操练，并从中明白了"优秀绝无顶峰"的道理。

那年的市级见习教师基本功大赛中，课堂教学比赛的内容是模拟课堂，参赛教师需要准备并上传四节在见习期执教过的教案与课件至后台，比赛时随机抽一节，评委一边浏览教学设计，一边观摩现场模拟教学。平时的课堂师生互动热烈，而那天讲台下却寂静无比，展现的正是参赛选手的课堂教学基本功。比赛临场表现的确是重点，执教仪态与技巧也固然重要，但参赛教案的设计却更见功力：不仅要格式规范、思路清晰，而且所有的课堂生成问题都要在教学环节中有所预设和说明。说白了，光把课上得精彩还不够，备课态度更是考验选手的一项指标。

那么，这份教学设计要如何规范且精巧地呈现出来呢？如何真正做到基于教学目标的设计呢？平时，我在校参与青年教师的教研沙龙常有开课的机会，虽每次都认真备课，却似乎从未认真地吃透教学目标。区教研时，对于"基于目标的设计"这一主题，我的理解不够到位，甚至还有过一知半解、得过且过的错误想法。显然，眼下的比赛是一次全新的考验，它助推着我摒弃旧观念。我必须系统地翻阅与教学设计相关的专业书籍、教学参考资料，从零开始虚心学习。经历了痛苦而充实的备赛过程，我才真正了解到"什么是合理的教学目标"和"怎样利用合理的、基于学情的教学目标来指导设计教案和课堂演绎"。

四节课的备赛工作量着实不小。四份教学设计中，有我在基地校评选、区级评选中执教过的一课。那是一份已经打磨过多次的教学设计，由于那篇课文在更换教材后早已被删除，因此在备赛的过程中，我对它做了极大的修改。我深信，无论教材如何更新迭代，都应该利用好钻研打磨的机会，弄懂以前一直回避的教学问题。我反复翻阅教学参考资料，核对小学语文教学标准，对低年级语文教学目标进行细致的总结、归纳，并根据所选课文的单元目标进行概述，然后将其细化到每一份教案设计中，再基于单元目标和班级学生的学情设置相应的教学目标。仅修改的过程就经历了不下十几遍，屡次修改，反复思索，对教案一遍遍的思考与打磨，使我对教学的理解越发透彻。

在区教育学院师训办老师、教研室教研员、基地校导师团队和艺友小伙伴们的倾力相助下，我的赛前准备如火如荼地进行着。这些良师益友如同为我浇水蓄能的园丁，激励着我，温暖着我。我心中积蓄着的信念也愈发坚定了起来：我要抓住这宝贵的机会，我要破土，我要翻身！

这是我简短的教学生涯中经历的第一次市级挑战，毫不夸张地说，也是我走上教学岗位以来"最艰苦"的一次。反复记忆备赛内容对我来说是一块难啃的骨头，因为记忆实在不是我的强项。于是我利用周末对着空旷的教室模拟教学，回到家对着空白的墙壁加深印象，我还邀请家人扮演我的学生，甚至在睡梦中也曾喃喃低语教学内容。

只有积累了足够的能量,才能迎来小宇宙的爆发。到了比赛那天,我胸有成竹地走进赛场,过五关斩六将,最终用实力换来了幸运,获得了上海市中小学(幼儿园)见习教师基本功大赛小学组总分第一名。

我,一棵教坛"小菜菇",终于变成了从土壤里探头而出的"小香菇"!

"小香菇"教育逐梦——执着没有终点

孟子曾言:"天将降大任于斯人也,必先苦其心志,劳其筋骨。"我想,要成为一名优秀的教师,实现自己的教育理想,大抵也是如此。

我很感激见习规培,因为它造就了我的职初专业成长。我的成长之路离不开许多人的陪伴。其中我最想感谢的是一直陪伴着我的好师傅——徐萍老师,她既是我的学科导师又是我的班主任导师。在基地校课堂教学比赛之前,她不仅从不缺席我的试教课堂,及时给予我教学环节设计、教学语言与仪态上的改进建议,还常常传授我班级管理的妙招,让我更加从容地面对教学比赛。那一年,她是我的精神后盾,在我需要的时候永远会第一时间出现,在我失意沮丧时会为我擦干眼泪,大胆鼓励并支持我的若干想法,给予我一片田地自信地生长。

教师的专业发展是多维度、持续动态的过程,职初教师正处于教师专业发展的早期阶段,拥有多种可能性,每位教师未来的专业发展之路都不尽相同。见习规培带给我的绝不仅仅是为期一年的高质量的见习教师培训课程,拿到了合格证并被评为"优秀见习教师"也不代表我已经成了一名优秀的教师。我这棵刚刚探头而出的"小香菇",接下来要做的就是为自己不断增添活力。在我的专业成长之路上,见习规培帮助我找到了未来成长的方向,使我始终铭记"保持学习力",让我朝着"终身学习者"的教师角色不断前进。

规培结束后,得益于见习规培期间教师入学在职教育硕士研究生的相关政策,我有幸通过奋力备考再次回到母校上海师范大学的怀抱,经过两年边工作边学习的生活,终于如愿取得了梦寐以求的硕士研究生学位。能够在工作后重温校园生活,这种感觉既辛苦又快乐。我认识了来自其他区县的优秀新教师,我们携手合作,集思广益,共同成长。我阅读了更多教育文献,接触到了新的教育热点;我积极尝试实践,尽力改善自己的教育教学现状。我参与的整个规培的教育教学经历也成了我教育研究的素材来源。

硕士毕业后,"小香菇"执着的逐梦之旅仍在继续。我以更加谦逊的心态,全身心投入学校的日常教育教学工作中,扎根课堂教学,参与研修项目,继续发展各项教育教学技能。在校青年教师共同体中,我勇挑重担,担任领衔人,带领更多的艺友新伙伴在教育之路上不断探索创新。在自我学习与更新中,我更加坚定了要做一名优秀教师的理想。

教师之所以是太阳底下最光辉的职业,正是因为它是"梦想"的代名词。通往优秀教师的专业发展之路远没有终点,教师的职业发展之路应该是一个不断地完善和充实自己、更好地服务于学生的过程。教师所怀有的"梦想",不仅是努力实现自己的教育梦想,更是实现学生们心中的无数个小小梦想。

见习规培是一方肥沃的土壤,我将勇往直前地追逐自己的教育梦想,永不言弃。我将继续明媚生长,不断进取、执着,没有终点……

陈思雁:2016—2017学年上海市见习教师规范化培训学员,基地校为上海市宝山区实验小学。二级教师。本科毕业于上海师范大学小学教育专业,后在职取得上海师范大学小学教育硕士学位,现任上海市宝山区实验小学语文教师、团支部书记。曾荣获2017年上海市中小学(幼儿园)见习教师基本功大赛小学组一等奖,多次获得市、区级教育教学类评比奖项。在参与市、区级经验交流展示和演讲等活动中发挥自身儿童文学创作特长,并多次获相关评比奖项。

教育感言:一支粉笔一本书,一生追逐一个梦。

在传承中创新，在创新中成长

上海市黄浦区劳动技术教育中心　陈　莹

我工作的地方是黄浦区劳动技术教育中心，不同于普通中学，这里只教授一门学科——劳动技术。刚进校时，校领导总喜欢称呼我们新进教师为"小花"，其实那时我们还都只是刚刚种下去的种子，在见习期努力破土而出，希望快点成长。

师徒带教传薪火，言传身教促成长

工作第一年，见习教师培训基地为每位新教师都配备了带教师傅。报到第一天，其他新教师可能还未能跟师傅说上几句话，我的师傅颜家玉老师已经直接带着我打扫教室，准备开学后需要使用的学生工具，整理学生材料……当时的我还很不理解，老师为什么要做这些事情。经历过几次课堂的仓促和慌乱后，我才意识到师傅给我上的入门课多么重要。

劳动技术学科有非常强的实践性，会涉及工具使用、操作演示、学生练习、应急处理等，所以教师在上课之前必须对课堂中每种工具和材料的存放、操作练习的组织流程等都非常熟悉，这样才能在短短的四十分钟内有条不紊地引导学生完成学习活动。"你可以仔细地将上课流程在心里过一遍，将需要准备的工具器材列成清单。""这些材料易损坏，耗损比较多，需要多准备一些。""存放材料的位置尽量固定，可以在柜门或抽屉门上贴上标签……"来自颜老师的这些实战技巧，是我快速成为一名合格的劳技教师的基础。

"颜老师，您的课堂节奏是如何控制的呢？我在课堂上时常觉得有种失控感，想抓住学生的注意力却又觉得力不从心。"马上就要开展第一次公开试教课（见习教师的阶段性检验)了,我虽然已经有了一些教学经验,但心里依然没底。恰恰此时,师傅意外摔倒导致手部骨折,医生建议她在家休息。于是,师傅便拷贝了我的课堂实录,一遍遍地看着我都不忍直视的视频,因为手受伤不方便打字和做记录,她就把教学视频中需要调整的地方一句句录下来,做成语音备忘录发给我,并对照着为我讲解。只要我上过一次课或改动过教案,她都会第一时间跟我讨论交流,仔细推敲或纠正我的每一句表达。试教前几天,我们经常聊到深夜 11 点。师傅没有直接回答我的问题,但是从这些经历中我已经得到了答案。课堂的每个环节都值得用专业的精神、绣花的态度认真对待。那节试教课后,我得到了同事和领导的赞赏。然而,在观课教师离开后,师傅却依然对我说:"你的最后一个环节,这句话表达不够准确,应该先说这个……"

虽然见习教师培训活动中的师徒带教只有一年,但是后面的很多年,师傅都在一直帮助我、关心我。现在我觉得师傅就像家中的长辈一样,有时候甚至和妈妈一样,对我有包容、有教导,更有关爱,她会敏锐地发现我的每一个缺点,告诉我在教学和工作中需要注意的每一个细节。

受到师傅的影响,我开始注重构建整洁有序的班级环境,营造舒适有序的班级氛围。将师傅作为榜样的我现在上课前经常会要求自己写详案,梳理出更流畅的教学逻辑,努力在不断变化的课堂上强化自己的语言表达,修炼好教师的看家本领。师傅用言传身教展现了他们那代教育人的师风,她教学严谨、扎实,处事规范周到,也为我后续的工作乃至未来的教育行为打上了底色。

立足讲台勤实践,我与学科共成长

见习期除了忙碌外,还有挑战。经过一年的学习、模仿、熟悉、适应,我已经能够胜任常规的教学任务。劳动技术学科是一门年轻的学科,是一门理论与实践相结合的学科,是一门跨学科,是一门还在不断发展的学科。作为一名劳动技术教师,我必须紧随时代,探索求新。我在专家的讲座中,在师傅点对点的辅导下,通过观摩优秀教师示范课、参与各类听评课、学科教研等一系列活动,不断思考探索,总结分享,希望为学科教学育人贡献自己的力量,希望让每一位来我们中心上课的学生都真正学有所获。

在八年级劳动技术的"电子技术"这个单元中,虽然学校现有课程安排是根据课标和教材进行教学的,但是我发现在实际课堂中存在一些问题:在学情上,八年级的学生在物理学科学习中还未涉及电学知识,理论基础不扎实,且缺乏抽象思维的能力;在内容组织上,知识技能点较为零散,不利于学生建构起整体的知识框架,学生往往学习了许多知识与技能,却脱离实际,不能迁移应用;在教法上,若仅仅是电子作品焊接制作,学生能够自主发挥的空间较小,往往更关注作品制作成功与否,对制作过程中产生的疑问和作品的原理关注较少。

面对这些困惑与问题,我将自己代入到学生的角色中,从学生的角度思考课堂上缺失的究竟是什么。结合现有的实践经验,我设想是否能够增设一个课时,在电子控制电路应用的主题内容中设置一节"简单电子控制电路"来统领整个主题。我希望改善上述的教学状况,试着从"关注知识"到"关注人",实践从"教知识"到"教学习",让课堂从"重结论"转变为"重过程",让学生的学习有更多的获得感。

在这节课中,我通过"根据指令做动作"这样的小互动,分析人体接受信息、分析信息、执行信息的过程,打破电子控制电路的神秘感,用人和机器执行指令方式的类比来帮助学生理解抽象的电子技术知识。当学生形成了"电子控制电路主要由传感器、控制器、执行器组成"这样的概念后,我不急于给他们灌输更多的知识点,而是停下来帮助他们梳理之前所学的电子元器件,将它们归类到不同功能角色,帮助学生建立知识之间的联系。

在原有的电子作品焊接制作上,学生可发挥的空间较小,那是否可以调整作品制作的方式呢?随着技术的发展,新技术、新材料层出不穷,通过多种方式的对比试验,我找到一种连接方便、效果稳定的"导电胶带",让学生在制作环节可以快速在纸面上搭建出不同的电路原型验证效果,为他们自主设计个性化电路、制作电路提供可能。而且这种新"纸电路"搭建方式安全便捷,在课堂上教师也能够大胆地允许学生犯错。容错的教育更能点燃学生求知的热情，让他们享受到学习和实践的乐趣。

当我提出这样的设想时，受到了其他老师的质疑："之前从未这样上过，改动这么大，效果很难说。""这节课中新的知识与技能点太少，不值得花费一个课时。""课表安排中没有这节课，这样会打乱其他的课时安排……"面对这样的争议，我在征得学校的同意后，决定试教这节课，通过实践来验证是否可行、是否能够达到预期的效果。

试教那天，龚铭校长、教导主任、师傅都齐齐坐进了我的课堂。这不是一节精心准备、反复试教过的公开课，甚至很粗糙、很原生态，但是从开场引入到下课铃响起，学生们都表现出极大的兴趣与探索的欲望。课后，龚校长告诉我，这节课还存在许多问题，但是他支持我继续去尝试，我的试教证明了这节课值得研究。龚校长的支持给了我莫大的鼓励和继续探索的勇气。

在师傅与教导处老师的共同帮助下，我在教材中寻找依据，以学生为中心，不断修改、打磨这节课，让这节课变得越来越成熟。我还申请将这节课作为我教师职业生涯中的第一节公开课。这一次，良好的师生互动和学生反馈得到了教研员、专家的肯定。后续这节课也成为一节常规的课时纳入正常教学序列，通过不断迭代惠及更多学生。

完成一年的见习教师规范化培训后，见习教师基本功大赛成了新教师的试炼场。在比赛最重要的课堂教学环节，每位参赛教师需要准备四节课待抽选。有了之前从无到有地设计、打磨一节课的经历，我在这一环节多了几分底气。校领导和师傅要求我先独立设计具有自身个性特点的教案，然后学校教研团队再共同讨论。这一过程中，他们尊重我的想法，让我自己把握、定夺，同时在细节之处为我把关，助我成长。

教师的专业发展需要通过一定的平台才能实现，而这种教学技能比赛就是一种很好、很有效的平台。面对这样的市级比赛，培训基地校与聘任校都十分重视，但是他们并没有让有着大量经验和成就的前辈们代替我选择课题或做任何决定，而是注重发挥青年教师的主观能动性,注重让我自己思考和设计教学思路。当我遇到困难时,他们会及时给予我一定的点拨,这种授之以渔的方式,对我的成长来说无疑是一种极为重要的影响与引导。

回想起见习教师第一次规培活动时,龚校长就提出:"希望我们的年轻教师可以走出自己的路。"在成长的过程中,我们能够感受到学校对青年教师的真心赏识和对青年教师个性的尊重,学校也切切实实地提供了各种平台帮助我们实现个性化的成长。

"小花"们渐渐长大,在黄浦区劳动技术教育中心,我可以感受到学校更希望我们长成一株株奇花异草。因为现代教育的发展需要的不是人云亦云"跟着走"的教师,而是有自主精神和创新能力的新型教师。敢于创新、乐于创新的教师才有可能培养出敢于创新、乐于创新的学生。

回想 2016 年,我走上讲台时只有一个很朴素的想法:上好每一节课。五年过去,我发觉这个想法虽然朴素但不简单。继承并发扬老一辈教师敬业的优良师风,立足课堂,不断开拓创新,勇于尝试,与时代共同前行,是当代教师的使命与担当。

陈莹:2016—2017 学年上海市见习教师规范化培训学员,基地校为上海市黄浦区劳动技术教育中心。一级教师。毕业于上海师范大学教育技术学专业,现任上海市黄浦区劳动技术教育中心教导主任助理。曾荣获黄浦区"萌芽杯"教学比赛一等奖、上海市中小学(幼儿园)见习教师基本功大赛一等奖、"科教杯"上海市说课活动一等奖、上海市中小学劳动技术学科说课活动一等奖、全国教育教学信息化大奖赛一等奖。参与两轮"空中课堂"录制,并获"空中课堂"录制贡献奖。发表论文 5 篇,主持或参与区级以上课题 6 项。

教育感言:教育不是灌输,而是点燃火焰,教育的一切技巧都在于如何点燃孩子求知的火焰。

从茫然无措到胸有成竹

上海市江宁学校　潘沁悦

回忆起初为人师时,我充满了兴奋和激情,但缺乏教学经验和教学技巧,对于如何规范地备课、如何有效地进行课堂教学、如何管理调皮的学生等诸多问题还感到困惑。从最初的茫然无措到如今的胸有成竹,我经历了以下几个阶段。

见习规培帮我站住讲台

其实刚开始我对自己的教学没有信心的另一个原因是,我在大学学习的专业是化学师范,但是学校安排我教的是科学学科。虽说"理化一家亲",但是我对教材的内容还是不太熟悉,当我暑假期间拿到之前从未备过课的教材时,说实话我心里有些忐忑,对自己能否胜任科学教学工作很迷茫。

让我迅速进入角色的是见习教师规范化培训,入职不久后,我就收到了见习规培的通知。我在一个没有空调的体育馆开始了见习规培之路,在那里我结交了来自不同学校的新教师们,见识了优秀同仁的精彩演讲,参与了令人满头大汗的金字塔合作比赛。暑期的培训让我认识到"教师"这两个字的使命,也让我感受到在普陀的见习规培平台真的可以收获很多大学里没有教过的内容,让我对教学有了更强烈的信心。

我来到江宁学校后不久,基地校的指导教师就开始来听我的课,往往是一节课刚点评完就会约好下次听课的时间。这就是磨课,一次次地反思,一遍遍地打磨同一节课。从那以后,我就一直研究教材、研究教参、研究学生、研究课堂,探索如何让学生学会自主学习。这是一个痛苦的过程,我经历了无数个日夜的研究,不断地向老教师请教,听有经验的教师的示范课。功夫不负有心人,在后来的新教师亮相课上,同事们对我的教学给予了肯定。当然,这只是我教学生涯万里长征走出的第一步。

更幸运的是,第一学期末我被选为普陀新教师特训班的一员,这种被认可的感觉让我有了更大的动力。有人说,比别人早走一步就意味着比别人早一步接近成功,好的起点决定你将来的高度。进入特训班以后,我有幸得到了区教研员印老师的一对一指导。那段时间,我几乎没日没夜地准备教案和PPT,那也是我成长最快的一段时间。现在想想,当时稚嫩的自己还真是有点丢脸,很多专业知识都没有吃透。但是印老师真的非常有耐心,她一遍遍地指导我,从教案的格式到教材的分析,甚至还有PPT的美化,从印老师那里我学到了很多教学实践技巧。

入职后,我也一步一个脚印地提高自己的专业素养。有时,为了一节课中某一个小环节的设计,我会加班熬夜寻找适合学生的素材,调整实验中的学生活动等。我也逐渐明白了,要成为一名合格的教师不是一蹴而就的,而是要在不断的打磨和积累中奠定教学实践的基础。

开展奖赛课帮我站稳讲台

2018年,区教育局开展了"普陀杯"教学比武,和所有准备赛课的教师一样,我也经历了几个不眠之夜,每天想着怎么改进课堂结构设计。在这期间,学校教导陈老师和师傅朱老师给了我很多鼓励和帮助,教研组的老师们也都为我出谋划策。他们一次又一次地听课和评课,不厌其烦地帮助我准备实验教具、修改课件,这让我深深感受到了一个人的成长离不开集体。

正是因为在这次"普陀杯"中获得科学学科第一名的优秀成绩,我有幸代表普陀区参加了上海市中青年教师教学评优大赛。在知道要参加市评优课的那一刻,我心里非常紧张。我毕竟还是个新教师,能否担起这个重任?我曾经犹豫过,但是转念一想,这也是对自己的一次锻炼,如此难得的学习机会,为什么不好好把握呢？于是，我为市赛课做起了准备。

一开始拦在我面前的就是选课这一难题，选课看起来很简单，却关系到一堂课的效果如何。本次比赛的主题是用科学大观念指引科学探究教学。分析之后，我认为在选课时首先要选择大观念清晰的课题，这样对课堂的划分比较容易掌握；其次要兼顾自己比较擅长和熟悉的教材内容，这样更利于一堂课的发挥。在这两个问题上，我纠结了很久，最终结合自身实际选择了《科学》（牛津上海版）六年级第一学期第四单元"物质的粒子模型"的最后一课时"热胀冷缩"。本节课旨在通过实验，让学生了解物体的热胀冷缩现象和膨胀程度，并学会用粒子模型解释物质的热胀冷缩现象。

确定内容后，关键就是教案的设计。动笔之前，我思考了很多：这堂课该怎么上？我想达到什么目的？怎样的教学方式才适合六年级的学生？许多问题纠结于脑海中，最后，我决定抛开一切，从原点开始。我把自己当成学生，拿起教材，边读边想：如果我是学生，我希望从这节课中了解些什么？我应该学懂些什么？带着这样的目的，我再次研究教材，着手完成教案设计。

实践创新帮我站好讲台

在设计教案时，我遇到的第一个难题是：怎样设置引入环节，提高学生学习的兴趣？我首先想到通过生活中的场景来引入热胀冷缩现象。在师傅朱老师的启发下，我在第一次试教的引入中用了"纸开易拉罐"这个场景，虽然能引起学生浓厚的兴趣，但其中蕴含的科学道理不止热胀冷缩，容易让学生产生知识之间的混淆。改进后，第二次我用了"瓶盖浸泡热水后容易打开"这个场景，这同样能提升学生的兴趣，也比较贴近学生的生活，但是"不同固体膨胀程度不同"这个知识点比较难且不是本课的教学重点。在印老师的建议下，我将引入改成两个小场景，分别是乒乓球在热水中复原和鸡蛋在冷水中容易剥开，这两个场景是学生最容易产生共鸣的，且这两个活动的教学难度也是递进的。将这两个场景串联在整堂课中，最后将解释场景作为活动评价，难度也适宜。好不容易解决了情境引入的难题，接下来的实验设计更是令我绞尽脑汁。

在"热胀冷缩"一课中，学生的关键能力是获取并描述证据、使用证据。为了发展学生的关键能力，我对教材中已有的实验器材进行了改进和创新，有利于学生正确、客观地获取和描述证据，理解本节课的科学大观念。第一次在观察气体热胀冷缩的实验中，我准备使用的是直角导管。但学生在做加热实验时，若加热时间过长或温度过高，都可能导致水珠溢出导管，影响观察冷却时的实验现象，也无法再进行二次使用。经过多次尝试和改进，我最终决定自制教具，将直角导管改成连通管，这样可以有效避免因为实验试管倾斜或膨胀程度大而造成红色小水珠的侧漏，进而影响后续实验。这样改进之后，由于水柱较长，实验现象也更加清晰明显了。这样的实验活动有效提升了学生对科学的兴趣，同时逐步发展了学生的科学素养。

在相同条件下，想要用实验现象直接比较固体、液体、气体的膨胀程度比较困难，于是我一次次改进实验器材。第一次，我选用三个针筒，分别装入橡皮泥、水和空气，以此保证固体、液体、气体三者的形状和体积相同。在教学过程中，我发现把针筒放在烧杯中会产生倾斜，无法固定，且学生读数时必须取出针筒，这样的操作会影响学生对实验现象的准确观察。后来，我对三个针筒作了改进，将三个针筒放在试管架上，保证演示实验时能同时控制三者的受热条件，基本实现了学生能直接观察实验现象，以此比较固体、液体、气体膨胀程度的不同。之后，我又运用希沃投屏，使所有学生都能看到实验现象，解决了演示实验时后排学生看不清的问题，同时通过画线效果，使刻度数据的变化更加清楚。

当学生清晰地观察到热胀冷缩现象，以及在相同条件下固体、液体、气体膨胀程度不同的实验现象时，学生自然而然就能用粒子模型的微观结构解释所看到的宏观现象。学生在了解了实验装置和实验条件后，认识到公平对实验结果的重要性，培养了在相同条件下设计科学对照实验的科学思维和能力。就这样，经过几次"大手术"和无数次的试讲，我站上了上海市科学评优课的讲台。最终，我顺利上完了这节课,并且没有辜负大家的帮助和期盼,收获了一等奖的好成绩。

近年来,我在学校开设了拓展创新课程,这是我大学里从未接触过的领域。通过和校外机构合作,我与学生们一起学习编程和CAD信息技术。"一辈子做教师,一辈子学做教师。"不断学习的自己,就是学生最好的榜样。

我从一个"菜鸟"编程教师渐渐变成能够带领学生参加青少年创新大赛等比赛的优秀指导教师,不断挖掘学生的潜能,培养学生全面发展的能力,拓展他们的创新能力。在我的带领下,我校多名学生的课题荣获上海市一等奖。这些学生运用学到的拓展知识解决生活中的问题,从而获得科学素养和创新思维的提升。我也在拓展课中积极尝试,思考如何将自己的专业特长与学生课题对接,助推创新课题孵化。

我的成长离不开见习教师规范化培训带来的启发,离不开学校领导创设的平台,更离不开市、区级专家团队给予的指导和帮助。四年多来,我从茫然无措的新手教师变成胸有成竹的熟手教师,付出的是汗水,收获的是一份份沉甸甸的果实。未来我也会在不断超越自我中成长,在不断实践和探索的路上砥砺前行。

潘沁悦:2016—2017学年上海市见习教师规范化培训学员,基地校为同济大学第二附属中学。二级教师。毕业于上海师范大学化学师范专业,现任上海市江宁学校教师。曾荣获上海市中青年教师教学评选活动一等奖、第四届"普陀杯"教师专业能力评优活动一等奖、第四届"全能脑力王"电视公开赛优秀指导教师。参与录制上海市初中科学"空中课堂"。

教育感言:从爱出发,打开孩子们跃跃欲试的心灵之窗,思维的火花必定流光溢彩。

花若盛开，蝶自会来

北京外国语大学附属上海田园高级中学 田　超

光阴飞逝，不知不觉间，今年已是我做教师的第五个年头。在这春暖花开的季节，我驻足停歇，回忆短短五年的教学生涯，幸福与千头万绪涌上心头。孟子说："得天下英才而教育之，三乐也。"的确，做教师最大的幸福便是能与那万千充满智慧与想象力的"火花们"碰撞，当然其中也充满了艰辛。

灯塔能为航行的人照亮前行的路，上海市见习教师规范化培训便是我职业生涯的灯塔，它指引着我从一名对教育事业充满新鲜感和紧张感的"职场小白"成长为有自己独特教育方法和策略的成熟教师。这些年来，我的成长离不开市级、区级的集中培训，离不开教师专业发展基地校——七宝中学的浸润式培训、聘用校——北外田园高中的跟岗培训，离不开地理教学专业导师周光明、柳英华、汪世平、吕东和德育导师翟雪梅等前辈的言传身教……

上海市见习规培采取团队带教的方式，从基地校挑选最优秀的学科教师与班主任教师组成指导教师团队，组建学习共同体，为新教师提供全方位、高水平的指导。看似短短一年的规范化培训，实则影响着我的整个教育生涯。王国维在《人间词话》中说"古今之成大事业、大学问者，必经过三种之境界"，或许我的学习和成长经历也可以分为下面三个阶段。

昨夜西风凋碧树，独上高楼，望尽天涯路

毕业后，我成了北外田园高中的一名新教师，刚开始只为自己成为一名光荣的高中教师而欣喜，但对于如何做一名合格教师仍一片茫然。入职的那个夏天，

我与众多新教师一起参加了闵行区教育学院提供的全封闭式集中培训。短短六天，让我加深了对教师职业的理解，增强了教书育人的信念和使命感，了解了专业发展的基本路径，对未来充满了信心和渴望。

令我意外的是，虽然我任职于一所普通的区重点高中，但一踏上工作岗位我就获得了去知名中学见习的机会。我每天都要去见习基地校七宝中学接受浸润式培训指导，我的带教导师是七宝中学的资深地理教师汪世平老师。汪老师不仅专业功底深厚，而且十分负责。刚接手带教任务，汪老师便为我量身定制了带教计划，并在初次见面时要求我撰写了"见习培训个人三年规划书"。起初的计划书过于简单笼统，汪老师便手把手地辅导我如何制订工作计划。查阅资料、钻研教材、了解学情、结合校情，对各方面工作进行宏观定位和微观思考，经过三次修改，我的三年规划书硬是从一千字磨到了五千字。接下来便是每周在七宝中学三到五次的跟岗学习和实践，从随班观课、写观课报告到正式试教、跟班教学，每个环节汪老师都对我严格要求并耐心指导。我的导师团也扩展到整个七宝中学地理教研组，我可以随时观摩七宝中学其他地理教师的课堂，学习他们的优秀教学方法，我也因此结识了我后来的骨干基地导师柳英华老师。

我的聘用校秉承见习教师规范化培训的思想，安排了学校最厉害的地理教师吕东老师做我的师傅，对我进行一对一指导。从编写学案、听课到上课，一年的见习期中，吕老师教会了我很多教学技能，向我展示了一种幽默风趣且事半功倍的教学风格。他那"不把难的知识教简单了，更不把简单的知识教难了"的教学理念，时时提醒着我做老师的目的绝不是以"难倒"学生为荣，更不是在学生面前"卖弄"，这让我少走了很多弯路，学会时刻关注学生的感受。

一年的见习规培让我对教师职业有了更深刻的认识，也让我的专业能力走向合格。一年后我有幸被评为优秀学员，所开汇报课"中国地域文化"也受到了基地指导教师的好评。但这也仅仅是合格而已，我的专业能力离名师还有多远？我的教学特色是什么？怎样在地理专业领域发挥自己更大的价值？……见习规培教给我的那些教学理念和境界绝不是一年时间就能领悟透彻的。我寻寻觅觅，从不敢停止学习和探索的步伐。

衣带渐宽终不悔，为伊消得人憔悴

入职伊始，我便在区里的培训中得知新教师发展的方向和途径，我在心里暗暗埋下种子，一定要让自己在三年之内成为小有名气的高中地理教师。于是，我通过有计划地读书、学习、开课、进行教学研究、参加教学比赛、加入名师骨干基地等来充实自身，为专业发展奠定基础。

当我缺乏教育思路时，读书为我带来了许多灵感。我读了人民教育家于漪老师的故事，敬佩于她老人家将每一堂课都上成公开课的魄力，赞叹于她老人家"一辈子做教师，一辈子学做教师"的高尚情怀，于是对工作中遇到的出于本能的些许"不快"很快就释怀了。从老子的"无为自化"、庄子的"寓教于乐"到陶行知的"教学做合一"、晏阳初的"平民教育"，从皮亚杰的认知发展理论到班杜拉的社会认知理论，读历代名人的教育思想，我的思维更加活跃，一个个生动有趣的教学设计应运而生。站在巨人的肩膀上，我的教育生涯的确迎来了更多曙光。

对专业的探索少不了理论的学习。我并不缺乏学习的热情，但学习的方向得有"贵人"指引。我很庆幸，从入职以来，便有各路"贵人"指引着我。在聘用校带教师傅吕东老师的推荐下，我认真研读了高中地理学科基本要求，从而能够更加准确地把握高中地理教学的方向。在基地带教导师汪世平老师的推荐下，我研究了普通高中地理课程标准，明白了地理学科的核心素养，离"合格"的地理教师更近了一步。在闵行区教研员周光明老师的日日熏陶下，我读了段义孚的《人文主义地理学》和《逃避主义》，不仅弥补了对人文地理浅薄的认知，也领悟和体会到生活中人们的处境和各种言行都是可以理解的，并时时反思万事万物之间以及过去、现在与未来之间的联系性和对应性。在骨干基地导师柳英华老师的指导下，我读了美国版的《地球科学》，通过对比中美两国高中地理教学的异同，学会了在平日教学中"取其精华，去其糟粕"的处理方式；我还读了《地理学思想经典解读》，认识到地理学缘起缘灭的精髓，从此在教学中多了些许底气。理论是实践的基础,这道理一点不假。

费尔巴哈说:"理论所不能解决的那些疑难,实践会给你解决。"青年教师在成长的道路上同样少不了充满勇气和创意的实践。在见习期后的第二年,我第一次向教研员寻求开区公开课的机会,周光明老师是一位非常有人文情怀、稀才、善良的教研员,他欣然答应了。第一次开课真是刻骨铭心,为了不辜负周老师的信任,我想着一定得上出一堂像模像样的地理课。我用了整整一个学期,不停地进行头脑风暴来构思这堂课,从选题、活动分组、平台选取到问题设计、教学环节组织,经历了一段较长时间的"煎熬",最终开展了一堂以核心素养之一——区域认知为主题、以"文化与地理环境的关系"为课题的区公开课。幸运的是,经过自身的努力,再加上周光明老师和吕东老师画龙点睛般的指导,我的第一次区公开课还算比较成功,被区里不少教师评价为一堂"有设计、有思维、有合作、有技术、有情感、有效果"的优质课。

众里寻他千百度,蓦然回首,那人却在,灯火阑珊处

尤记得周光明老师的教导:"地理教师的成长,少不了从课件制作、教学设计到课例生成、试题命制这样一个工作闭环。"不久后,我顺势将第一次公开课整理成了一篇教学案例《区域分析法在高中地理教学中的应用——以文化与地理环境的关系为例》,并发表于期刊《地理教学》。或许灵感是相互影响的,我心想索性就将"区域认知"研究下去吧,于是紧接着又有了小课题"提升高中生地理区域认知能力的实践探究",并获得当年区小课题二等奖。

有了一次成功的经历,我的经验和信心也便有了。我抓住每次锻炼的机会,参加了市里和区里举办的中青年教师教学大赛,通过笔试和现场授课环节,一轮下来,我上课更加游刃有余了。我认真对待骨干基地导师柳英华老师布置的等级考命题任务,搜罗材料,关注新闻,绞尽脑汁做到了原创性命题,这才有了后来和柳英华老师、周光明老师一起打磨区模拟卷的机会,才有了被两位学科领域带头人亲自教导的机会,才有了在全区地理教师面前交流发言的机会,才有了又一篇期刊论文《上海市地理等级考原创试题命制策略——以 2020 年闵行区地理等级

考模拟题为例》的诞生。

得到众多"贵人"的点拨后,我在专业发展方面渐入佳境,如今已经基本能够独立进行教学和研究。我研究了"3S技术如何辅助中学地理教学"后,才有了文献综述类论文的区级和市级一等奖;有了多次上课和演讲的历练后,才有了成为上海市"空中课堂"授课教师的资格;有了对多版本教材的对比研究后,才有了在中国陶行知协会举办的同课异构优质课上展示的机会……

我说这些并非为了卖弄,只想借此机会,静下心来,对自己的职业旅途进行一次小小的反思,因为每一次经历背后都有我曾经刻骨铭心的幸福和艰辛。感谢上海市和闵行区为我提供了如此多的发展机会,让我在短短的时间里迅速成长为一名"小有作为"的地理教师。机会从来都是留给有准备的人,不经历"脱胎换骨",怎能迎来"涅槃重生"呢?虽然我离名师还很遥远,但我相信只要保持一颗热爱教育的心,有一天我必然会实现自己的教育理想。

我的聘用校校长陆振权说过的一句话,从我踏上教师岗位的第一天就深深地影响着我,在此分享给与我一样正在成长中的青年教师:"花若盛开,蝶自会来。"

田超:2016—2017学年上海市见习教师规范化培训学员,基地校为上海市七宝中学。一级教师。毕业于华东师范大学GIS专业,现任北京外国语大学附属上海田园高级中学地理教师。曾荣获闵行区中小学中青年教师教学评选活动
二等奖、2018闵行区中学地理教学设计案例征集一等奖、闵行区第十一届教学小课题二等奖、2020年中小学幼儿园课题情报综述征文评选一等奖。疫情期间,承担了市"空中课堂"的录制、区模拟试题命制等工作。在期刊《地理教学》上发表两篇专业论文。

教育感言:教育不是灌输知识,而是让孩子学会创造。

从"菜鸟"教师到"斜杠"青年

上海市中国中学　毕仕旻

在辞旧迎新之际,我接到了一封征稿函,说是让青年教师回顾一下自己的成长历程。我清晰地记得当时我那略有些复杂的心理活动:有些激动,有些慨然,有些期待,甚至还有些许惶恐……不足三年教龄的我显然还是一个彻彻底底的"菜鸟",但和刚入职时的我相比又好像有了些许变化,这些变化或许就是我的成长。

我开始思考成为教师的这段时光里,我究竟成长了多少,进步了多少。除了日益增长的体重之外,我还收获了什么?我开始问自己:你是否还记得你的初心?你还记得为什么走上教师这个岗位吗?

坦率地说,在刚踏上教师这个岗位时,我确实迷茫过……

初为人师的痴与惑

或许真有那种生而知之者,又或许真有那种将自己人生安排得明明白白的人,但很显然我不是。我很早就认清了自己的普通,甚至连被别人安排得明明白白的资格都没有。早早"认清现实"带来的优势是我很踏实,只管做好眼前事,自认为深得"尽人事,听天命"的个中三昧,奉行的是一步一个脚印的信条。然而,这种心态的缺陷也是显而易见的,一步一个脚印固然不错,可下一个脚印都不知道往哪里走就是问题了。

对我而言,当初踏上教师这条道路,就颇有些这样的味道——我按部就班地考上大学之后,一脚就踏到了这里,至于这一脚里有多少主观能动性,我说不出来。坦白地讲,当初的我对教师这个行当没有什么宏伟目标和雄心壮志,既不是要成为什么名震天下的名师,也没有抱着什么"蜡炬成灰泪始干"的坚定理想。漂亮话谁都会说,但是每个说漂亮话的人真心又有几何,我无从知晓。至少当时我很少说,也不喜欢说这些漂亮话。

我当初成为一名教师的原因其实很简单,比如:我很喜欢高中的一位历史老师;我很乐意将我知道的分享给别人,并享受他们的称赞,然后再略带骄傲地自谦一番;我在帮助同学解决一道题目时能够获得不少成就感;教师有寒暑假……我不否认,这些就是我当时真实的想法。

于是,刚刚踏上工作岗位的我,没有想很多,听课、备课、上课,尽力完成派发下来的每一个任务,无非就是做好该做的事情。慢慢地,或许说是一种万幸,我没有一直这样浑浑噩噩地"按部就班"下去,初为人师的我很快遇到了一些困惑:我乐意并且擅长将我所知道的教授给他人,但教归教,他人知不知,我却没什么把握;上节课带教师傅讲得真不错,那我是不是只要在下一个班上得一模一样就行了呢?为什么实际效果就是不一样呢?总结起来,其实就是我开始意识到教师这个行当并没有那么简单,青涩的我感受到了一丝迷茫。

但为什么又说是万幸呢?现在回想起来,多亏当初的这一点迷茫与反思,我才有了继续成长的可能和空间。而帮助我走出迷茫、逐步摆脱青涩、慢慢树立起教育观念的,就是面向我这样的青年教师的见习规范化培训了。

见习培训的苦与甜

诚如之前所言,刚刚踏上教师这个岗位时,我遇到了不少困扰与难题,这显然成了阻碍我成长的一道道关隘。而且不得不承认,其中一些问题单靠我自己是无法解决的,甚至说得难听一点,可能靠我自己连发现都发现不了。令我印象非常深刻的一件事情是,有一次我沾沾自喜地上完一节课,自认为上得着实不错,一气呵成,于是忙不迭地想去问问来听我课的带教师傅的意见。这节课是我们一起备的,自认为上得精彩的我当时心中颇有点邀功的意味。没想到几盆凉水接连泼下,专业谬误且略去不表,关键是师傅讲到了一点,让我面红耳赤之余也惊出一头冷汗。师傅的原句记不太清楚了，但大致含义却记得明明白白："你看你上得一头汗，说明你讲得太多了，学生讲得太少了，你这种上课风格可是吃力不讨好啊！"以学生为中心的要求我是早已知晓的，但知道归知道，真正上起课来却忽视了这一原则，自己不但浑然不知甚至还沾沾自喜，我联想到了一个错练武功以致走火入魔的形象。

万幸的是，我有带教师傅；万幸的是，我们有见习规培。我至今仍旧记得当时几乎是每周一轮培训，每轮培训必有作业，或是讲座或是交流或是比赛。起初我还向小伙伴私下抱怨过这一系列培训：备课都忙不过来了，还要参加这么多培训，而且还有作业！当初内心的一点愤懑与委屈现在看来未免有点可笑，因为现在回望当初的每一次培训，其实都有特别的意义，或者说至少都对我的职业生涯产生了大大小小的影响。虽然在兼顾还不甚熟练的日常工作与培训时总是手忙脚乱，但这培养了我协调处理大小事务的能力；虽然在接触相对陌生的领域，比如做班主任时有点无所适从，但最终我还是在亦步亦趋之中从学科教师到副班主任再逐步成长为能独当一面的班主任，只不过目前还处于"菜鸟"阶段。

优秀教师的经验分享，让我看到了明确的目标与强大的动力；德育事例的分析，让我明晰了教师与学生之间的每一次互动都会产生种种影响，教师责任在肩并非虚言；一次次交流分享，让我知自身不足并晓他人所长……我逐渐意识到我遇到的那些困惑与难题或许是可以解决的，或许那些漂亮话也没那么虚伪，只要言者发乎其心，其言必善焉。

当我得知还要参加比赛时，心里异常紧张，我有些惶恐地作为基地校的代表参加了比赛，那是一段又苦又甜的回忆，甚至起初是以苦涩为主。还记得集训时因自己准备不足而出丑的那份羞赧，记得自己准备的教案被劈头盖脸一顿批评时的无力……只能说在这种时候，我更加认识到自己的普通，而这并非一件坏事。我对比赛本已不抱太多期望，但出乎意料的是，真正的比赛比我想象的要顺利许多。见习教师基本功大赛的项目正是我们培训的那些内容，我曾抱怨过的这些培训内容发挥了它们的价值。

从区级比赛到市级比赛,我在这个过程中发现了自己的成长。这种成长的欢呼雀跃异常鼓舞人心。我一直觉得比赛是一种检验手段,或者说是一个展现自己的舞台,是一个向更多人彰显个人成长的契机。比赛的结果重要吗?当然重要!但更重要的是比赛带给自己的这份成长以及对这份成长的运用。经历培训后,对我来说,努力付出之后有所成长才是最重要的。

职业生涯的感与悟

冰心于《赠葛洛》中曾言"爱在左,情在右",谈及情爱于生命之重。若是将其化为"爱在左,责任在右",则可言明爱与责任对教师而言则恰如情爱之于生命:情爱是点出生命的一道春光,成就一路花海,而爱与责任之于教师亦是如此。有此二者,师者方能称师;有此二者,教师才能为莘莘学子辟出片片春光,缀得香花弥漫。

我并不是一开始就知道这些的。我作为从教时间甚短的一名"菜鸟"教师,前文也曾言及当初之所以选择教师这个职业是因为家长认可、有寒暑假,再加上我本人喜欢历史,也享受和别人分享知识的过程,他人的反馈能够让我得到满足感和成就感。当时的我觉得对教师来说这一点很重要,但也仅限于此。至于对学生的爱之类的,至少我在大学时期并没有怎么考虑过。

直到当教师的时间长了,和学生打交道到了一定程度,特别是在参加完见习规培和比赛之后,一些变化悄无声息地发生了:我会为了有人上课睡觉而生闷气,会为了学生的成绩好坏而开心或难过,会因为学生对自己感冒的关心之语而感动半天。我在时间的洗礼中,在校园的氛围中,不断认知教师这个职业,并且从中开始咂摸出一些味道。

这个成长过程的加速得益于见习规培,也得益于身边的良师益友,比如说办公室的同事们,他们的言传身教所引导的不只是学生,还有我。有一天,已经放学了,我为了不把作业带回去批,就想着要在学校搞定。在我气呼呼地快批完的时候,我看见(1)班有个学生跑到办公室,带着哭腔走向他们班正拿着包准备走的班主任张老师。张老师二话不说，放下包拉了把椅子就和学生聊了起来，他们聊了什么我也不知道，我还得批卷子，我只知道我走的时候张老师还在给那姑娘递纸巾。这不是一件什么大事，但就是无数件这样的小事不断在我身边发生，让我看见了一名教师应当具备的爱与责任，让我看见了为人师者应当有的样子。

我不敢说现在自己已经完全感悟了爱与责任的真谛，已经是一个好老师了，只能说我在摸索，我觉得我在成长。教师要做的不仅是向学生传授知识和技能，更重要的是要让学生在我们的言传身教及关怀下，成长为一个人，一个好人，一个更好的人。这是一份沉甸甸的责任，是职业赋予教师的责任。而要担好这份责任，所需要的就是教师对学生的爱；或者说，所谓责任，本就是教师看到学生在自己面前不断成长而催生出的情感的衍生物。

未来规划的法与靶

在我还不长的职业生涯中，我算是慢慢走出了自己的路。我愿意一步一个脚印地走，我开始知道下一步该怎么走了。同时我也知道，现在的我功力尚浅，来日方长。我能深切地感受到自己的成长，但更多的是认识到自身的不足：我的课堂互动还不太多，我的班主任之路道阻且长，我还没开过一节像样的公开课，我还没真正管过学生社团，我的拓展课总感觉差一口气……我感觉现在对教师的要求越来越高，已不仅仅是教学方面的要求，而是多方面能力的诉求。

中国中学最近在创办特色高中，其中有一部分内容是希望青年教师开展有关中华优秀传统文化的相关课程。我参加了，我知道这是一件苦差事，而且预料到会占据我不少时间，但我觉得这是一个成长的契机，学校信任我，愿意培养我，我定不能辜负。现在的我会想：学生上完这门课后会有什么样的效果？能帮助他们展开课题吗？能与国家课程互补互惠吗？或许我真的成长了不少。

我时常在想，我一个历史教师，怎么就开始排歌练舞了，怎么还要会剪音频、剪视频、拍录像，要能熟练掌握 PPT、Pr、Audio、Wave、万兴神剪手等软件，还要参与策划活动、主持活动、指导课题……我发现"一专多能"对每位教师的要求不断鞭策着所有人前进。我亦如此,每次都在解锁新的技能。我有时觉得当个"斜杠"青年教师的感觉也挺不错的。

我的初心是什么,我的初心是当一名好教师,可是怎样当一个好教师,我不知道,我现在唯一知道的是对教师而言,能够从工作中体会到成就感是一种非常必要且重要的能力。这份成就感来自学生、职业、同僚甚至我们自己,正是这份成就感支撑着我们不断前行,且甘之如饴。非常幸运的是,我发现我有这种能力。

一年又一年,我有成长,故而慨然;但我不满足于现有的成长,故而惶恐。我想继续成长,唯有努力努力再努力。

毕仕旻:2018—2019学年上海市见习教师规范化培训学员,基地校为中国中学。二级教师。毕业于上海师范大学历史师范专业,现任中国中学历史教师。见习规培期间,在区级见习教师基本功大赛中得到认可并被选送至市一级参加见习教师基本功大赛,最终取得了现场课堂单项二等奖以及综合三等奖的成绩。

教育感言:教师在教学中要同时保有学生和自己的赤子之心。

心中有光，素履以往

同济大学第一附属中学 葛　芳

我性格偏静，骨子里安静淡然，不论是教育教学，还是教研探索，都会先埋首做好自己，心无旁骛，对成败得失倒不太看重，区里老师评价我说："佛系。"我原以为自己这样的性格不适合参加比赛，但没想到恰恰是教学比赛促使我快速成长。

疲惫不堪之下的为荣誉而战

2019年10月中旬，我接到区里的通知，让我作为杨浦区高中组教师代表参加上海市中小学(幼儿园)见习教师基本功大赛。收到通知的我心情复杂，既有被肯定的满满喜悦，也有深深的疲惫与对未来的担忧。疲惫感主要是由于前一段时间太忙了，半年来，我陆续通过了校内见习教师基本功预选赛和杨浦区初赛、复赛、决赛，完成了校内教学公开课、德育公开课三节，向地理教学专家及教研员开展汇报课两节。特别是8月份以来，我担任了高一(3)班的班主任，这是我第一次承担班主任工作，学生家访、军训、新班级管理等一大堆任务扑面而来，使我严重缺乏睡眠，疲惫不堪。

况且基本功大赛的比赛内容包括课堂教学展示、教案设计、教育智慧呈现、教育案例分析、教育演讲、"三笔字"展示、教育信息技术应用等，我担心自己能否在这么多比赛中取得优异成绩。但比赛在即，对教育教学的使命感和信念感，以及对杨浦区和学校的荣誉感使我决定坚持到底，我告诉自己要尽力做到最好。

高手指路之下的柳暗花明

教学能力是教师的立身之本。为了体现真实性与实践性，比赛中的"课堂教学展示"采用15分钟有生教学的方式,每位比赛选手要提前准备四节课,赛前两天抽签决定具体上哪一节,同时会告知正式比赛的教学点。比赛在11月下旬进行,我按照本学期的教学计划,选取了教学安排较为靠后的内容。在区教研员和校内地理教师的指导下,我开始精心打磨教学设计。

最终我抽到的比赛课是"台风"。台风是低压系统的典型天气实例,几乎每年夏秋季节都会有一两个强台风影响中国东南沿海地区。我原本的上课思路是以强台风利奇马为例,探究台风的发生、发展及消亡过程,从而揭示气旋系统的相关知识。这种教学方式贴近生活实际,可以引导学生在探究生活现象的同时,发现事物规律,掌握科学知识,是较为经典的上课模式。但我渐渐不满足于这种上课模式,觉得学生都按部就班地跟着我的步伐走,回答相同的问题,得到相同的答案,过于死板。我想要寻求改变,但苦思冥想很久,也没想到合适的方式。

我把自己的苦恼告诉了指导教师,他说:"你不想让学生困在你的思路里,那为什么不把课堂还给学生,让学生提出自己想了解的台风知识,师生共同探讨呢?"这一席话点醒了我,使我豁然开朗。把课堂完全放开的教学思路让我激动不已,我期待学生畅所欲言、积极探索,创造一个更加开放活跃的课堂。兴奋的同时,我也深知,这样的课堂对授课教师的知识广度与深度都提出了更高的要求。

凭着初生牛犊不怕虎的冲劲儿,我开始精心准备这节课。除了认真梳理、总结教材内容外,我还开展了前期调研,通过网上问卷的方式请学生们提出自己感兴趣的台风问题。这种学生主导课堂内容的方式极大地鼓舞了他们,他们提出:台风是怎样形成的?台风产生的源地为何都在海上?台风的移动路径是什么?台风会带来哪些危害,我们又如何应对危害?台风的能量是否可以被利用?台风、飓风、热带风暴谁更厉害?学生们的想法也感染了我。

结合教学目标和学生提出的问题,最终我决定用两条教学线索贯穿始终。明线是"活动—互动—感动",用两个学习活动贯穿课程。活动一是台风观察——探秘台风源地、移动路径、影响范围,活动二是原理探究——探究台风产生的原因。从现象观察到原理探究,结构完整,条理清晰。在活动中,为了调动学生学习的积极性，我采用小组合作学习的方式，给每个小组分发三支马克笔和一张 A2 大小的纸，让学生观察台风视频，并将观察到的地理现象写在纸上，提出自己的想法，最终在班级内展示。在这个过程中，我根据学生的学习状态与他们进行互动，引导他们树立尊重自然、敬畏自然的情怀。暗线是"读图—绘图—制图"。图像系统是地理教学的重点之一，活动一中学生观察台风现象图，活动二中学生探究台风成因，并绘制台风水平方向上和垂直方向上的气流运动简图，循序渐进，学生的读图、绘图、析图能力得到了提高。15 分钟的教学既体现了以学生为主体的教学亮点，也有德育渗透。我对这节课充满了期待。

从当头一棒到云淡风轻

计划虽好，但通往成功的道路并非一帆风顺。参赛选手可以提前两天到比赛点熟悉环境，并可以在课间与比赛班级的学生见面 10 分钟。这是一个了解学情和教学环境的重要机会，我按照规定的时间来到金汇高中，向比赛班级的地理教师了解教学进度及学生情况，得知他们现在刚上到"大气组成与垂直分层"一课。我瞬间就懵了，这意味着学生还没学过气压与风，而这是学生学习台风成因的必要知识储备。我强迫自己镇定下来，思考要怎样在 10 分钟内迅速与学生建立良好的师生关系，并且让他们获得气压与风的知识。我想起了以前制作慕课的经历，于是准备通过制作微课的方式为学生讲解气压与风。距离与学生见面还有 30 多分钟，我先简单地做了几张 PPT，然后在金汇高中的教师休息室匆忙而又有条不紊地制作了一个 3 分钟的微课视频。与学生见面时，我除了介绍自己、了解学生外，同时将微课视频发给他们；庆幸的是，微课教学的方式激发了学生的学习热情，虽然是没学过的知识，但大家都很乐于接受，学生的积极学习为正式比赛的有序进行打下了良好的基础。

正式比赛前，我并没有很紧张，反而有一种淡定的感觉。我沉浸在与学生探讨台风知识的世界里，与他们一同观察台风现象，探索台风成因。15 分钟的现场教学很快就结束了，结束的那一瞬间，我心里似有涓涓细流经过，温暖而平静。

勇敢走向教学的背后

如果说现场教学使我对课堂教学有了更深层次的思考与理解，那么演讲培训则拓宽了我对教育理念的认知，坚定了我对教育职业的自信。

我第一次接触教育演讲，是在一年前学校组织的见习教师比赛上，题目是"我的教育理想"。我在讲台上这样说：教好教材内容，在学生的成长路上给予积极、正面的引导，守护学生的成长，尽职尽责，无愧于心，便是我的教育理想。随后，评委老师提出问题：何为教好书？是做一个传递书本知识的教书匠吗？何为守护学生成长？是对学生好，满足学生的各种需求吗？"教育"一词，自古有之，你如何看待教育的传承与创新？这些问题一下子把我问傻了。基于我对应试教育的理解，我原本以为教师教好书本知识就已经合格了，从未想过上述这些问题。我渐渐感到我说的教育理想还太过空洞苍白，我还缺乏教育者该有的觉醒与智慧，缺少对教育策略的选择与探究。认识到自己思维的局限性后，我开始大量阅读教育名家的著作，撰写读书笔记，不断反思改善，也慢慢尝试将一些教育策略运用于日常教学。

一个人思考难免会存在认知局限，指导教师常常给予我思维上的点拨。记得有一次，我抽到的演讲题目是美育，我在演讲中提到带学生去南京、青岛等地研学，在实践中引导学生体会自然地理的壮阔与美丽。这是一种直观的美育，是自然界能够看得见、摸得着的地理之美，但还有一种更深层的美育，当时的我并没有挖掘到。指导教师说：每个学科都有它自身的魅力，地理学科也有，比如地图的严谨表达、地理思维的思辨魅力等，这些也是我们要带给学生的美的体验，也是美育的一部分。导师的点评令我豁然开朗，我意识到美育不仅是对自然山川的美的体验，不仅仅是物化的美，也包括思想上美的教育、对学科之美的感悟与感知。这件事使我印象深刻。

演讲是一个表演的过程，也是一个思辨的过程。它不是华丽辞藻的堆砌，而是内在深刻思考的逻辑性表达。我懵懵懂懂地进入教师行业，原本对这个职业没有太多深刻思考和职业规划,演讲像是打开了我教师生涯思想领域的大门,敦促我不断去思考和挖掘师道、师德、师爱、格局、价值、美育等教育理念的深层含义与实践方法。在不断的思辨和练习中,我对教育有了更多的思考,渐渐发现自己是真的热爱这份事业,并且想要把它做好。

心中有光,素履以往

见习教师基本功大赛结束后,我慢慢有时间去思考参赛的这段心路历程。为比赛做准备时的疲惫无力,思考教学设计时的绞尽脑汁,钻研教育理论时的废寝忘食……那些画面因时间的推移慢慢变得模糊,日益清晰的是我对教育教学的理解、对教育策略的选择与坚守。我开始思考一些以前从未想过的教育理念,我接触到了一些教学大咖,他们让我感受到"高山仰止,景行行止"。

凡是过去,皆为序章。见习教师基本功大赛的参赛过程很辛苦,但痛苦挣扎之后,便是成长。我无比珍惜在比赛过程中的所感所得,我将会带着这些收获与感动,继续探索,继续前行。

葛芳:2018—2019学年上海市见习教师规范化培训学员,基地校为同济大学第一附属中学。二级教师。毕业于华东师范大学自然地理学专业,现任同济大学第一附属中学地理教师。曾荣获2019年上海市中小学(幼儿园)见习教师基本功大赛综合奖一等奖、现场课堂教学单项奖二等奖,杨浦区中小学优秀作业评选二等奖。参与录制上海市高中名校慕课"发现地理之美"。发表国家级期刊论文1篇、省级期刊论文1篇,参编《上海发展踪迹》《全媒体青少年科技教育资源大全》等书籍6本。参与市级课题2项,主持区级课题1项。

教育感言:心怀敬畏,常思善思,静水流深,行稳致远。

本立而道生：我的教学"原点"

复旦大学附属中学　孙梦依

作为一名非师范专业出身的教师，我从本科到博士在故纸堆里过了九年面壁的日子，我的履历仿佛和教育行业并无多大关联。但因深知自己是如何被良师点亮的，我很早便决定学成之后也要做一名教师，去点亮更多盏灯火，把热爱变成使命。然而，初出茅庐的我在教育教学知识和技能上的积累几乎为零，巨大的责任和重重压力使我焦虑至极。

见习教师的一系列培训对我来说正如久旱逢甘霖。我参加了2018年的见习教师规范化培训，由区教育学院、聘任校及基地校组成的培训平台为我们见习教师的全方位成长搭建了完善的平台。除了为期一年的常规见习教师规范化培训之外，我还有幸参加了2019年上海市中小学（幼儿园）见习教师基本功大赛，并荣获一等奖。

这些不仅帮助我这个非师范专业出身的教师全面而迅速地获得教育教学技能与方法的提升，还加快了我的教育观念和角色意识的转变，我对课堂的理解、对教师的理解也随着一次次培训、汇报、比赛、展示等经历而不断加深。我翻开见习规培期间那厚厚的笔记本，里面分门别类地记录了规培时的各类讲座、培训、课程的学习笔记。这个厚本子正是我的教育生涯之"本"，里面是一个个教学"原点"，为我打下坚实的基础。

每一节课都是为今天而教

作为一名新教师，我遇到的第一个问题就是教什么。最初，我总是在备课上优柔寡断，面对众多教学内容和角度，我无法抉择，哪一项都不舍得放弃，厚厚的教案线索纷乱。在刚踏上讲台的那些日子里，我总是备课到深夜，上课时满怀期待地走进教室，却又在学生的沉默中满腹狐疑地走出教室。

所幸，每次遇到问题，我的带教师傅都能及时为我答疑解惑。由于我所工作的学校同时也是我见习期间的基地校，因此我有机会近距离观察师傅的每一节课，认真学习、录音、整理笔记，揣摩师傅课堂上的每一次师生对话；师傅也一得空便来听我的课，为我指点迷津，师傅如同灯塔在夜色中为我引航。课后，对于想不明白的问题，我时时求教，师傅则以无限的耐心和包容答复我的种种琐碎之问，小到一个问句怎么组织更合适，大到对文章的深入理解。在一次次随堂课的积累中，我慢慢成长，逐渐启悟。

有一次要讲授秦观的《踏莎行》之前，我花费了很大的精力，将北宋前期的新旧党之争，乃至旧党内部的三派之争做了一番梳理，试图让学生借此理解秦观的心情。但当我眉飞色舞地开始讲这一部分内容时，却发现学生们都低着头，教室里寂静得仿佛一根针落地都能听见。问话无人响应，我只好艰难地唱着"独角戏"。

课后，我十分不解地与师傅谈起这节课，不由得抱怨班级学生对语文尤其是对古诗文没有兴趣，所以课堂不活跃。师傅听完后，并没有直接反驳我，而是耐心地与我讨论，婉转提示我下次可以试试将过于具体的党争内容略去，从秦观与苏轼的友谊的角度进行分析，再让学生试着代入自己被朋友误解孤身在外的感受。听到这番话，我心有所动，于是在另一个班级讲课时，我及时调整了自己的教学设计。这一次的课堂气氛明显活跃了许多，在讨论秦观被朋友误会的经历时，大多数学生都感同身受，频频点头。

课后我再与师傅交流时，师傅与我讨论了一个问题："我们在今天为什么还要再读这首宋词？"这让我开始重新审视自己教学的意义。我想起有胆大的男孩子也经常和我开玩笑似的抱怨："老师，我们干吗要读这么多文言文啊？"也想起不久前在听规培讲座时，一位优秀的前辈教师讲起自己的备课心路，她总是从学生出发,希望贴近他们真实的所思所想。我开始明白,经典最大的魅力不仅在于其当时当地的意义,更在于超越时代的普遍共鸣。学生在课堂上学习的不应是死的知识,而应是永远鲜活的百态人生。只有思考经典对今天的意义,才能真正把文章读"活"。我意识到,教师的使命从不是为知识资料库代言,而应尽最大的努力让经典"活"在今天,这样才算真正为今天而教,让文字滋养一颗颗年轻的心。

两年后的一次家访,一个女孩子双眼闪亮地对我说:"老师,你在语文课上总是谈很多和人生有关的问题,对我们启发很大,大家都是好评。"听到这话,一股热意从我内心升腾而起。正是规培中一次次的指导和历练,这条"为今天而教"的教育信念才深深地镌刻在我的脑海中,指引着我在备课时不断地从这一"原点"出发、思考、前行。

精益求精,找到课堂的"开关"

2019年5月,我迎来了见习一年期满的汇报课。对我来说更幸运同时又更增添压力的是,我的汇报课同时还要作为一次区级展示课,我深感任重道远。3月,区里组织了一次学科座谈,专门请教研员为见习教师在学科教学上答疑解惑。那次座谈中,我忧心忡忡地发问:"公开课要达到什么样的标准?"教研员回答我:"至少要有一个亮点,是别人没有想到、没有讲过的。"从那之后,我明白了公开课一定要有一个属于自己的亮点。

我选择的篇目是李白的《梦游天姥吟留别》。我认为李白游山的经历正好可以用来讲"诗仙"是如何成就的,我经过细致的准备,写了满满三大页教案,开始了第一次试讲。整节课讲完,我为没有出现意想不到的各种状况而庆幸。没想到课后点评时,老师们给了我当头棒喝——"你的眼里没有学生"。我初听时是懵的,觉得有些委屈。师傅随即和我仔细分析,解释原因。她指出,在这次教学中,整个过程就像是在按照剧本走流程,学生是道具,没有被激活。"学生如果根本看不到这座李白梦中的天姥山,又怎么能真正感受到李白想象之瑰奇呢?"

我心有所悟,于是在第二次试教时,试着加入了一些环节,例如让学生现场换算唐代的一万八千丈在现实中究竟有多高,这个数字竟只能倾倒于天姥山脚下。有了现实的参照,这个夸张的数字才能真的在学生的心里留下印迹。又如怎么才能让学生更好地体会李白从梦中情绪的高涨转为骤然梦醒的失落,我想了不少方案,但效果都不佳。后来,黄荣华老师点拨我,可以试着画一幅李白情绪的示意图,由学生在黑板上完成垂直坠落的最关键一笔,这一笔画成功了,就说明课堂达到目的了。在随后的第三次试教中,我从那浓重的一笔中感受到了学生对李白梦醒深重的叹息的理解。

这次反复磨课的经历,让我明白了一件事:课堂不是教师一个人的舞台,更不能像排演剧本般按部就班地表演,而应该在这个过程中关注学生真实的获得感。在此之前,我关心的可能只有教学环节能否顺利完成,但实际上课堂是师生合作探索出某些东西,课堂的魅力也正在于学生在教师的引领下产生探究渴求的愿望,成为课堂真正的主人。

在正式上课那一天,我看到学生算出数字后的惊叹,看到那从高峰坠落的重重一笔,看到他们真正有所领悟时灵动思考的目光。我仿佛找到了那个看不见的课堂的"开关",一按下去,就能激活数十个开始思考的头脑。感谢这次精益求精的经历,让我在日后的教学中不断回到这一"原点",努力寻找课堂的"开关",打开真实的课堂。

一次比赛,一次"生日"

2019年,我有幸获得了参加上海市中小学(幼儿园)见习教师基本功大赛的机会。其中的教学环节从原来的模拟教学改为了15分钟的现场教学。在备赛前的一次次磨课中,我在区教研员、师傅以及多位前辈的指导下反复推敲教学设计的每一个环节。从原来的40分钟到现在的15分钟,不是教学设计的简单重构或剪裁,而是不断加深对课堂的认识,体会"学生为本,万变不离其宗"这一"原点"的过程。

赛前准备的四个教案中,我抽选到的又是《梦游天姥吟留别》这一课。选题弹出的一瞬间,我既喜又忧。喜的是,这一课曾作为40分钟的汇报课精心打磨过,我相对比较熟悉;忧的是,这么长一首古诗,教学时间却只有15分钟,面对的还是程度不一的学生。我该如何迅速将学生带入情境,使他们跟随我完成这15分钟的游历呢?

比赛前,我利用前一天与学生短暂见面的10分钟迅速了解了学情,并与他们简单沟通了对李白和这首诗的了解。一番交流后,我的心头一沉,这所学校的学生基础要薄弱一些,而我在以往的教学中并没有和这类学生对话的经验。如何"破冰",拉近距离?如何在15分钟内与他们顺利展开师生互动?如何快速导入并带学生进入课堂的高峰体验?这些都是前所未有的挑战。面对这样时间紧、任务重、难度高的挑战,我一时有些畏怯。

回校后,师傅听说了我的感受,反而很有劲头地鼓励我:"就算是同样的内容,每一次教法都是不一样的,这样才有挑战,才有乐趣,否则教师的职业岂不是一潭死水,只需要无尽的重复?"这话让我重新打起了精神,不错,变化才意味着成长。我将原本滚瓜烂熟的40分钟的教学内容先搁置一旁,根据授课学生的特点重新设计了导入和问题,将李白的前半段游历用预习作业的形式让学生画图分享,快速带过,而给后半部分李白真正进入仙人洞府和梦醒后的领悟留足时间,让学生细细讨论。经过这样一番重构,这节课的重点越来越明晰。从40分钟到15分钟,变化的不仅是时间,而是我对这一课、对我所要面对的学生的理解,之前那一点畏怯也渐渐消失。那个下午和晚上,师傅、教研员等前辈一遍遍地陪着我在空教室内演练,耐心地为我指出语言和神情上的不足,正如那一年半以来的每一天,他们不厌其烦地指导我那样。

幸而最终比赛的结果不辱使命,但对我来说,最重要的并不是结果,而是在备赛过程中,我真切地感受到了每次比赛就如同一次"生日","生日"意味着成长,意味着迈入了职业理解的新阶段。我在不断的披沙拣金中"淘洗"对课堂的认识,明白只有在教学中吃透文本、吃透学生,量身定制而不千篇一律,才能既上好40分钟的课,也上好15分钟的课,在课堂上以不变应万变。

操千曲而后晓声,观千剑而后识器。感谢一年半的培训让我有了操千曲、观千剑的机会。见习规范化培训结束后,我也有幸再次获得公开展示的机会,继续在"双新"背景下探索新教材。无论何时,培训期间在听讲、交流与实践中习得的这些准则,都是我未来教学的"原点",让我一次次打消冗杂的念头,从"原点"出发。对我来说,这正是一个确立"规范"习得"矩"的过程,是教学育人基本功落实的过程。只有在规范的基础上,才能谈超越规范,从心所欲而不逾矩。正所谓"君子务本,本立而道生",我相信这一年多的经历正是我的教育教学生涯之"本",足以为我更长远的传道授业解惑之路奠基。

孙梦依:2018—2019学年上海市见习教师规范化培训学员,基地校为复旦大学附属中学。一级教师。博士毕业于复旦大学中文系,现任复旦大学附属中学语文教师。曾荣获2019年上海市中小学(幼儿园)见习教师基本功大赛一等奖、现场课堂教学单项奖一等奖等。在期刊《现代教学》发表论文《在单元贯通教学理念中促进学生思维发展》。参与编写复旦大学附属中学"东西方对读"等系列校本教材,开设"梦游天姥吟留别""劳动之繁"等区级公开课。

教育感言:无愧于师,无怍于生,星火世传。

图书在版编目（CIP）数据

风华正茂时：百名优秀青年教师成长案例/李永智主编.— 上海：上海教育出版社，2021.7（2025.10重印）（上海教育丛书）
ISBN 978-7-5720-1049-1

Ⅰ.①风… Ⅱ.①李… Ⅲ.①青年教师 - 师资培养 - 研究 Ⅳ.①G451.2

中国版本图书馆CIP数据核字(2021)第130753号

责任编辑　茶文琼　周琛溢
封面设计　陆　弦

风华正茂时——百名优秀青年教师成长案例
李永智　主编

出版发行	上海教育出版社有限公司
官　　网	www.seph.com.cn
地　　址	上海市闵行区号景路159弄C座
邮　　编	201101
印　　刷	上海中华印刷有限公司
开　　本	700×1000　1/16　印张 35.25　插页 2
字　　数	499 千字
版　　次	2021年8月第1版
印　　次	2025年10月第4次印刷
书　　号	ISBN 978-7-5720-1049-1/G·0825
定　　价	108.00 元（全二册）

如发现质量问题，读者可向本社调换　电话：021-64373213